AF206240

Radikale Reformation

Jens Stangenberg

Radikale Reformation

Der „Linke Flügel" und seine Bedeutung für heute

Das Buch zum Podcast
www.radikale-reformation.de

Bibliografische Information der Deutschen Nationalbibliothek:
Die Deutsche Nationalbibliothek verzeichnet diese Publikation
in der Deutschen Nationalbibliografie; detaillierte bibliografische Daten
sind im Internet über http://dnb.dnb.de abrufbar.

Copyright © 2018 Jens Stangenberg

Herstellung und Verlag:
BoD - Books on Demand, Norderstedt

Umschlaggestaltung: Jens Stangenberg
Lektorat: Anja Bär, Lennart Stangenberg
Printed in Germany

ISBN: 978-3-744-88535-5

Dieses Werk einschließlich aller seiner Teile ist urheberrechtlich geschützt. Jede Verwertung außerhalb der engen Grenzen des Urheberrechtsgesetzes ist ohne Zustimmung des Verlages oder des Autors unzulässig und strafbar. Das gilt insbesondere für Vervielfältigungen, Übersetzungen, Mikroverfilmungen und die Einspeicherung und Verarbeitung in elektronischen Systemen.

Inhaltsverzeichnis

Vorwort und Dank

Der vorliegende Text war nicht als Buch geplant. Ursprünglich ging es mir nur um eine persönliche Fortbildung. Ich wollte zur 500-Jahr-Feier mein Wissen über die Reformationszeit auffrischen. Insbesondere der „linke Flügel" der Reformation interessierte mich.

Als mir das antiquarische Buch „Radikale Reformatoren - 21 biographische Skizzen" von Hans-Jürgen Goertz in die Hände fiel, kam mir ein neuer Gedanke. Mir schien es sinnvoll, die Thematik auch für die Kirchengemeinde, in der ich Pastor bin, aufzubereiten. Zeitgleich sagte mein Sohn zu mir: „Papa, mach doch einen Podcast." Gute Idee.

Ich begann die ersten drei Folgen zu veröffentlichen und war erstaunt über die positive Resonanz. Zum Erscheinen dieses Buches wurden die Online-Episoden bereits über 50.000 Mal heruntergeladen. Danke für das Interesse. Dem Podcast-Format ist es geschuldet, dass sich durch Rückbezüge manches teilweise wiederholt. Auch wurde der Sprechtext nicht an allen Stellen zum Schreibtext geglättet.

Wer einen schnellen Überblick sucht, findet am Ende des Buches die Teaser-Texte, mit denen die Podcastfolgen veröffentlicht wurden. Jede Folge ist in sich abgeschlossen. Die Episoden müssen nicht fortlaufend gelesen werden. Für intensivere Beschäftigung mit Personen und Themen empfehle ich das online verfügbare Mennonitische Lexikon: www.mennlex.de

Danke an alle, die mich ermutigt haben, die 41 Episoden als Buch zu veröffentlichen. Mein besonderer Dank gilt Pastorin Anja Bär, die als geschätzte Kollegin das Manuskript sorgfältig auf Fehler durchgesehen und wertvolle Anregungen gegeben hat.

Bremen, September 2018
Jens Stangenberg

#01 Einführung - Warum dieser Podcast entstanden ist und worum es gehen soll

500 Jahre Reformation. Ein guter Anlass, über Kirche nachzudenken und welche Dynamiken damals von Bedeutung waren. Üblicherweise denkt man bei Reformation an Martin Luther oder vielleicht auch an Philipp Melanchthon, an Johannes Calvin in Genf oder Huldrich Zwingli in Zürich. Man denkt an die katholische Kirche, die mit einer Gegenreformation reagiert hat und sich dadurch selbst veränderte. Letztendlich denkt man an einen Kampf zwischen großen Kirchen. Die katholische Kirche auf der einen Seite und die Reformationskirchen, die lutherischen und die reformierten Kirchen auf der anderen Seite.

Weniger bekannt ist, dass es eine dritte Strömung zwischen und neben diesen beiden großen Kirchenbewegungen gab; eine Strömung, die ursprünglich aus Sympathisanten der Reformation bestand. Man nennt sie den „linken Flügel" der Reformation oder auch „Radikale Reformation". Zu den Bezeichnungen werden wir noch kommen. Das Ganze war ein sehr vielschichtiges Phänomen. Erst in neuerer Zeit hat die Forschung eine größere Differenzierung zutage gefördert. Die Kritik an der Reformation bestand darin, dass diese, obwohl vom Ansatz her gut, dennoch unvollständig geblieben sei, dass sie gewissermaßen steckengeblieben wäre. Sie wurde nicht konsequent genug weitergeführt und war zu wortlastig. Es ging mehr um den Glauben und die Verkündigung, weniger um eine erkennbare Umgestaltung des Lebens.

Bedeutende Namen in Verbindung mit dieser dritten Strömung sind zum Beispiel: Thomas Müntzer, Michael Sattler, Balthasar Hubmaier, Michael Servet, Melchior Hoffman und viele mehr. Viele von diesen Männern und namentlich weniger erwähnten Frauen wurden ertränkt, gefoltert, verbrannt oder ihr ganzes Leben lang verfolgt. Die Spannbreite dieses radikalen Flügels der Reformation reichte von friedfertig bis revolutionär, von isolierten Ansichten einzelner bis hin zur Bildung von Gemeinschaften im alltäglichen Leben.

Die Täufer griffen Themen auf, diskutierten diese und brachten sie gegenüber den Großkirchen als Kritik an. Es ging um die Gestalt von Kirche. Welche praktische Konsequenz hat der Glaube und zu welchen Gemeinschaftsformen führt er? Es war die Suche nach einer apostolischen Gemeinde. Man wollte urgemeindlich werden. Es ging um konkrete Nachfolge. Wenn wir uns an Jesus orientieren, wie verändert sich dann unser Leben? Es war die Frage nach der Glaubenstaufe, dass erst dann Menschen getauft werden, wenn sie bewusst davon überzeugt sind und an Jesus glauben. Um Lebensgestaltung ging es, um Trennung von Kirche und Staat und um Religionsfreiheit. Damit verband sich eine massive Kritik an Macht, Reichtum und dem Status der Kirche. Es ging um Gewaltfreiheit, um Friedensethik, um einfaches Leben, letztendlich um messianische Gemeinschaften und die Frage: Wie bildet sich das Reich Gottes in Abgrenzung zu einer institutionalisierten Form von Kirche ab?

Ich bin seit 1991 Pastor. Drei Jahre, nachdem ich begonnen hatte, schrieb ich eine Vikariatsarbeit mit dem Titel „Dauerhafte Dynamik im Gemeindeleben - Überlegungen zu einem beständigen Wachstum auf allen Ebenen einer geistlichen Gemeinschaft". Wie gestaltet sich Kirche, wenn sie sich in einem beständigen Reformprozess befindet? Und was genau sind die Themen, die damit zusammenhängen?

Die Frage ist also: Was muss reformiert werden? Was soll reformiert werden? Vielfach habe ich Leute sagen hören: Man müsse zwischen Inhalt und Form unterscheiden. Es gäbe etwas, das stabil bleibe. Das ist der Inhalt, also die Glaubensüberzeugungen, die Dogmatik, die reinen Wahrheiten. Und es gäbe eine Form, die sich mit der Zeit wandele und deswegen dynamisch sei. Zur sich wandelnden Form gehören Gebäude, Gottesdienstabläufe, das Liedgut und andere Äußerlichkeiten.

Dazu lassen sich zwei Sachen anmerken: (1) Es gibt keinen Inhalt ohne Form. Man kann nicht eine reine Glaubenswahrheit als ein zeitloses Prinzip aus der Geschichte herausdestillieren. Aller Inhalt begegnet uns immer in einer historischen Gestalt. Vieles hat auch eine soziale Gestalt. Glaubenswahrheiten lassen sich nicht ohne eine bestimmte Form denken und leben. (2) Die Form verkörpert den Inhalt. Gemeint ist: Die Form hat einen Bezug zum Inhalt. Sie kann ihn verstärken oder ihm widersprechen. Deswegen gilt, dass die soziale Struktur einer christlichen Gemeinschaft auch die Botschaft ist. Struktur ist Botschaft. Sie ist nicht etwas rein Sachliches, das man vernachlässigen kann, sondern die Art, wie sich Kirche und Gemeinde gestaltet, ist selbst die Botschaft. Das verkündigte Wort allein reicht nicht aus, es muss - biblisch formuliert - Fleisch werden. Geistliche Inhalte brauchen eine soziale Form. Das betrifft die großen Themenfelder: Leitungsstil, Entscheidungswege, Versammlungsformen, Umgangskultur, Kommunikationswege, Machtverhältnisse, Rangordnungen und Statusfragen. All das sind sehr konkrete

Themen, die man nicht ablösen kann von der reinen Botschaft des Neuen Testamentes oder von Jesus und seinem Evangelium.

Wozu also dieser Podcast? Was soll behandelt und gedanklich bedacht werden?

(1) Es geht um eine Spurensuche, eine Reise in die Vergangenheit. Es ist eine Fortbildungsreise, sowohl für mich als auch für meine Hörerinnen und Hörer, die diesen Weg mitgehen wollen. Eine Reise 500 Jahre zurück. Wir treffen auf Ereignisse, Personen und Themen. Eine sehr spannende Epoche der Geschichte.

(2) Aus dieser geschichtlichen Betrachtung heraus werden wir versuchen, Einsichten auf unser heutiges Kirchen- und Gemeindeverständnis zu übertragen. Das soll nicht in naiver Weise geschehen. Natürlich gibt es eine historische Kluft. Aber wir machen hoffentlich Entdeckungen. Wir bekommen eine frische Perspektive. Es führt zu Handlungskonsequenzen. Es geht um Anregungen für heute; letztendlich mit einer Zielperspektive über das Heute hinaus. Es geht um ein leuchtendes Evangelium in einer mehr und mehr säkularen Welt. Das, was damals vor 500 Jahren experimentell gedacht und gelebt wurde, bekommt für die heutige Zeit immer mehr Bedeutung. Man findet Spuren, die wie Schätze sind und die sich für unsere heutige Situation verlängern lassen.

Das also als Ausblick und als Ansporn, sich mit auf diese Reise sowohl 500 Jahre in die Vergangenheit als auch wieder zurück in die Gegenwart zu begeben. Mal sehen, wo uns das Ganze hinführt.

#02 Überblick - Zeitraum, Regionen, Deutungslinien und Benennungen

Radikale Reformation. Was meint das? Im Nachfolgenden geht es um einen groben Überblick, um den Zeitraum und die Regionen, also um das Wann und das Wo. Es geht um Deutungslinien: Wie sind die radikalen Strömungen in den späteren 500 Jahren aufgenommen worden? Und es geht um Benennungen. Wie nennen wir das, wovon wir reden oder worüber wir nachdenken wollen?

1) Zeitraum
Wir werden insbesondere die frühen Jahre der Reformation in den Blick nehmen. Alles war im Umbruch und brodelte. Eigentlich müsste man schon im 15. Jahrhundert oder noch früher beginnen. Bei Jan Hus und den Hussiten in Prag oder bei der Kirchenkritik der Humanisten. Wenn wir aber über „500 Jahre Reformation" nachdenken, dann geht es um das Jahr 1517 und die 95 Thesen, die von Martin Luther formuliert wurden und die er am 31. Oktober - so sagt es die Überlieferung - veröffentlichte. Deswegen feiern wir den 31. Oktober als Reformationstag im Jahreszyklus.

Im Jahr 1521 fand der berühmte Reichstag zu Worms mit Kaiser Karl V. statt. Dort soll Martin Luther der Legende nach gesagt haben: „Hier stehe ich, ich kann nicht anders. Gott helfe mir. Amen." Wahrscheinlich sind die Umstände ein bisschen anders gewesen, und doch trifft dieser Satz den Kernpunkt der Konfrontation.

1525 dann der Höhepunkt und das tragische Ende der Bauernaufstände, die Schlacht bei Frankenhausen. Thomas Müntzer ist die Person, die wir uns in diesem Zusammenhang genauer ansehen werden. Fast gleichzeitig wurde 1525 die erste Glaubenstaufe in Zürich vollzogen. Dort begann die Entwicklungslinie der sogenannten Täufer.

1529 - bereits über 10 Jahre nach dem Thesenanschlag - fand der Zweite Reichstag zu Speyer und später das Marburger Religionsgespräch statt. In diesem Zusammenhang ging es darum, dass Fürsten und Reichsstädte eine ungehinderte Ausbreitung des Evangelischen Glaubens forderten. Die protestantische Bewegung, die ursprünglich eine innerkirchliche Reform sein sollte, fing an sich zu formieren und als eigenständige Kirche zu verstehen. Das Stadium der Bekenntnisbildung begann. Überzeugungen wurden aufgeschrieben und es wurde postuliert, was gegenüber dem katholischen Glauben anders war und wofür das Lutherische und das Reformierte stand. 1517 bis 1529 befinden wir uns in der reformatorischen Hauptphase, bei der wir uns die verschiedenen Entwicklungsströmungen und theologischen Muster ansehen werden.

1534/35 dann die tragische Geschichte in Münster: ein radikales Täuferreich, das errichtet wurde. Später wird es als Unglück in der täuferischen Linie gedeutet werden. Leider ist es zur Vorlage für viele spätere Verurteilungen geworden, mit der die Täuferbewegung insgesamt abgelehnt wurde. Man muss das aber differenzierter betrachten.

In den 40er- und 50er-Jahren des 16. Jahrhunderts wirkte Menno Simons, nach dem später die Mennoniten benannt wurden. Das ist eine ganz frühe Täuferbewegung, die bis in die heutige Zeit sehr spannende Akzente setzt.

2) Regionen

Zur damaligen Zeit gab es das Heilige Römische Reich, das sich sehr breit über Europa erstreckte: Frankreich, Deutschland bis hin nach Polen, Schweiz, Österreich und Tschechien. Über diesem Gebiet lag eine Atmosphäre für eine Reformation. Etwas schwelte, brodelte, und es entstand eine Art Flächenbrand. Die Zeit war reif für Veränderungen. Wittenberg ist mit dem Namen Martin Luther verbunden, Thüringen und Frankenhausen, mit dem Namen Thomas Müntzer, Zürich mit Huldrich Zwingli und den Schweizer Täufern, Straßburg mit Martin Bucer. Dort, in Straßburg, waren die Spiritualisten stärker vertreten. Münster, die Täuferstadt, habe ich schon erwähnt. Das Reich Gottes sollte radikal politisch auf Erden errichtet werden. Emden, die Stadt in Niederdeutschland, wie man damals sagte, wurde zum Zentrum für die nördliche Täuferbewegung und deren Ausbreitung. Böhmen und Mähren, das Gebiet des heutigen Tschechien und der Slowakei, dort begegnen uns die täuferischen Hutterer mit ihren Bruderhöfen.

Diese kurze Skizze macht deutlich: Es gab verschiedene Zentren mit unterschiedlichen Erscheinungsformen. Nachrichten breiteten sich nicht über das Internet aus. Jedoch gab es gerade neu den Buchdruck. Reformatorische Botschaften wurden auf Flugschriften gedruckt und die Neuigkeiten breiteten sich mithilfe dieser Handzettel im ganzen Land aus.

3) Deutungslinien

Lange Zeit wurde der Begriff „Schwärmer" sehr abfällig verwendet. Das hing damit zusammen, dass vieles durch die „Brille" von Martin Luther und Philipp Melanchthon gelesen wurde. Deswegen war „Schwärmer" ein sehr abfälliges Schimpfwort. Es bezeichnete alles, was nicht der Überzeugung von Martin Luther entsprach. Selbst Katholiken und Reformierte wurden mit diesem Wort bedacht. Letztendlich führte das zu einer Geschichtsschreibung der Sieger. Es war eine Perspektive derjenigen, die die Oberhand gewonnen hatten.

Als Zweites gab es eine soziologisch und allgemein-historisch orientierte Deutungslinie: Max Weber, Ernst Troeltsch und deren religionssoziologische Arbeiten. In der Schrift „Soziallehren der christlichen Kirchen und Gruppen" von 1912 unterscheidet Ernst Troeltsch drei verschiedene Typen von Kirchen: (1) Eine Kirche, die gesamtgesellschaftlich institutionell arbeitet, (2) Sekten, was damals nicht abfällig gemeint war - heute würde man von „Religiösen Sondergruppen" sprechen - und (3) den Bereich der Mystik. Dazu gehören Einzelpersonen, die von einer innerlichen, individuellen Sichtweise ausgehen, ohne dass sich daraus zwingend gemeinschaftsbildende Faktoren ergeben. Das Bemühen der Soziologie und der allgemeinen Historik war, den diffamierenden Schwärmerbegriff zu überwinden und die Radikale Reformation nicht aus einer verachtenden Haltung heraus zu betrachten.

Als Drittes gibt es eine Linie, in der diejenigen Freikirchen, die aus der radikalen Reformation heraus entstanden sind, aus der geschichtlichen Forschung ihre Identität gefestigt haben. Genannt waren schon die Mennoniten. Auch die knapp 100 Jahre später entstandenen Baptisten beziehen sich auf die Täufer. Eine gewisse Gefahr besteht darin, dass es bei so einer Betrachtungsweise zu einer Enthistorisierung kommt. Gemeint ist: Die Historie wird aus Eigeninteresse umgedeutet und instrumentalisiert. Letztendlich gibt es aber immer einen gewissen Blickwinkel, wie geschichtliche Ereignisse betrachtet werden.

Als Viertes treffen wir rund um die Person von Thomas Müntzer auf die Deutungslinie der marxistischen Geschichtsschreibung: die Theorie der frühbürgerlichen Revolution, die ab 1960 in der früheren DDR vertreten wurde. Bereits Karl Kautzky hatte Thomas Müntzer als einen Vorläufer des neueren Sozialismus betrachtet.

All dieses macht deutlich, dass Forschung häufig interessengeleitet ist. Es gibt keinen vollständig neutralen Zugang zu den geschichtlichen

Ereignissen. Auch die nachfolgenden Ausführungen geschehen unter einem gewissen Blickwinkel. Es geht um Impulse für die Gegenwart, für unsere heutige kirchliche oder gemeindliche Arbeit. Wir verfolgen also nicht nur ein historisches Interesse. Darüber hinaus möchten wir aus der Radikalen Reformation für unsere heutige Zeit Inspiration gewinnen.

4) Benennungen
In Bezug auf die Radikale Reformation gibt es kein einheitliches Bild. Wir haben es mit einer wabernden Protestbewegung zu tun, die zum Teil äußerlich radikal, zum Teil radikal nach innen gekehrt war. Die Forschung versucht, ein immer klareres Bild zu bekommen. Das ist ihr in den letzten Jahrzehnten deutlich gelungen. Dabei muss man in Erinnerung behalten: Die geschichtlichen Dokumente sind durch die Verwendung der Begriffe „Schwärmer" und „Wiedertäufer" stark polemisch gefärbt. Vertreter der Radikalen Reformation wurden - oftmals ein bisschen mitleidig - als „Stiefkinder der Reformation" bezeichnet. Teilweise sprach man auch neutraler von „Randströmungen der Reformation" oder von „nebenreformatorischen Bewegungen". Das ist an sich gut gemeint, gleichzeitig aber auch unkorrekt, denn diese Bewegungen waren keine Randströmungen. Sie verstanden sich als „im Herzen der Reformation", Akteure von Anfang an. Sie wollten genauso wie die anderen Reformatoren die alte Kirche erneuern. Insbesondere ging es ihnen darum, die apostolische Ursprünglichkeit der Gemeinde wiederherzustellen. Damit waren sie zwar nicht so institutionell verfasst wie die Großkirchen, aber dennoch mittendrin und mittendrunter in den Dynamiken der Reformationszeit.

Ein zweiter Begriff, der Verwendung fand, war „Nonkonformisten". Er bezeichnete Leute, die nicht konform, nicht einer Meinung mit dem Mainstream waren. Allerdings hängt die Bedeutung des Begriffes davon ab, wo sein Bezugspunkt liegt: also „nonkonform" in Bezug worauf? Auch Luther war „nonkonform" gegenüber der katholischen Kirche. Demnach gab es viele verschiedene Arten von Nonkonformisten. Später in England wurde der Begriff „Dissenters" geprägt, Leute, die Einspruch erhoben und nicht bereit waren, dem obrigkeitlichen Kirchenmodell zu folgen.

Ein dritter Begriff, den wir hier auch schon mehrfach verwendet haben, ist die Bezeichnung „Linker Flügel der Reformation". Dahinter verbirgt sich der Versuch, das Ganze in ein politisches Spektrum einzuordnen. Das hat natürlich seine Grenzen. Stellen wir uns vor, es gäbe so etwas wie ein Reformationsparlament. Die verschiedenen reformatorischen Strömungen sind dann vergleichbar mit den Parteien. In diesem Bild könnte man - grob gesagt - im rechten Sektor die damalige katholische Kirche einordnen. Im katholischen Bereich ging es darum, obwohl einzelne Missstände erkannt wurden, eher stabilisierend und bewahrend auf die Gesellschaft einzuwirken. Mitte-rechts könnte der lutherische Bereich eingeordnet werden. Dort ging es um eine innere Erneuerung des Glaubens, aber der äußere Rahmen des Gottesdienstes blieb ähnlich. Nur das katholische Messopfer, bei dem es um die Verwandlung von Brot und Wein ging, wurde im lutherischen Bereich nicht übernommen. Mitte-links könnte die reformierte Strömung eingeordnet werden. Auch dort ging es um eine innere Erneuerung, darüber hinaus aber auch um eine Reform der äußeren Ordnung. Ganz links ließe sich am ehesten die sogenannte Radikale Reformation oder der Linke Flügel der Reformation zuordnen. Bei ihr ging es um einen grundlegenden Bruch mit der kirchlichen Tradition. Man müsste aber noch korrekter sagen: Die Radikale Reformation war eher eine außerparlamentarische Opposition. Es ging ihr nicht nur um einen Bruch mit der Vergangenheit und um religiöse Utopien für die Gesellschaft, sondern auch um einen Bruch mit der Gegenwart. Ihre Akteure wurden grundlegend fremd gegenüber dem damals vorherrschenden christlichen Staatsverständnis. Das ist die Grundlage für sozialreformerische Ideen.

Ein vierter Begriff, der sich zu weiten Teilen durchgesetzt hat, ist „Radikale Reformation". Was aber meint das? Es gab viele Arten von Radikalität: theologisch, politisch, ethisch. In diesem Fall bezieht es sich schwerpunktmäßig auf die Überzeugung, dass Kirche und staatliche Obrigkeit radikal auseinander gehalten werden sollen. Das war zu damaliger Zeit eine solche Provokation, dass Akteure nicht nur als Ketzer verdächtigt, sondern auch verfolgt und verbrannt oder ertränkt wurden.

In den Strömungen der Radikalen Reformation begegnet uns ein Ringen um den biblisch richtigen Weg für die Gestalt von Kirche. Die gesellschaftlichen Grundlagen wurden angegriffen und Herrschaftsgefüge bedroht. Daran lassen sich verschiedene theologische und sozialreformerische Muster beobachten. Deswegen befassen wir uns damit. Immer geht es darum, wie man sich das Kommen des Reiches Gottes in dieser Welt vorgestellt hat oder vorstellen könnte. Aus der Geschichte können wir dann für die heutige Zeit Ableitungen treffen: Welche Rolle spielt eine christliche Gemeinschaft? Was ist ihre Aufgabe in einer säkularen und gleichzeitig multireligiösen Gesellschaft, in der wir uns heutzutage befinden?

#03 Unterteilungen - Von Schwärmern, Spiritualisten, Antitrinitariern und Täufern

In dieser Folge werden wir versuchen, innerhalb der Radikalen Reformation Unterteilungen vorzunehmen. Dabei ist zu bedenken: Es ist schwer, die verschiedenen Ausprägungen zu klassifizieren. Es gehört gerade zu der Erscheinungsweise des „Linken Flügels der Reformation", dass die einzelnen Ausprägungen so unterschiedlich sind. Wir orientieren uns bei der Einteilung an dem Buch von Heinold Fast (1962): „Der Linke Flügel der Reformation". Seine Typologie ist nach wie vor hilfreich. Er unterscheidet zwischen vier verschiedenen Strömungen: „Täufer", „Spiritualisten", „Schwärmer" und „Antitrinitarier".

Bevor wir uns diesen im Einzelnen zuwenden, schlage ich folgende Grobeinteilung vor: Nehmen wir einen dreidimensionalen Raum mit den sechs Hauptrichtungen: Vorne - hinten, oben - unten, rechts - links, oder besser: innen - außen, oder noch besser: Zentrum und Rand, ein Neben. Wenn wir diese verschiedenen Richtungen als Orientierung vor Augen haben, können wir uns damit leichter die inneren Dynamiken der verschiedenen Strömungen im Bereich der Radikalen Reformation verständlich machen.

1) Schwärmer

Bei Schwärmern finden wir eine theologische Logik vor, die in die Zukunft drängt, die also von einer gewissen Utopie geprägt ist. Deswegen auch der Vorwurf, sie wären Schwärmer, sie würden etwas wollen, was sich nicht realisieren lässt. Es ist eine Kombination aus in die Zukunft und in das Diesseits drängen, in die Realisation, also nach vorne und nach unten in diese Welt hinein. Es ging um gesellschaftliche Utopien, die im sichtbaren Bereich, im Diesseits, zur radikalen Umsetzung geführt werden sollten.

2) Spiritualisten

Der Begriff „Spiritualist" leitet sich vom lateinischen Wort „Spiritus = Geist" ab. Spiritualisten waren eher nach innen orientiert, und durch dieses nach-innen-Orientiertsein versuchten sie, in einem direkten Zugang zu Gott zu leben, zum Geist, zum Göttlichen, also nicht nach vorne und nach unten, sondern nach innen und nach oben. Wir begegnen einem individualistischen Glauben, auf der Suche nach innerer Erleuchtung und Klarheit.

3) Täufer

Ihr Anliegen war es, anhand der Bibel zurück zur Urgemeinde zu gelangen. Damit, dass die Bibel aus den Ursprachen und dem Lateinischen ins Deutsche übersetzt wurde, konnten normale Leute die Bibel lesen. Aus dem Bibellesen erwuchs das Anliegen, historisch zurück zu den neutestamentlichen Gemeindeformen zu gehen. Und durch das „Zurück zum Ursprung" entstand eine Fremdheit gegenüber den vorherrschenden Staatskirchen und der obrigkeitskirchlich institutionalisierten Struktur. Aus dem „Zurück" entstand ein „Neben", eine Fremdheitsgruppierung, eine Gemeinschaft, die sich neben der Hauptgesellschaft wiedergefunden hat.

Noch einmal zusammengefasst: Bei den Schwärmern ging es eher um ein „nach-vorne" und ein „nach-unten" in das Diesseits. Bei den Spiritualisten eher um ein „nach-innen" und ein „nach-oben", hin zu einer individualistischen Gottesbegegnung. Die Täufer strebten nach einem „Zurück". Das machte sie fremd und anders. Es führte sie in ein gesellschaftliches „Neben", und sie wurden zu Außenseitern. Mit diesen groben Mustern lassen sich viele Linien und theologische Varianten leichter verstehen.

4) Antitrinitarier

Antitrinitarische Überzeugungen lassen sich nicht als eigene Strömung abgrenzen. Sie vermischten sich mit anderen, insbesondere spiritualistischen Ansichten. Kern war die Dogmenkritik. Antitrinitarier kritisierten radikal jegliche Art von kirchlicher Lehrbevormundung. Ziel war ein Mündigwerden des einzelnen Menschen vor Gott, besonders im ethischen Bereich.

Gegen negative Sichtweisen

Wie schon erwähnt, hatte Martin Luther, alles, was nicht seinen Überzeugungen entsprach, als „Schwärmer" bezeichnet.[1] Leider beherrschte eine solche Sichtweise lange die öffentliche Meinung in dem Sinne, dass alles, was nicht offiziell kirchlich war, mit dem Begriff „schwärmerische Sekte" belegt wurde. Bis heute besteht die Gefahr, die verschiedenen radikalen Strömungen miteinander zu verwechseln und die in-

---

[1] Fast, XXVII.

zwischen herausgearbeiteten Konturen zu verwischen. Gehen wir deswegen noch einmal die bereits genannten Gruppierungen durch und
beginnen damit, Differenzierungen vorzunehmen.

1) Zu den Schwärmern

Der Begriff „Schwärmer" lässt sich nicht mehr aus der Kirchengeschichte löschen. Deswegen ist es sinnvoll, ihn genauer zu fassen.[2] Was
meint dieser Begriff, wenn er präzisiert und eingrenzt wird?

Personen, die in der Regel diesem Bereich zugeordnet werden, sind
Andreas Bodenstein von Karlstadt (oftmals nur Karlstadt genannt),
Thomas Müntzer und Melchior Hoffman, der als Wegbereiter für das
Täuferkönigreich in Münster gilt: Eine Radikalisierung, die in vielfa-
cher Hinsicht zu einer Katastrophe geführt hat. Schwärmer waren von
einem sogenannten Offenbarungsspiritualismus geprägt, das heißt
nach ihrem Verständnis gibt es über die Bibel hinaus Träume und Visionen, direkte Eingebungen, die bedeutsam und richtungsweisend sind.
Ihre Ansichten haben einen starken Bezug zur Apokalyptik, sind stark
gefärbt von einer Weltuntergangsstimmung und der erwarteten Wiederkunft des Messias. Das Buch der Offenbarung lieferte Auslegungs-
muster, Typologien und Strukturen, die angewendet wurden, um die
Gegenwart zu deuten. Zielpunkt war die sichtbare Verwirklichung von
Ideen. Schwärmer hatten ein starkes Sendungsbewusstsein. Sie riefen
zur Tat auf, nicht nur zum Denken, zum Reflektieren oder zum theologischen Diskutieren. Sie wollten handeln, revolutionär und aufständisch sein. Ihr Verhalten nahm die Form eines politischen Messianismus an. Insbesondere von Thomas Müntzer ging eine beachtliche Wirkung aus. Im 20. Jahrhundert nahm Ernst Bloch mit „Prinzip Hoffnung" auf ihn Bezug. Aus marxistischer Sicht wurde Müntzer als Vorkämpfer gegen Unterdrückung und für die Befreiung der ausgebeute-
ten Bevölkerungsschichten gedeutet. Das „nach-vorne" drängte in die
sichtbare Welt, hinein in das gesellschaftliche, reale Leben. Ungerechtigkeit wurde angeprangert. Es sollte zu sozialen Umbrüchen und damit zu einer Verbesserung der Lebensverhältnisse kommen.

2) Zu den Spiritualisten

Spiritualisten waren keine einheitliche Bewegung. Sie hatten auch keine einheitliche Theologie. Wir haben es eher mit einzelnen, oftmals
theologisch sehr kreativen Persönlichkeiten zu tun. Aus Überzeugung

---

[2] Heinold Fast folgt damit einem Vorschlag von John H. Yoder. Fast, XXVIII.

gründeten sie keine Gemeinden. Stattdessen verfassten sie anspruchsvolle, geistliche Literatur. Damit erreichten sie eine eher langfristige
Wirkung. Ihnen ging es weniger um konkrete Handlungen, sondern
um Veränderung des Denkens, des Gottesbildes und des allgemeinen
christlichen Verständnisses. Unter ihnen waren originelle Köpfe, begabte Schriftsteller, Zeitkritiker und Historiker, die kein konkretes Sendungsbewusstsein hatten, sondern einfach nur frei denken und ihre
Gedanken äußern wollten: Sebastian Franck, der Historiker, Kaspar
Schwenckfeld, der als antitrinitarischer Spiritualist eine Lesergemeinde
um sich sammelte, und Hans Denck, der im täuferischen Milieu Akzente setzte. Spiritualisten haben sich im Besonderen auf das Innere und
auf das Wirken des Heiligen Geistes bezogen. Für sie war das Äußerliche nebensächlich oder sogar belanglos. Im Extremfall hatten sie eine
dualistische Weltsicht, bei der das Sichtbare und das Unsichtbare völlig
voneinander getrennt waren. Der Geist, wie er verstanden wurde, war
eine Negation des Äußerlichen. Anders als bei den Täufern führte bei
ihnen der Heilige Geist nicht in eine sichtbare Nachfolge. Stattdessen
war ihre Theologie von starken Gegensätzen geprägt: Buchstabe contra
Geist, sichtbare contra unsichtbare Kirche, Sakramente contra Vernunft,
der geschichtliche Jesus kontra einen universellen Christus. Sie praktizierten eine allegorische, bildhafte Schriftauslegung. Teilweise wurde
die Bibel sogar als überflüssig empfunden. Heinold Fast differenziert
die Betonung des Innerlichen dreifach:[3]

(1) Das Innere als wahrhaftiger Glaube, als Frömmigkeit im Herzen
und ein am Evangelium ausgerichtetes Gewissen. Diese Vertreter
könnte man evangelische Spiritualisten nennen: Hans Denck und Kaspar Schwenckfeld. Im weitesten Sinne gehören in diese Linie auch das
spätere Quäkertum und der Pietismus im 17. und 18. Jahrhundert.

(2) Das Innere als menschliche Vernunft oder menschlicher Geist.
Hierbei haben wir es mit rationalistischen Spiritualisten zu tun: Sebastian Franck und auch die Antitrinitarier. Ihre Wirkungsgeschichte reicht
bis in die Aufklärung und in den liberalen Protestantismus.

(3) Das Innere als mystisches Naturerlebnis. Solche Vertreter stellten
sich gegen die „Mauerkirche", also gegen eine Kirche aus Steinen und
gegen Buchstabenorthodoxie. Sie werden als mystische Spiritualisten
bezeichnet: Paracelsus, Valentin Weigel und Jakob Böhme. Ihre Wirkung reichte bis in die Philosophie des romantischen Idealismus.

---

[3] Fast, XXVI.

Die spiritualistische Logik war: Durch das „Nach-innen" einen direkten Zugang nach „oben" zu Gott oder zur inneren Quelle zu bekommen. Die institutionalisierten Formen von Kirche waren zweitrangig.

3) Zu den Antitrinitariern

Man könnte sie auch als rationalistische Spiritualisten bezeichnen. Sie wurden besonders stark der Ketzerei verdächtigt, weil sie kirchliche Dogmen radikal kritisierten. Ihre Ablehnung der göttlichen Natur Christi wurde von den offiziellen Kirchenvertretern als Bedrohung empfunden. Ähnliche Ansichten gehen zurück bis ins 4. Jahrhundert. Schon damals wurde beim sogenannten „Arianischen Streit" die Trinitätslehre infrage gestellt. Statt der Dogmen betonten die Antitrinitarier die Ethik, also die Lebensführung und das mündige humane Handeln. Ethik war wichtiger als die rechtgläubige Erlösungslehre durch Christus.

Wann begann das? Schon Mitte der 1520er-Jahre wurde Kritik an der Verehrung der Gottesmutter Maria geübt. 1531 veröffentlichte Michael Servetus „Die Wiederherstellung des Christentums", worin er grundlegend und anspruchsvoll die christliche Lehre reflektierte. Antitrinitarier wurden als Ketzer vertrieben, fanden vorübergehend eine Duldung in Siebenbürgen und später in Polen. Ein berühmter Name ist Fausto Sozzini, der Überlegungen verlängert und ergänzt hat. Nach ihm sind die Sozinianer benannt. Im weiteren Verlauf wurden sie von der katholischen Gegenreformation fast vollständig ausgelöscht. Die Unitarische Kirche hat ihre Gedanken aufgenommen. Auch in der Aufklärung wurden antitrinitarische Impulse verarbeitet: Kritik an Dogmen, Kampf gegen kirchliche Vorherrschaft, die Betonung der Vernunft und des natürlichen Wissens, der Glaube an das Gute im Menschen. Ziel war es, dass Menschen frei und ohne fromme Bevormundung ein gutes Zusammenleben gestalten können.

4) Zu den Täufern

Für lange Zeit sind Täufer unter „Schwärmer" und dem radikal militanten Reich in Münster verrechnet worden. Umso wichtiger ist eine Differenzierung. Nur so stoßen wir auf wertvolle Anregungen für die heutige Zeit. Besonders interessant ist die entschieden friedfertige Täuferlinie. Es waren Gemeinschaften mit einer relativ einheitlichen Theologie. Die Verbreitung ging von Zürich aus. Damit verbunden sind die Namen Konrad Grebel und Felix Mantz, später auch Balthasar Hubmaier. Hauptthema war die Wiederherstellung der urchristlichen Gemeinde. Soziale Schranken sollten fallen, weil Menschen unabhängig von ihrem gesellschaftlichen Stand durch Christus verbunden waren. Täufer bildeten Nachfolgegemeinschaften, in denen der Glaube sichtbar werden sollte. Diese Gemeinschaftsorientierung war grundlegend anders als bei den eher individualistisch ausgerichteten Spiritualisten. Stattdessen verstanden sie Christusnachfolge als freiwillige Zuordnung zu einer Binnenkultur, die sich in Abgrenzung zur äußeren Mainstream-Kirche formierte. Sie ließen sich von der Überzeugung leiten, dass alle Christen Verantwortung tragen und nicht religiös beherrscht werden sollten. Es war der Beginn des freikirchlichen Denkens. Die Christengemeinde und die Bürgergemeinde, die Jahrhunderte in eins gesetzt wurden, fingen an, auseinander zu brechen. Betont wurde eine Glaubensethik auf Grundlage der Bibel. Man verstand die Bibel jedoch nicht als allgemein verbindliches Gesetz für die gesamte Gesellschaft, sondern als persönliche Richtschnur für die eigene Lebensführung in der Nachfolge Jesu Christi.

Mit den Täufern verbindet sich eine starke Kritik an der Kindertaufe. Die Glaubenstaufe wurde in Abgrenzung zum katholischen Klerus eingeführt. Orientiert an der Parole vom „Allgemeinen Priestertum" galten alle Gläubigen als von Gott berufen, zu hören und zu tun, was Jesus vorgelebt und angeordnet hatte. Älteste und Diakone wurden auf demokratischem Wege gewählt. Die Trennung von Kirche und Staat war ein bestimmendes Thema. Bei all dem gab es verschiedene Ausprägungen: (1) Die Schweizer Brüder, die eher bibelorientiert waren, (2) die Täufer in Mitteldeutschland, eher apokalyptisch und mystisch geprägt und (3) die Mennoniten in Norddeutschland und Holland, die zusammen mit den Hutterern und Amischen zu den klassischen Friedenskirchen gezählt werden. Die Logik war, über das Lesen der Bibel ein neues Verständnis für die Urgemeinde zu bekommen und dieses in die gegenwärtige Zeit zu übertragen. Daraus ergab sich eine gewisse Fremdheit gegenüber dem institutionalisierten Kirchensystem: Aus einem „Zurück" wurde ein „Neben". Es entstanden Kontrastgemeinschaften. Die Rückwärtsorientierung eröffnete eine alternative Sicht auf die Gegenwart. Religiöse Alternativen konnten gedacht und zugelassen werden. Letztendlich war das der Keim für Religions- und Gewissensfreiheit. Aus diesen Entwicklungen ergeben sich ausgesprochen inspirierende Hinweise für unsere heutige Zeit.

#04 Andreas Bodenstein von Karlstadt - Was ist die richtige Geschwindigkeit für Reformen?

In der letzten Folge haben wir die Kategorien „Schwärmer", „Spiritualisten", „Antitrinitarier" und „Täufer" eingeführt. Das war sehr kompakt. In den weiteren Ausführungen werden wir uns die einzelnen Ausprägungen anhand von biographischen Skizzen genauer ansehen.

Wir beginnen mit Andreas Bodenstein von Karlstadt. Häufig einfach nur Karlstadt genannt. Er wurde um 1480 in Karlstadt geboren. Martin Luther im Jahr 1483. Karlstadt war also etwa drei Jahre älter als Luther. Im Jahr 1517 beim Thesenanschlag war Karlstadt 37 Jahre alt. Wenn wir versuchen, Karlstadt irgendwie theologisch einzuordnen, tritt die erste Schwierigkeit auf. Seine Theologie hat spiritualistische, mystische, täuferische und auch reformatorische Züge. Obwohl er zu den bedeutenden Reformatoren gehörte, war er weniger bekannt. Woran liegt das?

Karlstadt war zunächst ein Freund von Martin Luther. Später wurde er sein erbittertster Gegner. Karlstadt war Dekan, Professor an der Universität Wittenberg, Doktor der Theologie, später auch des Rechts. Er hat Luther 1512 promoviert, war also sein Doktorvater. Karlstadt entdeckte ähnlich wie Luther den Kirchenvater Augustin neu. Nach dem Thesenanschlag veröffentlichte Karlstadt in schneller Folge eine Flut von Traktaten. Er verteidigte die Wittenbergische Theologie. 1520 werden Luther und Karlstadt als Irrlehrer verurteilt. Gemeinsam gegen den Papst.

1521, nach dem Reichstag zu Worms, war das Leben von Martin Luther unmittelbar bedroht. Es wurde vom Kurfürsten zu Luthers Schutz eine Entführung vorgetäuscht. Anschließend hielt sich Luther für mehrere Monate auf der Wartburg versteckt. In dieser Zeit übersetzte er das Neue Testament ins Deutsche. Parallel dazu, also zeitgleich, war Karlstadt neben Philipp Melanchthon der einflussreichste Führer der Wittenberger Reformbewegung. Karlstadt stand auf dem Höhepunkt seiner Wirksamkeit. 1521 zu Weihnachten feierte er den ersten evangelischen Abendmahlsgottesdienst gegen die Messopferlehre im katholischen Bereich.1 Es war ein Abendmahl in beiderlei Gestalt, also Brot und Wein. Die Einsetzungsworte wurden auf Deutsch gelesen. Das war eine starke Provokation und Kampfansage an die kirchliche Hierarchie.

Er widersetzte sich damit der Heilsvermittlung durch Priester. Es ging um ein allgemeines Priestertum. Mittler ist allein Christus. Den Laien wurde erlaubt, Brot und Kelch in eigene Hände zu nehmen, anstatt ihnen die Oblate in den Mund zu schieben.

Karlstadt führte weitere Änderungen im Gottesdienstverlauf ein. Die Wittenberger Reformbewegung nahm immer mehr an Dynamik zu. 1522 kam es zu Tumulten bei der Entfernung von Bildern und Skulpturen aus Kirchen. Es kam zum Bruch mit dem Zölibat. Immer mehr Mönche und Nonnen verließen die Klöster. Die Obrigkeit überfiel ein starkes Unbehagen. Luther wurde deswegen vom Rat der Stadt um Hilfe gerufen. Noch im selben Jahr 1522 kam Luther von der Wartburg zurück und machte die meisten Reformen von Karlstadt rückgängig. Er forderte, mehr Rücksicht auf die Schwachen zu nehmen, und führte die alten Gottesdienstformen wieder ein. Er erließ ein Predigtverbot für Karlstadt und er beschlagnahmte seine Schriften. Aus Luthers Sicht ging es darum, dass die Neuerungen aufgeschoben werden sollten, dass die Reformation in einen gemäßigteren Gang geht. Aus Karlstadts Sicht würgte Luther die Neuerungen ab, wie ein Tyrann. Karlstadt fiel in Ungnade bei Luther. Enttäuscht kehrte Karlstadt dem akademischen Betrieb den Rücken zu. Er legte seinen Talar ab, wollte von nun an nur noch Bruder Andreas genannt werden, wies etablierte Werte und Bräuche zurück, widmete sich zum Teil der Landwirtschaft, führte ein einfaches Leben und suchte Kontakt zu den Bauern.

1523 wechselte Karlstadt nach Orlamünde über. Dort ging es nicht mehr um eine finanzielle Abhängigkeit von den kirchlichen Behörden. Orlamünde, das war ein Ort, an dem auch die Aufsicht Luthers nicht mehr griff und erneut leitete Karlstadt Reformen ein. Er reformierte die kirchliche Liturgie, erneut den Gottesdienstablauf, Bilder und Skulpturen, Heiligenfiguren wurden aus den Kirchen gerissen, er weigerte sich Kinder zu taufen. Er übersetzte Psalmen ins Deutsche und er regelte die Armenfürsorge. Und es ging nicht mehr um den Ablass und den damit verbundenen Heilsegoismus. Noch von Orlamünde aus gab es mit Luther Konflikte in Bezug auf das Abendmahlsverständnis. Luther ging von einer sogenannten Realpräsenz aus. Karlstadt vertrat eher ein symbolisches Verständnis wie Zwingli in Zürich. Das Abendmahl war damit eher eine Erinnerung, nicht ein Mittel zur Erlangung der Gnade.

Alles in allem gilt festzuhalten: Karlstadt griff konsequent die bisherigen kirchlichen Ordnungen an. Er wandte sich gegen sich falsche

Rücksichtsnahmen gegenüber den Fürsten. Er wollte das Gewissen und den Veränderungswillen der einzelnen Gläubigen stärken. Bei Karlstadts Theologie ging es darum, dass Menschen neu geboren wurden. Es ging um Heiligung, um eine sichtbare veränderte Lebensführung, um Ethik. Er orientierte sich dabei zu großen Teilen am Alten Testament, was ihm viel Kritik einbrachte. Für Luther war das ein rotes Tuch. Dieser hatte ja gerade das Evangelium gegen das alttestamentliche Gesetz in Stellung gebracht. Luther befürchte, dass die christliche Freiheit untergraben würde. In Luthers Schrift von 1525 „Wider die himmlischen Propheten" macht er den Vorwurf, Karlstadt sei in eine mittelalterliche Werkgerechtigkeit zurückgefallen. Gegen besseres Wissen wurde Karlstadt von Luther als Anhänger von Thomas Müntzer dargestellt. Müntzer war der große Kontrahent Luthers. Dazu kommen wir noch. Karlstadt aber war kein gewalttätiger Revolutionär. Schließlich geschieht es: Luther empfiehlt den Fürsten, Karlstadt aus Orlamünde zu entfernen, obwohl sich Karlstadt deutlich von Thomas Müntzer und dem Allstedter Bund distanziert hatte. Das Ende der Geschichte: Karlstadt wird aus Kursachsen ausgewiesen, ohne Prozess und ohne Urteil.

Anschließend ist eine starke Reisetätigkeit überliefert. Karlstadt war auf der Flucht; vielfach in Armut. 1525 bekam er in Zürich und Basel Kontakt zu den Täufern. 1529 war er in Friesland und Emden und suchte erneut Kontakt zu der dortigen Täuferbewegung. Die letzten Jahre verbrachte Karlstadt an der Universität in Basel. Er starb 1541. Die Themen, die bei Karlstadt aufleuchteten und immer wieder neu zu Diskussionen herausfordern, sind folgende:

1) Gegen finanzielle Abhängigkeit von Mächtigen
Karlstadt hat bewusst ein einfacheres Leben geführt, um nicht von den Fürsten abhängig zu sein. Es gibt das Sprichwort: „Die Hand, die einen füttert, beißt man nicht." Wie steht es also mit der Freiheit der Botschaft? Ist es möglich, denjenigen, die einen bezahlen, kritische Dinge zu sagen?

2) Gegen die intellektuelle Überheblichkeit
Karlstadt verließ bewusst sein universitäres Umfeld. Aus dem Lager der Intellektuellen zur volkstümlichen Bewegung. Keine scholastische Theologie, kein theologischer Elfenbeinturm, keine Spitzfindigkeiten an

den Universitäten. Wie steht es mit der Glaubwürdigkeit von Berufs-
geistlichen?

3) Gegen eine Verlangsamung der Reformen

Was ist die richtige Geschwindigkeit einer Reform? Wer bestimmt die
Geschwindigkeit? Die Obrigkeit, die Sorge vor Unruhen hat? Die
Schwachen, die sich überfordert fühlen? Jeder, der praktische Gemeindearbeit macht oder gemacht hat, kennt dieses Argumentieren mit den
Schwachen. Häufig sind es die sich bedroht fühlenden Mächtigen, die
mit den sogenannten Schwachen argumentieren und es dann „Fürsorge" nennen. Die wirklich Schwachen sind oftmals gar nicht im Blick.
Karlstadt wollte von einer Diskussionsebene zur Aktion kommen, vom
Erkennen zum Tun des Willen Gottes. Es ging darum, die Diskrepanz
zwischen biblischer Forderung und praktischer Untätigkeit zu über-
winden.2

4) Welche Mittel sind erlaubt, um Reformen durchzusetzen?

Ist Gewalt erlaubt? Diese Frage wurde unterschiedlich beantwortet.
Selbstverständlich lehnen wir das aus heutiger Sicht ab. Genauso muss
man aber auch fragen: Darf man Reformen mit Gewalt unterdrücken?
Und noch darüber hinaus: Wann werden Worte gewalttätig und bringen andere bewusst in Verruf?

5) Wodurch werden Reformen ausgelöst?

Was ist ihr Bezugspunkt? Was ist der Maßstab für Reformen? Ist es die
schwelende Unzufriedenheit mit dem Klerus, den Priestern und Mön-
chen? Ist es also eine Krisenstimmung, wirtschaftlich oder sozial? Welche Rolle spielen die aktuelle Not der Bauern, die gesellschaftlichen
Missstände, die Ausbeutung? Oder: Werden Reformen durch die Bibel
ausgelöst? Wenn ja, durch welche Teile der Bibel? Sind Gesellschafts-
strukturen im Alten Testament Vorbild oder die Briefe des Paulus oder
die Evangelien, die direkt von Jesus berichten? Oder liefert die Bibel
nur eine nachträgliche Begründung für Reformen, die sowieso schon in
der Luft lagen? Das alles ist es wert zu reflektieren.

#05 Thomas Müntzer - Radikal für Freiheit und Gerechtigkeit

Der Historiker Hans-Jürgen Goertz nennt ihn „Revolutionär aus dem Geist der Mystik".[4] Für Martin Luther war er *der* Inbegriff des Schwärmers, Feindbild Nr. 1, der inkarnierte Teufel, ein Mordprophet. Die Anhänger von Thomas Müntzer verstehen ihn dagegen als „wahrhaftigen Verkünder des Evangeliums"; ein unerschrockener Kämpfer für Freiheit und Gerechtigkeit. Unterschiedlicher kann die Wahrnehmung kaum sein, was ihn umso interessanter macht. Lange Zeit jedoch wurde das Bild Müntzers von den diffamierenden Äußerungen Martin Luthers überlagert.

Müntzer wurde um 1489 in Stolberg am Harz geboren. 1513 wurde Müntzer zum Priester geweiht. Er studierte in Leipzig und Frankfurt an der Oder. Später, während er als Seelsorger arbeitete, las er diverse kirchengeschichtliche Darstellungen, Akten von Konzilien und Ketzerprozessen, Schriften der deutschen Mystik und Flugschriften der Humanisten. Goertz schreibt:

„Müntzer war, noch bevor er eigenes Profil annahm, bereits ein gelehrter und kirchenpolitisch engagierter Mann."[5]

Zwei Jahre nach dem Thesenanschlag, also 1519, wurde er im Zusammenhang mit der Reformation erstmals erwähnt, und zwar unter dem neuen Begriff „Lutheraner". Er fiel durch antiklerikale Polemik auf. Ein Jahr später, 1520, beginnt seine breitere öffentliche Wirksamkeit in der wirtschaftlich bedeutsamen Stadt Zwickau. Zu diesem Zeitpunkt wurde er noch von Luther dorthin empfohlen. Schon damals betonte Müntzer, in Auseinandersetzung mit Johannes Sylvius Egranus, einem eher kühl-intellektuellen und humanistisch geprägten Kollegen, einen geistgewirkten und persönlich angeeigneten Glauben. Immer mehr kam er mit Handwerkern, Bauern und Leuten aus dem ärmeren Milieu in Kontakt. Müntzer predigte feurig und anschaulich, schürte den sogenannten „Pfaffenhass" und die Romfeindlichkeit. Es kam immer wieder zu Tumulten und Handgreiflichkeiten. Bilder und Figuren wurden aus

---

[4] Goertz, Hans-Jürgen; Thomas Müntzer - Revolutionär aus dem Geist der Mystik, in: Goertz, Reformatoren, 30.
[5] A.a.O., 33.

Kirchen entfernt, Predigten von anderen gestört. All die polarisierend öffentlichen Aktionen wurden unterlegt und begründet mit einer Theologie, die ihre Wurzeln in der mittelalterlichen Mystik hatte - gemischt mit einer endzeitlichen, düsteren Apokalyptik. Es ging um innere Gotteserfahrungen, die zu Kritik an kirchlichen Hierarchien und zu sozial-radikalen Handlungen antrieben.

Bereits 1521 musste Müntzer Zwickau verlassen. In Prag verfasste er ein theologisch leidenschaftliches Manifest. Ihm ging es darum, dass Gottes Stimme direkt die Herzen von Menschen erreicht und nicht über die kirchliche Hierarchie von Priestern vermittelt wird. Gerade die exklusive Verwaltung des Heils durch den Klerus war ihm ein „Dorn" im Auge. Im Gegensatz dazu sprach er davon, dass Gottes Reden und seine Autorität Menschen in einem aufwühlenden Existenzkampf erreicht. Inspiriert von mittelalterlicher Mystik ging es um ein „Mitleiden mit Christus, dem Gekreuzigten". Das Wort Gottes wird gewissermaßen „im Abgrund der Seele" geboren. Aus einem inneren und verinnerlichten Heilsprozess kommt es dann zur Gestaltung der Welt. So werden Menschen frei von Abhängigkeits- und Unterdrückungsverhältnissen, auch von der Unterdrückung durch kirchliche Institutionen. Das ist der Keim für den später revolutionären Sprengstoff, die erste deutsche Revolution.

Müntzer war davon überzeugt, dass äußerlich erkennbar ist, wer sich auf dem rechten Weg der Auserwählten befindet. Es kam zur Unterscheidung von Glaubenden und von Gottlosen. Das Bild vom Unkraut und Weizen ist die Vorlage. Das Ende ist nah. Eine göttliche Trennung muss herbeigeführt werden. Zunächst sind die Gottlosen der Klerus, der sich herrschaftsbesessen zwischen Gott und Menschen stellt und die Religion kontrolliert. In diesem Zusammenhang klang auch schon das Motiv vom „Priestertum aller Gläubigen" an, das heißt jeder Mensch hat durch den Christus-Geist unmittelbaren Zugang zu Gott ohne Vermittlung der kirchlichen Priester oder einzelner Sakramente.

Auch in Prag blieb Müntzer nicht lange, er übernahm 1523 in Allstedt eine Pfarrstelle. In kurzer Zeit entstand eine breite Reformbewegung, die sich schon deutlich von der Wittenberger Bewegung unterschied. Siegfried Bräuer nennt ihn den: „Vater des deutschen evangelischen Gottesdienstes und des evangelischen Gemeindeliedes"[6]. Müntzer wollte das Volk zur Erfahrung des Glaubens führen. Seine Predig-

---

[6] Bräuer, Vogler, 188.

ten waren ein öffentliches Ereignis und entfachten Begeisterung. Seine Zuhörer sollten aus einer inneren Umwandlung - einer geistlichen Läuterung - zu Trägern einer neuen freiheitlichen und gerechten Ordnung werden. Es ging nicht nur um innerkirchliche Fragen, sondern um eine weltgestaltende Aufgabe.

In Allstedt und auch in den umliegenden Ortschaften wurde von Müntzer ein heimlicher Bund gegründet. Dieser sollte als Kerntruppe bei der Durchführung seiner Pläne dienen. Aus der Entfernung nahm Luthers Argwohn zu. Müntzer selbst war zwar noch nicht offen gegen Luther angetreten. In seinen Schriften wird die Absage an die Theologie Martin Luthers jedoch immer mehr deutlich. Sein antiklerikales Feindbild wurde nun auf die Wittenberger übertragen. Für Müntzer war ein Glaube, der sich nur auf die Buchstaben der Heiligen Schrift bezog, zu wenig. Aus seiner Sicht entwickelten sich die Wittenberger zu neuen Schriftgelehrten, die das Auslegungsmonopol für sich beanspruchten und sich damit erneut zwischen Gott und Menschen stellten. Auch kritisierte Müntzer die „Taufe von Unmündigen". Aus seiner Sicht war sie schon seit konstantinischen Zeiten „als Eingang zur Christenheit zum viehischen Affenspiel geworden"[7]. Und damit ist sie schuld am Verfall der Kirche.

Mit der Zeit nahmen die Unruhen in Allstedt zu. Es gab Beschwerden bei den Fürsten über ihn. Luther empfand ihn als ernstzunehmenden Konkurrenten. Zur lehrmäßigen Kontrolle musste Müntzer eine Predigt vor der amtierenden Obrigkeit halten. Anhand von Texten des Propheten Daniel legte er die Vision von den vier Weltreichen aus und drängte darauf, dass die Zeit gekommen sei, das Reich Gottes auf Erden zu erwarten.[8] Für diese historische Aufgabe wollte er die Fürsten gewinnen. Diese sogenannte „Fürstenpredigt", direkt und offensiv, feurig und furchtlos, gilt als eines der eindrucksvollsten Dokumente aus der Reformationszeit.

Die Fürsten reagierten abweisend. So musste Müntzer 1524 auch Allstedt verlassen. Er floh vor dem Zugriff der Fürsten. Ab jetzt hielt er es für legitim, sich zusammen mit dem Volk gegen die Obrigkeit zu erheben. Der revolutionäre Kurs nahm immer mehr Konturen an. Luther veröffentlichte den scharfen „Brief an die Fürsten zu Sachsen von dem aufrührerischen Geist". Er überredete die Fürsten zu rigorosem Ein-

[7] Goertz, Hans-Jürgen; Thomas Müntzer - Revolutionär aus dem Geist der Mystik, in: Goertz, Reformatoren, 37.
[8] Fast, 271.

greifen. Müntzer wendete sich mit seiner „Hochverursachten Schutzrede" gegen das "geistlose sanftlebende Fleisch zu Wittenberg"[9]. Man bekommt eine Ahnung, mit welcher gegenseitigen Polemik gearbeitet wurde.

Nach einigen Umwegen fand man Müntzer unter den Aufständischen. In Mühlhausen beteiligte er sich an der Organisation und Durchführung von Bauernzügen durch Thüringen. Er verschrieb sich als Anführer ganz dem Aufstand und drängte zur Tat. Dabei deutete er die drohende Konfrontation mit der weltlichen Gewalt als Endgericht. Im Mai 1525 wurde in Frankenhausen die wütende Ansammlung der Bauern vom heranrückenden Fürstenheer geschlagen und grausam verfolgt. Luther hatte die Fürsten dazu aufgerufen, die Bauern streng zu bestrafen. Es war der 15. Mai 1525. Ungefähr 6000 Bauern verloren ihr Leben. Müntzer konnte fliehen, wurde aber später gefasst und gefoltert. Knapp zwei Wochen später wurde er hingerichtet.

Der Einfluss Müntzers und seiner Gedanken war sehr groß, gerade auch nach seinem Tod. Sein Spiritualismus inspirierte Hans Denck und Sebastian Franck. Seine feurige Endzeit- und Traumsymbolik färbte auf Hans Hut und Melchior Hoffmann ab. Am meisten wirkte er aber ungewollt eher negativ nach. In seinem Schatten wurden alle, die nach ihm kamen und nicht zum offiziellen reformatorischen Lager gehörten, als Schwärmer verdächtigt und diffamiert.

Sehen wir noch mal auf einige Fragen, die durch sein Wirken und seine radikalen Positionen aufgeworfen wurden.

1) Ist es möglich, frei von Hierarchien und kirchlichen Ordnungen zu leben?
Die antiklerikale Kritik war zur damaligen Zeit weit verbreitet. Das war nicht neu und verband Müntzer mit den anderen Reformatoren. Die neue Lehre Müntzers bestand darin, dass er diese Kritik mit einem inneren mystischen Zugang der Menschen zur Gotteserfahrung begründete. Deswegen stellte er sich gegen äußere Rangordnungen, kirchliche Vorschriften und eine feudalistische Ständeordnung.[10] Ist es nicht richtig, eine solche Vision zu verfolgen, die alle Menschen zu Brüdern und Schwestern vor Gott macht? Ein Vision von Gerechtigkeit und Freiheit für alle? Zwingt das biblische Evangelium nicht geradezu dazu, jegli-

---

[9] A.a.O., 39.
[10] Rupert Lay schreibt dazu: „Der latente Anarchismus christlichen Glaubens wurde offenbar." Lay, 51.

che Hierarchien im Licht des kommenden Gottesreiches zu relativieren? Oder, sofern es dennoch Leitungsämter gibt, dürften sie dann nicht nur rein funktionaler Natur sein?

2) Führt eine innere Umgestaltung zwingend zu einer äußeren, gesellschaftspolitischen Wirkung?
Die Erfahrung zeigt, dass das nicht unbedingt so sein muss. Es ist durchaus möglich, eine vermeintlich innere Erlösung zu erleben, ohne dass daraus eine Gesellschaftsverantwortung entsteht. Christliche Gemeinschaften können durchaus viel Zeit mit Anbetung und Bibellehre verbringen, ohne sich von sozialen Nöten ansprechen und herausfordern zu lassen. Für Müntzer war das undenkbar. Er trennte nicht zwischen einer kirchlichen und gesellschaftlichen Reform. Wie tief sitzt eine platonische Weltsicht in den Knochen des Christentums? Nach dem Motto: Einerseits gibt es eine „unsichtbare, ewige Wahrheit", andererseits eine „reale, vergängliche Welt"?

3) Wie sehr sind wir in kirchlicher Realpolitik gefangen? Oder: Sind wir als Christen noch utopiefähig?
Müntzers Radikalität speiste sich aus einer übermächtigen Vision, dass ein umfassender gesellschaftlicher Umbruch bevorstünde. Er glaubte an so etwas wie an eine hereinbrechende, erzwingbare „demokratische Theokratie" oder besser noch an eine Pneumatokratie, also dass der Geist Gottes Menschen von innen erleuchtet und aus gesellschaftlicher Unterdrückung herausführen würde. Ohne Frage ist die damit verbundene Gewaltbereitschaft abzulehnen. Aber ist es nicht wichtig, dass wir Christen eine reale, bessere Zukunft für diese Welt erhoffen? Oder ist unser Glaube so verkopft, so abstrakt, so korrekt, so rechtgläubig, dass für uns die konkrete soziale Not und wirtschaftliche Ungerechtigkeit sekundär werden?

4) Berechtigte Ideologiekritik
Hans-Jürgen Goertz schreibt:

„Müntzer hat erkannt, wie schnell sich Theologie zu Herrschaftszwecken missbrauchen lässt, und den Weg Luthers in eine Reformation vorausgesehen, die sich von obrigkeitlicher Macht protegieren ließ."[11]

---

[11] A.a.O., 39.

Bei allen Verdiensten, die zurecht Martin Luther zugeschrieben werden, sollte die prophetische Kraft Müntzers nicht übersehen oder diffamiert werden. Müntzer spürte die Gefahr, dass das neue Evangelium erneut die Armen und einfachen Leute bevormunden und ausnutzen würde. Die Befreiungstheologie in Südamerika hat genau das angemahnt, nämlich, dass es nicht um großzügige Barmherzigkeitsdienste einer reichen Kirche für die Armen geht, sondern um eine Beteiligung der Armen am kirchlichen Leben. Nicht eine Kirche für die Armen, sondern mit den Armen.

Trotz Spott und Polemik durch die anderen Reformatoren wurde Thomas Müntzer bei der Französischen Revolution als „mutiger Führer im Befreiungskampf des deutschen Volkes" gefeiert und später im sozialistischen Lager zu einer Symbolfigur in Bezug auf die „soziale Frage". Natürlich ist auch das eine interessengeleitete Instrumentalisierung seiner Person. Aber es hilft, die offizielle Reformationsversion durch eine sperrige Außenperspektive zu relativieren.

Zum Schluss ein Filmtipp
In der ZDF-Mediathek gibt es eine 43-minütige Dokumentation unter dem Titel „Thomas Müntzer und der Krieg der Bauern." Sehenswert.

#06 Exkurs ins 12. Jh.: Joachim de Fiore - Eine kühne Geschichtskonzeption und ihre Folgen

Wodurch war Thomas Müntzer inspiriert? Zum Großteil von der Mystik des ausgehenden Mittelalters. Herausragende Vertreter waren Johannes Tauler und Meister Eckhart. Eine äußerst wichtige Spur führt jedoch zu einem Abt in das 12. Jahrhundert: Joachim de Fiore. Hier stoßen wir auf eine geheimnisvoll radikale Geschichtskonzeption, die seit Jahrhunderten bis in die heutige Zeit zu umfangreichen Inspirationen und leidenschaftlichen Utopien geführt hat.[12]

Thomas Müntzer schrieb im Dezember 1523, das war eineinhalb Jahre vor der Schicksals-Schlacht in Frankenhausen, über die anderen Reformatoren:

„Ihr sollt wissen, dass sie diese meine Lehre dem Abt Joachim zuschreiben und heißen sie Ewiges Evangelium in großem Spott. Bei mir ist das Zeugnis des Abtes Joachim groß."[13]

Im Zusammenhang mit Joachim de Fiore taucht hier der Begriff „Ewiges Evangelium" auf. Was damit gemeint ist und warum es für die anderen Reformatoren Grund zum Spott bot, wird gleich deutlicher werden.

In seiner berühmten Fürstenpredigt sprach Müntzer von einem „Zeitalter des Geistes". Und später in seiner „Hochverursachten Schutzrede" schrieb er zum Schluss:

„Das Volk wird frei werden, und Gott wird allein der Herr darüber sein."[14]

Es ging ihm um ein Reich der Freiheit und der Gerechtigkeit, um ein Reich der Liebe und des Friedens. Seiner Meinung nach sprach Jesus nicht von einer mächtigen Kirche, sondern von einer armen und demütigen. Die Spuren all dieser Gedanken führen zurück zu Joachim de Fiore in das 12. und 13. Jahrhundert. Über 300 Jahre vor Thomas Müntzer.

---

[12] Löwith, 158-172.
[13] Wiedemann, 49.
[14] Bentzinger, 141.

Joachim de Fiore

Joachim wurde 1145 in Kalabrien, das ist das südlichste Italien, geboren. Es ist das Zeitalter der Kreuzzüge. Gefühlt befindet sich die Welt kurz vor dem Untergang. Joachim wurde als Mönch in einem Zisterzienserkloster ausgebildet. Später als Abt schrieb er selbst eine Ordensregel und gründete Klöster in den abgeschiedenen Bergen. Um 1178 begann er seine schriftstellerische Tätigkeit, die nach seinem Tod eine kaum zu überschätzende Wirkung entfalten wird. Zwischen 1190 und 1195 erlebte er eine Erleuchtung in Bezug auf die Auslegung von Bibeltexten. Von diesem Moment an begann er eine monumentale Geschichtsvision zu entwerfen und das Weltgeschehen in einen allumfassenden Deutungszusammenhang zu bringen. Manche bezeichneten ihn als Propheten. Das trifft es aber nicht wirklich. Ihm selbst ging es vielmehr darum, anhand von biblischen Offenbarungstexten die geschichtlichen Zeichen der Zeit zu deuten. Dazu legte er insbesondere die Apokalypse des Johannes in einer typologischen Weise aus: Figuren, Bilder, Symbole und Personen wurden Ereignissen der Heilsgeschichte zugeordnet. Aus dem Studium der Bibel in Kombination mit regelmäßiger Kontemplation analysierte er das Zeitgeschehen. Joachim war kein Reformer oder Revolutionär, der auf eine aktive Veränderung der Zustände drängte. Er glaubte vielmehr an eine innere Logik und Dynamik der Geschichte, an eine zwingende Entwicklung, die zur gegebenen Zeit gewissermaßen „wie von selbst" eintrat. Mit seiner Lehre griff er nicht die bestehende Kirche an. Das mag einer der Gründe dafür gewesen sein, weshalb er nicht als Ketzer verurteilt wurde. Inhaltlich jedoch lieferte seine Lehre genug Sprengstoff, um den gesamten kirchlichen Apparat ad absurdum zu führen. Joachim starb im Jahr 1202.

Das Geschichtsmodell

Werfen wir nun einen genaueren Blick auf sein Geschichtsmodell. Der Begriff „Ewiges Evangelium" entstammt der Offenbarung des Johannes:

> *„Und ich sah einen anderen Engel fliegen mitten durch den Himmel, der hatte ein ewiges Evangelium zu verkündigen denen, die auf Erden wohnen, alle Nationen und Stämmen und Sprachen und Völkern."*[15]

---

[15] Off. 14, 6.

Die übliche Auslegung ist: Dieses „Ewige Evangelium" ist die Botschaft von Jesus Christus, wie sie im neuen Testament überliefert wurde. Joachim aber glaubte, in den Schriften des Alten und Neuen Testaments eine Hintergrund-Ebene zu erkennen. Er suchte einen spirituellen Sinn der Texte, der über die reine Buchstabenbedeutung hinausging. Noch anschaulicher wird sein Geschichtsbild anhand seines Verständnisses von der Dreieinigkeit Gottes, Vater-Sohn-Geist. Aus Sicht von Joachim ging es dabei nicht allein um eine Wesensbeschreibung Gottes, sondern um Phasen in der Offenbarungsgeschichte. Es ging um eine fortschreitende Offenbarung in drei Stufen. Die drei Personen Gottes korrespondieren mit drei Epochen der Geschichte. Der Vater steht für das Alte Testament, der Sohn für das Neue Testament und der Heilige Geist für ein kommendes Reich des Geistes.

Dieser Dreischritt lässt sich jetzt mit verschiedenen Begriffsmustern konkretisieren: Es geht vom Licht der Sterne über zur Morgenröte bis hin zum hellen Tag. Oder: Vom äußerlichen Wissen zur inneren Weisheit bis hin zur vollkommenen Einsicht. Oder vom Alttestamentlichen Gesetz zur Gnade Jesu Christi zu einem Reich vollkommener Liebe. Also von der Knechtschaft zur Kindschaft zur Freundschaft.

Joachim sah eine Zeitepoche heraufziehen, in der Menschen aus einer inneren Geistleitung heraus leben und handeln würden. Es braucht dann keine kirchlichen Amtsträger, keine Gesetze und Autoritäten mehr, weil alle Menschen ähnlich einer Mönchsgemeinschaft aus einer inneren Verpflichtung und Überzeugung heraus leben. Diese Vision erinnert an die Jahrhunderte alten Worte des Propheten Jeremia in Bezug auf den Neuen Bund. Er schrieb im Namen Gottes:

„Ich will mein Gesetz in ihr Herz geben und in ihren Sinn schreiben, und sie sollen mein Volk sein, und ich will ihr Gott sein. Und es wird keiner den andern noch ein Bruder den andern lehren und sagen: »Erkenne den Herrn«, denn sie sollen mich alle erkennen."[16]

Das Geschichtskonzept des Joachim erhielt aus folgendem Grund eine enorme Brisanz: Nach seiner Zeitrechnung würde die zweite Phase, die der Petrus-Kirche, also der verfassten katholischen Kirche, um das Jahr 1250 oder 1260 enden. Und das bedeutete: Kirchliche Institutionen, das Papstamt, lateinische Messen, die Verwaltung von Sakramenten, die Ordnungen der Priesterhierarchie, der Umgang mit Besitztümern -

---

[16] Jer. 31, 33.34.

letztendlich der gesamte religiös-christliche Kirchenapparat würde hin-
fällig sein. Im Dritten Reich des Geistes ist nicht mehr die Rolle des
Apostel Petrus maßgebend, sondern die des Apostel Johannes, der ja
auch schon in urchristlicher Zeit Petrus überlebte. Darüber hinaus kündigte Joachim einen messianischen Führer an, der dieses neue Zeitalter
einleiten würde. Er meinte damit nicht eine herrschende Person, sondern schlicht einen Verkünder des Neuen.

Noch einmal: Was ist das radikal Neue, das Joachim einführte? Es ist
eine andere Einteilung des Geschichtsverlaufs. Seit Jahrhunderten hatte
das Christentum den Zeitverlauf in Alten und Neuen Bund, in Altes
und Neues Testament eingeteilt: Eine Zeit vor Christus und eine Zeit
nach Christus, im dem Sinne, dass in Christus bereits alles vollständig
offenbart ist und nicht überboten werden kann. Die Aufgabe der Kirche
bestand damit allein darin, die urchristliche Botschaft zu überliefern
und auf die Wiederkunft Jesu zu warten. Durch die Dreiteilung aber
entsteht eine neue Phase im Geschichtsverlauf - und zwar vor dem endgültigen Ende der Welt und inmitten der diesseitigen Erfahrbarkeit.
Hier und jetzt und schon bald. Damit trieb die Welt gefühlt nicht mehr
dem Untergang entgegen, wie das zweistufige Modell vorgab, sondern
die Welt bewegt sich auf ein helles, leuchtendes Zeitalter des Geistes
zu. Und dieses Reich des Geistes wird die institutionelle Kirche nicht
nur reformieren, sondern ganz ablösen und überflüssig machen. Aus
dieser Perspektive war Joachim de Fiore mit seinem theologischen Deutungsmuster um ein Vielfaches radikaler als Martin Luther. Hier begann es, dass das geschlossene kirchliche Weltbild des Mittelalters un-
reparierbar aufgebrochen wurde.

Joachim verkündigte inmitten einer flächendeckenden Weltuntergangsstimmung eine hoffnungsvolle Zukunft. Aus seiner Sicht gehörte
es zu Gottes Plan mit der Papst-Kirche, dass diese sich als überholt er-
weisen würde. Mit der Ablösung der institutionellen Kirche wird der
Weg frei für ein „Evangelium der Freiheit und der Freundschaft". Joachim vertrat keine vage Utopie, sondern er setzte ein Datum. Damit
wurde es verhängnisvoll. 40 Jahre nach seinem Tod übernahmen die
Franziskaner der zweiten Generation seine Ideen. (Auch Franz von Assisi, deren Gründer, war bereits 1226 gestorben.) Die Kirche Roms galt
als Auslaufmodell. Kaiser Friedrich II. wurde als Antichrist gedeutet
und Franz von Assisi wurde rückwirkend als Führer der neuen Epoche
verehrt. Ein neuer Mönchsorden wurde in Armut und Demut erwartet,

ohne Besitz und für Frieden und Liebe. Die Bergpredigt galt als Leitlinie.

Um es kurz zu machen: Als auch nach 1260 der ersehnte breitflächige Umbruch nicht zu erkennen war, fielen diese Bewegungen in sich zusammen. Die Ankündigungen galten auf der ganzen Linie als gescheitert. Das ist der Bezug, wenn die anderen Reformatoren Thomas Müntzer in Hinblick auf das sogenannte Ewige Evangelium verspotten. Aber die Ideen von Joachim lebten weiter. Die katholische Kirche distanzierte sich zwar von einzelnen Thesen, aber seine Geschichtstheologie wurde nie grundlegend verdammt. Im 14. Jahrhundert zum Beispiel. bilden sich die Beginen- und Begarden-Konvente. Das waren christliche Gemeinschaften, überwiegend in den Niederlanden, die in der Nachfolge Christi leben wollten. Später entwickelten sich Zentren der Freigeistigen Bewegung. Und damit sind wir wieder bei Thomas Müntzer. Die Aufstände der Bauern scheiterten. Der christlich inspirierte Gesellschaftstraum starb unter dem Schwert. Die Kircheninstitutionen verweigerten sich grundlegenden Gesellschaftsreformen.

Von nun an warfen sozialistische Utopien ihre Schatten voraus. Mehr und mehr wurde institutionalisierte Religion als Verhinderer für soziale Gerechtigkeit wahrgenommen. Es ging nun nicht mehr um Revolution um Gottes willen, sondern um der Menschen willen. Joachim de Fiores Geschichtsbild wurde säkularisiert und bildete die Grundlage für die aufklärerische Fortschrittsreligion der Neuzeit. Die Devise lautete fortan: Von der Buchreligion zur Vernunftreligion: Lessing, Fichte, Schelling. Wie geschichtsmächtig diese Ideen waren, zeigte sich 600 Jahre nach Joachim in Hegels Philosophie. Er übernahm das Muster des kalabrischen Abtes und wandelte es zum bekannten Dreischritt: These, Antithese, Synthese. Später wurde es dann von Karl Marx aufgegriffen. Er sah darin die elementare Struktur für gesellschaftliche Umbruchsprozesse. Anfang des 20. Jahrhunderts, nach dem ersten Weltkrieg, bildete sich im kommunistischen Kontext die Dritte Internationale - mit der Hoffnung eines kommunistischen Endziels einer gerechten Welt. Und auf deutschem Boden formierte sich die Idee eines „Drittes Reiches" mit einem Führer, der einen messianischen Anspruch vertrat. Dass in all diesem die Ideen von Joachim de Fiore missbraucht wurden und zu katastrophalen Folgen führten, ist weithin offensichtlich.

Fragen zum Nachdenken

1) Utopien auf Grundlage der Bibel. Geht das?

Das „sola scriptura" der Reformation, also „Allein die Schrift", lenkt zum einen unseren Blick weg von der kirchlichen Tradition als normgebend, zum anderen stellt es sich gegen isoliert offenbarte Sonderlehren ohne Schriftbezug. Das ist nachvollziehbar.

Bei Joachim ist aber wichtig in Erinnerung zu behalten: Er kam zu seinen Ideen gerade aufgrund von Bibelstudium. Seine Entwürfe waren nicht losgelöste Geisteingebungen, apokalyptische Visionen oder Sonderoffenbarungen. Er ging typologisch an die Bibel heran. Die Reformatoren mögen das kritisieren, aber macht nicht genau das auch der Hebräerbrief, der von dem Bild der Stiftshütte spricht und von Vorschattungen des neuen Bundes? Und: Ist es nicht ein interessanter Gedanke, dass die biblischen Texte zwar als Kanon in sich abgeschlossen sind, aber dennoch aus sich selbst heraus über sich selbst hinausweisen? Kann es nicht sein, dass das NT nicht nur ein Gemälde des Neuen Bundes ist, sondern gewissermaßen auch ein Fenster in das Neue, also zugleich abgeschlossen und offen? Man könnte noch kürzer formulieren: Könnte es nicht sein, dass das NT nicht nur hinter uns - quasi als Geschichtsdokument - sondern auch vor uns - als Vision - liegt? Der Philosoph Karl Löwith schreibt dazu:

> „Bei Augustin und Thomas <von Aquin> beruht die christliche Wahrheit einmal für immer auf einer einmaligen geschichtlichen Tatsache; bei Joachim hat die Wahrheit selbst einen offenen Horizont und eine wesentliche Geschichtlichkeit."[17]

2) Kirche und Macht?

Für Joachim war seine Auslegung der Offenbarung eine Botschaft der Hoffnung. Wenn er darin aber ankündigte, dass die Papstkirche ein Auslaufmodell sei, verwundert es nicht, dass sich Widerstand regte. Institutionen - auch religiöse - haben die Eigenschaft, sich selbst erhalten zu wollen. Warum sollte die Kirche tatenlos zusehen, dass sie sich von innen her selbst abschafft? Schließlich verwaltet sie das Heil, kontrolliert damit den religiösen Betrieb und erhält ihre - auch politische - Macht in der Gesellschaft. Im schlimmsten Fall verkommt Kirche unter dem Anspruch der umfassenden Christianisierung zu einem totalitären

---

[17] Löwith, 170.

System, das selbst Zugriff auf das innerste Gewissen des Einzelnen haben will und hat. Noch einmal Karl Löwith. Er schreibt:

„Die triumphierende Kirche stabilisierte und neutralisierte die Möglichkeiten der radikalen Eschatologie der Urchristen…"[18]

Bei all dem sollte man nicht nur auf die Gefährdung großer etablierter Kirchen achten. Jede Art von Institutionalisierung kann diese Dynamik entwickeln. In kleinerer Ausführung ergeben sich Tendenzen zu Sektenmustern, bei denen die Mitglieder psychisch kontrolliert werden. Jedes religiöse System entwickelt eine selbsterhaltende Eigendynamik.

Wie aber wäre eine kirchliche Gestalt, die strukturell bescheiden und demütig bliebe? Wie wäre eine kirchliche Gestalt, die es begrüßte, wenn aus religiösen Empfängern mündige Akteure würden, die das kirchliche Korsett immer weniger benötigten? Wir reden von einer kirchlichen Struktur, die sich systemimmanent beständig selbst relativiert, um immer neu einen Raum der Freiheit zu eröffnen. Es geht um einen offenen Horizont, der Menschen vitalisiert und nicht religiös beengt. Wir werden da an späterer Stelle noch weiter drüber nachdenken.

Ich ende mit einem Hinweis auf den angesehenen italienischen Philosophen aus heutiger Zeit: Gianni Vattimo. In seinen philosophischen Entwürfen nimmt er mehrfach Bezug auf Joachims Vision von einem „Reich der Freundschaft und der vollkommenen Liebe". Der Ursprung liegt bei Jesus, der zu seinen Jüngern sagte: „Ich nenne euch nicht mehr Knechte, sondern Freunde."[19] Nicht mehr Knechte, sondern Kinder Gottes und darüber hinaus Freunde Gottes. Im Zusammenhang mit Religion erhofft sich Gianni Vattimo eine Bereitschaft zu einer sogenannten „schwachen Ontologie".[20] Gemeint ist ein Selbstverständnis, bei dem Kirche bewusst ihre institutionelle Stärke und ihren Zwang zur Absolutheit abschwächt, um dadurch einen Raum der Freiheit und Gleichheit für alle zu eröffnen. Es ist spannend zu sehen, wie die über 800 Jahre alten Gedanken von Joachim de Fiore bis heute Inspiration für große philosophische Geschichtsreflexionen sind.

---

[18] Ebd.
[19] Joh. 15, 15.
[20] Mehr Reflexionen zu Vattimos Verständnis von „Schwächung" in: Deibl, 83-110.

#07 Der Bauernkrieg - Kommunaler Befreiungskampf des "gemeinen Mannes"

Wir befinden uns in der Zeit von 1524 bis 1526. In der letzten Lektion haben wir uns in einem großen Bogen angesehen, dass Thomas Müntzer nicht ein „isolierter, kopfloser Fanatiker" war. Er stand inmitten einer Ideengeschichte, die über 300 Jahre zurück zu dem Abt Joachim de Fiore reicht. Aber Thomas Müntzer scheiterte und mit ihm die Hoffnungen vieler Bauern auf eine gerechtere Welt.

In dieser Episode soll es darum gehen, sich skizzenhaft die wirtschaftlichen und politischen Umstände vor Augen zu führen, die zum sogenannten „Deutschen Bauernkrieg" führten. Vor diesem Hintergrund wird dann noch klarer, weshalb Müntzer sich mit solch einer Leidenschaft für die Anliegen der Bauern einsetzte.

Der Begriff „Bauernkrieg"

Diese Bezeichnung ist ein anschauliches Beispiel, wie durch Sprache Wirklichkeit gedeutet und bewertet wird. Man erhält durch diesen Begriff den Eindruck, die Bauern hätten den Krieg begonnen. An anderen Stellen werden diese Vorgänge mit Aufstand, Revolte oder Empörung bezeichnet. Waren die Bauern die Ursache? Das ist eine Frage der Perspektive.

Der Bauernkrieg wird völlig unterschiedlich bewertet. Die einen nennen dieses Geschehen „das große Missverständnis der Reformation, das das Werk der Reformation ernstlich bedrohte" - die anderen eine „Glaubensrevolte", die „größte Massenbewegung der deutschen Geschichte" oder „den konsequenten Aufstand eines unterdrückten Volkes".[21] Im marxistisch-leninistischen Kontext gilt der Bauernkrieg als Ur-Typologie einer Revolution, also als *das* Anschauungsbeispiel für den sogenannten „frühbürgerlich-revolutionären Prozess".

Wenn man aber den Begriff „Revolution" verwendet, wird der Eindruck erweckt, als würde es eine einheitliche, koordinierte Aktion gewesen sein. Das war jedoch keineswegs so. Treffender ist, dass es verschiedene, dezentrale und ungleichzeitige Widerstandsbewegungen mit revolutionärem Charakter gab. Es war das aufgestaute Aufbegehren der „gemeinen Mannes", also der Bauern und Städter, denen das

---

[21] Goertz, Pfaffenhaß, 163.

Recht auf politische Mitbestimmung vorenthalten wurde. So wie sich der Ruf nach Reformen bis ins 13. Jahrhundert zurückverfolgen lässt, verhält es sich ähnlich mit den Unruhen unter den Bauern.

Ursachen

Der Bauernkrieg ist nicht plötzlich über das Land hereingebrochen. Peter Blickle beschreibt die Ursachen als eine Gemengelage aus wirtschaftlichen, politisch-rechtlichen und religiösen Motiven. Seiner Darstellung nach war es ein „Kommunaler Befreiungskampf". Man spricht auch von einer Gemeindereformation, weil sich die Bewegung im ländlichen Bereich formierte.[22]

Dazu muss man wissen. Etwa 80% der Bevölkerung lebte auf dem Land. In dörflichen Umgebungen wurden umliegende Wälder, Ackerflächen und Seen zum Großteil gemeinsam genutzt. Man nannte die gemeinsam genutzten Flächen „Allmende" oder „Gemeingut". Das Ganze hatte eine genossenschaftliche Rechtsstruktur. Mit dem wachsenden Grundbesitz von Grundherren entstanden aber einzelne Territorien und Fürstentümer. Viele Bauern verschuldeten sich oder gerieten durch die Abgaben und Frondienste in Armut. Die wirtschaftliche Not und das soziale Elend wuchsen. Aus den Allmenden wurde mehr und mehr Privatbesitz der Herrschenden, den die Dorfbewohner nicht mehr eigenständig verwalten durften, sondern unter hohen Auflagen pachten mussten. Der frühe Kapitalismus warf seine Schatten voraus.

Als zweites muss man wissen: Die mittelalterliche Gesellschaft war eine Ständegesellschaft. Grob gesagt: Oben Papst und Kaiser, dann der kirchliche Klerus, darunter der Adel und ganz unten die Bauern. Der Klerus sorgte für das Seelenheil, der Adel verteidigte mit seinem Heer das Land und die Bauern hatten das Land zu bebauen und die Gesellschaft zu ernähren. Bei all dem hatten die Bauern keine Möglichkeit zur politischen Mitbestimmung. Mit der wachsenden Macht der Grundherren beanspruchten diese den Ertrag der Allmende: Holzschlag, Wild- und Fischfang. Viele Bauern gerieten in Leibeigenschaft. Dieses war der gesellschaftliche Nährboden, auf den die neuen Ideen der Reformation fielen.

1520 erschien Luthers Schrift „Von der Freiheit eines Christenmenschen". Er meinte damit eine innere Glaubensfreiheit vor Gott. Die Bauern hörten darin jedoch eine Legitimation für gesellschaftliche Be-

---

[22] A.a.O., 168.

freiungsprozesse. Mit dem Rückenwind der Reformation wurde aus einzelnen Unruheherden schnell ein Flächenbrand. Günther Franz nennt den Konflikt in sachlicher Sprache: „einen Zusammenprall von territorialem Herrschaftsrecht und gemeindlichem Genossenschafts-recht"[23]. Der sogenannte „Bauernkrieg" war ein Kampf um die genos-senschaftlich verfasste Gemeinde. Oder anders gesagt: Eine hierar-chisch strukturierte Kircheninstitution trifft auf eine demokra-tisch-kommunikative Dorfgemeinschaft, die sich als neue wahre Kirche verstand.

Worum ging es den Bauern?

Sie schrieben Beschwerden, Artikel und Briefe an die Grundherren. Sie entwarfen Programme und machten Verfassungsentwürfe. Das wohl bekannteste Dokument waren die „Zwölf Artikel". Es wurde 1525 in ei-ner breitangelegten Bauernversammlung in Memmingen verfasst. Dar-in forderten sie eine freie Wahl der Prediger aus der Dorfgemeinschaft, die Verwendung des Kirchenzehnten für die eigene Gemeinde, die Ab-schaffung der Leibeigenschaft, die Kommunale Nutzung der Allmende und die Einschränkung der Frondienste.

Man muss sich dabei vor Augen führen: Anfänglich ging alles weit-gehend friedlich zu. Die Bauern hatten nicht die Absicht, die Obrigkei-ten zu stürzen, sondern sich gegen deren Übergriffe zu wehren. Es war im Kern eine Widerstandsbewegung, eine Verweigerung. Sie verwei-gerten den Zehnten als Zwangsabgabe für ihre Obrigkeit. Sie wählten sich ihre kirchlichen Amtsträger selbst und wollten sich niemanden mehr vorsetzen lassen. Als die Grundherren mit Zwangsmaßnahmen reagierten, entzündeten sich mehr und mehr gewalttätige Konfliktdy-namiken. Begründet wurde der Widerstand der Bauern mit dem soge-nannten „alten Recht". Die Bauern beriefen sich auf alte genossen-schaftsähnliche Verträge. Im Zuge der Reformation argumentierten sie dann mit dem „göttlichen Recht". Sie zitierten Bibelstellen und verstan-den das Evangelium nicht nur als innere Glaubenswahrheit, sondern als gesellschaftsgestaltendes Prinzip. Sie kündigten sogar an, dass sie - jetzt wo die Bibel ins Deutsche übersetzt war - weitere Forderungen stellen würden, sofern sich diese mit der Bibel begründen ließen.

Spätestens jetzt mussten sich die Grundherren grundlegend bedroht fühlen. Auch wenn die „Zwölf Artikel" nicht aktiv zur Gewalt aufrie-

---

[23] A.a.O., 165.

fen, so hatten sie doch eine umstürzlerische, revolutionäre Energie. Hans-Jürgen Goertz schreibt:

> *„Martin Luther hat sich auf seiner Reise ins Aufstandsgebiet bemüht, die Bauern zu beruhigen. Er richtete aber nichts aus. Verbittert und enttäuscht kehrte er nach Wittenberg zurück."*[24]

Es ist hinlänglich bekannt, dass Luther auf die Bauernaufstände mit scharfen Angriffen und Verurteilungen reagierte. Seine Schrift „Wider die räuberischen und mörderischen Rotten der Bauern" ist ein dunkles Kapitel der Kirchengeschichte. Luther sah in dem Kampf der Bauern für eine neue kirchlich-gesellschaftliche Ordnung nicht eine Reformation, sondern „reines Teufelswerk", in dem das göttliche Wort fleischlich ausgelegt wurde.[25] Er tadelte zwar auch das Vorgehen der Fürsten, aber aus seiner Sicht war das Grundübel die Aufsässigkeit der Bauern und die mangelnde Bereitschaft, sich der gottgegebenen Obrigkeit unterzuordnen.

Die Bauern fühlten sich von Luther im Stich gelassen. Wie wäre wohl die Geschichte verlaufen, wenn Martin Luther und auch die anderen Reformatoren nicht die Niederschlagung der Bauernaufstände empfohlen hätte? Von Kurfürst Friedrich den Weisen ist kurz vor seinem Tode überliefert, dass er unsicher war, ob die Bauern nicht doch ein Recht hätten, sich für die Verbesserung ihrer Lebensumstände einzusetzen.

Man könnte fragen: Auf welcher Seite stand Gott? Die Bauern zitierten unter anderem Galater 3,28: „Das ist weder Knecht, noch Herr, sondern alle eins in Christus." Die Obrigkeit aber verstand sich als von Gott eingesetzt und im Recht, wenn sie gegen die Bauern gewalttätig vorging. Nach der verheerenden Schlacht in Frankenhausen gab es noch einzelne weitere Niederschlagungen. Bis Mitte 1526 hielten die Kämpfe an. Dann war der Widerstand der Bauern endgültig gebrochen. Tausende - wohl an die 100.000 Menschen auf Seiten der Bauern - wurden in dieser Zeit im Namen Gottes von den Fürstenheeren überrannt und niedergemetzelt. Dörfer wurden angezündet und hohe Strafgelder auferlegt. Das ländliche Gebiet verschwand für sehr lange Zeit aus dem politischen Leben. Zusammenfassend kommentiert Hans-Jürgen Goertz:

---

[24] A.a.O., 176.
[25] A.a.O., 180.

„dass sich aus der Organisationsform der bäuerlichen Haufen entweder eine korporativ-bündische oder eine landwirtschaftliche Verfassung ergeben hätte, die auf eine kommunale oder republikanische Staats- und Gesellschaftsform hinauslaufen musste und sich wohl durchgesetzt hätte, wenn der „gemeine Mann" erfolgreich gewesen wäre..."[26]

War er aber nicht. Stattdessen werden sich im weiteren Verlauf „absolutistische Herrschaftsformen" herausbilden und die Wirtschaft wird mehr und mehr nach kapitalistischen Mechanismen funktionieren.

Verlängerungen in die heutige Zeit

(1) 2009 erhielten Elinor Ostrom und Oliver E. Willamson den Wirtschaftsnobelpreis für ihre Forschungen zum Thema „Allmende". Es geht um ein gemeinschaftliches Eigentum jenseits von Staat und Markt. Der englische Begriff dafür ist „Commons". Damit bekommt das weltweite Thema „Allmende" - die Verwaltung des Allgemeinguts - wieder eine neue Aufmerksamkeit.

(2) Seit den 1990er-Jahren hat sich ausgehend von Österreich eine Bewegung unter dem Namen „Gemeinwohl-Ökonomie" gebildet. 2010 ist das gleichnamige Buch von Christan Felber erschienen. Es geht um eine Systemalternative sowohl zur kapitalistischen Marktwirtschaft als auch zur zentralen Planwirtschaft. Gemeint ist ein Wirtschaftsverständnis, das Kooperation höher als Konkurrenz setzt. Zentrale Werte sind Menschenwürde, Solidarität, ökologische Nachhaltigkeit, soziale Gerechtigkeit und demokratische Mitbestimmung.

(3) 2013 wurde in Frankreich von 40 Wissenschaftlern und Intellektuellen das „Konvivialistische Manifest" veröffentlicht. Darin geht es um „die Kunst des guten Zusammenlebens". Es ist eine Grundlagendiskussion in Bezug auf Fehlentwicklungen in zeitgenössischen Gesellschaften, gerade auch im Bereich der Wirtschaftsmodelle und des damit korrespondierenden Menschenbildes.

(4) Unter der Überschrift „Radicalizing Reformation" hat sich im Vorfeld des Reformationsjubiläums eine Gruppe von evangelischen Theologinnen und Theologen zusammengefunden. Sie mahnen an, dass bis heute noch nicht die wirtschaftlichen Konsequenzen aus den theologischen Entdeckungen der Reformation gezogen wurden. Einer der Hauptverantwortlichen ist Prof Dr. Ulrich Duchrow, angesehener Befreiungstheologe im deutschsprachigen Raum.

---

[26] A.a.O., 171.

(5) Die gesamte „Open Source" und „Creative Commons"-Bewegung gehört im weitesten Sinne auch in diesen Themenkomplex. Programmierer und Künstler stellen ihre Werke bewusst offen ins Netz, so dass diese von allen genutzt werden können. Und sie schützen ihre Werke durch „Creative Commons"-Lizenzen, die aussagen, dass ihre Werke immer frei verfügbar bleiben müssen und nicht für kommerzielle Zwecke verwendet werden dürfen.

Abschließend wieder einige Fragen und Anregungen

1) Wem gehört die Erde?
Wem gehören die Meere und das Land? Banale Fragen? Keineswegs. In diesen Bereichen haben wir uns an den breitflächigen Besitz von Staaten oder Privatpersonen gewöhnt. Von der Bibel werden wir Menschen angehalten, die Erde zu verwalten, nicht auszubeuten. Sicher: Den Stämmen Israels werden Landstriche zugeteilt und in den Zehn Geboten werden wir gemahnt, nicht den Besitz des Nächsten zu begehren. Also wird Besitz vorausgesetzt. Aber wie weit darf das Besitzstreben gehen? Stell dir vor, die Luft würde privatisiert, die Wärme der Sonne oder das Weltall? Oder das menschliche Erbgut? Einzelne Gen-Sequenzen werden schon von großen Firmen lizenziert. Stell dir vor, die Benutzung von Sprache würde privatisiert oder verstaatlicht? Wem überhaupt gehören die Worte und „das Wissen der Welt"? Die Frage nach der Verwaltung der Allmende ist die Frage nach dem unveräußerlichen Recht auf „gemeinschaftliches Gut". Etwas, das jedem Menschen von Grund auf zusteht und dessen Nutzung er nie beraubt werden darf.

2) Welche Aufgabe haben Obrigkeiten?
Das konfliktträchtige Verhältnis von Kirche und Staat zieht sich durch die Jahrhunderte. Bei den aufkommenden Freikirchen finden wir die Betonung, dass Kirche und Staat getrennt gedacht werden müssen. Das meint aber nicht ein teilnahmsloses Nebeneinander. Mit diesem Themenfeld hängen sehr grundlegende Fragen zusammen: Ab wann darf man sich „im Sinne Gottes" einer Obrigkeit widersetzen, die von sich behauptet, von Gott eingesetzt zu sein? Ab wann darf man sich gegen offizielle Vorschriften stellen, von denen behauptet wird, dass sie auf der Bibel gründen? Wird man aus Sicht des Systems nicht immer als Rebell wahrgenommen, selbst wenn man gewichtige - ja sogar biblische

- Gründe für sein Verhalten anführen kann? Auf diese Fragen werden wir im Zusammenhang mit den frühen Täufergemeinschaften und der eingeforderten Religions- und Gewissensfreiheit zurückkommen.

#08 Die Kraft der Utopien - Neues nicht nur erträumen, sondern aktiv in Angriff nehmen

Der gemeinsame Nenner für die weiteren Ausführungen ist der Begriff „Utopie". Was meint der Begriff und auf welche Weise nimmt er Gestalt an? Beispielhaft werden wir uns zum Ende hin drei Personen ansehen, die im Rahmen der Bauernaufstände utopische Gesellschaftsentwürfe konzipiert und verfolgt haben.

Zunächst noch einmal zum Begriff „Schwärmer". Unter dieser Rubrik haben wir uns Andreas Bodenstein von Karlstadt mit seiner Idee eines Bauernkommunismus angesehen. Dann Thomas Müntzer, der radikal und gewaltsam so etwas wie eine „theokratische Demokratie des gemeinen Mannes" einführen wollte. Anschließend gingen wir zurück in das 12. Jahrhundert zum Abt Joachim de Fiore und seiner zeitnahen Vision von einem freiheitlichen Reich des Geistes. All dieses waren Elemente in den breitflächigen Bauernaufständen und deren blutigen Niederschlagung im Jahr 1525.

Was sind „Schwärmer"? Wohin drängt ihre Energie?

Häufig wird der Begriff Schwärmer eher abfällig mit „Geist-Enthusiasmus" oder „irrsinnigen Fantastereien" in Verbindung gebracht. In der dritten Episode haben wir es vereinfacht als „Drängen nach vorne und nach unten" beschrieben, also raus aus dem Abstrakten und Ideellen, hin zum Konkreten und zur Veränderung der gesellschaftlichen Wirklichkeit. Die weiteren Ausführungen sollen deutlicher machen, dass es häufig um sehr handfeste Vorstellungen von einer gerechteren Welt ging, die sich aber zur damaligen Zeit noch nicht durchsetzen konnten.

Utopie

1516 schrieb der englische, äußerst gebildete Staatsmann Thomas Morus eine berühmte Schrift. Sie hieß: „Vom besten Zustand des Staates oder von der neuen Insel Utopia" und wurde ein Bestseller. Dort tauchte der Begriff „Utopie" zum ersten Mal auf.

Aus dem griechischen Ursprung „Ou-Topos" lässt sich englisch ein Wortspiel bilden. Es meint dann zugleich „Nicht-Ort" als auch „schöner Ort". Es ist die Idee von einer besseren Welt. Eine Utopie ist keine Traum-Vision und auch nicht die Erwartung des Tausendjährigen Reiches. Vielmehr ist sie der Entwurf einer fiktiven Gesellschaftsordnung. Etwas das noch nicht ist, aber sein könnte. Die Entwicklung der Welt wird als unabgeschlossen und im Werden begriffen. Dabei ist die Funktion einer Utopie nicht, aus dem Bestehenden heraus und hinein in einen Wunschtraum zu fliehen, sondern genau das Gegenteil: Gerade die fantasievolle Veranschaulichung einer alternativen Welt macht kritisch und im guten Sinne unzufrieden gegenüber der zeitgenössischen und als unfertig empfundenen Gesellschaft. Eine gute Utopie reißt aus der angeblichen Alternativlosigkeit und der damit verbundenen Lethargie heraus. Sie fördert ein Möglichkeitsdenken.

Wie aber kommt es zur Entstehung von Gesellschafts-Utopien? Wodurch entsteht ein Vorne oder ein Anders? Man muss sich vor Augen führen: Im Hochmittelalter war die bekannte Welt praktisch vollständig christianisiert. Nach damaliger Vorstellung war der Missionsauftrag weitestgehend erfüllt. Kirchliches Leben bestand in der routinierten Verwaltung des Diesseits und in einem Abwarten auf die Wiederkunft Christi. Der jesuitische Philosoph Rupert Lay beschreibt die mittelalterliche Kirche als „in einem Zustand totaler Hoffnungslosigkeit"[27]. Sie hatte keinen Traum mehr von Gottes neuer Welt. Letztendlich auch deswegen, weil die Kirche aus ihrer Sicht selbst das Reich Gottes verkörperte und bereits bis an die bekannten Grenzen der Zivilisation expandiert war. Vereinfacht gesagt: Außer einer religiösen Verwaltung der Heilsgüter gab es nichts mehr zu tun.

Dann aber vergrößerte sich plötzlich der Horizont. Ferne Länder und Kontinente wurden entdeckt. 1492 segelte Christoph Kolumbus nach Amerika. 1498 fand Vasco da Gama den Seeweg nach Indien. In der Zeit von 1519 - 22 gab es die erste Weltumsegelung. Sie wird mit dem Namen Ferdinand Magellan in Verbindung gebracht. Auf einmal war die Welt größer, vieles noch unentdeckt. Neue Kulturen wurden erforscht. Der Nebeneffekt war die Relativierung der eigenen Kultur. Von nun an waren Leute angespornt, grundlegende Alternativen zum Bestehenden zu denken und zu formulieren. Es wuchs eine handfeste Hoffnung auf eine veränderbare Diesseitigkeit. Drei Beispiele sollen das illustrieren:

---

[27] Lay, 45.

1) Sebastian Lotzer

Bereits in der vergangenen Episode haben wir uns mit den „Zwölf Artikeln" aus Memmingen befasst. Sebastian Lotzer war der Verfasser. Etwa so alt wie Thomas Müntzer wuchs er in einem gebildeten Elternhaus aus. Von Beruf war er Kürschner, das heißt er präparierte Felle von Tieren und machte daraus Kleidung. Lotzer war kein Priester, sondern aus kirchlicher Sicht ein Laie. Der Begriff „Laie" kommt vom griechischen Wort „laos = Volk". Ein Laie ist also jemand, der zum normalen Volk gehört. Aus kirchlicher Sicht bekommen die Laien die Heilsbotschaft verkündigt und empfangen sie passiv von den Priestern.

Seitdem die Bibel aber ins Deutsche übersetzt war, konnten auch Laien die Bibel lesen und verstehen. Und sie fingen an, sich ihre eigenen Gedanken zu machen und Folgerungen daraus zu ziehen. Das sakrale Wissen wurde demokratisiert. Die Kirche verlor ihr Auslegungsmonopol. Von nun an wollten Handwerksleute und Bauern mitreden. Als Lotzer in die Öffentlichkeit trat, erwies er sich bereits als ein bibelfester Städter.

1522 erreichte die Reformation Memmingen. Lotzer griff die überkommenen Kirchenbräuche an: Ablasshandel, Anrufung der Heiligen, Wallfahrten, Klosterfrömmigkeit und kirchliche Bruderschaften. Zum Fasten merkte er an:

„Während die Geistlichen „dem arbeitsamen Volk, das kaum drei Suppen am Tag zu essen hat" unter Androhung des Banns Fasten auferlegten, seien sie selbst „so voll als die Zecken". [28]

Die Quelle für jegliche Kritik war die Heilige Schrift. Aus Sicht von Lotzer hatten die Geistlichen ihr Mandat durch Eigennutz und Irrlehren verwirkt. Ab jetzt galt: Die einfachen Leute müssen die Bibel selbst in die Hand nehmen und darin lesen. An die Stelle der Priester und Theologieprofessoren sollte der schriftkundige Laie treten. Die Kirche wurde schlicht als die Versammlung aller Gläubigen verstanden: Alle getauften Christen sind gleich vor Gott und können sich frei versammeln und über den Glauben diskutieren.

1523 verfasste Lotzer den „Christlichen Sendbrief". Auch dort tauchte der Gedanke des „Allgemeinen Priestertums" wieder auf. Darunter ist zu verstehen, dass ein gläubiger Mensch keinen gesonderten Priester als Vermittler zu Gott braucht. Durch das Werk Jesu Christi ist jeder

---

[28] Gerber, Barbara Bettina; Sebastian Lotzer, in: Goertz, Reformatoren, 64.

Christ automatisch in der Stellung eines Priesters und unmittelbar zu Gott. Lotzer leitete daraus für alle Laien das Recht ab, das Wort Gottes selbst zu lesen und darüber zu lehren und zu schreiben. Ihm ging es unter anderem um eine Befreiung der Laien von klerikaler Bevormundung. Lotzer forderte sogar, in ein öffentliches Religionsgespräch mit Juden einzutreten. Es ging um öffentliche, religionsübergreifende - nicht bloß innerkirchliche - Disputationen. Durch die Beteiligung von Laien und Nichtchristen an solchen Diskussionen sollte dialogisch die Wahrheit festgestellt werden. All das würde zu mehr Mündigkeit unter den Christen führen und die Fähigkeit der sachverständigen Verteidigung des eigenen Glaubens stärken.

Es kam zum Zusammenstoß mit dem Stadtregiment. Öffentliche Redeschlachten mit den amtierenden Priestern fanden statt. Aber die Reformation setzte sich mehr und mehr durch. Memmingen galt aus altkirchlicher Sicht als Hochburg des Aufruhrs. Prinzipiell gab es eine Gehorsamspflicht gegenüber der Obrigkeit, aber nur solange sich diese nicht über Gottes Wort hinwegsetzte. Aus Lotzers Sicht war die Jagd nach Macht und Reichtum unvereinbar mit dem Geist des Evangeliums. Erstrebenswert ist dagegen eine Apostolische Gütergemeinschaft und ein auf Nächstenliebe gegründetes friedliches Zusammenleben - ohne, dass jemand dazu gezwungen würde.

Im Frühjahr 1525 erreichte der Bauernkrieg Memmingen. Lotzer wird zum Sekretär und Feldschreiber für die Hauptleute der Bauernaufstände. Beschwerden der Bauern werden gesammelt. Es kommt zur Ausarbeitung der „Zwölf Memminger Artikel", einer sehr bedeutenden Arbeit, die über die Reichsgrenzen hinaus bekannt geworden ist. Sie hatte eine starke programmatische Ausstrahlung auf fast alle Aufstandsgebiete. In der vorangegangenen Lektion haben wir deren Inhalte genauer ausgeführt.

Entscheidend ist festzuhalten, dass wir hier die Verschiebung der evangelisch theologischen Reformation hin zu einer sozialen Bewegung beobachten können. Es kommt zu einer sozialkritischen Radikalisierung. Mit dem göttlichen Recht wurden Emanzipationsbestrebungen begründet. Die Grundpfeiler der feudalen-mittelalterlichen Gesellschaft wurden angegriffen. Der Historiker Peter Blickle bezeichnete die „Zwölf Artikel" als erste Niederschrift von Menschen- und Freiheitsrechten in Europa. Luther dagegen bekämpfte das Manifest als ein Werk eines „rottischen Propheten". Offenbar gelang es Martin Luther nicht, zwischen rebellischen Gewaltausbrüchen einiger Bauernhaufen und den berechtigten Forderungen gesellschaftlicher Akteure zu unterscheiden. Spätere Forschungen haben gezeigt, dass Sebastian Lotzer inmitten der gewaltsamen Stimmen eher eine Strategie des gewaltlosen Ausgleiches befürwortete. Es ging ihm um das Recht auf aktiven Widerstand, aber nicht um Plünderung und Brandschatzung von Klöstern.

2) Johannes Hergot
Über Johannes Hergot ist wenig bekannt. Er trat in Erscheinung als Buchdrucker und Verleger. Unter anderem druckte er die Schriften von Thomas Müntzer. 1527 wurde er in Leipzig hingerichtet. Ihm wurde zur Last gelegt, der Autor einer anonym erschienenen Schrift zu sein. Bis heute ist nicht eindeutig klar, ob das wirklich den Tatsachen entspricht. Der Titel der Flugschrift ist „Von der Wandlung eines Christlichen Lebens". Hinter diesem eher unscheinbaren Titel verbirgt sich der Entwurf einer universal christlichen Gesellschaft. Es wird darin so etwas wie eine agrar-kommunistische Weltstaatorganisation beschrieben. Auch wenn die Schrift längst nicht so elegant formuliert und so umfangreich ist, erinnert sie doch an die „Insel Utopia" von Thomas Morus. Dieses ist ein weiterer Hinweis darauf, dass die Bauernunruhen nicht bloß gedankenlose Gewaltausbrüche, sondern unter anderem von der Idee nach einer gemeinschaftlich und gerecht verwalteten Welt motiviert waren.

3) Michael Gaismair
Er wirkte besonders in den Regionen Tirol und Salzburg. Gaismair war ähnlich alt wie Sebastian Lotzer und Thomas Müntzer. Er war der Sohn eines Bergwerkunternehmers und arbeitete später als Beamter am fürstlichen Hof. 1525 wurde er zum Feldoberst der Bauern gewählt. In dieser Rolle war er ein Vorkämpfer für soziale Gerechtigkeit. Sein Ziel war eine Bauernrepublik, eine demokratische Neuordnung Tirols. Seine Forderungen waren denen ähnlich, die uns bereits an anderer Stelle begegnet sind: Gleichheit vor dem Gesetz, Abbau der Privilegien für Adlige, Abschaffung der weltlichen Macht der Kirche, freie Pfarrerwahl, die Verwendung von kirchlichem Eigentum für soziale Einrichtungen und die Rückkehr zum „guten, alten Recht des Landes", die Allmende.
	Nach gescheiterten Verhandlungen mit dem Landtag wurde Gaismaier inhaftiert, konnte aber fliehen. Er bekam in Zürich Kontakt zum

Reformator Ulrich Zwingli und war von der dortigen religiös-politischen Gemeinschaft beeindruckt. Luthers Lehre dagegen schien in seinem Denken keinerlei Spuren hinterlassen zu haben. 1526 entwickelte er sich mehr und mehr vom Reformer zum Sozialrebell und Revolutionär. Wir finden in ihm einen glühenden Gesellschaftsreformer mit einem leidenschaftlichen Gerechtigkeitssinn.[29] Er setzte sich für Arme und Machtlose ein. Sein Einsatz hatte wenig zu tun mit persönlicher Rechtfertigung allein aus Glauben. Zusammen mit den aufständischen Bauern kämpfte er gegen die Söldnerheere der Fürsten. Über 100 Anläufe wurden gemacht, um ihn durch ein Attentat zu beseitigen. 1532 wurde er schließlich auf seinem Anwesen in Padua ermordet.

Ein herausragendes Dokument, das 1526 von ihm verfasst wurde, war die sogenannte „Landesordnung". Darin entwarf er anhand von Passagen aus dem Alten Testament einen christlich-demokratischen Bauernstaat und die Grundzüge für ein neues Tirol. Walter Klassen schreibt dazu:

„Unter den zahlreichen Verlautbarungen der Bauern und Reformplänen der Zeit gibt es nichts diesem Dokument Vergleichbares. Anders als alle anderen rief es nach der vollständigen Abschaffung der feudalen Gesellschaft. Es ist das Werk eines unabhängigen Geistes und ganz sicher eine bedeutende frühmoderne Gesellschaftsutopie."[30]

Abschließend wieder einige Fragen

1) Wie viel Mündigkeit darf's denn sein?

Die Sache mit der Bildung ist für alle Obrigkeiten ein zweischneidiges Schwert. Ein dummes Volk ist ein gehorsames Volk. Wer in Bildung investiert, fördert kritisches Mitdenken. Das kann dazu führen, dass die Mächtigen infrage gestellt werden. Im kirchlichen Bereich diskutieren dann Laien mit Priestern, Pastoren und Professoren. Fachwissen wird plötzlich für jeden zugänglich.

Wie viel Mitdenken ist erwünscht? Man kann nicht auf der einen Seite „mündiges Christsein" wollen, dann aber „blinde Fügsamkeit" meinen. Dieses ist auch eine Anfrage an heutige Gemeindeleitungen. Halten wir unterschiedliche Sichtweisen aus? Gibt es eine gesunde Lei-

---

[29] Klassen, Walter; Michael Gaismair - Ein Vorkämpfer für soziale Gerechtigkeit, in: Goertz, Reformatoren, 76.
[30] A.a.O., 80.

tungskultur in Gemeinden - Auch wenn wir über Bibelthemen sprechen? Oder versuchen die Leitenden, ihre vermeintlich richtige Bibelauslegung durchzusetzen? Wird gar jeder Widerspruch als geistliche Rebellion und Bedrohung der Einheit verdächtigt?

2) Wo ist der Geist der Utopie geblieben?
Ohne Frage ist es wenig hilfreich, wenn christliche Gesellschaftsvisionen in direkter Verlängerung aus dem Alten Testament abgeleitet werden. Auch der Auszug des unterdrückten Volkes aus Ägypten muss übertragen werden, wenn er als Vorbild für einen Befreiungskampf dienen soll. Und: Ohne Frage können Utopien und umfassende gesellschaftliche Entwürfe schnell einen totalitären Drall bekommen. Wenn sie dann auch noch mit militärischer Gewalt umgesetzt werden sollen, wird es verhängnisvoll. Aber ist es nicht auf der anderen Seite ebenso abwegig, jeglichen Anspruch, gesellschaftstransformierend zu wirken, als sozialistisch oder gar marxistisch zu verdächtigen? Gehört es nicht gerade zum Wesen des christlichen Glaubens, das Neue vor Augen zu bekommen als ein Noch-nicht und diese Welt als unfertig zu erleben? Gehört es nicht auch dazu, nicht bloß abwartend auf Gottes erlösendes Eingreifen zu warten, sondern aktiv und hoffnungsvoll auf Gottes neue Welt inmitten dieser Welt zuzugehen?

Heiner Geißler, langjähriger Politiker in Deutschland, schrieb 2010 das Buch: „Ou Topos". Es handelt von der „Suche nach dem Ort, den es geben müsste." Wäre es nicht gut, mit mehr utopischer Fantasie der vielfach beschworenen Alternativlosigkeit - auch im sozial-politischen Bereich - entgegenzutreten?

#09 Exkurs ins 20. Jahrhundert - Über die Aktualität der „sozialen Frage"

Bevor wir uns in der zehnten und elften Episode mit dem Täuferreich von Münster befassen, kurz ein Ausflug ins 20. Jahrhundert. Die Fragen von damals sind nach wie vor aktuell. Aber sie tauchen in völlig unterschiedlichen Kontexten auf. Im Weiteren möchte ich in aller Kürze auf sechs große Linien im 20. Jahrhundert hinweisen. Über allem steht das Thema: Soziale Gerechtigkeit und Gleichheit aller Menschen. Es geht um Sozialreformen und um den Traum, dass eine bessere Welt schon jetzt möglich ist.

1) Religiöse Sozialisten

Die Religiösen Sozialisten sind eine Strömung im deutschsprachigen Protestantismus. Wir treffen dabei als Vorläufer auf die beiden evangelischen Pfarrer Blumhardt, Vater und Sohn. 1880 übernahm der Sohn Christoph Blumhardt das Werk des Vaters in Bad Boll. Er hatte pietistischen Hintergrund, war geprägt von den Erweckungsbewegungen und bekannt als Bußprediger.

In seiner weiteren Entwicklung kritisierte er eine bloß innerliche Religiosität und die egoistische Sorge um das Seelenheil. Er wandte sich gegen eine bürgerlich-individualistische Verkürzung des Evangeliums. Im Gegensatz dazu ging es ihm um eine weltverändernde Dynamik. Nach seiner Überzeugung ist das Reich Gottes nicht nur transzendente Zukunft, sondern auch schon gegenwärtige Realität. Es überwindet destruktive Mächte. Blumhardt predigte eine radikale Zuwendung zum Nächsten und auf der Grundlage von Jesu Sieg stellte er sich gegen Nationalismus, Imperialismus und gegen den Mammonismus, also gegen ein geldgieriges Wirtschaftssystem. 1899 trat er der SPD bei und geriet dadurch in Schwierigkeiten mit seiner Kirche.

Um 1900 formieren sich „Religiöse Sozialisten"[31] in der Schweiz. Bekannte Personen sind die Evangelischen Theologen Hermann Kutter und Leonhard Ragaz. Religiöse Sozialisten grenzten sich zum einen gegen den atheistischen Marxismus ab, zum anderen gegen ein antisoziales Christentum. Ihnen ging es darum, die Anliegen der Arbeiterbewe-

---

[31] Mehr zum religiösen Sozialismus rund um Christoph Blumhardt, Leonhard Ragaz und Karl Barth, in: Buess, Mattmüller.

gung als berechtigt und christlich legitimiert aufzugreifen. Vielen ist nicht bekannt, dass sich auch der berühmte Theologe Karl Barth in dieser Strömung verortete. 1914, nach Ausbruch des ersten Weltkrieges, brach er mit seinen theologischen Lehrern, die mehrheitlich den Eintritt in den Krieg befürwortet hatten. 1915 trat er der Sozialdemokratischen Partei bei. Er sagte damals:

„Ein wirklicher Christ muss Sozialist werden (wenn er mit der Reformation des Christentums Ernst machen will!). Ein wirklicher Sozialist muss Christ sein, wenn ihm an der Reformation des Sozialismus gelegen ist."[32]

1930 schrieb der ebenso bekannte evangelische Theologe Paul Tillich:

„Religiöser Sozialismus ist der Versuch, den Sozialismus religiös zu verstehen und aus diesem Verständnis heraus zu gestalten und zugleich das religiöse Prinzip auf die soziale Wirklichkeit zu beziehen und in ihr zur Gestalt zu bringen."[33]

Das Anliegen war nicht bloß eine Vermittlung zwischen Christen und Sozialisten, gewissermaßen ein theologischer Brückenschlag. Sondern es bestand die Überzeugung, dass der christliche Glaube gerade auch einen wesentlich sozialen Sinn hat. Und dass die Idee des Sozialismus in religiös-christlichen Wurzeln gründet. Die Aufgabe der Kirche bestand nicht nur darin, das Heil des Einzelnen zu verkündigen, sondern sich in einem prophetischen Dienst mit destruktiven Machtstrukturen der Welt anzulegen.

Aber: Mehrheitlich waren die Kirchen dagegen. Die angebliche materialistische Sozialdemokratie galt als „gottlos" und unvereinbar mit dem Christentum. Wer sich mit der sogenannten „sozialen Frage" beschäftige und Gesellschaftskritik übte, wurde verdächtigt, Jesu Lehre auf bloß ethische Menschheitsideale zu reduzieren. Die traditionelle Theologie stützte dagegen die Monarchie und den Kapitalismus. Das Engagement für die Gesellschaft begrenzte sich auf individuelle Nächstenliebe und karitativ-diakonische Tätigkeiten. Religiöser Sozialismus blieb ein Randphänomen, das durch die spätere Nazi-Herrschaft noch weiter dezimiert wurde.

---

[32] Karl Barth; Krieg, Christentum und Sozialismus. Vortrag vor dem Grütliverein am 14. Februar 1915, in: Barth, 117.
[33] Paul Tillich; Klassenkampf und Religiöser Sozialismus, in: Ratschow, 169.

2) Das „Social Gospel" in Nordamerika

Auch bei dieser Strömung ging es darum, christliche Prinzipien auf soziale Themen anzuwenden. 1907 veröffentlichte der Baptistische Theologe Walter Rauschenbusch das Buch: „Christianity and the Social Crisis". 1917 folgte „A Theology for the Social Gospel", zu Deutsch: Eine Theologie des sozialen Evangeliums. Die Einleitung zur deutschen Übersetzung wurde von Leonhard Ragaz verfasst. Das Buch wurde für viele zur Inspiration. Rauschenbusch verband evangelikalen Pietismus mit kapitalismuskritischer und sozialreformerischer Leidenschaft. Es ging um Kampf gegen Armut. Er setzte sich für mehr Bildung und eine besserer Gesundheitsversorgung ein.

Auch hier wieder dasselbe: Seine Kritiker werfen ihm vor, dass das Evangelium verkürzt und zu einer bloß sozialen Frage gemacht wird. Aus Sicht der „Social-Gospel"-Bewegung dagegen ist es genau umgekehrt. Ein Evangelium, das sich nur um das Seelenheil kümmert, ist unvollständig und blind für Gottes Anliegen in dieser Welt. Bei der „Sozialen Frage" ging es nie um einen naiven Glauben, der meinte, ein Paradies auf Erden errichten zu können. Stattdessen hat Kirche eine prophetische Kraft, gesellschaftliche Reformen in Hinblick auf das anbrechende Reich Gottes zu initiieren.

3) Martin Luther King und die Bürgerrechtsbewegung

Man könnte meinen, dass Kings Name auf eine große inhaltliche Nähe zum Martin Luther der Reformationszeit hinweist. Ohne Frage war Martin Luther King von der Standfestigkeit Martin Luthers und seiner Glaubenskraft beeindruckt. Theologisch aber gibt es gravierende Unterschiede. 1958 sagte der Baptistenpastor King:

> *„Jede Religion, die behauptet, sich mit den Seelen der Menschen zu beschäftigen, und nicht mit den Slums, die sie vernichten, nicht mit den wirtschaftlichen Bedingungen, die sie erwürgen, und nicht mit den sozialen Bedingungen, die sie verkrüppeln lassen, ist eine staubtrockene Religion. Eine solche Religion ist das, was Marxisten gerne sehen - Opium für das Volk."*[34]

---

[34] Das Zitat wurde vom Autor frei übersetzt. In der Originalsprache lautet es: „*Any religion that professes to be concerned with the souls of men and is not concerned with the slums that damn them, the economic conditions that strangle them, and the social conditions that cripple them is a dry-as-dust religion. Such a religion is the kind the Marxists like to see - an opiate of the people.*" Zitiert bei Michael Haspel, Die Quellen von Martin Luther Kings theologischer Konzeption der Menschenrechte und sozialen Gerechtigkeit, in: Zeitschrift für Theologie und Gemeinde, 21/2016, 293.

King schöpfte aus den Quellen der Social-Gospel-Bewegung und verlängerte die Anliegen für den Kampf gegen Rassismus und für globale Menschenrechte. In den 50er und 60er Jahren wurde er zur bedeutendsten Stimme des Civil Rights Movement, der Bürgerrechtsbewegung. Theologisch vertrat er so etwas wie einen „christlich-prophetischen Realismus". Von der Ebenbildlichkeit Gottes leitete er Würde und Rechte für alle Menschen ab. Sklaverei war zu keiner Zeit eine gute Ordnung Gottes, auch wenn das immer noch manche konservative Kirchen behaupteten. Aus Kings Sicht ist christlich begründeter Rassismus mit aller Kraft abzulehnen. Seine Strategie zum gewaltfreien Widerstand, erwuchs aus der Einsicht, dass individuell christliche Liebe nicht ausreiche, um eine Veränderung bei den gesellschaftlichen Ungerechtigkeiten zu bewirken. Er war der Überzeugung, dass wir als Christen nicht diesem kollektiven Bösen ausgeliefert sind. Es ist möglich, sich aktiv und koordiniert dagegen zu stellen.

1968 wurde Martin Luther King ermordet. Seine friedensethischen Reflexionen und seine Praktiken zum gewaltfreien Widerstand wurden im deutschsprachigen Raum besonders von Kirchen in der ehemaligen DDR aufgegriffen.

4) Ernst Bloch und das Prinzip Hoffnung
Bloch war deutscher Philosoph und Neomarxist. Er wurde bekannt durch sein Hauptwerk „Das Prinzip Hoffnung", welches Ende der 50er Jahre veröffentlicht wurde. Ursprünglich sollte es „Träume von einem besseren Leben" heißen. Darin geht es um das Noch-nicht-Bewusste, das Mögliche, das Offene. Es ist die Geschichte der Sozialutopien.

Bereits 1921, also im Alter von 36 Jahren verfasste Bloch das Buch: Thomas Müntzer als Theologe der Revolution. Darin wird das Bild Martin Luthers als des großen furchtlosen Reformators gehörig gegen den Strich gebürstet. In der durchaus polemischen Analyse Blochs bleibt von dem Volkshelden Martin Luther nicht viel übrig.

Es ist historisch belegt, dass Luther im Verlauf seines Lebens eine theologische Wende vollzogen hat. War er anfangs auf der Seite des einfachen Mannes, stellte er sich später immer mehr auf die Seite der Fürsten und empfahl sogar die Bekämpfung der Bauernaufstände.

Bloch deutete sogar das berühmte Auftreten Luthers 1521 beim Reichstag zu Worms völlig unüblich. Das „Hier stehe ich, ich kann nicht anders" klang zwar äußerst heldenhaft, war aber aus Blochs Sicht

58

keineswegs mutig.[35] Tatsächlich bat sich Luther eine Bedenkzeit aus und beriet sich mit den ihn begleitenden Fürsten. Schon damals deutete Thomas Müntzer das Auftreten von Martin Luther eher als Einknicken vor den Fürsten, die ihm „im Nacken saßen" und auf deren Schutz er angewiesen war. Zu weiten Teilen ging es um politische Interessen. Die Theologie Luthers war für die Fürsten ein willkommenes Werkzeug, um sich gegen die Papstkirche und den Kaiser zu stellen.

Später führte Luther die sogenannte Zwei-Reich-Lehre ein: ein weltliches Regiment und ein geistliches Regiment. Die Bergpredigt war aus seiner Sicht nicht tauglich für eine gesellschaftspolitische Agenda, sondern diente allein dazu, den Menschen ihre Sündhaftigkeit vor Gott zu verdeutlichen. Die „Freiheit eines Christenmenschen" sprach von einer geistlichen Freiheit. In der irdischen Welt war es dagegen wichtig, ein Untertan zu sein und die gegebene Ordnung zu respektieren.

Aus Blochs Sicht hat die lutherische Theologie die Obrigkeit massiv gestärkt und in ihrem gewalttätigen Handeln legitimiert. Die Armen dagegen wurden noch weiter erniedrigt. Sie wurden jeglicher Möglichkeit, ihre Situation zu ändern, beraubt.[36] Jede Art von Widerstand oder Auflehnung wurde verteufelt. Bloch schrieb über Luthers vernichtenden Angriff auf die bestehende Kirche:

„Luthers Ekrasierung der Kirche ist keine Revolution von unten, sondern ein Staatsstreich von oben, ein jede Mitregierung, jeden Synergismus der Menschheit zerschmetternder Ausbruch der Gottesdespotie."[37]

Mit anderen Worten: Das Gottesbild der lutherischen Theologie hat tyrannische Züge und verwirft jegliche Aktivität der Armen für eine Verbesserung ihrer Lebensumstände als rebellisch und anmaßend. Das ist ein vernichtendes Urteil.

1964 wird vom Tübinger Theologieprofessor Jürgen Moltmann die „Theologie der Hoffnung" veröffentlicht. Er greift darin Blochs „Prinzip Hoffnung" auf und entfaltet die Hoffnungskraft auf christlicher Grundlage: Leben im Anbruch des kommenden Tages und die Konsequenzen für das gesellschaftliche Engagement. Dieses Buch hatte eine enorme Wirkungsgeschichte.

---

[35] Bloch, 47, 54.
[36] A.a.O., 186.
[37] A.a.O., 146.

5) Leonardo Boff und die lateinamerikanische Befreiungstheologie

Wir befinden uns im katholischen Kontext der 60er- und 70er-Jahre. In Auseinandersetzung mit den Großgrundbesitzern Brasiliens stellten sich die Priester auf die Seite der verarmten Bauern. Die Bibel wurde mit den Augen der Unterdrückten gelesen. Haupt-Inspirationsquelle war die Exodus-Tradition des Volkes Israels. Die kirchliche Praxis wandelte sich von einer Kirche für die Armen zu einer Kirche mit und durch die Armen. Es entstanden katholische Basisgemeinden mit hoher Selbstorganisation, mit demokratischen und genossenschaftlichen Elementen. Erlösung wurde nicht mehr nur spirituell, sondern auch als sozialpolitische und ökonomische Veränderungskraft verstanden. Bis heute wird deswegen die Befreiungstheologie als christlich verkleideter Marxismus verdächtigt.

Leonardo Boff, katholischer Theologe und franziskanischer Priester, ist ein Hauptvertreter der lateinamerikanischen Befreiungstheologie. 1985 wurde er von Kardinal Joseph Ratzinger mit einem Lehr- und Predigtverbot belegt. Der damalige Vatikan befand sich in einem weltweiten Kampf gegen den Sozialismus. In seinem 2009 erschienenen Buch: Kirche: Charisma und Macht, zieht Boff nach 25 Jahren Bilanz und lässt den verstörenden Konflikt mit dem Vatikan noch einmal Revue passieren.[38] Zum gegenwärtigen Zeitpunkt genießt die Befreiungstheologie hohes Ansehen im säkularen Bereich, weil sie sich nicht nur mit innerkirchlichen Heilsfragen auseinandersetzt.

Seit 2013 sitzt ein Papst aus Lateinamerika auf dem Stuhl Roms. Mit dem selbstgewählten Namen „Franziskus" verleiht er der sozialen Dimension des Evangeliums Nachdruck.

Dorothee Sölle und Thomas Müntzer

In ihrem 1997 erschienenen Hauptwerk „Mystik und Widerstand" bezieht sich die evangelische Theologin auch auf Thomas Müntzer. Sie kritisiert, dass das Bild von Müntzer zu weiten Teilen von einem „religionsblinden Marxismus"[39] verzerrt wurde. Im Gegensatz dazu betont sie die mystischen Wurzeln von Müntzers Denken und Handeln.

Nach Müntzers Vorstellung durchlaufen Suchende drei Phasen auf dem Weg zu Gott: Als Erstes erleben sie Verwunderung und ein Erstaunen über etwas, das größer ist als sie selbst. Als Zweites wird der

---

[38] Boff, 279-302.
[39] Sölle, 134.

Suchende bereit, sich in einem Prozess des Loslassens von den Verstrickungen in der Welt zu lösen. Und die dritte Phase ist so etwas wie eine heilige Gelassenheit. Sie ist die Grundlage, um aus innerer Freiheit in der Welt zu handeln.

Sölle betont: Müntzer ging es darum, dass Gläubige nicht nur ein äußeres Wort zugesprochen bekommen, sondern einen erkennbaren inneren Verwandlungsprozess durchlaufen. Es geht um soziales Engagement, das seine Energie aus tiefen, spirituellen Quellen bezieht.

Abschließend Anregungen und Fragen

1) Was ist das Evangelium?

Alle sechs ausgeführten Bereiche ringen mit der sogenannten „sozialen Frage". Kaum jemand würde ernsthaft behaupten, dass Christen keinen gesellschaftlichen Auftrag hätten. Aber von welcher Art ist dieser Auftrag? Geht es nur um den Dienst am Einzelnen oder auch um gesellschaftsveränderndes Engagement? Geht es nur um das innere Heil oder auch um soziale Gerechtigkeit? Verwässert die soziale Frage den Auftrag der Kirche oder ist sie gerade der Testfall für die christliche Glaubwürdigkeit? Vielmehr noch: Warum kann nicht beides zugleich gedacht werden? Heil für den Einzelnen und Heilung für die Gesellschaft.

2) Die innere Kraft des Geistes

Die Reformation wurde schon früh dafür kritisiert, dass sie zu wenig zur erkennbaren Lebensveränderung führte. Ohne Frage ist die Gefahr hoch, beim Thema „Lebensführung" in eine neue Gesetzlichkeit zu fallen. Aber ist die Warnung nicht berechtigt, dass wir uns vor bloßer Rechtgläubigkeit und allzu korrekten Worten hüten sollten?

Halten wir fest: Reformatorische Theologie kann zu einer reinen Worthaftigkeit verkümmern: Deswegen ist es wichtig, darüber hinaus sowohl die innere Glaubenserfahrung als auch die Notwendigkeit von gesellschaftlichen Veränderungen zu betonen.

#10 Melchior Hoffman - Streitbare Laienpredigt und täuferische Flächenwirkung

Mit dem Namen Melchior Hoffman ist eine starke Ausbreitung des Täufertums in den nördlichen Regionen verbunden, besonders in Ostfriesland und den Niederlanden. Dort entstand eine breite täuferische Bewegung wie an keiner anderen Stelle in Europa. Seine Anhänger wurden Melchioriten genannt.

Hoffman war ein höchst engagierter, feuriger Laienprediger in der frühen Reformationszeit. Er hatte als Nicht-Theologe eine überaus große Breitenwirkung. Seine schillernde Persönlichkeit und seine oftmals widersprüchliche Theologie riefen zwei grundverschiedene täuferische Strömungen hervor. Zum einen die eher stilleren Täufer mit ihrer pazifistischen Grundhaltung. Diese werden später unter dem Namen Mennoniten bekannt werden. Zum anderen eine militant-apokalyptische Radikalisierung. Diese erreichte ihren katastrophalen Höhepunkt im Täufer-Königreich von Münster. Wir werden dazu in der nächsten Episode kommen.

Melchior Hoffman wurde um 1495 in Schwäbisch Hall geboren. Er kam aus einfachen Verhältnissen, erlernte das Kürschner-Handwerk und arbeitete deswegen dort, wo Pelze zu Kleidung verarbeitet wurden. 1523 trat er als lutherischer Laienprediger in Wolmar, Lettland, in Erscheinung. Im Verlauf der nächsten zehn Jahre war er vielfach auf Wanderschaft: Neben Lettland auch Estland, Schweden, Dänemark, später in Lübeck und Kiel. Immer wieder zog es ihn in die Gebiete, in denen sich die reformatorische Botschaft noch nicht durchgesetzt hatte. Er suchte die Konfrontation mit der traditionellen Kirche und kämpfte für den lutherischen Glauben. Klaus Deppermann schreibt:

„Der Streit mit dem Gegner war für ihn Lebenselixier."[40]

Hoffman hatte eine Unerschrockenheit, eine rastlose, fast übermenschliche Energie. Diese Leidenschaft konnte sich der Straßburger Reformator Martin Bucer in späterer Zeit nur als „Gabe des leidigen Satans" erklären.[41]

---

[40] Deppermann, Klaus; Melchior Hoffman, Widersprüche zwischen lutherischer Obrigkeitstreue und apokalyptischem Traum, in: Goertz, Reformatoren, 156.
[41] Ebd.

Noch einmal zurück: 1523. Hoffman legte sich mit den kirchlichen Obrigkeiten in Lettland an. Er predigte kämpferisch gegen die „etablierten Pfaffen". Es kam zum großen Bildersturm. Kirchen wurden geplündert. Weil sein Auftreten jedoch auch von lutherischen Pastoren kritisiert und immer mehr angezweifelt wurde, reiste er 1525 nach Wittenberg. Er wollte sich vom Haupt-Reformator Luther ein Glaubensgutachten ausstellen lassen, also die Bestätigung, dass er rechtmäßig die lutherische Lehre verkündigte.

Wir erinnern uns: 1525 war das Jahr, als die Aufstände der Bauern auf ihrem Höhepunkt waren. Die anfänglich friedliche Reformation drohte im Chaos zu versinken. Zeitgleich wurde in Zürich die erste Glaubenstaufe durchgeführt. Die Schweizer Täuferbewegung nahm ihren Anfang. In Wittenberg erhielt Hoffman die nötige Unterstützung Luthers und reiste zurück ins Baltikum. Dort angekommen wurde dieses Gutachten jedoch nicht anerkannt. Seine Anhänger hatten sich in seiner Abwesenheit bereits in zwei feindliche Lager gespalten. Als er von der Obrigkeit ausgewiesen wurde, reiste er weiter nach Stockholm.

1526 finden wir Hoffman in Holstein, damals noch unter Dänischer Flagge. 1527 in Lübeck, später in Kiel. Dort erhielt er die offizielle Erlaubnis, überall als Laienprediger zu wirken. Im selben Jahr reiste Hoffman ein zweites Mal nach Wittenberg, um theologische Streitfragen zu klären. Die Schlichtung misslang und es kam zum endgültigen Bruch mit den Wittenberger Reformatoren.

Ab diesem Zeitpunkt begann Martin Luther vor Melchior Hoffman zu warnen, insbesondere wegen seiner apokalyptischen Predigten. Luther warf Hoffman vor, dass er unnötige Spekulationen betreibe und damit den Kern der Reformation, nämlich die Rechtfertigungslehre und die Nächstenliebe verdränge. Anfang 1529 kam es in Flensburg zum offenen Streit mit Johannes Bugenhagen, einem engen Weggefährten Martin Luthers. Es ging um die Abendmahlslehre und die sogenannte Realpräsenz Christi. Aus Hoffmans Sicht maßten sich die Pfarrer an, durch das Sprechen der Einsetzungsworte die Gegenwart Christi in die Materie zu bannen „wie ein Zauberkünstler den Satan in ein Glas"[42]. Melchior Hoffmann wurde daraufhin des Landes verwiesen und verlor seinen gesamten Besitz. Klaus Deppermann schreibt:

---

[42] A.a.O., 160.

„Für Hofmann war die Flensburger Disputation der Tag der Selbstenthüllung des Luthertums. In seinen Augen erschien das „neue Papsttum" der Wittenberger Reformatoren als ebenso tyrannisch und blasphemisch wie die alte Kirche."[43]

1529 reiste Hoffman nach Straßburg, dem Treffpunkt der europäischen Nonkonformisten. In dieser Stadt herrschte weitestgehend Toleranz, und viele Außenseiter fanden Zuflucht. Zunächst wurde er von Martin Bucer, dem dortigen Reformator, wohlwollend empfangen. Bucer war von Huldrich Zwingli aus Zürich geprägt und lehnte ebenfalls die lutherische Abendmahlslehre als Wort-Magie ab.

In Straßburg lernte Hoffman zum ersten Mal Täufer kennen. Er schloss sich aber nicht den bestehenden großen Täufergemeinden an, sondern gründete einen neuen Kreis. In dieser Zeit begegnete er auch Kaspar von Schwenckfeld und Hans Denck. Zu ihnen werden wir in späteren Episoden noch kommen. Einen besonderen und nachhaltigen Eindruck machte auf ihn das prophetisch begabte Ehepaar Ursula und Lienhard Jost. Nach ihrer Überzeugung stand das „innere Wort", also Geistoffenbarungen, weit über dem „äußeren Wort", also dem Text der Heiligen Schrift. Ihre Prophezeiungen sollten sich prägend und auch verhängnisvoll auf die Theologie von Melchior Hoffman auswirken.

1530 verlangte Hoffman in Straßburg die Gleichstellung der Täufergemeinden mit der Staatskirche. Mehr noch: Er wollte, dass Kirchengüter den Täufern überlassen werden. Dazu muss man wissen: Bereits seit 1529 stand im Reichsgebiet auf die Durchführung der sogenannten „Wiedertaufe" die Todesstrafe. Kein Wunder also, dass der Rat der Stadt gegen Melchior Hoffman einen Haftbefehl erließ. Hoffman konnte jedoch fliehen.

Noch im selben Jahr trug Hoffman die Täuferbewegung Richtung Norden. In Emden, Ostfriesland, taufte er in kurzer Zeit 300 Leute. Eine große Täufergemeinde wurde gegründet. Sie war streng hierarchisch geordnet - nach biblischem Vorbild, wie Hoffman überzeugt war. An der Spitze standen sogenannte apostolische Sendboten, Propheten ergänzten mit ihren Weissagungen die Apostel und Hirten standen der Gemeinde vor. Hoffman selbst wurde als einer der zwei Zeugen der Apokalypse, die vor der Wiederkunft Christi auftreten würden, verehrt. In dieser Zeit reiste er auch nach Amsterdam und taufte dort. Eine breite Massenbewegung entstand. Als jedoch die ersten Gläubigen hin-

---
[43] A.a.O., 161.

gerichtet wurden, ordnete Hoffman an, das Taufen auszusetzen. Ihm stand das Jahr 1533 leuchtend vor Augen. Dann nämlich sollte sich das neue Jerusalem endgültig durchsetzen.

1533 wurde Hoffman auf Anraten von Martin Luther aus Ostfriesland ausgewiesen. Daraufhin zog er erneut nach Straßburg, obwohl er dort gesucht wurde. Hoffman glaubte daran, dass Straßburg die auserwählte Stadt sei, in der sich Gottes neue Ordnung als erstes zeigen würde. In der Stadt war die Stimmung aufgeheizt. Bereits früher hatte Melchior Hoffman den Stadtrat aufgefordert, sich militärisch für eine Endschlacht rüsten. Aus seiner Sicht musste die Welt von allen Gottlosen gesäubert werden. Die Reichsstädte sollten gegen die höllische Dreieinigkeit kämpfen. Gemeint waren Kaiser, Papst und die Irrlehrer. Die Aufgabe der Täufer sollte jedoch nicht darin bestehen, selbst militärisch zu kämpfen, sondern den Kampf durch ihre Gebete zu unterstützen.

Hoffman kündigte an: Nach einer Prüfungszeit und schweren Belagerung würde der angreifende Feind zusammenbrechen. Babylon wird untergehen. Eine neue Theokratie würde entstehen - mit einem frommen König und geisterfüllten Propheten an der Spitze. Danach werden 144.000 apostolische Sendboten mit den beiden Zeugen der Apokalypse in alle Welt ausziehen und die frohe Botschaft von der Universalität der Gnade verkündigen. Ein weltweites Friedensreich ist seiner Meinung nach die notwendige Voraussetzung für das endgültige Kommen Christi.

Im selben Jahr, im Mai 1533 wurde Hoffman in Straßburg verhaftet und wegen theologischer Irrtümer verdammt. Es hat den Anschein, dass er sich absichtlich verhaften ließ, um das von ihm angekündigte Reich Gottes zu erzwingen. Aber nichts geschah. Stattdessen blieb er zehn lange Jahre als Ketzer gefangen und weigerte sich, seine Lehren zu widerrufen. Aus der Entfernung musste er miterleben, wie sich seine niederländischen und westfälischen Anhänger von ihm emanzipierten. Sein apokalyptischer Fahrplan wurde zur Blaupause für die fanatischen Exzesse in Münster. Unter diesem Eindruck gab Straßburg die Toleranzpolitik gegenüber Nonkonformisten auf.

Im Jahr 1538, Hoffman saß bereits fünf Jahre im Gefängnis, wurde mutwillig falsch über ihn verbreitet, er hätte widerrufen. Daraufhin fielen die noch verbliebenen Anhänger endgültig von ihm ab. Fünf Jahre später, 1543, starb Melchior Hoffman im Straßburger Gefängnis. Noch einmal Klaus Deppermann. Er schreibt:

„Das Ende sah düster aus. Von der Welt kaum noch beachtet, von den „Schweizerbrüdern" als Verräter des eigenen Glaubens gebannt, selbst nicht mehr überzeugt von seinen apokalyptischen Prophezeiungen, gepeinigt von furchtbaren Kopfschmerzen, halberblindet und wassersüchtig, starb er in völliger Einsamkeit, nachdem er als schwerkranker Mann monatelang auf dem blanken Fußboden gelegen hatte. In einem zehnjährigen erbarmungslosen Prozess der Desillusionierung war der zweite Elia, der einst mit Königen, Adligen und Reformatoren disputiert hatte, auf eine hilflose, verachtete Kreatur reduziert worden."[44]

Fassen wir noch einmal zusammen: In Melchior Hoffman begegnet uns ein überaus wirkmächtiger Laienprediger der frühen Reformationszeit. In manchen Regionen entfachte er geradezu eine täuferische Massenbewegung. Vielleicht gehört es zu solchen Pioniergestalten dazu, dass ihre Theologie nicht besonders ausbalanciert ist, sondern zu Extremen und Widersprüchen neigt.

Zu Anfang unterstützte er die lutherische Obrigkeitstreue, dann aber verlangte er die Ausrottung aller Baalspfaffen. Einerseits aktivierte er eine Vielzahl von Laien und predigte das allgemeine Priestertum, andererseits vertrat er einen elitären Führungsanspruch und war von unangreifbarem Sendungsbewusstsein erfüllt. Auf der einen Seite stellte er sich gegen militärische Handlungen der Täufern, auf der anderen Seite sollten sie durch ihre Gebete den heraufziehenden Krieg zu ihren Gunsten beeinflussen. Er kooperierte einerseits mit wohlhabenden Leuten, wie den Kaufleuten aus Stockholm, dem dänischen König oder dem ostfriesischen Adel, auf der anderen Seite verstand er sich als Prophet für ein verarmtes Volk und wollte diesem neue Hoffnung geben. Und was die Taufe angeht: Er verurteilte die Kindertaufe. Nur die Glaubenstaufe sei eines mündigen und freien Menschen würdig. Wohl kaum einer taufte in der Anfangszeit so viel wie er. Auf der anderen Seite konnte er die Taufe ohne Probleme aussetzen, wenn es ihm notwendig erschien.

Heinold Fast kommt deswegen zu dem Schluss, dass die tragenden Vorstellungen von Melchior Hoffmans Engagement untäuferisch sind.[45] Bereits bevor er in Kontakt mit den Täufern kam, hatte sich seine apokalyptische Weltsicht, seine spiritualistische Offenbarungslehre und seine rigorose Heiligungsethik verfestigt. Die Tauflehre wurde erst

---

[44] A.a.O., 165.
[45] Fast, 297.

nachträglich als Bundeszeichen für die wahren Gläubigen in sein theologisches Verständnis eingebaut.

Abschließend Anregungen und Fragen

1) Provozierende Persönlichkeit
Melchior Hoffman hatte offenbar ein kantiges, impulsives und polarisierendes Auftreten. Wie viel von all dem gesteht man einer Pionier-Persönlichkeit zu, ohne es ihr vorzuwerfen? Kann er für die Auswüchse von Münster verantwortlich gemacht werden?

Oftmals gibt es unter Christen eine Sehnsucht nach Aufbrüchen, Umbrüchen oder Neugestaltungsprozessen. Um aufzurütteln, braucht es Leidenschaft. Häufig soll sich aber das Neue in einer wohldosierten, rücksichtsvollen, schmerzfreien und ausbalancierten Weise ereignen. Geht das? In der Regel bemüht man dann organische Bilder von Wachstum und Verwandlung. Wo aber bleibt dann die prophetische Energie, die provoziert und konfrontiert? Und welche Persönlichkeiten werden dazu von Gott berufen?

2) Vollmächtiges Wirken durch einfache Leute
Melchior Hoffman stand ähnlich wie Sebastian Lotzer für die Aktivierung und Mitbeteiligung von Laien. Er war kein Theologieprofessor, der ausgefeilt und verwinkelt disputieren konnte oder wollte. Gerade wegen der Laienhaftigkeit der prägenden Persönlichkeiten besteht bis heute die Gefahr, diese Art von reformatorischen Bewegungen weniger ernst zu nehmen.

Man wird an eine Begebenheit in der Apostelgeschichte erinnert. Dort wird berichtet, wie Petrus und Johannes vor dem Hohen Rat frei heraus von Jesus erzählen. Und dann steht dort von den jüdischen Gelehrten:

„Sie wunderten sich, denn sie merkten, dass sie ungelehrte und einfache Leute waren."[46]

Wie weit rechnen wir noch damit, dass Gottes Geist durch normale, einfache Leute wirkt und eine Breitenwirkung auslösen kann?

---

[46] Apg. 4, 13.

3) Entgleiste Prophetien

Fehlentwicklungen müssen nicht gegen die Kraft von Prophetien an sich sprechen. Ohne Frage war die frühe Reformationszeit breitflächig apokalyptisch aufgeladen und produzierte eine Vielzahl von Seltsamkeiten. Die Balance zwischen dem priesterlichen, dem königlichen und dem prophetischen Mandat war ins Wanken geraten. Die offiziellen Priester waren in Verruf geraten. Landesfürsten waren in Konfrontation zum Kaiser. Übrig blieb ein prophetisches Mandat. Das mag ein bisschen erklären, warum es zu einer solchen Mächtigkeit von prophetischen Stimmen und der damit zusammenhängenden Flächen-Dynamik gekommen war. Prophetie hat ein Gespür für Kairos-Momente, also Momente, in denen Gott in besonderer Weise wirken will.

Natürlich müssen dann auch die Fragen gestellt werden: Wie verhält sich ein inneres Wort des Geistes zum äußeren Wort der Schrift? Wer entscheidet, welche Eingebungen Autorität bekommen? Wie lassen sich Geistoffenbarungen prüfen? Oder: Wann wird Gottes Reden zur Einbildung? Ab wann biegt man sich die Wirklichkeit zurecht? Und ab wann muss man sich eingestehen, dass man sich als Prophet oder Prophetin getäuscht hat? Keine einfachen Fragen.

#11 Das Täuferreich von Münster - Religiöser Massenwahn oder Zufluchtsort für Verfolgte?

Möglicherweise sind Ihnen die Käfige am Turm der St. Lambertikirche in Münster bekannt. Dort oben wurden Anfang 1536 die gefolterten Körper der drei maßgeblichen Täuferführer als abschreckendes Beispiel zur Schau gestellt. Was war geschehen? Mit wem haben wir es zu tun? Und was waren die Gründe?

Die Geschichte des Täuferreichs von Münster stellt sich in zweifacher Weise wie ein Religionskrimi dar. Zum einen sind da die sich überschlagenden, historischen Ereignisse in den Jahren 1534 bis 1536. Zum anderen ist es die dunkel gefärbte Überlieferungsgeschichte dieser Geschehnisse. Erst in neuerer Zeit gelang es, das Täuferreich in Münster differenzierter zu betrachten und nicht mehr als bloß als irrsinnigen Massenwahn zu begreifen.[47]

Bevor wir tiefer in das Thema einsteigen, eine Vorbemerkung: Häufig wird das Täuferreich von Münster mit den Bauernkriegen von Thomas Müntzer in Verbindung gebracht. Beides war radikal und klingt ähnlich, deswegen muss es zusammengehören, meint man. Sicherlich haben die Gedanken von Müntzer auch in Münster gewirkt. Tatsächlich sind es aber zwei unterschiedliche Linien. Thomas Müntzer wirkte vorrangig in Thüringen und zwar in der Zeit zwischen 1520 bis 1525. Das Täuferreich von Münster dagegen formierte sich erst ca. 10 Jahre später und war stark von Melchior Hoffman und verschiedenen Täufern aus den Niederlanden geprägt.

Wir nähern uns der Thematik in drei Schritten: Zunächst die groben Fakten, dann die über weite Strecken negative polemische Geschichtsdarstellung und als Drittes der Versuch einer Differenzierung.

1) Grobe Fakten

Einer der Hauptfiguren war der Prediger Bernhard Rothmann. Ab 1529 trat er an die Öffentlichkeit und begann das lutherische Evangelium im Umland von Münster zu verkündigen. Im weiteren Verlauf genoss er auch innerhalb der Stadt immer mehr das Ansehen eines Reformators.

---

[47] Ernst Laubach hat als Kenner der Stadtgeschichte von Münster genauer herausgearbeitet, wie stark das negative Bild des Täuferkönigreichs besonders durch die Äußerungen der Kritiker zustande kommt.

Er predigte gegen die Verführung durch die katholischen Priester, gegen Totenmessen, das Fegefeuer, die Werkgerechtigkeit, gegen Anrufung der Heiligen und die Bilderverehrung. Anfang 1533 wurde der Stadtrat evangelisch. Die geistliche Autorität verlagerte sich von den Priestern auf die Laien. Rothmann stand eine Restitution vor Augen. Er wollte nach der Phase des katholischen Abfalls eine christliche Neuordnung nach biblischem Vorbild aufbauen.

Ein Jahr später, Anfang 1534, kam der Prophet Jan Matthys, als Abgesandter der niederländischen Täuferbewegung nach Münster. Matthys kündigte an, dass Ostern 1534 in der Stadt die Friedensherrschaft Gottes anbreche und alle Gottlosen vernichtet würden. Als Zeichen des endzeitlichen Glaubens sollten sich alle taufen lassen. Andersgläubige flohen oder wurden vertrieben. Weil Münster als Zufluchtsstadt für täuferisch Gesinnte galt, kamen viele aus dem katholischen Umland und den Niederlanden angereist. Die Stadt hatte damals ca. Acht- bis Neuntausend Einwohner. Zwei- bis Zweieinhalbtausend waren Flüchtlinge aus anderen Regionen, wo die Täufer verfolgt wurden. Parallel dazu begann das katholische Heer des Bischofs Franz von Waldeck die Stadt Münster zu belagern, um sie für sich zurückzugewinnen. Unter dem Eindruck der Bedrohung wechselte der münsteraner Stadtrat von evangelischen Reformen zu täuferischen Ansichten.

Weil von den Täufern eine Invasion des katholischen Bischofsheeres befürchtet wurde, fingen die Einwohner an, sich militärisch zu rüsten. Als dann aber das Erscheinen Christi ausblieb und das erwartete Gericht Gottes nicht hereinbrach, zog Matthys im Kampf vor die Stadt und starb. Von nun an übernahm der niederländische Schneider Johann Bockelson aus Leiden, kurz: Jan van Leiden, die Führung der Täufergemeinschaft. Nachdem sich die verbliebenen Münsteraner mehrfach erfolgreich gegen einen Sturm der katholischen Belagerer gewehrt hatten, wurde Jan van Leiden als neuer König David ausgerufen.

Mit der Zeit brach eine Hungersnot aus. Die Führung der Stadt wurde immer rigoroser und nahm die Gestalt einer religiösen Militärdiktatur an. Es kam zu öffentlichen Hinrichtungen. Gütergemeinschaft und die Vielehe wurde eingeführt. Nach eineinhalb Jahren Belagerung wurde Münster im Juni 1535 vom Heer des Bischofs eingenommen. Viele Täufer, Männer und Frauen, wurden hingerichtet. Die drei verbliebenen Oberhäupter Jan van Leiden, Bernd Krechting und Bernd Knipperdolling wurden für ein halbes Jahr gefangen gehalten, besiegt dem Umland präsentiert und gefoltert. Im Januar 1536 wurden sie am Fuße der Lambertikirche grausamst gequält und hingerichtet. Zur Abschreckung hängte man ihre Leichen in die Täuferkörbe an den Kirchturm. Münster war wieder katholisch geworden.

2) Negative Geschichtsschreibung und Polemik
Die verhängnisvollen und sich überstürzenden Ereignisse wurden über viele Jahre mit den schlimmsten Begriffen gebrandmarkt: Martin Luther nannte es den „aufrührerischen Geist von Thomas Müntzer", man sprach von Wahnsinnigen, von Raserei, von Ausschweifung, vom selbstherrlichen Pomp des Königs, von ekstatischen Auftritten der Propheten. Später fielen Begriffe wie: blutige Farce, schrecklichen Spuk, Aktionsfeld religiöser Fanatiker und krimineller Aufrührer.[48] In westlicher Propaganda im 20. Jahrhundert diente es sogar als Feindbild gegen eine drohende kommunistische Herrschaft. Letztendlich galt das, was in Münster geschah als rätselhaft, irrsinnig und teuflisch.

Unmittelbar nach der Eroberung der Stadt kam es zu einer Verfolgungswelle gegen Täufer im ganzen Land, insbesondere im Süden. Die Obrigkeiten taten alles dafür, dass die täuferische Gesinnung ein für alle Mal ausgerottet würde und sich eine solche Schreckensherrschaft nicht wiederholen sollte. Diese Sicht hat in den vergangenen Jahrhunderten zu weiten Teilen das Urteil über sogenannten „Wiedertäufer" bestimmt. Münster galt als entgleiste Reformation, als „böse Fratze" und innerste Dynamik von gefährlichen Täufer-Sekten. Dass es sich bei den Entwicklungen in Münster vorrangig um eine Endzeitbewegung mit all den zugehörigen Merkmalen handelte, konnte erst später differenziert werden. Die Ablehnung der Kindertaufe und die erneute Glaubenstaufe - worauf sich das Schimpfwort „Wiedertäufer" bezog - war eher ein Mittel zum Zweck, um die dringliche Sammlung der Endzeitgemeinde voranzutreiben.

3) Differenzierungen
In der Kürze der Darstellung sollen noch einige andere Aspekte erwähnt werden. Dabei geht es mir nicht um eine Verteidigung der täuferischen Radikalisierung mit all ihren brutalen Folgewirkungen. Keineswegs. Mir scheint es aber wichtig, sich zu bemühen, die Entstehung des Täuferreichs in Münster nicht als „irrationalen Irrsinn" zu verurteilen,

---

[48] Laubach, 147.

sondern eine innere Folgerichtigkeit zu erspüren. Nur so ist es möglich, sich ähnlichen Entwicklungen frühzeitig entgegenzustellen.

Punkt 1: Die Vorgeschichte
Bereits seit 1525, also etwa 10 Jahre zuvor, gab es gravierende soziale Unruhen in Münster. Die Stadt wollte von kirchlicher Bevormundung frei werden. Die Handwerksgilden befanden sich auf Konfrontationskurs zu den wirtschaftlich produzierenden Klöstern. Über Jahre gärte es. Der Widerstand gegen die herrschende Ordnung ging dabei nicht - wie häufig abfällig gesagt wurde - vom sogenannten „Pöbel", sondern von der damaligen Mittelschicht aus, die nach mehr Einfluss strebte. Das war der soziale Kontext und Nährboden, auf dem sich die religiösen Ideen radikalisierten.

Punkt 2: Offizielle Wahlen
Innerhalb der Stadt gab es grob gesagt, drei widerstreitende Parteien, die jeweils unterschiedlichen theologischen Positionen zuneigten. Zum Einen der Klerus als katholische Seite, als Zweites den Stadtadel im Rat der Stadt, der eher evangelisch war und als Drittes die Handwerksgilden, die im weiteren Verlauf zur täuferischen Position neigten. Die besondere Art der münsteraner Verfassung machte es möglich, dass die ursprünglich katholische Stadt zunächst lutherisch, dann eher zwinglisch und später täuferisch wurde. Es geschah auf regulärem Wege durch offizielle Wahlen. Es war kein Militärputsch.

Punkt 3: Friedliche Täufergemeinden
Vor der Belagerung durch die bischöflichen Heere und bevor der Prophet Jan Matthys in die Stadt kam, traf sich die Täufergemeinschaft zurückgezogen und friedlich in kleinen Gruppen. Der Umschwung ins Militärische geschah unter dem Eindruck der äußeren Bedrohung und der notwendigen Verteidigung. Zeitgleich wurde das Vorgehen religiös mit dem „Gericht über die Gottlosen" begründet.

Punkt 4: Notstandsordnung
Plünderungen und eine teilweise erzwungene Gütergemeinschaft waren nicht Anzeichen von chaotischen Zuständen. Im Gegenteil. Viele politische, soziale und militärische Entscheidungen machten durchaus Sinn vor dem Hintergrund einer unbestimmten Belagerung von außen,

der Unterbringung und Versorgung vieler Flüchtlinge und dem notwendigen Überlebenskampf im Innern der Stadt.

Punkt 5: Polygamie
Selbst der so seltsame Bruch mit den damaligen gesellschaftlichen Konventionen und die Einführung der Vielehe hatten eine gewisse Folgerichtigkeit. In der Stadt gab es zwei bis dreimal so viele Frauen wie Männer. Entsprechend der endzeitlichen Propheten-Theologie war es nötig, dass sich jede Frau vor der Wiederkunft Christi in einer häuslichen Ordnung befand und einem Mann quasi „als irdischem Haupt" unterstand.

Punkt 6: Vertreibung der Andersgläubigen
Ohne eine solche Vorgehensweise in irgendeiner Weise auch nur ansatzweise zu rechtfertigen, muss bedacht werden, dass so ein Umgang damals Gang und Gebe war. Auch in katholischen oder lutherischen Regionen wurden Andersgläubige verfolgt, gefoltert, vertrieben oder hingerichtet. Münster war die erste Stadt, in der Täufer politisch an die Macht kamen.[49] Damit wurde sie zur Hoffnung und Zufluchtsort für viele Taufgesinnte, die anderswo verfolgt wurden. Als Ausdruck einer ernsthaften Erwartung sollte die Stadt von Unglauben und Sünde gereinigt werden. Nur so würde die baldige Wiederkunft Christi stattfinden können.

Fazit
Wenn man versucht, sich ein wenig in die innere Logik der Entstehung des Täuferreichs hineinzuversetzen, mag es noch bedrohlicher wirken. Vieles ist dann nicht mehr irrsinnig, sondern in gewisser Weise sogar sehr intelligent, aber eben unter anderen Voraussetzungen. Wenn es also nicht einfach nur religiöser Massenwahn war, den es auszurotten galt, oder nur ein Unfall der Geschichte, der als Sonderfall beiseite gestellt werden kann, was folgt daraus? Dann wird es wichtig, religiös-biblische Muster zu erkunden, die in Kombination mit sozialer Unzufriedenheit und günstigen politischen Konstellationen zu einer verhängnisvollen Kettenreaktion mit katastrophalem Ausgang führen können.

---

[49] In gewisser Weise kamen die Täufer auch in Waldshut unter der Führung von Dr. Balthasar Hubmaier an die Macht. Aber nicht so ausgeprägt wie Münster.

Die apokalyptische Stimmung und die Erwartung des Weltendes war nicht das Besondere in der münsteraner Geschichte. Auch die Hoffnung auf ein unmittelbar bevorstehendes, diesseitig kommendes Reich Gottes war nicht spezifisch. Das gab es auch an anderer Stelle, wie wir bereits gesehen haben. Offenbar gab es in Münster aber einen Umschlagspunkt, von wo aus sich das passive Abwarten der Wiederkunft Christi in ein aktives Vernichten der Gottlosen verwandelte. Es kam zu einem übersteigerten Sendungsbewusstsein und einem extremen Dringlichkeitsempfinden in Anbetracht eines unmittelbar bevorstehenden Datums. Dieses Datum wurde durch prophetische Deutungen von Zeitzeichen postuliert. Alle Beteiligten erlebten sich in einem herausragenden und alles entscheidenden Moment der Geschichte. Der Ausgang hing dabei von ihrer totalen Hingabe und Aufopferung ab, in völliger Bindung an einen quasi messianischen Führer. Mit der Vergangenheit und mit allen damit in Zusammenhang stehenden Ordnungen sollte gebrochen werden und die Zukunft wurde als direkt bevorstehender Einbruch des Neuen erwartet. Die Zeit verdichtete sich für alle Auserwählten zu einem Punkt der göttlichen Unmittelbarkeit. Es war eine totale Erwartung des Göttlichen im Jetzt des Sichtbaren. Letztendlich alles Kennzeichen einer aufgeladenen Endzeitbewegung.

Anregungen und Fragen

1) Umschlag in Gewalt
Das Täuferreich in Münster ist ohne Frage ein abschreckendes Beispiel für religiöse Gewalt. Man sollte die Verurteilung von religiöser Gewalt aber nicht auf Extrembeispiele wie diese beschränken. An sich ist es ja gut, von einer konkreten Hoffnung für diese Welt motiviert zu sein. Aber welche theologischen Muster führen zu einer Art von zwanghafter Dringlichkeit? Ab wann wird man von einem demütigen Mitarbeiter Gottes zu einem gewaltbereiten Vollstrecker gegen das Böse? Wird konsequent gelebte Religion immer totalitär? Wann schlägt eine friedfertige Grundhaltung in die Unterdrückung Andersgläubiger um? Fragen, die sich nicht leicht beantworten lassen. Das Ende des Täuferreichs in Münster führte zu einer breiten Verunsicherung und Diskussion in den späteren täuferischen Strömungen. Letztendlich wurde daraus eine grundlegend reflektierte und konsequent friedensethische Position entwickelt, die gerade in heutiger Zeit immer mehr an Relevanz gewinnt.

2) Verzerrte Geschichtsschreibung

Bei allem, was bei den Ereignissen in Münster zu verurteilen ist, sollte Folgendes im Gedächtnis bleiben: Das historische Bild wurde lange Zeit aus den polemischen Flugschriften der Kritiker abgeleitet. Münster galt als abschreckendes Beispiel sondergleichen.[50]

Ernst Laubach, Historiker und ausgewiesener Kenner der Geschichte von Münster, meint:

„Solange in Deutschland und Europa die Monarchie bzw. der absolute Fürstenstaat die unangefochtene Staatsordnung war, konnte ein Konflikt zwischen einer Stadt und ihrem Stadtherrn - aus welchen Ursachen auch immer - nur als Aufruhr interpretiert werden."[51]

Die sogenannten Wiedertäufer wurden als eine gegen alle positive Religion feindliche, politisch-revolutionäre Partei betrachtet. Sie galten als frevelhafter Widerstreit gegen göttliche und menschliche Ordnung. Ein solch vernichtendes Urteil wird den historischen Ereignissen aber nicht gerecht. Zum Schluss noch einmal Ernst Laubach am Ende eines Vortrags von 1990:

„Indessen sollte deutlich geworden sein, dass den Täufern von Münster die längste Zeit durch die Geschichtsschreibung keine Gerechtigkeit zuteil geworden ist. Wohl haben sie mit dem Glauben, Christus werde in dieser Stadt wiederkehren, geirrt. Mit ihrem Streben, ihm die Stätte dafür auch mit Waffengewalt freizuhalten, mußten sie scheitern. Wohl gibt es auch in ihrer Geschichte dunkle Punkte, Böses, Erschreckendes. Aber es kann nicht unsere Aufgabe sein, sie immer noch mit den Maßstäben der damals Herrschenden oder Tonangebenden zu verurteilen; auch sie haben Anspruch auf eine vorurteilslose historische Würdigung."[52]

---

[50] Ernst Laubach schreibt über Gerhard Hauptmann, dass dieser versuchte, die positiven Aspekte im Streben der Münsteraner Täufer ins Bewusstsein zu bringen: *„Er teilte nicht Luthers Ablehnung von Bauernkrieg und Täufertum als „Abfall" von der Reformation, sondern kritisierte dessen Parteinahme als eine die Zukunft der Nation belastende Haltung."* (Laubach, 141).
[51] A.a.O., 133.
[52] A.a.O., 150.

#12 Reich Gottes in vier Mustern - Zwischenbilanz: Reflexion der Konfliktdynamiken

Es ist Zeit für eine Zwischenbilanz. In einem ersten Rundgang haben wir uns mit den sogenannten „schwärmerischen Strömungen" befasst. Im Weiteren werden wir einen genaueren Blick auf Spiritualisten, Antitrinitarier und auf friedliche Täufergemeinschaften legen. Schon nach diesen ersten Einheiten haben wir irritierende Beobachtungen gemacht.

Die erste Irritation: Auf allen Seiten religiös begründete Gewalt. Sowohl die alte katholische Kirche, aber auch die neuen protestantischen Kirchen, als auch die täuferischen Strömungen haben ab einem gewissen Punkt Gewalt gegenüber Andersgläubigen angewandt: Vertreibung, Folter und Hinrichtung. Seltsam.

Und die zweite Irritation: Alle beriefen sich dabei in irgendeiner Weise auf „Gottes Wort" oder eine „geistliche Autorität", sei es der Papst oder Propheten oder Sendboten oder was auch immer. Man selbst war im Recht. Die anderen waren Ketzer, Irrlehrer oder Aufrührer.

Es ist nicht verwunderlich, dass kritische Menschen fragen, ob nicht „Religion an sich" das Übel sei, wovon die Welt erlöst werden müsse. Umso wichtiger ist ein differenzierterer Blick.

Meine These lautet: In den ersten besonders intensiven Jahren der Reformationszeit, finden wir nahezu alle theologischen Positionen der 1500-jährigen Kirchengeschichte in komprimierter Form. Der Schlüssel, um diese innere Dynamik der Konflikte verstehen zu können, ist das unterschiedliche Verständnis vom Reich Gottes. Also: Was ist das Reich Gottes? Wann, wo und wie kommt es? Und vor allem: Wer sind die Akteure in dieser göttlichen Dramaturgie? Damit zusammen hängt die Frage: Welche Rolle spielt die Kirche in Gottes Geschichtsplan?

Der Theologe Benedict Thomas Viviano unterscheidet zwischen vier Typen des Reichs-Gottesverständnisses.[53] Das ist sehr aufschlussreich, insbesondere dann, wenn man meint, man müsse „einfach nur die Bibel" lesen, um zu wissen, was richtig sei. Offenbar ist das nicht so einfach, denn alle vier Verständnisse berufen sich in gewisser Weise auf die Bibel, kommen aber zu völlig unterschiedlichen Ergebnissen.

---

[53] Viviano, Kapitel II., Pos. 568.

Sehen wir uns als Erstes die Botschaft von Jesus an. Als Zweites skizziere ich die vier Verständnisse vom Reich Gottes. Und als Drittes reflektieren wir auf der Grundlage dieser Muster die Konflikte in der Reformationszeit. Dabei behalten wir immer die Frage im Hinterkopf: Was ist eine stimmige und glaubwürdige Gestalt von einer an Jesus orientierten Kirche?

I) Das Reich Gottes bei Jesus

Im Markusevangelium begann Jesus sein öffentliches Auftreten mit der Aufforderung:

„Die Zeit ist gekommen, das Reich Gottes ist nahe. Kehrt um und glaubt diese gute Nachricht!"[54]

Die Botschaft vom nahen Reich Gottes war der Kerninhalt von Jesu Verkündigung. Im Vater-Unser-Gebet lehrte er zu beten:

„Dein Reich komme, dein Wille geschehe, wie im Himmel so auf Erden."[55]

Wie aber kommt diese Königsherrschaft Gottes auf die Erde? Die Apostelgeschichte endet mit den Worten:

„<Paulus> verkündete in aller Offenheit das Reich Gottes und predigte von Jesus Christus, dem Herrn. Und niemand versuchte, ihn daran zu hindern."[56]

Damit wird noch einmal deutlich: Auch die Apostel hatten das Reich Gottes als Kerninhalt ihrer Botschaft. Umso wichtiger ist die Frage: Was ist dieses Reich Gottes? Jesus antwortete ein bisschen rätselhaft. Im Lukasevangelium steht:

„Die Pharisäer fragten Jesus, wann das Reich Gottes komme. Darauf antwortete er:»Das Reich Gottes kommt nicht so, dass man es an äußeren Anzeichen erkennen kann. Man wird auch nicht sagen können: ›Seht, hier ist es!‹ oder: ›Es ist dort!‹ Nein, das Reich Gottes ist mitten unter euch.«"[57]

Martin Luther hatte noch übersetzt: „Das Reich Gottes ist inwendig in euch." Und schon hat man eine völlig andere Aussage. „Mitten unter" hat eine soziale Komponente. „Inwendig" dagegen ist etwas Individuelles, Verborgenes. An anderer Stelle sagte Jesus:

---

[54] Mk. 1, 15.
[55] Mt. 6, 10.
[56] Apg. 28, 31.
[57] Lk. 17, 20.21.

„Wo zwei oder drei in meinem Namen versammelt sind, da bin ich mitten unter ihnen."[58]

Offenbar gehört die soziale Komponente zwingend zur Gegenwart Christi dazu. Bei der Beschäftigung mit dem Reich Gottes treffen wir also auf äußerst grundlegende Fragen, nämlich: Wie ereignet sich Gottes neue Welt inmitten von Zeit und Raum? Und welche Rolle spielt die christliche Gemeinschaft für die Gegenwart des Auferstandenen?

Jemand sagte einmal wehmütig oder möglicherweise auch ein bisschen zynisch:

„Jesus verkündigte das Reich Gottes - gekommen ist die Kirche."[59]

Beruht also die Entstehung der „Christlichen Kirche" auf einem Missverständnis? Wurde Jesus von Christen über Jahrhunderte für eigene religiöse Zwecke instrumentalisiert? Diese Fragen scheinen gar nicht so abwegig zu sein.

II) Vier verschiedene Verständnisse vom Reich Gottes

Wir bezeichnen sie mit den Begriffen: eschatologisch, mystisch, politisch und kirchlich.

Modell 1: Eschatologisch

Der griechische Begriff „Eschaton, eschatologisch" meint die letzten Dinge, das, was am Ende der Zeit passiert. Ein eschatologisches Reichs-Gottes-Verständnis, geht davon aus, dass Gottes umfassendes und endgültiges Wirken unmittelbar bevor steht. Man nennt es: Naherwartung. Die Welt steht vor dem Untergang und die Wiederkunft des Messias ist absehbar. Alles wird dringlich und dramatisch. Der Zeitlauf verdichtet sich. Dieses ist die Verfassung der frühen christlichen Gemeinden bis ins 2. oder 3. Jahrhundert. Im Rückblick wird man es als eine spätjüdisch-apokalyptische Weltanschauung bezeichnen.

Modell 2: Mystisch

Mit dem Wechsel der christlichen Botschaft aus dem jüdischen in den griechischen Kontext wurde das Reich Gottes immer mehr zu etwas Ewigem, Jenseitigem und Zeitlosem. Gleichermaßen war es auch ein in-

---

[58] Mt. 18,20.
[59] Dieser Ausspruch geht auf Alfred Loisy zurück und war vermutlich gar nicht negativ gemeint. Der katholische Theologe Loisy stellte sich in seinem Buch „L'Évangile et l'Église" (1902) gegen die Vorlesung „Das Wesen des Christenums" (1900) von Adolf von Harnach, der die kirchlichen Entwicklungen eher kritisch bewertete.

neres geistiges Gut in der Seele der Gläubigen. Der göttliche Schatz im Innern des Herzens im Hinblick auf das ewige Leben. Betont wurde nun nicht mehr ein von Gott gewirkter gesellschafts-politischer Umbruch, sondern Kontemplation und spirituelle Erleuchtung des Einzelnen. Diese Art des Reichs-Gottes-Verständnisses fand besonderen Anklang bei griechischen und römischen Philosophen.

Modell 3: Politisch
Mit der Ausbreitung des christlichen Glaubens wurde dieser zu einer nützlichen Religion, um das Römische Reich zu stabilisieren. Unter Kaiser Konstantin entstand im 4. Jahrhundert ein christliches Imperium. So wie man die Prophetien von Daniel auf die Babylonier, die Meder und Perser, die Griechen und schließlich auf die Römer übertrug, glaubte man an ein irdisch-politisches Reich. Das war die Grundlage für die flächendeckende Christianisierung und die vermeintliche Erfolgsgeschichte des Christentums. Der christliche Glaube wurde zur Staatsreligion. Eine christliche Gesellschaftsordnung wurde entworfen - mit Kircheninstitutionen, Amtsträgern und religiösen Programmen. Aus dieser Anschauung heraus begründen sich zum Beispiel die christlichen Ritterorden im Mittelalter, also religiös-militärische Einrichtungen zur Verteidigung des Kaiserreichs und der Fürstentümer.

Modell 4: Kirchlich
Als das Römische Reich zu zerfallen begann, entkoppelte die Kirche das Reichs-Gottes-Verständnis mehr und mehr von der Politik, um nicht mit unterzugehen. Anfang des 5. Jahrhunderts verfasste der Kirchenvater Augustin eine monumentale Schrift mit dem Titel „Der Gottesstaat". Von nun an wurde das Reich Gottes mit der Kirche sowohl in sichtbarer als auch in unsichtbarer Gestalt gleichgesetzt. Verkürzt gesagt: Das Reich Gottes war dort, wo die Kirche war und die Sakramente verwaltet wurden. Die Kirche war zur Heilsanstalt geworden.

Das politische und dieses kirchliche Verständnis vom Reich Gottes standen über Jahrhunderte miteinander in Konflikt. Das ist die Dynamik, die den Kampf von „Thron" und „Altar" begründet. „Thron" steht für die weltliche Macht, also den Kaiser, und „Altar" für die kirchliche also den Papst. Bis zur Reformationszeit war die Kirche davon überzeugt, dass sie über der weltlichen Macht stünde und zu bestimmen hätte.

Noch einmal: Das eschatologische Verständnis drängt nach „vorne", ist voller Hoffnung und lebt in angespannter Erwartung auf Gottes neue Welt. Das mystische Verständnis verlagert sich nach „innen" und bemüht sich um die Vervollkommnung der Seele. Das politische Verständnis hat den Anspruch, Gottes Willen gewissermaßen „von oben herab" als Stellvertreter Gottes auf ganze Landstriche und Völker anzuwenden. Und das kirchliche Verständnis versteht den Binnenraum der Kirche als einzigen Zugang zum Heil und zu Gottes neuer Welt.

III) Reformationszeit

Ausgangspunkt war ein überwiegend kirchliches Reichs-Gottes-Verständnis. Auch wenn die katholische Kirche bereits an Macht verlor, war sie offiziell immer noch führend und überall dominant. Außerhalb der Kirche und des christlich-katholischen Glaubens gab es nur Unglaube oder Ketzerei.

Martin Luther war einer der führenden Personen, die diesem machtpolitischen Religions-System die Stirn boten. Im Verlauf seiner theologischen Arbeit entwickelte er die sogenannte Zwei-Reiche-Lehre. Er sprach von einem irdischen und einem geistlichen Regiment, die verschiedene Aufgaben hätten und nach unterschiedlichen Regeln funktionierten. Letztendlich stärkte er durch seine Theologie die politisch-säkulare Macht der Fürsten in Konfrontation zum Papst. Gleichermaßen lief er aber nicht in die Falle, ein irdisches Reich oder die „Kirche an sich" unmittelbar mit dem Reich Gottes in eins zu setzen. Luther betonte ebenfalls die Unsichtbarkeit des Reiches Gottes, was ihn in eine gewisse Nähe zu den Spiritualisten brachte.

Die Spiritualisten betonten die Innerlichkeit vom Reich Gottes so stark, dass sie äußerliche Institutionen, Dogmen und Riten als nebensächlich abtaten. Dazu werden wir in den nächsten Episoden kommen.

Spannend wird es bei den Täufern und den sogenannten Schwärmern. Sie waren insofern radikal, als dass sie zu den Wurzeln des Neuen Testaments zurückgingen und das eschatologische Verständnis vom Reich Gottes wieder aufnahmen. Und sie wandten ihre biblischen Einsichten auf die damaligen gesellschafts-politischen Gegebenheiten an. Bei ihnen hatte das rettende Heil nicht nur eine individuelle, sondern eine soziale Dimension. Sie bezogen sich auf die Sozialkritik der alttestamentlichen Propheten und auf die Verkündigung Jesu. Ihnen stand eine Vision des Reiches Gottes vor Augen in Kontrast zur aktuellen Gesellschaft. Und sie glaubten daran, dass mehr soziale Gerechtigkeit in den gesellschaftlichen Verhältnissen möglich sei. Benedict Viviano schreibt:

> *„Die Täufer, einst verachtet und verfolgt, verdienen einen Ehrenplatz in der Geschichte Gottes… Zeitgenössische Theologen wie Jürgen Moltmann meinen, die etablierten Kirchen müssten ihnen ähnlicher werden."*[60]

Abschließend wieder Anregungen und Fragen

Wenn es stimmt, dass sich alles vom Verständnis des Reiches Gottes ableitet, dann muss man sich sowohl als einzelner Christ als auch als christliche Gemeinschaft über folgende Frage klar werden: Was ist mein Verständnis vom Reich Gottes?

Schon der Kirchenvater Origenes vertrat im 3. Jahrhundert die Auffassung, dass Christus „als Person" die Verkörperung des Reiches Gottes sei. Gottes Reich hat eine personale Gestalt, es ist der Herrschaftsbereich des Auferstandenen.

Dann aber muss man weiter fragen: Wo befindet sich Christus? Sitzt er nach der Himmelfahrt zur Rechten Gottes? Aber er hat doch seinen Geist gesandt und sagte, er sei bei uns alle Tage bis an das Ende der Welt. In Verlängerung dazu schrieb Paulus im Korintherbrief, dass sowohl unser Körper als auch die christliche Gemeinschaft ein Tempel des Heiligen Geistes sei.[61] Wo aber in uns drin befindet sich der Heilige Geist? Im Herzen, im Verstand, im Gefühl, im Gewissen, im Willen? Ist er möglicherweise sogar so substantiell anwesend, dass man das erworbene Heil nicht mehr verlieren kann? Und wo genau lebt der Geist in einer christlichen Gemeinschaft? Im Gottesdienst, in Gebetsversammlungen, im Bibellesen? Und: Wirkt nicht Gottes Geist auch außerhalb der Kirche?

Man bekommt den Eindruck, je konkreter man werden möchte, desto schwieriger wird es. Es gleicht einer geistlichen Unschärfe-Relation. Immer wenn ich an der einen Stelle Gottes Reich und sein Wirken quasi „dingfest" machen will, entgleitet es mir an anderer Stelle. Vielleicht meinen das gerade die Begriffe: „mitten unter", „inmitten" oder „dazwischen".

---

[60] Viviano, Kapitel IV. Renaissance und Reformation, Pos. 1658.
[61] 1.Kor. 3, 16; 6, 19.

Genau an dieser Stelle kommt es dann zu Entgleisungen in der Kirchengeschichte. Menschen versuchen, auf verschiedene Weise des Reiches Gottes habhaft zu werden.

Zum einen durch ein konkretes *Wo*: Entweder, indem man einen genauen Ort angibt, wie z.b. Straßburg oder Münster, oder aber, indem man es auf einen ganz genauen Ort im Innern des Menschen reduziert und dann daraus Verhaltensregeln ableitet. Aus einem „mitten unter" wird ein „genau da".

Zum anderen durch ein konkretes *Wann*: Obwohl Jesus ausdrücklich gewarnt hatte, Berechnungen anzustellen, wurde und wird dieses immer wieder versucht. Man will die Zeichen der Zeit deuten und glaubt, die letzte Generation zu sein. Wenn die Ankündigungen dann nicht eintreffen, werden nachträglich Erklärungen geliefert oder man versucht, durch ein bestimmtes Verhalten die Ankunft des Messias zu beschleunigen oder zu erzwingen. Aus einem „Es ist nahe." wird ein „genau dann" und „jetzt unbedingt".

Als Drittes durch ein konkretes *Wie*: Weil das Kommen des Reiches Gottes zugleich als Gericht und Erlösung erwartet wird, meint man, Vorsorge treffen zu müssen, um nicht zu den Verdammten zu gehören. Anstelle in vertrauensvoller Erwartung zu leben, verschiebt sich dann der Fokus auf verpflichtende Bußübungen, Reinheitsregeln, Hingaberituale und im schlimmsten Fall auch auf die Auslöschung der Ungläubigen .

Bei allen Entgleisungen ging und geht es darum, Ort, Zeit und die Art und Weise des kommenden Gottesreiches genauestens bestimmen zu wollen. Jesus hat vor allem gewarnt. Das scheint nichts zu nützen. Offenbar ist es für Gläubige schwer, das Schwebende, sich Nahende, Unverfügbare des Reiches Gottes auszuhalten. Entweder wird es in eine ferne, unzugängliche, sterile Parallelwelt, eine Jenseitswelt, verlagert oder man versucht, Verfügungsgewalt über es zu bekommen. Vielleicht ist das Reich Gottes aber gerade das, was uns in der Schwebe hält, im Offenen. Vielleicht ist es der Riss, die Lichtung in den gedanklichen Systemen. Vielleicht die Unterbrechung im religiösem Betrieb. Vielleicht ist das Reich Gottes gerade das, was sich der hierarchischen Totalisierung der Welt verweigert. Es ist ein Nicht-Ort, ein Nicht-Datum, eine Nicht-Methode. Und in all diesem ist es schon immer da, schon immer nahe, schon immer „mitten unter", schon immer „dazwischen".

#13 Kaspar Schwenckfeld - Verfechter eines "mittleren Weges"

Wir wenden unseren Blick von den „Schwärmern" hin zu den „Spiritualisten". Dabei muss klar sein, dass so eine Einteilung schwierig ist. Solche Begriffe sind nur Hilfsmittel, um sich ein bisschen besser orientieren zu können. Versuchen wir es:

Bei aller Unterschiedlichkeit hatten „Schwärmer" und „Spiritualisten" eine gemeinsame Inspirationsquelle. In der Regel bezogen sich beide Strömungen auf die mittelalterliche Mystik aus dem 14. Jahrhundert. Dort lag die Betonung auf dem sogenannten „Inneren Wort", also auf einer inneren Verbundenheit der menschlichen Seele mit dem Geist Gottes. Es ging um mystische Offenbarungen und übernatürliche Eingebungen jenseits von aller theologischen Dogmatik. Als „Schwärmer" wurden die bezeichnet, die auf eine äußerliche Realisierung drängten. Erfasst von heiliger Ungeduld sollte die gesamte Gesellschaft sichtbar verändert werden - notfalls mit Gewalt. Feurige Verkündigung löste breite Bewegungen aus und versetzte ganze Bevölkerungsschichten in eine apokalyptische Unruhe.

Auch „Spiritualisten" waren mit dem Gang der Reformation unzufrieden. Auch sie betonten die innere Umwandlung des Herzens und mahnten an, dass die Reformation inkonsequent und unvollständig sei. Im Gegensatz zu manchen Schwärmern setzten sie sich aber für Gewaltfreiheit ein. Das lag unter anderem daran, dass sie grundsätzlich skeptisch gegenüber jeglicher Art von institutionalisierter Religion waren und die damit verbundenen Konflikte ablehnten. Persönlichkeiten, die als „Spiritualisten" bezeichnet wurden, gehörten zu keiner Bewegung, sondern waren eher Einzelgänger, die stärker durch ihre Schriften wirkten.

In gewisser Weise vertraten auch schon Andreas Bodenstein von Karlstadt, Thomas Müntzer und Melchior Hoffman spiritualistische Ansichten. Sie waren davon überzeugt, dass man auch ohne die Bibel lesen zu können, von Gottes Geist angesprochen werden kann. Es ging ihnen darum, dass Gottes Wirken auch die armen Leute erreichte und diese nicht erneut von Theologieprofessoren bevormundet würden. Im weiteren Verlauf drängten sie dann aber ungeduldig immer mehr auf eine umfassende und sichtbare Reform von Kirche und Gesellschaft. Deswegen werden sie eher zu den sogenannten Schwärmern gezählt.

Bei Kaspar von Schwenckfeld, oder: Kaspar Schwenckfeld von Ossig, war das anders. Er galt damals als herausragende Persönlichkeit und Spiritualist, geriet jedoch im weiteren Verlauf weitgehend in Vergessenheit. Als 1989 die Mauer zwischen Deutschland fiel, wurde im selben Jahr der 500-jährige Geburtstag von Thomas Müntzer gefeiert. Die marxistische Forschung hatte das Anliegen von Müntzer beständig wachgehalten. Obwohl auch Schwenckfeld genau in demselben Jahr wie Müntzer geboren wurde und zur damaligen Zeit ähnlich berühmt war, ist die Erinnerung an ihn deutlich verblasst. Damals wurde er noch in einer Reihe mit Luther, Zwingli und Müntzer genannt. Aber er gründete keine neue Kirche und kooperierte nicht mit den Mächtigen. Im Gegensatz zu den Radikalen, die äußerlich für Tumulte sorgten und damit der Nachwelt stärker in Erinnerung blieben, trat Schwenckfeld entschieden für Toleranz und Gewaltfreiheit ein. Ein Anliegen, das in der damaligen Zeit fast kein Gehör fand und sich nicht durchsetzen konnte.

Stationen seines Lebens
Schwenckfeld wurde 1489 im Herzogentum Liegnitz in Schlesien geboren. Von seiner Herkunft entstammte er einer Adelsfamilie. Schon früh kam er mit der Lehre von Martin Luther in Kontakt. So wurde er zum Reformator in Schlesien und indirekt von ganz Ostpreußen. Auch Luther war am Anfang noch von der mittelalterlichen Mystik inspiriert. Später wandte er sich aber von diesen Ansichten ab und konzentrierte sich auf das geschriebene Wort Gottes als einzige legitime Offenbarungsquelle: Sola scriptura - Allein die Schrift.

Um 1523 wuchs die Unruhe in den reformatorischen Gebieten, weil die neue lutherische Verkündigung nur wenig Veränderung zeigte. Die erwarteten „Früchte der Reformation" blieben aus. Die Zuhörer veränderten nicht, wie erhofft, ihr Leben, sondern benutzen die Gnadenlehre als Legitimation für mehr Freizügigkeit und Ausschweifung. Schwenckfelds Anliegen war es, die an sich gute Reformation zu retten und konsequent weiterzuführen. Er wollte die aus seiner Sicht teils falsche oder zumindest falsch verstandene Rechtfertigungslehre Luthers korrigieren. 1524, als der Bauernkrieg seinem Höhepunkt entgegenging, setzte er sich für die Bauern und ihr Widerstandsrecht ein. Eine gewaltsame Reformation lehnte er aber ab, sowohl, was die Aufstände der Bauern, als auch, was die Unterdrückung durch die Fürsten anging.

1525 traten im Abendmahlsstreit die Unterschiede zwischen Luther und Schwenckfeld deutlich zutage. Je älter Luther wurde, desto mehr betonte er die äußerliche Ordnung, die gottgegebene Obrigkeit, das schriftliche Wort Gottes und die Sichtbarkeit der Zeichen, also Taufe und Abendmahl. Schwenckfeld erinnerte dagegen an die Anfänge der Reformation, als insbesondere das magische Sakramentsverständnis der katholischen Kirche kritisiert und die Notwendigkeit des innerlichen Glaubens betont wurde. Es kam zum Bruch mit Luther. Schwenckfeld fühlte sich aber weiterhin einer Reformation in alternativer Gestalt verpflichtet und sprach auch später noch anerkennend von den anderen Reformatoren. Luther dagegen diffamierte Schwenckfeld mit den üblichen Feindbegriffen, nannte ihn „Sakramentsverächter" und wandelte seinen Namen abfällig von Schwenckfeld zu „Stenckfeld" um. Im weiteren Verlauf der Geschichte wird der Begriff „Schwenckfeldianer", neben den Begriffen Schwärmer, Wiedertäufer, Ketzer und Verführer zu einem allgemein abwertenden Sammelbegriff und Verteufelungswort.

1529 wurde Schwenckfeld aus Schlesien verdrängt. Anschließend reiste er nach Straßburg. Weil er ein ähnliches Abendmahlsverständnis wie Zwingli vertrat, wurde er dort zunächst offen aufgenommen. Seine Anhänger fanden sich zu lockeren Lesegruppen seiner Schriften zusammen. In dieser Zeit traf er auch Sebastian Franck. Mit ihm werden wir uns in der nächsten Episode beschäftigen. In den Straßburger Jahren nahmen die Ansichten von Schwenckfeld in den Gesprächen mit anderen Nonkonformisten eine umfassendere Gestalt an. Nach seiner Überzeugung vertrat er einen mittleren Weg zwischen allen streitenden Parteien.

1534 kam Schwenckfeld einer Ausweisung aus Straßburg zuvor und begab sich erneut auf Reisen. Man fand ihn in Augsburg, in Ulm und Eßlingen. Häufig kam er bei befreundeten süddeutschen Adelsfamilien unter. In den weiteren Jahren wurden seine Schriften schrittweise verboten und seine Lehren durch eine lutherische Synode verdammt. Seine schriftstellerische Tätigkeit ging aber unvermindert weiter. 1561 starb Schwenckfeld im Alter von 72 Jahren in Ulm.

Schwenckfeld war mit seinen Ansichten seiner Zeit voraus. Seine Ideen wirkten nach im späteren Pietismus sowie im Quäkertum und auch in der langsam beginnenden Aufklärung. Gerade in diesem Bereich wurde er als ausdauernder Vorkämpfer für Toleranz und Meinungsfreiheit wahrgenommen. Obwohl Schwenckfeld selbst keine neue Kirche gründen wollte, sammelten sich nach seinem Tod seine Anhänger in kleinen freikirchlichen Gemeinschaften - insbesondere in Schlesien. Weil sie aber vielfältigen Schikanen ausgesetzt waren, lebten sie eher im Stillen, wie eine „Kleine Kirche im Verborgenen". Fast 200 Jahre später, 1726, wurde Schlesien rekatholisiert. Viele Anhänger Schwenckfelds mussten fliehen. Sie fanden Zuflucht bei der Herrnhuter Brüdergemeine in Sachsen. 1734 wanderten von dort ca. 180 Personen über Altona und Rotterdam nach Pennsylvania aus. Dort besteht bis heute die sogenannte „Schwenckfelder Church".

Seine Überzeugungen

Schwenckfeld vertrat seine Ansichten in zahlreichen Schriften und in einer ausgedehnten Korrespondenz mit vielen angesehenen Personen der damaligen Zeit. Allein über hundert Schriften wurden gedruckt. Er hatte eine weite Leserschaft bis lange nach seinem Tod. Mit seinen Schriften setzte er sich „zwischen alle Stühle". Er führte gewissermaßen einen verbalen Vielfrontenkampf. Insgesamt 27 verschiedene, damalige theologische Richtungen wurden von ihm kritisierte. 22 allein davon im Rahmen der neuen evangelischen Reformation. Aus seiner Sicht war es nicht hinnehmbar, dass die vier großen Strömungen: Katholisch, Lutherisch, Zwinglisch und Täuferisch jeweils die anderen verdammten und teils gewaltsam bekämpften. Schwenckfeld dagegen vertrat - seiner Meinung nach - einen mittleren Weg, eine Ansicht, die diese Streitigkeiten überwinden würde. Ihm ging es um eine innere Erneuerung, um einen neuen Menschen, der sich nicht an Äußerliches hängt, sondern von innen her zu einem veränderten Verhalten findet.

Die Betonung des Innerlichen bringt die Wirklichkeitserfahrung in eine Dualität von Innen und Außen. Spiritualisten wurde deswegen vorgeworfen, dass sie das Innerliche überbetonen und Äußerliches gänzlich abwerten würden. Damit tut man Schwenckfeld aber Unrecht. Ihm ging es um einen Vorrang des Innerlichen, nicht um eine grundsätzliche Verneinung des Äußerlichen. Für die einzelnen Themenfelder hieß das Folgendes: Das Hören auf Gottes Reden durch den Geist hat Vorrang vor dem Buchstaben der Schrift, der Herzensglaube hat Vorrang vor dem äußerlichen Empfang der Sakramente und die Zugehö-

rigkeit zu einer unsichtbaren, weltweiten, ökumenischen Kirche hat
Vorrang vor aller sichtbaren institutionellen Kirchlichkeit. Alles sollte
darauf abzielen, dass sich das Leben von Gläubigen aus der geschenkten Gnade heraus tatsächlich verändere. In diesem Zusammenhang
wurde besonders die Bedeutung des Gewissens betont. In einer solchen
Beschreibung erkennen wir schon die Kern-Anliegen des späteren Pietismus: Herzensfrömmigkeit, Gewissenserforschung und eine sichtbar
veränderte Lebensführung.

Aus der Sicht von Schwenckfeld ist die gleichwertige Kombination
von Innerem und Äußerem eine Vermischung von Altem und Neuem
Testament. Alle Äußerlichkeiten sind seiner Meinung nach nur vergängliche Zeichen, das Innerliche ist der wahre Inhalt. Alles Sichtbare
muss vom Unsichtbaren verstanden werden. Das Neue Testament führt
Gläubige zu einer inneren Erneuerung, die unabhängig von äußer-
lich-kirchlichen oder politischen Strukturen stattfindet. Mit dieser Posi-
tionierung kritisierte er sowohl (1) die Scheinheiligkeit der päpstlichen
Priester, (2) die an die Fürsten gebundene Mainstraim-Reformation, (3)
die militanten Reichsritter, (4) die gewaltbereiten Sozialrevolutionäre,
als auch (5) die separatistischen Täuferströmungen. Stattdessen trat er
für eine generelle Bekenntnis-, Gewissens-, und Meinungsfreiheit ein.
Ihm ging es darum, dass Unterschiede mit Hilfe von Worten in einer
Atmosphäre von Toleranz und Gewaltfreiheit artikuliert würden. Auch
wenn er sicherlich wegen seiner Rundum-Kritik von manch anderem
als überheblicher und selbsternannter Schiedsrichter wahrgenommen
wurde, vertrat er keinen Absolutheitsanspruch, sondern suchte danach,
Brücken zu bauen. Pluralismus im Äußerlichen war eine Konsequenz
seiner christlichen Glaubenshaltung.

Was weniger über Schwenckfeld bekannt ist: Er trat ebenso entschieden für soziale Gerechtigkeit ein und engagierte sich für die armen
Bauern, für Frauen und andere Benachteiligte. Auf der anderen Seite
kritisierte er den Geiz der Oberschicht, die tyrannischen Herrschafts-
verhältnisse und die daraus folgende Ausbeutung der Landbevölke-
rung. Es ging ihm um eine „allmenschliche Brüderlichkeit". Deswegen
ist der Begriff „Spiritualist" teilweise irreführend. Man erhält allzu
leicht den Eindruck, als würde es nur um eine „innere Abgehobenheit"
gehen.

Der Leitspruch von Schwenckfeld war die Empfehlung von Paulus
aus 1. Thessalonicher 5,21: „Prüfet alles und das Gute behaltet." Jeder

sollte sich ohne Angst vor Repressalien eigenständig seine Meinung - auch über die Religionen - bilden können. Es erscheint so, als konnte Schwenckfeld eine heraufkommende neue Welt sehen, in der Religions- und Gewissensfreiheit grundlegend sein würden. Rückblickend sieht Schwenckfeld wie ein Außenseiter der Reformation aus. Er selbst sah sich aber im Zentrum, in der goldenen Mitte. Als „Wanderer zwischen den Welten", wie er mal genannt wurde, vertrat er aus seiner Sicht den Königsweg der Reformation.

Zum Schluss Anregungen und Fragen:

1) Welche Rolle spielt das Äußerliche für den Glauben?
Diese Frage wird uns in Bezug auf alle, die als „Spiritualisten" verdächtigt wurden, begleiten. Auch aus allgemein reformatorischem Blickwinkel war klar, dass isoliert äußerliche Handlungen - wie der formale Empfang des Abendmahls oder der Taufe - Menschen nicht zu Christen machen. Ohne inneren Glauben sind äußere Handlungen inhaltsleer. Wie stark aber sollte man das Gewicht auf das Innere legen? Ist der Vorrang des Innerlichen so bedeutsam, dass das Äußerliche vernachlässigt werden kann? Genau an dieser Stelle wurde Schwenckfeld stark kritisiert. Sein Verständnis von Christus betonte nämlich stark dessen Göttlichkeit und schwächte alles Irdisch-Menschliche extrem stark ab.

Deswegen: Braucht nicht alles Innere doch eine äußerliche Form? Ist nicht die Lehre von der Inkarnation, also der Fleischwerdung Christi, gerade die irdisch äußerliche Verkörperung des Göttlichen? Noch allgemeiner gefragt: Braucht nicht gerade der Glaube äußere Zeichen, um zu entstehen? Hat der Glaube eine Leiblichkeit? Und wenn ja, wie gelingt es, dass lebendiger Glaube nicht in Äußerlichkeiten erstarrt, also zu einer bloß religiösen Tradition oder zu einem rechthaberischen Buchstabenglauben verkommt?

2) Kann man radikal in der Mitte sein?
Schwenckfeld verstand seine Ansichten als „mittleren Weg". Er schlug sich auf keine Seite, sondern grenzte sich zu allen anderen ab. Sein Versuch war es, eine Position *über* den verbissenen Kontroversen einzunehmen. Letztendlich wurde er damit jedoch gewissermaßen zwischen den theologischen Mühlsteinen zerrieben. Aber: Nur weil seine Stimme damals in der Mainstream-Reformation eher als ketzerisch wahrge-

nommen wurde, muss sie deswegen noch lange nicht falsch gewesen sein. Häufig sind es gerade die leiseren Stimmen, die inspirierend sind und denen genauer zugehört werden sollte. Und: Leider stimmt es auch: Gewaltlosigkeit birgt keine Garantie für Erfolg. Bis ins 18. Jahrhundert hinein wurden die friedlichen Anhänger von Schwenckfeld diffamiert und als Bedrohung wahrgenommen. Ähnlich wie Schwenckfeld für lange Zeit mit Thomas Müntzer in einen Topf geworfen und verteufelt wurde, erging es den friedfertigen Täufern, die über weite Strecken unter dem Täuferreich von Münster verrechnet wurden.

#14 Sebastian Franck - Erleuchtete Vernunft und die Geschichtlichkeit von Wahrheit

Sebastian Franck ist sicherlich vielen unbekannt. Für manche Forscher ist er der „modernste" Denker im 16. Jahrhundert. Franck war ein Einzelgänger, ein Freigeist. Aus Überzeugung, wie wir noch sehen werden. Er hat eine Fülle von Schriften verfasst, die weit verbreitet und viel gelesen wurden. Mit einer treffsicheren und anschaulichen Sprache kritisierte er den Verlauf der Reformation und trat für gesellschaftliche Toleranz und mündiges Denken ein. Damit war er seiner Zeit weit voraus.

Üblicherweise wird Sebastian Franck in die Kategorie „Spiritualist" eingeordnet.[62] Man muss aber in Erinnerung behalten: Die Bezeichnung „Spiritualist" war ein Sammelbegriff für alle, die das Innere höher als das Äußere bewerteten. Was aber genau mit „dem Inneren" gemeint war, muss differenzierter betrachtet werden. Bei Kaspar Schwenckfeld war das Innere so etwas wie ein wahrhaftiger Glaube, ein Herzensglaube. Es ging um eine mystische Frömmigkeit. Damit verbunden waren ein direktes Reden des Heiligen Geistes und ein für Gottes Gebote sensibilisiertes Gewissen. Sebastian Franck ging darüber hinaus. Bei ihm war „das Innere" eine erleuchtete Vernunft. In der menschlichen Vernunft ist die Gegenwart Gottes zu finden und von dort her lässt sich das göttliche Wirken im Weltgeschehen erkennen und beurteilen.

Franck wendete sein christliches Vernunftverständnis nicht nur auf den kirchlichen Bereich an, sondern weitete seine Ansichten auf den gesamten politischen, historischen und kulturellen Bereich aus. Dieses ist umso erstaunlicher, weil es bereits etwa 100 Jahre vor René Descartes war, der mit seiner Aussage: „cogito ergo sum" (übersetzt: Ich denke, also bin ich) philosophisch in Erinnerung bleiben würde. Descartes gilt als Begründer des kritisch reflektierten Denkens und als ein wichtiger Denker der beginnenden Aufklärung. Sebastian Franck dagegen hatte bereits während der Reformation ähnliche Gedankenansätze formuliert. Er stieß damit aber auf viel Ablehnung. Offenbar war die Zeit noch nicht reif dafür.

---

[62] So bei Heinold Fast, XXVI.

Die Lebensstationen von Sebastian Franck

Franck wurde 1499 in Donauwörth geboren. Er studierte Theologie in Ingolstadt und bei den Dominikanern in Heidelberg. Im Verlauf seines Studiums lernte er den Täuferführer Hans Denck kennen. Zu ihm werden wir in einer späteren Episode kommen. Unter den Kommilitonen von Franck waren auch Martin Bucer, der spätere Reformator von Straßburg, und Martin Frecht, der spätere Reformator von Ulm. Neben dem theologischen Studium wurde sein Denken besonders stark von Erasmus von Rotterdam, dem großen Humanisten, geprägt. Franck hatte in jungen Jahren bereits viel von ihm gelesen. (Um Erasmus wird es in der nächsten Episode gehen.)

Nach dem Studium arbeitete Sebastian Franck zunächst als katholischer Priester im Bistum Augsburg. Später wandte er sich der lutherischen Reformation zu und wechselte als Geistlicher in die Nähe von Nürnberg. 1528 erschien seine erste eigenständige Schrift mit dem Titel: „Vom gräulichen Laster der Trunkenheit". Darin wurde die wachsende Enttäuschung in Bezug auf den Verlauf der Reformation deutlich. Franck war ethisch anspruchsvoll und hatte ein Idealbild von einem moralisch guten Menschen vor Augen.

Seit 1529 lebte er als freier Schriftsteller in Nürnberg, Straßburg, Eßlingen, Ulm und Basel. In Nürnberg heiratete er Ottilie Beham, eine Schwester der sogenannten „gottlosen Maler". Gottlos deswegen, weil diese Künstlergruppe ihre Kritik an aller Obrigkeits-Religion öffentlich äußerte. 1531 wurde in Straßburg das möglicherweise wichtigste Werk von Sebastian Franck veröffentlicht.

Es trägt den Titel: „Chronika, Zeitbuch und Geschichtsbibel". Darin wird die Weltgeschichte von Adam bis zur Gegenwart erzählt; und das in einer für die damalige Zeit seltenen Objektivität und in dem Bemühen um eine faire, ausgewogene Darstellung. Zu diesem Zeitpunkt hatte er sich bereits von der Lutherischer Reformation entfernt.

In der folgenden Zeit geriet Franck immer mehr in die Kritik, zum einen, weil er mit dem umstrittenen Spiritualisten Schwenckfeld in Kontakt war, zum anderen, weil er sich mit dem spanischen Antitrinitarier Michael Servetus solidarisierte. Dessen neu erschienenes Buch über den Irrtum der Dreieinigkeitslehre löste einen Skandal in ganz Europa aus. Auch auf Servetus werden wir noch zurückkommen. In Straßburg zog sich Franck die Feindschaft von seinem ehemaligen Studienkollegen Martin Bucer zu. Es folgten mehrere Jahre der Wanderschaft.

1534 erwarb Franck das Bürgerrecht von Ulm. Weil er aber bereits als Kritiker von religiösen und politischen Autoritäten verrufen war, sollte er sich bedeckt halten, damit die Stadt keinen Schaden nehmen würde. Franck unterhielt eine eigene Druckerei, konnte aber von den Erlösen nicht leben. Zusätzlich verdiente er seinen Unterhalt als Händler von Seifenprodukten. In seiner knapp 15 jährigen schriftstellerischen Tätigkeit verfasste Franck eine Fülle von Schriften, darunter Weltchroniken, Landes-Chroniken, Geographien, Bibelauslegungen, Sprichwortsammlungen und Übersetzungen.

1539 veröffentlichte er das „Kriegsbüchlein des Friedens", in dem er die Unvereinbarkeit zwischen Krieg und der Lehre Christi ausführte. Er brandmarkte die lutherische Orthodoxie als Verrat am Evangelium. Im selben Jahr wurde er dann - auch auf Betreiben von Martin Frecht, seinem ehemaligen Studienkollegen und Reformator von Ulm - aus der Stadt vertrieben. Nach einem unsteten und entbehrungsreichen Leben mit einer hohen Arbeitsbelastung starb Sebastian Franck im Alter von 43 Jahren in Basel.

Inhaltlichen Linien und Überzeugungen
Francks Schriften sind geprägt von einer mittelalterlich-mystischen Frömmigkeit, von humanistischer Moralität und von einem tiefsitzenden Misstrauen gegenüber institutionellen Kirchen, theologischer Rechtgläubigkeit und konfessionell gebundenen Obrigkeiten. Ihn ermüdeten die Streitigkeiten zwischen Luther und Zwingli in Bezug auf das richtige Verständnis vom Abendmahl. Ebenso der Streit zwischen Luther und Erasmus über den freien Willen. Aus Francks Sicht waren das alles unsinnige Auseinandersetzungen um bloße Worte. Er vertrat religiöse Toleranz und einen christlichen Pazifismus. Ihm ging es um eine untheologische, weltoffene Theologie. Bei aller Ähnlichkeit zu Erasmus von Rotterdam sind Francks Schriften von mehr religiöser Tiefe und Sensibilität geprägt. Sie haben einen pessimistischeren Unterton in Bezug auf den Zustand der Kirche und in Anbetracht eines drohenden Endes der Welt. Es lohnt sich, drei Themenfelder genauer anzusehen.

1) Das Verständnis von „Kirche"
Aus Francks Sicht hat die Kirche mit dem Aussterben der Urapostel ihre äußerliche Gestalt endgültig verloren. In seiner Geschichtsphilosophie ist zur Zeit der Reformation nur noch eine Geistkirche möglich,

die sich in der Seele der Menschen ausbreitet. Er war davon überzeugt, dass der Antichrist in die äußerliche Kirche eingezogen sei und ihre sichtbare Gestalt verdorben habe: Prunk, Machtmissbrauch, leere Zeremonien, theologische Streitereien, Unmoral, Ausbeutung und Heuchelei, all das zeigte, dass nichts mehr zu retten war. Franck positionierte sich nicht nur gegen die obrigkeitskirchlichen Strömungen, sondern auch gegen die Täuferbewegungen, die die Gemeinde Christi nach ihrer neutestamentlichen Ordnung wiederherstellen wollten. Aus seiner Sicht gründeten alle reformatorischen Versuche in einer Illusion. Mehr noch: Gewisse christliche Zeremonien waren sogar ein Hindernis auf dem Weg zur Erkenntnis der Wahrheit. Allein ein inwendiger Gottesdienst der Liebe zählte. Jeglicher Glaubenszwang war eine Verletzung des christlichen Grundanliegens. Franck kritisierte dreierlei: (1) den Versuch, durch gewaltsame Revolution eine bessere Gesellschaft zu erreichen, (2) die Hoffnung, durch innerkirchlich-theologische Reformen die äußere Gestalt von Kirche zu erneuern und (3) das Bestreben, durch den Rückgriff auf den christlichen Ursprung eine neue, reine Kirche zu gründen. Damit stellte er die unterschiedlichen Reformationsdynamiken insgesamt infrage.

2) Das Bedeutung der menschlichen Vernunft

Es ist Francks tiefe Überzeugung, dass der Mensch keine vermittelnde Kirche brauche, um die Wahrheit Gottes zu erkennen. Sein Glaubensverständnis ist individualistisch und kommt ohne eine institutionalisierte Gemeinschaft aus. Wahrer Glaube ist wie ein „inneres Licht". Er erreicht mich als „inneres Wort". Es braucht dazu nicht zwingend das Hören von evangelischen Predigten oder das Lesen der Heiligen Schrift. Das führte ihn zur Überzeugung, dass auch für Heidenvölker, die Gottes Wort noch nicht gehört hätten, bereits Gottes Reden erfahrbar werden könne. Natürlich stand er damit im starken Kontrast sowohl zur lutherischen Wort- und Predigt-Betonung als auch zur traditionell katholischen Vorstellung von einer „Kirche als Heilsanstalt". Für Franck eröffnete sich der Zugang zu Gottes Wirklichkeit in Kombination von innerer Einsicht und dem Beobachten der Geschichte. Nach seiner Überzeugung erhellt die Geschichte die Heilige Schrift, nicht umgekehrt. Die Geschichte in all ihren Verwicklungen ist die wahrste Offenbarung des menschlichen Wesens und des göttlichen Willens. Mit dieser Vorstellung ging Franck über alle konfessionellen Streitigkeiten der damaligen Zeit weit hinaus.

3) Ein Pionier der Geschichtsschreibung

Francks Sichtweise hatte für historische Anschauungen umwälzende Konsequenzen. Das gängige Geschichtsschema war: Auf der einen Seite steht die richtige Kirche und auf der anderen Seite die verdammungswürdigen Ketzer. Franck brach in seinen Darstellungen dieses Muster auf. Er konnte in allem mehr oder weniger Gottes Wirken erkennen. Deswegen war er bemüht, die geschichtlichen Linien nicht aus der Sichtweise der Sieger darzustellen. Aus seiner Sicht waren auch die früheren Ketzer Zeugen der Wahrheit. Franck plädierte dafür, die Originalschriften der sogenannte Ketzer zu lesen und diese nicht vorschnell mit den Verurteilungen der kirchlichen Obrigkeit zu belegen. Knapp 200 Jahre später wird Gottfried Arnold in Verlängerung dieser Gedanken eine „Kirchengeschichte als Ketzerhistorie" schreiben.

Man muss dabei festhalten: Sebastian Franck leugnete nicht Gottes absolute Wahrheit. Aber er bestritt, dass man sie in einem konkret geschichtlichen Kontext quasi als endgültig erkennen und besitzen könne. Aus seiner Sicht war es für begrenzte Menschen unmöglich, inmitten der Geschichte absolute Werturteile zu treffen. Deswegen war es auch unsinnig, andere abweichende Ansichten zu verdammen. Für Franck war das Neue Testament die Übertragung von früheren Wahrheiten in einen neuen Kontext. Auch deswegen kritisierte er viele theologische Positionen der Reformation, weil diese Altes und Neues Testament vermischten. Konsequent weitergedacht sind damit auch die reformatorischen Einsichten nicht „ein Wiederherstellen von zeitlosen Wahrheiten", sondern bloß ein neuer Versuch der Kontextualisierung. Jede noch so überzeugend formulierte Theologie ist überbietbar. Auch reformatorische Einsichten dürfen für sich nicht Endgültigkeit beanspruchen. Mit diesem Verständnis von der Geschichtlichkeit der Heiligen Schrift und seiner tiefen Skepsis gegenüber dogmatischer Absolutheit nahm Franck den modernen historischen Relativismus vorweg. Zur damaligen Zeit waren solche Ansichten neu und sprengten in radikaler Weise den bisherigen christlichen Denkrahmen.

Die Wirkung von Sebastian Franck

Zu seinen Lebzeiten war ihm bewusst, wie gefährlich seine Gedanken waren. Deswegen äußerte er nicht alles öffentlich. In einem Brief an Johannes Campanus, in dem er bereits 1531 seine grundsätzliche Kritik formulierte, schrieb er am Ende:

> *„Noch einmal Gute Nacht, mein Bruder, und lass doch diesen Brief nicht vor die Hunde und Säue kommen, dass du mir nicht ein vorzeitiges Kreuz bereitest und eine vorzeitige Ernte aus mir machst. Denn viele bringen sich durch ihr unbesonnenes und unzeitiges Schwätzen selbst an den Galgen."*[63]

Für die einen galt Franck als Querulant ohne klares Konzept. Er galt als Sonderling und Außenseiter, als mystisch-moralischer Idealist ohne anwendbares Konzept für die Gegenwart. Auf der anderen Seite reichte sein Einfluss von Süddeutschland bis in die Niederlande und sogar bis nach England. Seine humanistische Kritik an veräußerlichter Religiosität und sein spiritualistischer Glaube an Gottes Gegenwart in jedem Individuum wurden von den Herrschenden als Bedrohung wahrgenommen. Francks Ideen entfachten keine revolutionäre Energie, sondern hatten eher eine subversive Langzeit-Wirkung. Sie relativierten die geltenden Ordnungen. Erst mit einer gewissen Zeitverzögerung beeinflussten sie spätere Persönlichkeiten wie Valentin Weigel, Jakob Böhme und Gottfried Arnold. Sebastian Franck machte historisches Studium und individuelle Erfahrung zum obersten Maßstab für alle Angelegenheiten der Wahrheit. Damit vertrat er bereits vor 500 Jahren eine religiöse Anschauung, die später von vielen Menschen in der modernen Welt geteilt werden wird.

Abschließend Anregungen und Fragen

1) Auf welchem Wege erreicht uns Gottes Wahrheit?
Inzwischen haben wir verschiedene Varianten kennengelernt. Erreicht sie uns über die kirchliche Tradition, über den Wortlaut der Schrift, über eine innere Erleuchtung oder über die Beobachtung des Geschichtsverlaufs? Spiritualisten haben gegen eine veräußerlichte Religion gekämpft. Bei aller Gefahr, dabei zu sehr einer innerlichen, individualistischen Frömmigkeit zu verfallen, war ihr Anliegen durchaus berechtigt, oder?

---

[63] A.a.O., 233.

2) Was bleibt dann aber von „Kirche" übrig?

Wenn Kirche nur noch eine „innere, unsichtbare, weltweit geglaubte Geistkirche" ist, welche Rolle spielen dann christliche Gemeinschaften? Was ist mit dem beziehungsorientierten Leib-Christi-Gedanken? Wie kann sich Kirche formieren, ohne einer religiös institutionellen Erstarrung zu erliegen? Welche Gestalt können christliche Gemeinschaften annehmen, ohne in Mechanismen wie Machtmissbrauch, Statusgehabe und Ausgrenzungsdynamiken zu verfallen?

3) Was ist mit der Kontextualität von Wahrheit?

Das ist auch noch in heutiger Zeit ein heißes Eisen. Es besteht die Sorge, dass biblische Wahrheiten historisch relativiert und damit beliebig werden würden. Wenn wir aber nicht der uralten platonischen Spaltung von abstrakter Idee und sichtbarer Materie aufsitzen wollen, ist dann nicht immer alle Wahrheit nur in einer historischen Gestalt zu bekommen? Ist nicht alle Wahrheit geschichtlich? Das sind sehr grundlegende Fragen in Bezug auf unser Bibel- und Kirchenverständnis.

#15 Exkurs: Erasmus von Rotterdam - Humanismus in seiner besten Form

Erasmus gehörte selbstverständlich nicht zur Radikalen Reformation. Es gibt zwei Gründe, weshalb wir uns trotzdem mit ihm beschäftigen:

Zum einen: Mehrere der Persönlichkeiten, die wir bereits kennengelernt haben, waren von ihm tief beeindruckt und beriefen sich auf ihn. Seine Schriften hatten einen starken Einfluss und formulierten die Idee einer friedlichen, toleranten und europaweiten Kultur. Alle Reformationsdynamiken muss man vor diesem Hintergrund sehen.

Zum anderen: Eine der größten damaligen Konfliktlinien verlief zwischen Luther und Erasmus. Sie entzündete sich an dem freien, beziehungsweise unfreien Willen des Menschen. Luther setzte sich theologisch durch und stellte damit diejenigen, die sich auf Erasmus beriefen, ins Abseits.

Wenn wir uns mit dem Humanismus und im Spezielleren mit der Gestalt des Erasmus beschäftigen, dann lässt sich das nur schwer in eine kurze Form bringen. Erasmus galt als „Fürst der Humanisten", als einer der geachtetsten Gelehrten seiner Zeit. Die ergänzende Zusatzbezeichnung „von Rotterdam" ist ein bisschen irreführend. Dort ist er wohl geboren, er war aber vielfach europaweit auf Reisen. Erasmus gehörte zur obersten Bildungselite, in der quasi als Weltsprache ausschließlich Latein gesprochen wurde.

Martin Luther dagegen war am Anfang seiner Erfolgsgeschichte nur ein unbedeutender Mönch aus Sachsen. Der Tumult in Wittenberg wirkte wie ein Provinzkonflikt. Am Ende dieser monumentalen Jahrtausend-Dramatik wird sich Luther jedoch gegen Erasmus durchsetzen und diesen verstörenden und vernichtenden Ausspruch machen:

„*Wer den Erasmus zerdrückt, der würget eine Wanze, und diese stinkt noch tot mehr als lebendig.*"[64]

Ohne die ganzen Zusammenhänge und Details zu kennen, kann man spätestens jetzt ahnen, wie verheerend und folgenschwer die Konfliktenergien waren.

---

[64] Zitiert in Zweig, Kapitel: Die große Auseinandersetzung, Pos. 1820.

Zurück zu Erasmus

Sehen wir uns zunächst einige Stationen seines Lebens an. Er wurde als unehelicher Sohn vermutlich zwischen 1466 und 1469 in Rotterdam geboren. Sein genaues Geburtsjahr ist unbekannt. Das heißt, beim Thesenanschlag Luthers in Wittenberg, war Erasmus etwa 50 Jahre alt. Luther war fünfzehn Jahre jünger. Erasmus lernte schon früh Latein. 1492 wurde er zum Priester geweiht. Er studierte in Paris. Bei einem längeren Aufenthalt in England kam er mit dem höfischen Leben in Kontakt und war beeindruckt. Später widmete er eine berühmte Schrift seinem Freund Thomas Morus. Ab 1506 bereiste er Italien und wurde in Turin zum Doktor der Theologie promoviert. Während der weiteren Jahre wechselte er hin und her zwischen England, Löwen, Burgund und Basel. Von 1514 bis 1529 hielt er sich überwiegend in Basel auf, weil die Stadt zur der Zeit noch eine weltoffene Atmosphäre hatte. 1516 veröffentlichte er eine erste vollständige Edition des griechischen Neuen Testaments. Ursprünglich ging es ihm darum, eine präzisere lateinische Bibel aufgrund des griechischen Textes zu erstellen. Später bekam sein griechisches Neues Testament eine besondere Bedeutung. Martin Luther verwendete es als wesentliche Grundlage, um fünf Jahre später, 1521, das Neue Testament in Deutsche zu übersetzen.

Erasmus war Zeit seines Lebens eine äußerlich eher hagere und schmächtige Gestalt. Auf Bildern wird er häufig in dicken Mänteln dargestellt. Das hatte seinen Grund darin, dass er vielfach fror und kränkelte. Sein Metier war die Schreibstube. Er lebte im Denken und Formulieren. Von ihm sind über 150 - teils sehr umfangreiche - Bücher und über 2000 Briefe erhalten. Er korrespondierte mit fast allen Herrschern und Päpsten seiner Epoche. Erasmus selbst beschrieb seine Lebensleistung darin, dass er die Gelehrten von philosophischen Haarspaltereien zurück zur Kenntnis des Neuen Testaments geführt habe. Ist das eine vorreformatorische Leistung oder besteht darin bereits die Reformation?

Als Basel reformiert wurde, zog er weiter nach Freiburg im Breisgau. 1535 kehrte er nach Basel zurück und starb dort im darauffolgenden Jahr im Alter von ca. 70 Jahren. Obwohl er sich mehrfach kritisch zum Verlauf der Reformation geäußert hatte, wurde er als katholischer Priester im inzwischen protestantisch gewordenen Basler Münster beigesetzt. Das macht deutlich, welch großen Respekt Erasmus am Ende seines Lebens jenseits aller konfessioneller Streitigkeiten genoss.

Humanismus, was meint das?

Der Begriff „Humanismus" kommt vom lateinischen Wort: humanitas, übersetzt: das Menschsein, die Menschennatur oder das Menschengemäße. Der Renaissance-Humanismus war eine breite Bildungsbewegung. In der Zeit ab Mitte des 14. Jahrhunderts bis in das 16. Jahrhundert hinein wurde auf die Inhalte von antiken Schriften und Kunstwerken zurückgegriffen. Die humanistische Bewegung am Ende des Mittelalters begann in Italien und bereitete sich in ganz Europa aus. Wichtige Zentren waren Rom, aber auch Neapel, Mailand und Venedig. Es ging um Bildung und um eine Reform der Wissenschaften. Schriftsteller, Dichter und Altertumsforscher engagierten sich für die Verwirklichung des wahren Menschentums. Vernunft, Tugend und Sittlichkeit waren wichtig. Und eine gehobene Sprache, weil Sprache als das erkannt wurde, was Menschen von Tieren unterscheidet. Eines der Hauptanliegen wird in dem Leitspruch „ad fontes" - übersetzt: Zu den Quellen - deutlich. Es ging darum, dass philosophische Schriften im griechischen Originaltext gelesen werden sollten. Der Humanismus griff damit vor die Entstehung des Christentums zurück in die Antike. In diesem Zusammenhang wuchs aber auch das Interesse an den biblischen Urschriften. Humanisten kritisierten die kirchlichen Missstände und die Veräußerlichung der Religion. Sie stellten sich gegen Dogmenzwang. Gleichzeitig sagten sie aber nicht der katholischen Kirche an sich den Kampf an, sondern glaubten an Reformen. Anders formuliert: Sie hatten einen pädagogischen und entwicklungsorientierten Ansatz. Evolution nicht Revolution.

Erasmus verabscheute ein Entweder-Oder-Denken. Er versuchte immer neu, eine ausgleichende Position einzunehmen und zwischen Gegensätzen zu vermitteln. Verkürzt gesagt: Er glaubte an das Gute im Menschen und in der Welt und an die Möglichkeit eines friedlichen Zusammenlebens trotz aller Unterschiede. Es ging ihm um Erkenntnis, nicht Bekenntnis, um Synthese nicht Antithese. Genau das wird man ihm später vorwerfen. Er sei zu unentschlossen gewesen, zu abwägend. Er sei ein Mann des Geistes, nicht der Tat. Unerwartet berühmt wurde seine kleine Schrift von 1509 mit dem Titel „Lob der Torheit". Darin bewies er sich als begnadeter Formulierer und süffisanter Satiriker. Erasmus kann analysieren und karikieren, aber er will sich nicht positionieren.

Zum Konflikt mit Martin Luther

Erasmus und Luther sind sich nie direkt begegnet. Am Anfang wollten beide dasselbe: die Reform der bestehenden Kirche. Erasmus distanzierte sich jedoch im weiteren Verlauf vom Auftreten Luthers. Er mahnte zu einer maßvolleren und geduldigeren Art. Laut Stefan Zweig kritisierte Erasmus nicht den Inhalt von Luthers Thesen, sondern

„einzig den Tonfall des Vortrags, den demagogischen, den fanatischen Akzent in allem, was Luther schreibt und tut."[65]

1520 veröffentlichte Luther die berühmte Schrift: „Von der Freiheit eines Christenmenschen." Erasmus wurde von seiner Umgebung gedrängt, endlich zum Verlauf der Reformation Position zu beziehen. Aber er wollte nicht mit in diese Streitigkeiten hineingezogen werden. Vier Jahre später, 1524, fühlt er sich dann doch genötigt, eine Schrift herauszubringen. Sie trägt den Titel „Vom freien Willen". Luther reagierte umgehend darauf und verfasste die Schrift „De servo arbitrio - Vom unfreien Willen". Damit fielen der europäische Humanismus und die deutsche Reformation endgültig in zwei Lager auseinander. Stefan Zweig schreibt ungeschminkt über Luthers Verhalten:

„Von allen genialen Menschen, welche die Erde getragen, war Luther vielleicht der fanatischste, der unbelehrbarste, unfügsamste und unfriedsamste."[66]

Luther giftete gegen das Laue und Unentschiedene, gegen das Sich-nicht-Entscheiden-Wollen des Erasmus. Zweig spricht von einem rasenden Grobianismus und einer berserkerischen Besessenheit, wenn Luther es mit einem vermeintlichen Feind zu tun bekam.[67]

Erasmus mag in seiner kühlen Distanziertheit auf andere arrogant gewirkt haben. In seinem christlich-humanistischen Verständnis gab es keinen Platz für einen streitenden Christus und einen kriegerischen Gott. Noch einmal Stefan Zweig:

„Erasmus bekämpfte jedweden Fanatismus, ... er hasste sie alle, die Halsstarrigen und Denkeinseitigen, ob im Priestergewand oder Professorentalar, die Scheuklappendenker und Zeloten jeder Klasse und Rasse, die allerorts

---

[65] Ebd., Kapitel: Der große Gegner, Pos. 1220.
[66] A.a.O., Pos. 1140.
[67] A.a.O., Pos. 1160.

*für ihre eigene Meinung Kadavergehorsam verlangen und jede andere An-
schauung verächtlich Ketzerei nennen…"[68]*

*„Erst der Fanatismus, dieser Bastard aus Geist und Gewalt, der die Dikta-
tur eines, und zwar seines Gedankens, als der einzig erlaubten Glaubens-
und Lebensform dem ganzen Universum aufzwingen will, zerspaltet die
menschliche Gemeinschaft in Feinde oder Freunde, Anhänger oder Gegner,
Helden oder Verbrecher, Gläubige oder Ketzer; weil er nur sein System an-
erkennt und nur seine Wahrheit wahrhaben will, muss er zur Gewalt greifen, um jede andere innerhalb der gottgewollten Vielfalt der Erscheinungen
zu unterdrücken."[69]*

Erasmus als tragische Figur

In seiner feingeistigen, gebildeten Art verkehrte Erasmus auf dem Höhepunkt seines Ruhmes mit nahezu allen hochstehenden Persönlichkeiten seiner Zeit. Mit seinen schriftstellerischen Werken legte er die
Grundlage für alle weiteren Reformen. Er brach den nationalistischen
und kirchlichen Boden auf und gilt als erster Europäer und Wegbereiter der europäischen Aufklärung. Spätere Gelehrte und kreative Köpfe
wie Spinoza, Rousseau, Voltaire, Kant, Goethe, Schopenhauer und
Nietzsche werden sich auf ihn beziehen.

Aber: Zur damaligen Zeit geriet Erasmus in den verhängnisvollen
Strudel der konfessionellen Streitigkeiten. Luther und seine Mitstreiter
fingen an, die Kirchenlandschaft umzuwühlen. Jetzt ging es nicht mehr
um abwägende Weisheit, sondern um polarisierende Bekenntnisse und
entschlossene Taten. Hierbei konnte Erasmus nur verlieren. Er war viel
zu vorsichtig. Andere haben es Feigheit genannt. Erasmus sah das
Neue zwar voraus, konnte es aber nicht ergreifen. Schlussendlich wurde er in seinem Zögern von Luthers rabiater Art überrollt und verdrängt.

Aber das Erbe des Erasmus bleibt, auch wenn es für viele als zu idea-
listisch erscheinen mag. Es ist die Idee einer aufgeklärten, vernunftori-
entierten Zivilisation, die immer mehr lernt, respektvoll, tolerant und
friedfertig miteinander zu leben. Seit 1987 erinnert das erfolgreiche
Erasmus-Austauschprogramm für Studierende in ganz Europa an die
Lebensleistung und an die Ideen des berühmten Humanisten Erasmus
von Rotterdam.

[68] A.a.O., Kapitel: Sendung und Lebenssinn, Pos. 30.
[69] A.a.O., Kapitel: Größe und Grenze des Humanismus, Pos. 948.

Zum Schluss Anregungen und Fragen

1) Bewirkt Bildung eine Besserung des Menschen?
Hier treffen wir auf die Kernfrage. Hat der Humanismus ein zu gutes
Bild vom Menschen? Die reformatorische Theologie betonte die Grund-
verdorbenheit des menschlichen Wesens und die daraus folgende vollständige Abhängigkeit von der Gnade Gottes. Martin Luther berief sich
dabei auf den Römerbrief des Apostel Paulus. Folgt daraus dann aber,
dass nichts an einem Menschen gut ist? Ist jegliche Erziehung nur eine
Art von vorübergehender Bändigung der inneren Wolfsnatur? Ist Bildung und die Hoffnung auf ein mündigeres Menschsein nur Augenwi-
scherei? War es aber nicht gerade Gott, der den Menschen mit Vernunft
begabt hat, die dieser zur Gestaltung der Welt einsetzen soll? An dieser
Konfliktlinie haben sich Theologen Jahrhunderte lang abgearbeitet.
Verkürzt formuliert: Die katholische Position - der Renassaince-Huma-
nismus war trotz aller Kritik in der katholischen Kirche beheimatet -
versuchte, die Vernunftbegabung des Menschen mit dem Glauben an
Gott zu versöhnen. Die reformatorische Position dagegen war auch
misstrauisch gegenüber der Vernunft und konzentrierte sich allein auf
den Glauben an Gott und die zwingend notwendige Gnade. Humanistische Positionen galten demnach als unerlaubte Überhöhung des Menschen und als eine unbiblische Anmaßung gegenüber Gott.

2) Wie frei ist der Wille des Menschen?
Eng verknüpft mit der Bildungsthematik ist die Frage nach der Freiheit
des Willens. Kann sich ein Mensch eigenständig für Gut und Böse entscheiden oder braucht er auch dazu schon die Gnade Gottes? Ist die
freie Entscheidung ein Überrest aus der Ebenbildlichkeit Gottes oder ist
der Wille ebenso wie die Vernunft restlos durch Sünde verdorben?
   Die Frage nach der Freiheit des Willens zieht sich durch die ganze
Kirchengeschichte. Dazu gehört auch die Thematik der Prädestination,
also Vorherbestimmung. Das ist ein riesiges Feld. Letztendlich entscheidet sich daran, ob Gläubige nur passiv empfangend glauben oder ob sie
auch im Glauben zu Akteuren werden. Lässt sich durch Förderung von
Bildung und sozialem Engagement die Welt verbessern oder zeigt man
dadurch nur, dass die Kernanliegen der Reformation noch nicht verstanden wurden? Die zeitlich später entstandenen Freikirchen werden
betonen, dass jeder seinen Glauben aufgrund seines Gewissens frei
wählen können soll. Verraten evangelische Freikirchen mit dieser Über-

zeugung ihr reformatorisches Erbe oder ist nicht gerade das Gewissen und seine Freiheit zum Wählen der Kern der Reformation?

3) Streit über Unterschiede?

Es ist gut, wenn die Unterschiede zwischen Religionen und Konfessionen nicht verwischt werden. Nur durch Abweichungen entstehen Diskussionen und Neuvergewisserungen. Wie rabiat aber darf es dabei zugehen? Erasmus gehörte zwar zu einer europäischen Elite, erreichte jedoch mit seiner lateinischen Sprache und seinen abwägenden Gedankengängen nicht die Massen. Luther dagegen hatte ein Gespür für die „Volksseele", falls es so etwas überhaupt gibt. Auf jeden Fall gelang es ihm, breite Bevölkerungsschichten in Bewegung zu bringen. Er benutze dafür eine ausgesprochen bildhafte, leidenschaftliche und oftmals auch rabiate und diffamierende Sprache. Ist das zulässig? Sollte nicht auch das Wie dem Was der Botschaft entsprechen?

Zum Schluss noch einmal der Hinweis auf das Buch von Stefan Zweig mit dem Titel „Triumph und Tragik des Erasmus von Rotterdam". Das brillante Portrait erschien 1934. Vor dem Hintergrund des aufkommenden Nazi-Regimes erhielt die Beschreibung der humanistischen Werte noch einmal eine ganz besondere Tiefe.

#16 Antitrinitarier - Gegen blinden Glauben und für eine vernünftige Religion

Die Reformation war ein vielfältig verflochtenes Geschehen. Das müsste inzwischen deutlich geworden sein. Der Konflikt bestand nicht nur zwischen den Großkirchen. Vielmehr gab es auch innerhalb der evangelischen Strömungen eine Vielzahl von unterschiedlichen Richtungen. Das, was wir „Radikale Reformation" nennen, ist ein Sammelsurium von diversen Ansichten und Reformbemühungen, bei denen schon früh Kritik auch gegen die neuen reformatorischen Kirchen geäußert wurde. Gespeist wurde dieser Protest unter anderem aus einem neuen Selbstbewusstsein des Einzelnen und dem Gebrauch seiner Vernunft gegenüber kirchlichen Dogmen. Das bringt uns zu den sogenannten Antitrinitariern. Vielleicht waren sie die radikalsten Ketzer ihrer Zeit.

Der Begriff „Antitrinitarier" ist schwierig. Ähnlich wie bei den Begriffen „Schwärmer", „Spiritualist" oder „Wiedertäufer" schwingt darin eine Abwertung mit. Häufig sind es keine Selbstbezeichnungen, sondern die Schimpfwörter der Gegner. Oftmals wurden damit die auffälligsten Unterschiede bezeichnet. Die Abweichungen von der Norm. Dabei dürfen aber nicht die größeren Zusammenhänge verloren gehen, die hinter diesen vermeintlichen Ketzereien steckten.

Antitrinitarier: Eine Bezeichnung, die sich nicht auf Anhieb erschließt. Hintergrund ist die Trinitätslehre, also die Lehre von der Dreieinigkeit Gottes: Vater, Sohn und Geist. Im Weiteren werden wir uns skizzenhaft drei originelle Persönlichkeiten ansehen: Michael Servetus, Fausto Sozzini und als drittes Paracelsus, den berühmten Arzt. Paracelsus wird nicht zu den Antitrinitariern gerechnet, aber seine theologischen Spekulationen und seine Leidenschaft für den „Neuen Menschen" werfen ein weiteres Licht auf die Vielschichtigkeit der Radikalen Reformation.

1) Michael Servetus

Geboren 1509 oder 1511 in Nordspanien. Jerome Friedman schreibt, dass Servetus vielleicht der gefeiertste, aber auch der berüchtigtste Ketzer des 16. Jahrhunderts war.[70] Er war gewissermaßen der Inbegriff des Häretischen. Als ein großer eigenständiger Denker erschütterte er die

---

[70] Friedman, Jerome; Michael Servet - Anwalt totaler Häresie, in: Goertz, Reformatoren, 223.

Grundfesten der jahrhundertealten kirchlichen Lehre. Seine antitrinitarische Position war dabei aber eher das Ergebnis seiner Überlegungen, nicht der Ausgangspunkt.

Servetus wuchs in einer gebildeten spanischen Familie auf. Er studierte Rechtswissenschaften. Ab 1530 tauchte er in Basel auf und diskutierte mit dem dortigen Reformator über die Gotteslehre. Kurz darauf wechselte er nach Straßburg. 1531 veröffentlichte er seine grundlegende Kritik an der Trinitätslehre. Obwohl erst 20 Jahre alt, wurde er damit schlagartig europaweit bekannt.

Der erste Eindruck von seinem Buch gegen die Trinitätslehre ist: Er will nichts anderes zeigen, als dass Jesus Christus die alleinige Quelle der Gotteserkenntnis ist. So weit so gut. Wer tiefer einsteigt, begegnet schrägen theologischen Spekulationen über einen kosmischen Kampf zwischen Gut und Böse, zwischen Gott und Satan. Seiner Meinung nach hat sich Gott im Laufe der Geschichte unter wechselnden Namen manifestiert, um dem Verständnisvermögen der jeweiligen Epoche zu entsprechen. Jesus Christus ist das letztes Glied einer fortschreitenden Offenbarungsgeschichte. Vater, Sohn und Geist sind verschiedene Ausdrucksformen eines Gottes. Servetus bezog sich auf rabbinische Schriften, auf den Neuplatonismus und auf diverse Geheimlehren. Er sammelte die Erkenntnisse und Entwürfe der damaligen Zeit und baute sie zu einer höchst eigenwilligen Weltsicht zusammen. Das Ziel der Geschichte ist demnach, dass der Mensch als Ebenbild Gottes selbst göttlich wird. Das Abendmahl ist dann nicht Ausdruck von Vergebung, sondern ein religiöses Ritual zur Vervollkommnung des Menschen. Seiner Meinung nach verstellt die Trinitätslehre den Blick auf den einen göttlichen Ursprung. Sie wurde erst viel später als ein Zugeständnis an das griechische Denkmuster mit seinem Hang zur mathematischen Differenzierung eingeführt.

Wie auch schon andere Spiritualisten vor ihm, griff Servetus nicht von evangelischer Seite aus die katholische Kirche an, sondern kritisierte jede Art von Kirche als antichristlich. Anerkannte kirchliche Dogmen wurden von ihm als Irrlehren bezeichnet. Es wundert nicht, dass es scharfe Gegenreaktionen gab, sowohl von Katholiken als auch von Protestanten. Servetus floh und lebte anschließend in Frankreich unter dem Namen: Michel de Villeneuve. Er versuchte, seine wahre Identität verborgen zu halten, korrespondierte aber mit Erasmus und Calvin. Im weiteren Verlauf studierte er Astrologie, Mathematik und Medizin, später auch noch Philosophie, Geometrie, Theologie und Hebräisch. Ab 1540 praktizierte er als Arzt in Lyon. Herausragend war seine Entdeckung des kleinen Blutkreislaufs durch die Lunge. 1553 brachte er sein schriftstellerisches Hauptwerk heraus. Es trägt den Titel: Die Wiederherstellung des Christentums. Darin führte er seine früheren Gedanken genauer aus und listete alle Häresien der großen Kirchen auf. Durch Verrat wurde seine Autorenschaft entdeckt. Im katholischen Wien wurde er daraufhin zum Tode verurteilt, konnte aber fliehen. Auf der Durchreise nach Italien wurde er schließlich in Genf erkannt und gefangen genommen. Genf ist mit dem Namen des berühmten Reformators Johannes Calvin verbunden. Auf Calvins Veranlassung wurde Michael Servetus noch im selben Jahr, 1553, öffentlich als Gotteslästerer verbrannt.

Sein Tod rief eine heftige Debatte über Ketzerrecht und Glaubensfreiheit hervor, insbesondere deswegen, weil Servetus kein Gesetz der Stadt Genf übertreten hatte und nicht versuchte, seine häretischen Ansichten öffentlich zu vertreten. Mit seinem Tod wollte man seinen ketzerischen Lehren ein Ende machen. Das Gegenteil trat ein. Sein Tod machte seinen Namen noch bekannter, als dieser schon zu Lebzeiten war. Hans-Jürgen Goertz nennt diese Ketzerverbrennung ein „Vielberedetes Ereignis protestantischer Intoleranz"[71]. Jerome Friedmann schreibt:

> *„Servets Tod war ein Beweis für die Intoleranz und Engherzigkeit der Zeit, ebenso wie sein Leben und seine Leistungen für eine einzigartige Kreativität und Originalität zeugten."*[72]

2) Fausto Sozzini

Als Servetus verbrannt wurde war Fausto Sozzini, 14 Jahre alt. Er wurde 1539 in Siena, Norditalien, geboren. Ebenso wie sein Onkel Lelio Sozzini wurde er Jurist. Von diesem übernahm er eine Reihe Fragmente, also seinen literarischen Nachlass, und entwickelte daraus eine eigenständige antitrinitarische Position. 1559 musste er seine Heimatstadt wegen der katholischen Inquisition verlassen. Ab 1562 fand man ihn in Zürich, später in Florenz. Wieder musste er fliehen. Von 1574 an lebte er in Basel, ab 1579 wechselte er nach Polen. In Rakau bekam er schnell

---

[71] Goertz, Bewegungen, 42.
[72] Friedman, Jerome; Michael Servet - Anwalt totaler Häresie, in: Goertz, Reformatoren, 229.

Kontakt zu den sogenannten Polnischen Brüdern und wurde ihr wohl bedeutendster Theologe. 1604 starb Fausto Sozzini in Polen. Nach Sozzini ist eine theologische Strömung, der sogenannte Sozinianismus benannt. Es ist ein rein ethisches Christentum. Alle Lehren der Bibel werden im Licht der kritischen Vernunft beleuchtet. Demnach kann nichts geglaubt werden, was nicht wahr ist, und nichts kann wahr sein, was der Vernunft widerspricht. Das Sittliche hat Vorrang vor dem Dogmatischen. Der Buchstabe der Bibel wird nach Maßgabe der Vernunft, beziehungsweise des gesunden Menschenverstandes gedeutet. Hier erkennen wir bereits den Brückenschlag von der Reformation zur Aufklärung. Es ging um eine radikale Dogmenkritik und um die Suche nach einer Art von Wahrheit, die der Vernunft standhält, einer Wahrheit, die Christen jenseits aller konfessionellen Streitigkeiten und Engführungen in gegenseitiger Toleranz verbindet. Ziel war es, das reformatorische Denken konsequent fortzusetzen und ein wahres Christentum zu etablieren. Weder ein blinder Glaube an die Offenbarung, noch die Unterordnung unter kirchliche Autoritäten oder die Anerkennung von alten Traditionen war maßgebend. Allein die Vernunft sollte bei Konflikten klärend wirken und das Gemeinwohl im Blick behalten.

Mitte des 17. Jahrhunderts wird die katholische Gegenreformation die Sozinianer verfolgen und aus Polen vertreiben. Auch der aufkommende Pietismus - insbesondere in der Person von Philipp Jacob Spener - wird jedes vernünftige Herangehen an Religionsfragen als Häresie und Atheismus verurteilen.

In heutiger Zeit verstehen sich die Unitarier als Nachfolger und Erben der Sozinianer. Unitarier sind humanistische, nicht zwingend christliche Religionsgemeinschaften. Sie verstehen sich als undogmatisch, freiheitlich und vernünftig und vertreten weitgehende Toleranz gegenüber verschiedenen religiösen Ansichten. Aus ihrer Sicht lässt sich von Gott nur in Gleichnissen reden. Er lässt sich nicht begrifflich fixieren. Deswegen binden sie sich nicht an kirchliche Bekenntnisse oder religiöse Autoritäten. Jeder wird eingeladen und ermutigt, seiner eigenen spirituellen Entwicklung zu folgen.

3) Paracelsus
Wie schon erwähnt, gehört Paracelsus nicht in die Kategorie der Antitrinitarier. Der Nachwelt ist er am stärksten als originell-genialer Arzt in Erinnerung geblieben. Aber wie auch schon bei Michael Servetus fin-

den wir bei ihm eine Brücke von der Theologie zur Medizin. Paracelsus hatte einen buchstäblich erneuerten Menschen vor Augen.

Zur Orientierung: Schwärmer und Sozialrevolutionäre wollten die Gesellschaft als Ganzes erneuern. Spiritualisten wollten das Innere des Menschen zum wahren Glauben führen. Bei Paracelsus hingegen ging es um den körperlich neuen Menschen, nicht nur um das Heil, sondern um Heilung. Nach seiner Ansicht gibt es einen sichtbaren materiellen und einen größeren unsichtbaren spirituellen Körper. Krankheit ist Ungleichgewicht. Heilung geschieht durch eine Art Ausgleich der verschiedenen Kräfte und Substanzen. Von Paracelsus stammt der berühmte Ausspruch:

„Alle Dinge sind Gift, und nichts ist ohne Gift; allein die Dosis macht's, dass ein Ding kein Gift sei."[73]

Paracelsus hieß eigentlich Theoprast Bombastus von Hohenheim. Er wurde 1493 in der Schweiz geboren und wuchs in Kärnten auf. Bereits mit 16 Jahren fing er an, in Basel Medizin zu studieren. Mit 23 Jahren erhielt er die Doktorwürde und reiste anschließend quer durch Europa. Er sammelte von überall Weisheiten der Volksmedizin. 1524 unterstützte er die aufständischen Bauern in Salzburg. Obwohl er Teil der katholischen Kirche blieb, kritisierte er fortan die sogenannte „Mauerkirche". Aus seiner Sicht war die Kirchengeschichte eine zunehmende Entfremdung vom Ursprung des christlichen Glaubens.

Paracelsus musste fliehen. 1527 finden wir ihn in Basel. Nach Aufsehen erregenden Heilungen wurde er zum Medizinprofessor an die Universität berufen. Auch dort wandte er sich gegen eine theoretische Mediziner-Ausbildung und sprach sich für direkte Naturbeobachtung aus. Es ging um empirisch zu erwerbende Erkenntnisse. Seine innovativen Ansichten riefen allerdings heftigen Widerspruch hervor. Erneut musste er fliehen und durchzog daraufhin die Alpenländer. Paracelsus starb 1541 in Salzburg, vermutlich an einer Quecksilbervergiftung.

Das Radikale war: Paracelsus revolutionierte mit seinen Ansichten die Medizin. Er brach mit jahrhundertealten Gewohnheiten. Zu wenig bekannt ist, dass seine medizinischen Überlegungen theologisch verankert waren. Jesus heilte Aussätzige, Blinde und Gelähmte. Aus Paracelsus Sicht war ein Apostel deswegen auch ein Arzt. Der menschliche

---

[73] Dieser Ausspruch findet sich in den Werken von Paracelsus: Die dritte Defension wegen des Schreibens der neuen Rezepte. In: Septem Defensiones 1538. Werke Bd. 2, Darmstadt 1965, 510.

Körper war ein Abbild des Kosmos, ein Mikrokosmos analog zum Makrokosmos. Das Heil des Menschen beinhaltete deswegen auch Heilung für den Körper. Es ging nicht nur um eine abstrakte Glaubensgerechtigkeit. Selbst das Abendmahl wurde von ihm als Heilmittel hin zur Unsterblichkeit verstanden. Paracelsus war zu seinen Lebzeiten äußerst umstritten. Aber seine Gedanken wurden später von Valentin Weigel und Jakob Böhme aufgegriffen.

Zum Schluss Anregungen und Fragen:

1) Glauben wir an einen Gott oder an drei Götter?
Im Laufe der Kirchengeschichte hat es viel Streit über die Trinität gegeben. Berühmt und tragisch ist der sogenannte Arianische Streit im 4. Jahrhundert. Die Lehre von der Dreieinigkeit wurde auf den Konzilien von Nicäa und Konstantinopel festgeschrieben. Offen aber blieb die Anfrage, sowohl aus dem Judentum als auch aus dem Islam: Glauben Christen an drei Götter? Und wer ist Jesus? War er Mensch, der von Gott als Sohn adoptiert wurde, oder ist er Gott in Person unterschieden vom Vater, gezeugt, aber nicht geschaffen?

Kirchengeschichtlich hat sich die sogenannte Zwei-Naturen-Lehre Christi durchgesetzt: sowohl Gott als auch Mensch. Die Kritiker aber fragen: Haben wir es hier wirklich mit „göttlicher Wahrheit" oder eher mit kirchenpolitischen Entscheidungen zu tun? Wäre es in heutiger Zeit möglicherweise sogar wieder wichtig, die Einsheit Gottes zu betonen und Vater, Sohn und Geist eher als Beziehungs- und Kommunikationsebenen Gottes zum Menschen zu verstehen?

2) Wurde der biblische Glaube durch die griechische Philosophie verdorben?
Unbestritten ist, dass die Botschaft der Bibel mit ihrem hebräisch-aramäischen Hintergrund bei der Übertragung in die griechische Denkwelt überlagert und verändert wurde. War es eine Weiterentwicklung oder eher eine Verfälschung? Die Trinitätslehre ist ein prominentes Beispiel dafür: Die einen sagen: Sie systematisiert auf angemessene Weise die Zeugenberichte des Neuen Testaments. Die anderen sagen: Diese Systematisierung verfälscht die ursprüngliche Botschaft. Sie ergibt sich aus einem Zugeständnis an griechisch analytische Logik. Willkommen im Fachgebiet der Dogmengeschichte.

3) Wer ist ein Ketzer?
Antwort: Derjenige, der die kirchlichen Dogmen infrage stellt. Also ein Abweichler oder ein Häretiker. Was aber wenn der Mainstream die Abweichung ist? Was, wenn die Mehrheit eine Irrlehre vertritt? Dann läge im Widerspruch mehr Wahrheit als im Gehorsam. Anders herum gefragt: Warum hat kirchliche Macht so viel Angst vor Irrlehren, wenn sich Wahrheit doch von allein durchsetzen würde? Warum wurden Dogmen oftmals mit politischer Macht verteidigt? Warum wollen kirchliche Autoritäten bestimmen, was als Wahrheit zu gelten hat? Könnte all das ein Indiz dafür sein, dass gar nicht Wahrheit, sondern Irrlehre verteidigt wurde?

4) Glaube und Gesundheit
Macht Religion eher gesund oder eher krank? Müsste sich Heilsglaube nicht immer heilsam auswirken? Oder anders herum gefragt: Ist es nicht nachvollziehbar, wenn unsere Zeitgenossen eine Art von Christentum ablehnen, dass sie eher als zwanghaft, rechthaberisch, verurteilend, depressiv oder körperfeindlich empfinden?

#17 Zwischenbilanz - Von Ketzern lernen: Acht Kriterien für eine ideale Kirche

Bevor wir uns den Täufern zuwenden, zunächst eine kurze Zwischenbilanz. Die Frage, die uns im Zusammenhang mit unser historischen Spurensuche begleitet, lautet: Gibt es eine ideale Form von Kirche, so etwas wie eine richtige, eine gute Kirche? Darf man so überhaupt fragen? Müssten wir nicht gerade aus den Religionskriegen gelernt haben, dass wir alle Varianten von Kirche und Theologie nebeneinander stehen lassen sollten? Liegt nicht die Wurzel allen Übels gerade darin, dass Einzelne glauben, richtiger als die Anderen zu sein? Vielleicht. Mag sein.

Jedenfalls bekommt man bei der Reformation genau diesen Eindruck. Viele verschiedene Strömungen waren von sich selbst überzeugt und verteufelten die jeweils anderen. Wie soll man sich darin noch zurechtfinden? Ist es dann nicht letztendlich egal, was man glaubt, und für welche Art von Kirche man sich einsetzt? Auch das mag stimmen. Aber es ist auch unbefriedigend.

Im Nachfolgenden möchte ich zwei Hauptfragen nachgehen: (1) *Wie* finden wir Kriterien für eine gute Kirche? Also: Auf welcher Grundlage können wir Bewertungen vornehmen? (2) *Was* sind Kriterien für eine gute Kirche? Also: Welchen Anforderungen müsste eine gute Kirche genügen - insbesondere in der heutigen modernen oder postmodernen Zeit?

Aus meiner Erfahrung werden diese Fragen selten gestellt. Sobald jemand in eine neue Stadt umzieht und nach einer christlichen Gemeinde Ausschau hält, geht es in der Regel um die Attraktivität der Gottesdienste, die Qualität der Musik oder den Stil der Predigt. Besonders häufig entscheidet sich die Zugehörigkeit daran, ob man mit den vorhandenen Leuten zurechtkommt. All das sind wichtige Kriterien. Aber letztendlich betreffen solche Abwägungen jede Art von Vereinszugehörigkeit. Ist Kirche demnach nur so etwas wie ein religiöser Kulturverein? Wohl kaum. Beginnen wir also, grundlegender zu fragen:

Wie finden wir Kriterien für eine gute Kirche?

(1) Eine übliche Antwort lautet: Eine gute Gemeinde muss biblisch sein.

Demnach ist also die Bibel der Maßstab. Eigentlich sinnvoll. Woran liegt es aber, dass gerade im protestantischen Bereich eine Fülle von verschiedenen Kirchen und Freikirchen entstanden sind? Und: Alle berufen sich auf die Bibel. Seltsam also, dass es gerade anhand der Bibel viele Streitigkeiten gegeben hat und immer noch gibt. Offenbar hat sich der Wunsch, „einfach nur die Bibel zu lesen und dann wüsste man schon, was richtig ist" als Illusion entpuppt. Eigentlich ist dieses Ergebnis nicht verwunderlich. Der christliche Glaube ist keine Buchreligion. Irritierend, dass das noch nicht in allen christlichen Kreisen angekommen ist. Selbstverständlich sind die biblischen Dokumente wichtig, weil sich der christliche Glaube auf historische Ereignisse bezieht. Aber offenbar erzeugen die biblischen Texte nicht aus sich heraus völlige Klarheit.

(2) Kirchliche Tradition und Lehrautorität. Die alte Kirche hat dieses Problem schon früh erkannt. Gleich in den ersten Jahrhunderten gab es theologische Abweichungen und alternative Auslegungen. Welche Bibelpassagen lassen sich übertragen und welche müssen wörtlich genommen werden? Was sind kulturell bedingte Aussagen und was zeitlose Wahrheiten? Verkürzt gesagt wurden dadurch die Konzilien nötig. Bischöfe fanden sich zusammen und diskutierten Lehrfragen. Zum Schluss wurde entschieden, was als offizielle kirchliche Lehre zu gelten habe. Man formulierte Bekenntnisse und positionierte sich in Abgrenzung zu Irrlehren. Demnach ist die Gestalt von Kirche geschichtlich gewachsen. Sie hat sich geformt aufgrund von Auseinandersetzungen. Was als gültig und gut anerkannt wurde, haben theologische Gremien beschlossen oder wurde von kirchlichen Autoritäten festgelegt. Aber geht das? Kann man per Beschluss festlegen, wie die Bibel auszulegen ist oder welche Lehrmeinung wahr ist?

(3) Personen mit besonderer Berufung. Ein dritter Versuch, Kriterien für ein wahres Christentum zu finden, besteht darin, besonders geistbegabten Personen mit herausragenden Einsichten zu vertrauen und ihnen zu folgen. Nach dem Motto: „Wenn der oder die das von Gott so gehört hat und in Vollmacht wirkt, dann muss es stimmen." Im Einflussbereich von solch besonders charismatischen Personen scheinen die „Zeichen der Zeit" am Klarsten gedeutet werden. Das gilt dann als Beweis der Richtigkeit.

Jede dieser drei Varianten hat eine gewisse Berechtigung, reicht aber immer noch nicht aus, um das Profil einer guten Gemeinde zu entwickeln. Ich schlage deswegen als Ergänzung einen vierten Angangsweg vor, um Kriterien für die Güte-Qualität einer christlichen Kirche oder Gemeinde zu finden.

Mein Vorschlag lautet, dass wir (4) von den Ketzern lernen. Ketzer wurden ausgegrenzt, oftmals verfolgt und häufig hingerichtet. Wenn wir sie aber als Teil der Geschichte Gottes verstehen, dann können wir in ihren Provokationen hilfreiche Hinweise finden. Hinweise auf die blinden Flecken des Mehrheitsglaubens. Ketzer hatten ein Gespür für Fehlentwicklungen, für das Verlogene, Inkongruente und Unglaubwürdige. Sie bewegten sich bewusst an der Grenze und loteten das Unerlaubte aus. Ketzer sind wie der unterbewusste Schatten eines religiösen Kollektivs. Aber genau das, was verdrängt wurde, kann uns helfen, unsere Verengungen wahrzunehmen. Kritik von Ketzern hilft, eine glaubwürdigere Form von Kirche zu gestalten. Manchen wir einen Versuch und gehen damit zur zweiten Frage über:

Was sind Kriterien für eine gute Kirche?
Ich möchte acht Aspekte herausgreifen, auf die uns die ketzerischen Strömungen der Reformation hinweisen.

1) Christus im Herzen
Natürlich hatte Martin Luther betont: Allein Christus, allein die Schrift. Christus war das zentrale Auslegungsprinzip, die hermeneutische Mitte. Das ist alles nachvollziehbar. Dann aber muss auch betont werden: Christ wird man nicht durch Kirchenzugehörigkeit, sondern durch eine Herzensbeziehung zum Auferstandenen. Ohne Frage sind äußere Formen nötig und sinnvoll. Aber ohne inneren Glauben, ist alles Äußere leer. Die sogenannten Spiritualisten haben das betont. Es braucht eine Erweckung des Herzens, sonst wird Religion zur subtilsten Form des Atheismus und zur Immunisierung gegen einen lebendigen Glauben. Auch geht es nicht nur um den Christus des Paulus, sondern um den Jesus der Evangelien. Nicht nur Tod und Auferstehung, sondern auch der Lebensstil des Jesus von Nazareth ist wichtig. Sein Umgang mit Menschen ist Orientierung für heute. Mehr dazu werden wir bei den Täufertraditionen entdecken.

2) Gesellschaftliches Engagement
Es ist erschreckend, wie sehr beim Thema „Veränderung von gesellschaftlichen Missständen" plötzlich das „Unsichtbare, Jenseitige" des

Glaubens betont wurde. Kein Wunder, dass man die christliche Religion als Opium fürs Volk und als Jenseitsvertröstung wahrgenommen hat. Kein Wunder, dass außerhalb der Kirchen revolutionäre Bewegungen entstanden, die strukturelle Veränderungen anstrebten. Die Verdächtigung, all das wäre „Kommunismus" oder „Marxismus" ist vorschnell und versucht nur, vom eigenen Versagen der Kirchen abzulenken. Kann also heutzutage eine Kirche, die sich nicht gegen Armut, Ausgrenzung, Ausbeutung und Missbrauch wendet, überhaupt noch glaubwürdig genannt werden? Kann man überhaupt noch ein Evangelium vertreten, dass den gesellschaftstransformatorischen Aspekt bloß als Anhängsel, aber nicht als integralen Bestandteil beinhaltet?

3) Umgang mit Macht und Gewalt
Wer es zum ersten Mal hört, den erschreckt es, dass die neuen evangelischen Kirchen der katholischen Inquisition an Brutalität wohl kaum etwas nachstanden. Man rauft sich die Haare: Kaum kommt eine verfolgte Kirche an die Macht, unterdrückt sie selbst die Andersgläubigen. Ist das zwingend? Folgt daraus, dass Kirche möglichst keine politische Macht bekommen sollte? Vielleicht. Die Täufer haben genau diese Fragen diskutiert. Die Frage nach Macht betrifft aber nicht nur den gesellschaftspolitischen Bereich. Es meint auch die Binnenstruktur von „Kirche". Braucht es steile Hierarchien? Braucht es Gebote, Gehorsam und Unterordnung? Dürfen Menschen im Namen Gottes anderen Anweisungen geben? Müsste Kirche nicht vielmehr darauf setzen, eine Gemeinschaft der Freiheit zu bilden, in der Glaube nicht mit Zwang und Reglementierung vermischt wird? Und müsste eine Kirche vor dem Hintergrund ihrer jahrhundertelangen Streitigkeiten nicht konsequent eine Friedensethik entwickeln?

4) Breiflächige Beteiligung
Es geht nicht nur um Freiheit, sondern auch um Gleichheit und Partizipation. Das ist doch gerade das Neue am Neuen Testament, dass eine besondere Beziehung zu Gott nicht mehr auf Priester, Könige und Propheten beschränkt war. Das meint es doch, wenn der Begriff „Allgemeines Priestertum" verwendet wurde. Martin Luther hat das getan, aber was heißt das praktisch? Warum gibt es immer noch den Begriff „Laie"? Warum kann das Abendmahl nicht überall von normalen Leuten, die Jesus folgen wollen, ausgeteilt und gefeiert werden? Warum müssen Taufen von Amtspersonen durchgeführt werden? Auch Frei-

kirchen haben hier wieder Stufungen eingeführt. Müssten wir aber nicht alles daran setzen, Menschen aller Altersgruppen zu beteiligen - auch Kinder? Und braucht es nicht ein Glaubensverständnis, dass mehr aktiviert als lähmt? Ein Bibelstudium, das alle Einsichten - egal aus welcher Bildungsschicht - wertschätzt? Ein Verständnis von Gnade, das aufrichtet und nicht erniedrigt? All das ist nicht nur eine Frage von theologischer Entgiftung, sondern auch von zwischenmenschlicher Atmosphäre.

5) Förderung von kritischem Denken

Kirche ist leider nicht dafür bekannt, eine gesunde Streitkultur zu pflegen. Viele Kirchenmitglieder werden dem sogenannten „Harmonie-Milieu" zugeordnet. Wenn sich dieses mit einem Glaubensverständnis kombiniert, in dem Widerspruch eher als Rebellion und mangelnde Unterordnung gedeutet wird, wird man entweder tendenziell unterwürfig oder als Querulant ausgegrenzt. Hannah Arendt, die politische Denkerin, schreibt in ihren Reflexionen über das Böse, dass jeder Mensch einen inneren Dialog mit sich selbst führen muss, um Verführung zu entgehen. Es braucht gerade das Widersprüchliche, die Dissonanz, das Fremde, Kantige und Fragende, um der Gefahr des Totalitarismus zu entgehen. Und natürlich können auch religiöse Systeme jeglicher Größe totalitäre Züge entwickeln. Um so mehr braucht es eine Kultur des kritischen Nachfragens und des Wissen-Wollens. Natürlich geht es dabei nicht um ein zwanghaftes Kritisieren. Aber jede glaubwürdige Kirche müsste doch die Vernunft hochschätzen und nicht als Gefährdung diffamieren, oder?

6) Achtsamer Gebrauch von Sprache

Von Luther sind viele deftige Sprüche bekannt. Ohne Frage war Luther ein Sprachgenie und hatte eine ausgesprochen starke Begabung, bildlich und volksverständlich zu sprechen. Man mag das Brachiale von Luthers Sprache aber nur solange akzeptabel finden, solange man selbst nicht zu den Opfern gehört. Und natürlich war Luther nicht der einzige, der zur Reformationszeit mit Diffamierungen der Gegner gearbeitet hat. Wenn wir also über eine gute Kirche nachdenken, dann gehört auch eine respektvolle Sprache dazu. Eine Kirche, in der schlecht übereinander geredet wird, verliert ihre Glaubwürdigkeit. Jesus hat darauf hingewiesen, dass Begriffe tödlicher als Waffen sein können. Auch bei den unterschiedlichsten Meinungen und bei größtmöglichen

Streitfragen lässt sich eine Sprache wählen, die nicht persönlichkeits-
verletzend ist. Und auch im multireligiösen Kontakt kann man seinen
Glauben vertreten, ohne andere Glaubensüberzeugungen abwerten zu
müssen.

7) Glaube und Gesundheit
Mir scheint diese Thematik in heutiger Zeit eines der stärksten Kriteri-
en für eine gute Kirche zu sein. Leute schauen weniger auf stimmige
Lehraussagen oder auf diverse Hilfsprojekte, obwohl das auch wichtig
ist. Nein, überprüft wird, ob Gläubige durch ihren Glauben selbstbe-
wusster und glücklicher werden und ob sie gesünder leben. Ist das zu
diesseitig und zu körperlich gedacht? Oder müsste es nicht selbstverständlich sein, dass Kirchen Räume sind, in denen Menschen aufatmen,
sich aufrichten und ganzheitlich gesunden? Eine gute Kirche ist demnach ein Ort und eine Gemeinschaft, in der Menschen Kraft und Energie zum Leben bekommen. Versuchen Sie, das mit den Erfahrungen ab-
zugleichen, die Sie bisher mit Kirche gemacht haben.

8) Auf dem Weg bleiben
Eine der offensichtlichsten Anforderungen für eine gute Kirche ist, dass
sie sich immer auf dem Weg befindet. Aber genau das scheint ausgesprochen schwer umzusetzen zu sein. Gebäude machen sesshaft. Theologische Standpunkte erzeugen Fronten. Bekenntnisse ziehen Grenzen.
Religion wird zu einem System; wenn man nicht aufpasst zu einem ge-
schlossenen System, zu einer Art von religiöser Ideologie, die beginnt
eine verhängnisvolle Eigendynamik zu entwickeln. Bereits bei Thomas
Müntzer haben wir seine Sensibilität für die Ideologisierung von Religion beobachtet. Johann Baptist Metz, der berühmte katholische Theologe, spricht davon, dass die eigentliche Funktion von Religion „Unterbrechung" sei.[74] Es geht eben nicht um Stabilisierung des Bestehenden
und um Legitimationen für die Herrschenden. Gute Kirche hat etwas
Subversives, etwas, das Alltagsroutinen unterbricht, gesellschaftliche
Hackordnungen unterläuft und sich den Ausgrenzungsmechanismen
einer verwundeten Welt widersetzt.

Wenn wir also nach einer idealen, nach einer guten Kirchen fragen,
dann meint das keinen Endzustand, sondern einen fortlaufenden Lern-

---

[74] Messianische oder bürgerliche Religion?, Rede auf den Katholikentag 1978, in: Metz, 10.

prozess. Es meint die radikale Offenheit in Hinblick auf Gottes neue Welt und die Sehnsucht, daran teilhaben zu wollen. Und es meint die Wertschätzung gegenüber allen anderen, die mit auf diesem Weg sind.

#18 Täuferbewegungen - Überblick über Varianten, Selbstverständnis und Themen

In den nachfolgenden Ausführungen werden wir uns mit den sogenannten Täuferbewegungen befassen. Über 400 Jahre lang wurden sie abfällig „Wiedertäufer" genannt, weil sie aus Sicht ihrer Kritiker zusätzlich zur Säuglingstaufe eine zweite Taufe vollziehen. Nach Überzeugung der Täufer ist die Glaubenstaufe aber keine erneute Taufe, wie wir uns später noch ansehen werden. Bevor wir ins Detail gehen, wollen wir uns zunächst einmal einen Überblick über die verschiedenen Strömungen und die damit verbunden Themenfeldern verschaffen.

Forschungsgeschichte

Solange die Täuferbewegungen als schwärmerische Wiedertäufer-Sekten mit latenter Gewaltbereitschaft verdächtigt wurden, war ihr starkes Anliegen, sich von gewissen geschichtlichen Bezügen zu distanzieren. Zum einen grenzten sich Täufer deswegen von einem religiös-apokalyptischen Schwärmertum ab und wollten sich als biblisch gegründete und theologisch reflektierte, einheitliche Bewegung darstellen. Als Ausgangspunkt aller wahren Täufer galten Zürich und die Schweizer Brüder. Zum anderen ging es darum, sich von den Unruhe stiftenden Bauern abzuheben. Man wollte nicht mit einer frühbürgerlichen, sozialistischen Revolution in Verbindung gebracht werden. Auch brandmarkte man alle gewalttätigen Auswüchse wie das Täuferreich in Münster als Irrwege und beschrieb das eigentliche Täufertum als von Grund auf friedfertig. Beide Anliegen sind verständlich. Es ging darum, aus dem Jahrhunderte langen Diffamierungsgerede herauszukommen. Die Darstellung einer einheitlichen, von Anfang an friedfertigen Täuferbewegung entspricht aber nicht wirklich den geschichtlichen Fakten.

Seit Mitte des 20. Jahrhunderts geht man davon aus, dass die Entstehung des Täufertums nicht nur auf *einen* lokalen Ursprung, sondern auf *mehrere* regionale Zentren zurück geht. Auch standen die verschiedenen Strömungen in vielfältiger Weise miteinander in Kontakt, inspirierten und kritisierten sich. Vor diesem Hintergrund ist es nur allzu verständlich, dass sie unterschiedliche Akzente in ihrer Theologie, Glaubenspraxis und Gemeinschaftsgestalt entwickelten. In den Anfangsjahren haben wir es also mit fließenden und sich überlagernden Reformbestrebungen zu tun. Auch waren die Anliegen der aufständischen Bauern und die der Täufer zunächst sehr ähnlich. Das Verhältnis zur weltlichen als auch zur kirchlichen Obrigkeit wurde in allen Varianten diskutiert. Die Vorstellungen schwankten zwischen einer durch die Obrigkeit unterstützten Reform bis hin zu einer Revolution von unten. Es gab Vertreter, die Gewalt befürworteten und andere, die sie ablehnten.

Hans-Jürgen Goertz schreibt in Anlehnung an James M. Stayer, dass die Täufergemeinschaften „in, mit und unter" der bäuerlichen Revolutionsbewegung entstanden sind.[75] Letztendlich führte dann aber die Niederschlagung der Bauernaufstände um 1525 zu einer breitflächigen Krise bei den Täufern und erzwang ein Umdenken. Von nun an gewannen separatistische Stimmen die Oberhand, und es entwickelten sich eigenständige Gemeinschaften, die sich mehr und mehr als biblische Kontrastgesellschaften inmitten einer verweltlichten Umgebung verstanden. Aus reformerisch-revolutionären Energien wurde eine Tendenz zur Abgrenzung von einer als verdorben geglaubten Welt. Ab ca. 1527 kann man bei den Täuferbewegungen von der Bildung erster Freikirchen sprechen. 1536, nach dem apokalyptisch-gewalttätigen Trauma in der Stadt Münster, begannen die verbliebenen und verstreuten Täufer trotz verschärften Verfolgungsdrucks eine konsequente Friedensethik zu entfalten.

Verschiedene Strömungen

Zunächst einmal ist darauf hinzuweisen, dass die Kritik an der Säuglingstaufe bereits sehr früh und breitflächig einsetzte. Karlstadt und Müntzer lehnten das kirchliche Ritual an den Kleinkindern ab. Es blieb aber bei einer theoretischen Reflexion. Letztendlich ging es um viel umfassendere Themen, wie die gesamte Erneuerung der Christenheit. Die Änderung der Taufpraxis war nur ein Baustein von vielen und stand bei ihnen nicht ganz oben auf der Agenda. In der Regel ist ebenfalls nahezu unbekannt, dass der junge Martin Luther bis ca. 1522 Zweifel und Kritik an der Praxis der Säuglingstaufe hatte. Seine Betonung von „Allein der Glaube" stellte konsequenterweise alle kirchlichen Handlungen in Frage, die aus seiner Sicht zu leeren Ritualen geworden waren. Der spätere Luther schwenkte dann aber zurück zur Praxis der Säuglingstaufe und bekämpfte jegliche Art von „Wiedertäufern".

---

[75] Goertz, Radikalität, 327.

Als Hauptursprung des Täufertums gilt Zürich. Um 1523 entstand im Rahmen der Schweizer Reformation rund um den Reformator Huldrich Zwingli eine Bewegung, die darauf drängte, die Kirche noch konsequenter zu reformieren. 1525 fand die erste Glaubenstaufe statt. Später wird diese Gruppierung als „Schweizer Brüder" bezeichnet. Dazu werden wir in der nächsten Episode kommen. Bedeutende Namen sind: Konrad Grebel, Felix Mantz und Jörg Blaurock. Auch Balthasar Hubmaier und seine täuferische Theologie wird uns beschäftigen. Anfang 1527 wurde Felix Mantz der erste Täufer-Märtyrer. Er wurde in Zürich ertränkt. Kurz darauf gab es eine Täufer-Versammlung und die berühmten Schleitheimer Artikel wurden verfasst.

Eine zweite große Täuferströmung entwickelte sich in Norddeutschland und den Niederlanden. Sie ist mit der Person Melchior Hoffman verbunden, den wir bereits kennengelernt haben. Viele seiner endzeitlich-apokalyptischen Theorien waren Grundlage für das spätere Täuferreich in Münster. Nach Eroberung und Rekatholisierung der Stadt wurde diese Strömung weitestgehend aufgerieben. Im weiteren Verlauf werden sich um den ehemaligen Priester Menno Simons friedfertige Täufer sammeln. Später wird man sie Mennoniten nennen. Darauf werden wir in späteren Episoden zurückkommen.

Eine dritte Strömung entwickelte sich im mittel- oder eher südöstlichen Bereich. Sie ist im gewissen Sinne eine Fortsetzung von dem, was zum Teil Karlstadt, aber mehr noch Thomas Müntzer begonnen hatte. Eine wichtige Region des Bauernaufruhrs war Thüringen. Als Müntzer 1525 kurz nach der Niederschlagung der aufständischen Bauern hingerichtet wurde, schien die Bewegung vernichtet. Einzelne konnten aber fliehen. In diesem Zusammenhang werden wir Hans Hut begegnen, der die revolutionäre Energie Müntzers aufnahm und ins Täufertum hineintrug. Auch freier agierende Täuferpersönlichkeiten wie Hans Denck und Pilgram Marpeck werden wir uns ansehen.

In gewisser Weise als Verlängerung dieser südöstlichen Täufer-Strömungen ließen sich die Hutterischen Bruderhöfe in Südtirol, als auch in Böhmen und Mähren verstehen. Sie gehen auf den Täufer Jakob Huter, nicht mit Hans Hut zu verwechseln, zurück. Hier wird auch der Name Kaspar Braitmichel, dem frühen Chronisten der Täuferbewegung, auftauchen.

Wenn man noch weiter unterscheiden möchte, könnte man als fünftes auch auf die Polnischen Brüder und den Sozinianismus hinweisen.

Die große Täufergemeinschaft in Rakau wurde über längere Zeit von antitrinitarischen Lehren geprägt und entfremdete sich dadurch mehr und mehr von ihren ursprünglich täuferischen Wurzeln. In der Episode über die Antitrinitarier sind wir kurz darauf eingegangen.

Letztendlich sollte durch diese Aufzählung deutlich werden, dass wir es bei der Geschichte der Täufer mit einer an mehreren Stellen aufkeimenden oppositionell-reformerischen Strömung zu tun haben. Frühe Epizentren waren Zürich, Straßburg, Augsburg und später Emden. Es war aber keine strategisch koordinierte Reform oder Revolution, und sie hatte auch keine völlig einheitliche Theologie. In heutiger Sprache würde man so ein Phänomen möglicherweise „Graswurzelbewegung" nennen.

Selbstverständnis

Versuchen wir uns nun stichwortartig die theologischen Wandlungen vor Augen zu führen. Alle reformatorischen Strömungen entwickelten sich in einem feudal-geschichteten Gesellschaftsmodell. Die Bauern wehrten sich gegen Ausbeutung durch den Adel und drängten zur Selbstverwaltung und Mitbestimmung. Darüber hinaus hatten offenkundige Missstände in der Kirche zu einer breitflächig antiklerikalen Stimmung geführt. In der gesellschaftlichen Elite herrschte eine humanistische Weltsicht vor, mit dem Ziel, durch Bildung und organische Reformen auch die bestehende alte Kirche erneuern zu können. All das bewegte sich noch innerhalb der vorgegebenen Ordnungen.

Luther entdeckte nun eine neue Freiheit vor Gott und stellte sich im Schutz einiger Fürsten gegen Kaiser und Papst. Die lutherische Freiheit war aber in erster Linie eine innere Glaubensfreiheit vor Gott. Die Bauern und Thomas Müntzer dagegen wollten diese Freiheit auch auf gesellschaftliche Strukturen angewendet wissen. Aus der Befreiung des Inneren drängten sie zu einer utopischen Umgestaltung der damaligen Welt. Sie drängten nach vorne, raus aus den theologischen Höhenflügen nach unten in den Alltag, ins Sichtbar-Konkrete. Als sich dann aber Luther und auch andere Reformatoren von den radikalen Strömungen abwandten und eher eine obrigkeitliche Reformation befürworteten, kam es zur Niederschlagung aller Aufstände und einer breitflächigen Verfolgung der Basisbewegungen.

Das Hauptanliegen der frühen Täufergemeinschaften bestand darin, das Ideal einer urchristlichen, direkt an der Bibel orientierten Gemeinschaft wieder herzustellen. Als ihnen klar aber wurde, dass sie sich gegen die alten und neuen landeskirchlichen Obrigkeiten nicht durchsetzen konnten, wurde aus ihrem Kampf gegen die bestehenden Ordnungen eine Art Verweigerung. Aus ihrem Zurück zum Urchristentum entwickelten sie ein gesellschaftliches Neben und bildeten Binnen-Kulturen als Parallel-Struktur. Sie stellten sich damit sowohl gegen den Weg der Reformation von oben, als auch gegen den Weg der Revolution von unten. Stattdessen formierten sie einen Dritten Weg des „Anders". Sie bildeten Kontrastgemeinschaften, die sich weigerten, an den politischen und kirchlichen Mechanismen teilzunehmen. Oberflächlich betrachtet erscheint ihr Verhalten als Flucht, raus aus der Gesellschaft. Genauer betrachtet, erkennt man darin einen negativen Protest, eine friedfertige Verweigerung, die sich sowohl aus dem Ideal der Urgemeinde als auch aus einer Utopie einer erneuerten Welt speiste. Die ersten Täufergemeinschaften fielen vollständig aus dem Rahmen. Sie verweigerten sich dem sogenannten „Corpus Christianum", also der jahrhundertealten gesellschaftspolitischen Einheit von weltlicher und kirchlicher Macht. Selbst wenn sie im weiteren Verlauf vollständig auf Gewalt verzichteten, mussten sie zwangsläufig als strukturelle Bedrohung wahrgenommen werden. Letztendlich förderte aber ihr friedlicher Widerstand maßgeblich die Pluralisierung der Gesellschaft und die Relativierung von Machtgefügen.

Themenfelder
All das führt uns zu den verschiedenen Themen, die unter den Täufern diskutiert wurden.

(1) Glaubenstaufe: Diese war längst nicht nur eine Frage der geänderten Durchführung oder der Menge des Wassers. Sie war die sichtbare Verweigerung gegenüber kirchlichen Machtstrukturen.

(2) Bibelstudium: Häufig wird abwertend von Biblizismus gesprochen. Genauer betrachtet geht es um die Frage, welche Rolle Jesus, als Herr, für die konkrete Lebensführung eines einzelnen Christen spielt.

(3) Nachfolge: Die direkte Orientierung am Lebensstil von Jesus führte zu einer stärkeren Betonung der Ethik. Dies wiederum brachte das Täufertum in den Verdacht, eine neue Werkgerechtigkeit aufzurichten - gerade auch vor dem Hintergrund des neu entdeckten lutherischen Gnadenevangeliums.

(4) Die Gestalt von Kirche: Täufer waren skeptisch gegenüber jeglichen institutionell-hierarchischen Kirchenformen. Stattdessen sprachen sie von einer „Gemeinschaft der Gläubigen". Sie nannten sich „Brüder und Schwerstern in Christo". Die höchste Entscheidungsgewalt über Zugehörigkeit hatte die gesamte Versammlung. In diesem Zusammenhang werden wir uns mit der - für heutige Ohren seltsamen - Bannpraxis und der sogenannten Regel Christi beschäftigen.

(5) Trennung von Kirche und Staat: Als Folge von Glaubensfreiheit und Gewaltlosigkeit verweigerten sie das Ablegen von Eiden und stellten sich gegen Militärdienste. Auch wollten sie keine staatlichen Ämter übernehmen.

Einiges von all diesem mag für heutige Zeitgenossen interessant klingen, anderes äußerst sonderbar. Je mehr wir uns bemühen, die theologischen Überzeugungen und gemeindlichen Praktiken im damaligen Kontext zu verstehen, desto radikaler und innovativer werden sie erscheinen. Insbesondere in Bezug auf den Umgang mit kirchlicher Macht, mit Religions- und Gewissensfreiheit als auch mit praktizierter Friedensethik werden wir Anregungen für heute erhalten.

#19 Erste Glaubenstaufen in Zürich - Konrad Grebel und der Beginn der Täuferbewegung

Es war der 21. Januar 1525 in Zürich - für die Täuferbewegungen ein ähnlich wichtiges Datum wie der 31. Oktober 1517, als Martin Luther seine 95 Thesen in Wittenberg veröffentlichte. Aus speziell täuferischer Perspektive steht die 500 Jahrfeier im Jahr 2025 also noch aus. In dieser Episode sehen wir uns die Vorgeschichte an, die zur ersten Glaubenstaufe im Unterschied zur Säuglingstaufe führte. Häufig wird diese Art der täuferischen Taufe „Erwachsenentaufe" genannt. Das trifft es aber nicht. Es geht nicht um das Alter, sondern darum, dass der Täufling eigenständig um die Taufe bittet und sich zu einem Weg in der Nachfolge von Jesus bekennt. In späteren Kapiteln werden wir auf die dahinter liegenden theologischen Überzeugungen zurückkommen.

Was geschah am 21. Januar 1525?
Wir befinden uns auf dem Höhepunkt der verhängnisvollen Auseinandersetzungen innerhalb der Schweizer Reformation, besonders in Zürich. Gerade war die erste große öffentliche Taufdisputation zu Ende gegangen. Der Reformator Huldrich Zwingli trug den Sieg davon. Ab jetzt galt: Wer die Säuglingstaufe verweigerte, dem drohte die Ausweisung aus der Stadt. Darüber hinaus wurde den Anführern der Täufer untersagt, weiterhin ihre Überzeugungen zu verbreiten. Wie sollten die Taufgesinnten darauf reagieren? Einlenken und sich geschlagen geben? In den Untergrund gehen und im Geheimen agieren? Oder weiterhin die öffentliche Konfrontation suchen?

Noch am selben Abend trafen sich etwa 20 Weggefährten im Haus der Familie Mantz. Felix Mantz, der Sohn des Hauses, wird zwei Jahre später der erste Märtyrer in Zürich werden. Wie der Abend genau abgelaufen ist, lässt sich nicht eindeutig rekonstruieren. Möglicherweise enthalten die späteren Beschreibungen auch Elemente eines kirchlichen Gründungsmythos. Überliefert ist, dass Jörg Blaurock, ein ehemaliger Priester, auf Konrad Grebel zuging und ihn darum bat, getauft zu werden. Anschließend taufte Blaurock die anderen Anwesenden. Weil es Konrad Grebel war, der die erste Taufe nach neuem Verständnis durchführte, wurde er später auch „Täufervater" genannt. Die Taufen wurden mit einer Schöpfkelle vorgenommen. Im weiteren Verlauf wurde auch in Brunnen, Seen, Flüssen oder Wirtshäusern getauft. Die Form war nicht das Entscheidende. Den Täufern war wichtig, dass keine folgenlose, kirchliche Zeremonie durchgeführt wurde. Taufen geschahen bewusst im Alltagskontext und waren Ausdruck eines Entschlusses zu einem veränderten Lebensstil.

Zu diesem frühen Zeitpunkt schwang aber auch noch viel Protest mit. Da war Verweigerung gegenüber einer übermächtigen Kirchlichkeit, die aus Sicht der Täufer die Klarheit des Wortes Gottes verdunkelte. Und es war Ausdruck des Widerstandes gegenüber einer weltlichen Obrigkeit, die mit politischer Macht ihre Kritiker unterdrückte und die offiziell-kirchlichen Glaubensüberzeugungen durchsetzte. Hans-Jürgen Goertz schreibt:

> *„Die Täufer kündigten also ihre Gliedschaft in der kirchlichen, politischen und rechtlichen Gemeinschaft auf und stellten dadurch eine potentielle Bedrohung der gesellschaftlichen Ordnung dar."*[76]

An diesem Abend im Januar 1525 geschah aber noch mehr. Es war auch der Wendepunkt weg von einer bloßen Verweigerung gegenüber der Kinder- oder Säuglingstaufe und hin zu einer aktiven Durchführung der Glaubenstaufe. Es war der Wechsel von Negation zu Position. Von nun an begannen die Täufer, immer klarer ihre Überzeugungen zu sondieren und zu formulieren. Die erste Glaubenstaufe in Zürich war der Beginn einer neuen gemeinschaftsorientierten Bewegung, die sich miteinander darauf verpflichtete, von Jesus zu lernen und seinen Weg bis ins Leiden zu folgen.

Die Vorgeschichte anhand der Person von Konrad Grebels

Grebel wurde 1498 in der Schweiz geboren. Er war der Sohn eines Zürcher Patriziers. Sein Vater war Kaufmann und eine führende Person im Rat der Stadt. Konrad Grebel war das zweite von sechs Kindern. Er genoss eine höhere Bildung: Lateinschule, Studium in Basel, Wien und Paris. Bekannt ist seine umfangreiche Korrespondenz mit zeitgenössischen Philosophen humanistischer Prägung. Als Student muss er ein ziemlich unmoralisches Leben geführt haben. Auch deswegen war das Verhältnis zu seinem Vater gestört. 1521 brach er sein Studium in Paris ab und kehrte nach Zürich zurück. Bereits aus der Ferne stand er in Briefkontakt mit Zwingli.

---

[76] Goertz, Bewegungen, 16.

1522 kam es zu einer einschneidenden Lebenswende. Grebels bisher desorientiertes Leben bekam eine neue Richtung und eine Aufgabe. Von nun an unterstützte er leidenschaftlich Zwingli in seinem Reformanliegen. Grebel war 24 Jahre jung, Zwingli etwa 14 Jahre älter als er. Im selben Jahr unterstütze Grebel auch die öffentlichen Stör-Aktionen, die vielfach von verschiedenen Handwerkern in der Stadt durchgeführt wurden: Unterbrechungen von Predigten, Wurstessen während der Fastenzeit, Kritik an der Heiligenverehrung, Entfernung von Bildern, Verweigerung der Zehnten-Steuer und die Forderung, die Messopferfeier abzuschaffen. Damit sollte der Druck auf die zögernde Obrigkeit erhöht werden. Sie sollten konsequenter die Reformen umzusetzen. Ähnlich drängte auch schon Karlstadt in Wittenberg.

1523 finden wir viele der späteren Täufer-Akteure im sogenannten Castelberger Lesekreis. Andreas Castelberger war Buchhändler und versammelte Interessierte zum regelmäßigen Studium der Bibel, sowohl in griechischer als auch in hebräischer Sprache. Dieser Kreis war so etwas wie ein Katalysator für Freundschaften, produktive Diskussionen und spätere Entwicklungen unter den Täufern. Johannes Goeters schreibt:

„In dieser Gruppe, einer um das Neue Testament sich versammelnden Laienbewegung, die sich gleichermaßen von weltlicher Geselligkeit und katholischem Gottesdienst zurückzieht, haben wir die Wiege des Täufertums unter den stadtzürcher Bürgern zu sehen."[77]

Im Verlaufe des Jahres nahm die reformatorische Konfliktdynamik zu. Bereits Anfang 1523 fand eine erste Zürcher Disputation statt. Dort wurde beschlossen, dass künftig für Predigten ausschließlich Bibeltexte als Grundlage dienen sollten. In einer späteren zweiten Disputation ging es um die Abschaffung der katholischen Messe. Auch wurde die Entfernung von Bildern theologisch begründet. Zu diesem Zeitpunkt war man sich im reformatorischen Lager inhaltlich noch einig. Die Unterschiede brachen aber in Bezug auf die Umsetzung der Beschlüsse auf. Zwingli wollte eine gemäßigtere Geschwindigkeit. Er überließ es dem Rat der Stadt, auf welche Weise die Reformen umgesetzt werden sollten. Das radikalere Lager empfand das als Verrat am Evangelium. Sie drängten darauf, dass die Anwendung von biblischen Einsichten

[77] Goeters, Johannes F. G.; Die Vorgeschichte des Täufertums in Zürich, in: Studien zur Geschichte und Theologie der Reformation (Festschrift für Ernst Bizer), Neukirchen-Vluyn 1969, 255.

nicht von weltlichen Obrigkeiten verzögert werden dürfe. Zwingli wurde vorgeworfen, faule Kompromisse zu machen. Den Radikalen dagegen hielt man vor, zu wenig Vertrauen in die natürliche Durchsetzungskraft des Wortes Gottes zu haben.

Es kam zum Bruch. Neben Grebel gingen jetzt auch die anderen „radikaleren" Zwingli-Schüler eigene Wege. Sie begannen damit, umliegende dörflichere Gebiete als Gesamtheit für die Reformation zu gewinnen: Simon Stumpf in Höngg, Wilhelm Reublin in Witikon, Johannes Brötli in Zollikon und andere mehr. Bereits im Frühjahr 1524 rief Wilhelm Reublin offen zur Verweigerung der Kindertaufe auf. Mehr und mehr wurde auch in anderen Gegenden das Taufverständnis zum zentralen Punkt der Auseinandersetzungen.

Konrad Grebel nahm den Bruch mit Zwingli zum Anlass, sich mehr Klarheit über die eigenen Überzeugungen zu verschaffen. Neun Monate später, im Herbst 1524 schrieb er Briefe an Karstadt und Müntzer.[78] Von beiden war bekannt, dass auch sie sich gegen die Kindertaufe stellten. In dem Brief an Müntzer werden sowohl die Gemeinsamkeiten als auch die Unterschiede klar erkennbar. Grebel drückte sowohl seine Sympathie, als auch seine Kritik an Müntzers Verhalten aus. Interessant sind besonders die Passagen, in denen er von der Bedeutung der Bibel und von der Leidensbereitschaft sprach. Nachdem er betont hatte, dass die Bibel ausreicht, um die Menschen zu lehren, zu regieren und fromm zu machen, drängte er darauf, dass Andersdenkende nicht getötet, sondern entsprechend eines Gemeindebeschlusses aus der Gemeinschaft verwiesen werden sollten.[79] Ein solcher Gemeindeausschluss mag sich für heutige Ohren fremd anhören. Es war aber für damalige Zeit ausgesprochen zukunftsweisend, Andersgläubige nicht mit Waffengewalt bekämpfen zu wollen. Grebel schrieb dann weiter:

„Man soll… das Evangelium und seine Anhänger nicht mit dem Schwert schirmen und sie sollen es auch selbst nicht tun…. Rechte gläubige Christen sind Schafe mitten unter den Wölfen, Schafe zum Schlachten, müssen in Angst und Not, Trübsal und Verfolgung, Leiden und Sterben getauft werden, sich im Feuer bewähren und das Vaterland der ewigen Ruhe nicht durch Erwürgen leiblicher Feinde erlangen, sondern durch Tötung der geistlichen. Auch gebrauchen sie weder weltliches Schwert noch Krieg. Denn bei ihnen ist das Töten ganz abgeschafft - es sei denn wir gehörten

---

[78] Abgedruckt in: Fast, 12-27.
[79] Konrad Grebel in seinem Brief an Thomas Müntzer, in: Fast, 19.

noch dem alten Gesetz an. Aber auch dort ist (wenn wir es recht überlegen) der Krieg, nachdem sie das gelobte Land erobert hatten, nur eine Plage gewesen."[80]

In diesem kurzen Abschnitt finden wir wichtige Motive für die spätere täuferische Theologie: Zum einen die Bereitschaft zum Leiden als wesentliches Element in der Nachfolge Jesu. Zum anderen die Ablehnung jeglicher Art von Waffengewalt, um den eigenen Glauben durchzusetzen. Wir finden die Konturen eines anderen Weges: Weder eine volkskirchliche Reformation mit staatspolitischer Unterstützung von oben, noch eine flächendeckende gewalttätige Revolution von unten. Der täuferische Weg sucht keinen totalitären Zugriff auf das Ganze der Gesellschaft, sondern er bildet eine Alternativkultur, die zwar in dieser Welt lebt, sich aber weigert, die weltlichen Machtmechanismen zugunsten der eigenen Glaubensüberzeugung einzusetzen. Letztendlich führte dieses Konzept zu einer leidensbereiten Minderheitenkirche. Zu diesem frühen Zeitpunkt wurde die Grebelsche Position aber noch nicht von allen geteilt. Tatsächlich gab es unter den Täufern sehr unterschiedliche Vorstellungen, ob sie eher auf ein freikirchliches oder ein volkskirchliches Reformmodell setzen sollten. Sollten sie als Täuferkirchen eher leidensbereit sein oder versuchen, ihre Überzeugungen mit Waffengewalt durchzusetzen?

Anfang 1525 kam es zur bereits erwähnten ersten Taufdisputation. Sie endete mit einer Verurteilung der Taufverweigerer. Für Grebel hatte das eine besondere Brisanz, weil er seine gut zwei Wochen zuvor geborene Tochter, Rachel Grebel, noch nicht taufen ließ. Alle anderen Taufprediger, die nicht Zürcher Stadtbürger waren, wurden ausgewiesen: Wilhelm Reublin, Johannes Brötli, Andreas Castelberger und Ludwig Hätzer. Trotz Drohungen kam es anschließend - wie schon erwähnt - zu den ersten Glaubenstaufen. Das Ganze war keine geplante Kirchengründung, und Konrad Grebel war nicht im eigentlichen Sinne ein Kirchengründer. Aber offenbar genoss er ein so hohes Ansehen, dass er gebeten wurde, die erste Taufe durchzuführen. Andere Personen, wie die bereits genannten, und auch Felix Mantz spielten eine ähnlich wichtige Rolle. Nach der Ausweisung aus Zürich begann zunächst einmal eine rege Missionstätigkeit. Überall, wo es möglich war, wurde gepredigt und getauft: in Schaffhausen, St. Gallen und Appenzell.

---

[80] A.a.O., 20.

Im Oktober 1525 nahm man Konrad Grebel und Jörg Blaurock gefangen und brachte sie in das Grüninger Schloss zum Verhör. Einen Monat später kam es zur dritten Taufdisputation. Auch Felix Mantz war Mitangeklagter. Sie wurden zu lebenslanger Haft im Turm verurteilt. In Zukunft würde jegliche Wiedertaufe mit dem Tod durch Ertränken bestraft werden. Vier Monate später, Anfang 1526, gelang ihnen die Flucht. Anschließend wirkte Grebel in Appenzell, wurde aber kurz darauf von der Pest erfasst und starb im Alter von 28 Jahren. Viele von seinen Weggenossen wurden aufgrund ihres Glaubens Märtyrer. Damit wird sich die nächste Episode beschäftigen.

Zurück zu Konrad Grebel
Kritische Stimmen haben angemerkt, dass seine Leidensbereitschaft aus einer gewissen Todessehnsucht innerhalb seiner Persönlichkeit hergerührt hätte.[81] Auch seine Tendenz zu einer moralischen Gesetzlichkeit hat man versucht, psychologisch zu begründen. Das mag nicht völlig von der Hand zu weisen sein. Letztendlich sind theologische Überzeugungen immer auch biographisch und von dem jeweiligen Persönlichkeitstyp gefärbt. Bei Luther oder Erasmus war das nicht anders. Es wäre aber zu einfach, die beginnenden freikirchlichen Konturen auf bloße Persönlichkeitsmerkmale zurückzuführen. Viel wichtiger ist es, sich mit den grundlegenden theologischen Mustern in Bezug auf das Verhältnis von Glauben zur Kultur, zur Gesellschaft und zur weltlichen Macht auseinanderzusetzen. Später dazu mehr.

Zum Schluss Anregungen und Fragen:

1) Der Einfluss der Persönlichkeit
Inwieweit sind Sie sich darüber bewusst, dass Ihre theologischen Überzeugungen durch Ihre Biographie und durch Ihre Persönlichkeit geformt sind? Paulus schreibt davon, dass wir „Gottes Schatz in irdenen Gefäßen haben". Göttliche Wahrheiten nehmen also eine menschliche Gestalt an. Verunsichert Sie das? Oder könnte es nicht auch dafür begeistern, dass somit jeder Mensch mit seiner Geschichte, seinen Prägungen, seinen Erfahrungen und Persönlichkeitskonturen einen aktiven Part in Gottes Geschichte spielt? Daraus folgt auch: Es ist wichtig, dass wir in Gemeinschaft Jesus folgen und ihn verkündigen, damit nicht ein

---

[81] Fast, Heinold; Konrad Grebel - Das Testament am Kreuz, in: Fast, 113-114.

einzelner seine Prägungen inklusive der blinden Flecken zur absoluten Wahrheitserkenntnis erhebt.

2) Gemeinsames Bibellesen

Weil es verschiedene Wahrnehmungen gibt, braucht es das gemein-schaftliche Lesen. Eine hilfreiche Methodik aus dem 20. Jahrhundert ist das sogenannte „Bibel teilen". Interessanterweise ist sie im katholischen Kontext entstanden, in den Regionen, wo es zu wenig Priester gab. Es ist eine Art von Laienaktivierung. Zunächst in Afrika entwickelt, ist diese Methodik dann später in Südamerika in den sogenannten Basis-gemeinden zum Einsatz gekommen.[82] Auch Freikirchen müssen immer wieder daran erinnert werden, dass das gemeinsame Lesen der Bibel Grundelement einer bestmöglich hierarchiefreien Gemeinschaft ist.

---

[82] Die Praxis des „Bibel-Teilens" geht auf die Lumko-Methode zurück. Diese wurde am Lumko-Pastoralinstitut der Südafrikanischen Bischofskonferenz entwickelt. Mehr bei: Vellguth, Eine neue Art, Kirche zu sein.

#20 Das Martyrium der Täufer - Von der systematischen Ausrottung widerständiger Christen

Springen wir von der ersten Glaubenstaufe durch Konrad Grebel zum ersten Täufer-Märtyrer in Zürich: Felix Mantz. Er wurde am 5. Januar 1527 in der Limmat ertränkt, knapp zwei Jahre nach seiner Taufe. Diese beiden Ereignisse bilden zwei wesentliche Eckwerte, zwischen denen sich die junge Bewegung entwickelte: Zum einen die Taufe aufgrund des persönlichen Bekenntnisses und zum anderen die Bereitschaft, das Kreuz und das Leiden Christi auf sich zu nehmen - wenn nötig bis in den Tod.

Bereits vor Mantz gab es andere Märtyrer in der sich entwickelnden Täuferbewegung: Klaus Hottinger und Hans Krüsi in Luzern, als auch Eberli Bolt in der Schwyz. Weitere Personen, auf die wir noch zurückkommen werden, wurden ebenfalls verfolgt und ermordet. Zu den Opfern zählen unter anderem: Michael Sattler, Johannes Brötli, Balthasar Hubmaier, Ludwig Hätzer, Jörg Blaurock und Jakob Huter. Das Geschichtsbuch der Hutterischen Brüder beschreibt viele Einzelschicksale der täuferischen Märtyrer.

Insgesamt gibt es an die 1000 namentlich erfasste Täufer, die im 16. und 17. Jahrhundert wegen ihrer Glaubensüberzeugungen hingerichtet wurden. Forscher schätzen, dass es wohl annähernd doppelt so viele waren: Sie wurden enthauptet, verbrannt und ertränkt. Ertränkt deswegen, weil es eine besondere Art von Schmach bedeutete, Täufer durch Wasser hinzurichten.

Felix Mantz

Er war humanistisch gebildet und Sohn eines Züricher Geistlichen. Mantz war neben Konrad Grebel der wichtigste Wortführer der frühen Schweizer Täuferbewegung. Ende 1524 gab es informelle Gespräche zwischen Zwingli und den Täufer-Predigern. Die Gespräche verliefen aus Sicht von Mantz aber sehr unbefriedigend. Er schrieb daraufhin einen Brief an den Stadtrat von Zürich mit dem Titel „Protestation und Schutzschrift". Darin beklagte er, dass er gegenüber Zwingli nicht richtig zu Wort kam:

„Reden tue ich nicht gern, kann es auch nicht. Denn er hat mich früher so
oft mit viel Reden überfallen, dass ich ihm nicht habe antworten können
oder durch sein langes Reden zur Antwort nicht gekommen bin."[83]

Auch kritisierte Mantz, dass die Argumentation der zwinglischen Vertreter nicht auf der Grundlage der Bibel geschah:

„Sie haben wohl ihre Meinung vorgetragen, aber nicht mit Schriftstellen
begründet. Wir konnten nicht zum Sprechen kommen und auch die Schrift
konnte nicht gehört werden."[84]

Felix Mantz fühlte sich in diesen theologischen Gesprächen über die
Taufe gewissermaßen „überfahren" und mundtot gemacht. Zwingli dagegen beschuldigte die Täufer der Widerspenstigkeit und des Aufruhrs, was diese wiederum heftigst bestritten. Aus ihrer Sicht hatte
Zwingli insgeheim sogar dieselbe Taufauffassung wie die Täufer, vertrat diese aber nicht in der Öffentlichkeit. Letztendlich forderte Mantz
eine schriftliche Gegenüberstellung der biblischen Begründungen.
Dazu kam es nicht. Stattdessen gab es Mitte Januar 1525 eine öffentliche
Taufdisputation. Der Stadtrat stellte sich auf die Seite Zwinglis und
drängte die Täuferbewegung ins Abseits.

Aus heutiger Perspektive sei Folgendes angemerkt: Der Historiker
Hans Jürgen Goertz hat den Schlagabtausch zwischen Huldrich Zwingli und dem Stadtrat auf der einen Seite und den Täuferpredigern auf
der anderen Seite mit den Mitteln der Diskursanalyse von Michel Fou-
cault untersucht.[85] Er kommt zu dem Schluss, dass nicht so sehr die
theologische Auseinandersetzung, sondern vielmehr das Machtgefälle
zu dem Ausgang des Konfliktes geführt hat. Die Taufdisputation war
von Anfang an nicht auf ein offenes Ende angelegt, sondern glich eher
einer Vorladung und demonstrativen Verurteilung der Täufer.

Kommen wir noch einmal zurück zum Schutzbrief von Felix Mantz.
Besonders die Passagen über die Taufe lassen sehr deutlich seine Überzeugung erkennen. In Bezug auf die Vertreter der Säuglingstaufe
schrieb er:

„Sie wissen auch viel besser, als es jemand darlegen kann, dass Christus die
Kindertaufe nicht gelehrt hat, dass auch die Apostel sie nicht geübt haben,

---

[83] Felix Mantz in seiner Protestation und Schutzschrift an den Rat von Zürich (1524), zitiert in
Fast, 35.
[84] A.a.O., 29.
[85] Goertz, Radikalität, 267-291.

sondern dass, entsprechend dem Sinn der Taufe, allein die getauft werden sollen, die sich bessern, ein neues Leben annehmen, den Lastern absterben, mit Christus begraben werden und mit ihm in Erneuerung des Lebens aus der Taufe auferstehen."[86]

Und noch deutlicher:

„Ich möchte auch gern einen hören, der mir aus wahrer, klarer Schrift beweisen kann, dass Johannes, Christus oder die Apostel Kinder getauft haben oder gelehrt haben, man solle sie taufen. Da man das nicht nachweisen kann, bedarf es keiner Rede mehr: Die Kindertaufe ist wider Gott, eine Schmähung Christi und ein unter die Füße Treten seines einzigen, wahren, ewigen Wortes."[87]

In den Schlusspassagen des Briefes beschwört er den Rat der Stadt:

„Deshalb möchte ich euch aufs fleißigste gebeten haben: Bitte besudelt Eure Hände nicht mit unschuldigem Blut und meint, Ihr tut Gott einen Dienst, wenn Ihr einige tötet oder verjagt."[88]

Es nützte alles nichts. Gut ein Jahr später, im März 1526, wird in Zürich ein Gesetz zur Todesstrafe für Täufer erlassen. Man muss dabei in Erinnerung behalten, dass 1525 der Höhepunkt der Bauernaufstände war und diese gewaltsam niedergeschlagen wurden. Die Angst vor weiteren Unruhen und Aufständen war groß. Auch wurden die Täufer in der Frühzeit eng mit den Aufständischen in Verbindung gebracht. Darüber hinaus war es nicht gelungen, durch Verbote oder Ausweisungen ihre Ausbreitung zu unterdrücken. Im Gegenteil: Viele der Täufer predigten und tauften unermüdlich in den umliegenden Ortschaften.

Anfang Dezember 1526 wurde Mantz endgültig gefangen genommen und zum Tod durch Ertränken verurteilt. In dem Urteil heißt es unter anderem:

„Genannter Felix Manz soll wegen seines aufrührerischen Wesens, seiner Zusammenrottung gegen die Obrigkeit und weil er gegen die christliche Regierung und die bürgerliche Einheit gehandelt hat, dem Nachrichter übergeben werden…"[89]

---

[86] Fast, 29.30.
[87] A.a.O., 33.
[88] A.a.O., 34.
[89] Zitiert nach Wikipedia, Artikel „Felix Manz": https://de.wikipedia.org/wiki/Felix_Manz [abgerufen am 30.08.2018].

Am 5. Januar 1527 wurde Felix Mantz mit einem Boot zu einer Fischer-
hütte mitten in der Limmat gefahren und öffentlich ertränkt.

Gut drei Jahre zuvor waren Huldrich Zwingli und Felix Mantz noch
Weggefährten im reformatorischen Anliegen. Jetzt wurde Mantz mit
der Begründung hingerichtet, dass er ein „aufrührerisches Wesen"
habe und gegen (!) „die christliche Regierung und die bürgerliche Einheit" gehandelt habe. Offenbar wurde die Verweigerung der Kindertaufe, die Durchführung der Glaubenstaufe und die Bildung von eigenständigen christlichen Gemeinschaften als bürgerfeindlich und todes-
würdig angesehen. Erstaunlich. Umso irritierender, wenn in heutiger
Zeit nicht selten behauptet wird, dass mit den großen Gestalten der Reformation - wie Zwingli und Luther - die Neuzeit inklusive Demokratie
und Religionsfreiheit angebrochen sei.

Zurück zur Historie
Nach der Hinrichtung von Felix Mantz kamen im Februar 1527 viele
Täuferprediger zu einer Konferenz in Schleitheim, in der Schweiz zusammen. Dort formulierten sie grundlegende Überzeugungen. Ende
August 1527 fand eine weitere Täufersynode in Augsburg statt. Dort
trafen sich viele Täufer aus dem süddeutschen, schweizerischen und
österreichischen Raum. Viele davon wurden später Märtyrer. Deswegen wird dieses Treffen auch Märtyrersynode genannt. Sowohl auf die
Schleitheimer Artikel als auch auf die Augsburger Märtyrersynode
werden wir in den späteren Episoden zurückkommen.

Von 1527 an gab es in verschiedenen Regionen offizielle Verurteilungen der Täufer, sogenannte Täufermandate. Auch dabei ging es weniger um die Taufform der Täufer, als vielmehr um ihr angeblich „aufrührerisches Wesen" und um den Vorwurf, dass sie mit ihren Agitationen angeblich die weltlichen Obrigkeiten abschaffen wollten. Waren
die Täufer christliche Anarchisten? Ein interessanter Gedanke. Auch
darauf werden wir noch zurückkommen.

1529 kam es zum zweiten Reichstag zu Speyer. Salopp gesagt: Der
Kaiser wollte, dass die Konfessionsstreitigkeiten aufhörten. Mehrere
evangelische Fürsten protestierten jedoch gegen die weitere Ächtung
von Martin Luther und seinen Schriften. Auf dieses Ereignis geht der
Begriff „Protestanten" zurück. Die Fürsten und eine Reihe von Reichs-
städten wollten, dass sich der evangelische Glaube ungehindert entfal-

ten könne. Letztendlich war dieses die Grundlage für die evangelische Konfession.

Gleichzeitig geschah aber etwas Seltsames: Trotz aller Konflikte der großen Kirchen untereinander waren sich alle darin einig, dass die Täufer ausgerottet werden sollten. Im sogenannten Wiedertäufermandat von Speyer wurde die gesetzliche Grundlage dafür geschaffen, die Täuferbewegung flächendeckend im ganzen Reich - und eben nicht nur aufgrund regionaler Einzelbestimmungen - zu bekämpfen. Darüber hinaus wurde ausdrücklich darauf hingewiesen, dass für Todesstrafen der Anführer kein Gerichtsverfahren nötig sei.[90] Selbst Eltern, die ihre Kinder nicht taufen ließen, wurden mit dem Tod bedroht. Gnade nur für die, die öffentlich abschwören würden. Als Begründung für diese Bestimmungen berief man sich auf den „Codex Iustinianus", einer kirchlichen Gesetzessammlung aus dem Jahr 528. Das oberste Ziel war die Einheit des Reiches. Von nun an hatte die Täuferbewegung keinerlei Fürsprecher mehr und wurde sowohl durch weltliche Landesherren, als auch durch katholische, lutherische und reformierte Kirchen verfolgt. Der Täuferforscher Wolfgang Krauß spricht von einem Ekklesiozid, also einer gezielten Ausrottung einer Kirchenbewegung.[91]

1530, beim Reichstag zu Augsburg legten die lutherischen Reichsstädte ihr grundlegendes Glaubensbekenntnis vor, die sogenannte Confessio Augustana. Der überwiegende Teil ist aus reformatorischer Sicht völlig nachvollziehbar. Irritierend aber auch an dieser Stelle die scharfe Abgrenzung zu den Täuferbewegungen. Der Artikel 9 handelt von der Taufe. Dort steht:

> *„Von der Taufe wird gelehrt, daß sie nötig sei und daß dadurch Gnade angeboten werde, daß man auch die Kinder taufen soll, welche durch solche Taufe Gott überantwortet und gefällig werden. Deshalb werden die Wiedertäufer verworfen, welche lehren, daß die Kindertaufe nicht recht sei."*

Die äußere Form der Taufe mag man noch als zweitrangig beiseite legen. In Artikel 16 werden dann aber all die Punkte aufgeführt, die aus reformatorischer Sicht als legitim gelten, von den Täufern aber bezweifelt oder abgelehnt wurden. Dort wird betont, dass die Obrigkeit von Gott eingesetzt sei, sie mit dem Schwert strafen und gerechte Kriege führen dürfe, dass die Bekleidung von Staatsämtern legitim sei, dass

---

[90] Blickle, 167.
[91] Zitiert nach Wikipedia, Artikel „Märtyrer der Täuferbewegung": https://de.wikipedia.org/wiki/M%C3%A4rtyrer_der_T%C3%A4uferbewegung [abgerufen am 30.08.2018].

Eide zu leisten wären, dass Eigentum erlaubt und keine Gütergemeinschaft geboten sei und dass vor der Wiederkunft Christi nicht auf ein irdisch erkennbares Reich Gottes zu hoffen wäre. All das waren Punkte - wenn auch in einer abgrenzenden Übertreibung - über die in den Täuferbewegungen nachgedacht wurden. Diese inhaltlichen Verurteilungen sind bis heute relevant, gerade auch in Hinblick auf pazifistische Positionen.

Wechsel in die heutige Zeit.
Über 400 Jahre lang war die Täuferbewegung geächtet und galt als aufrührerischer, sektenhafter Irrweg im Rahmen des Reformationsgeschehens. Es sollte inzwischen deutlich geworden sein, in welchem Ausmaß dieser frühen, widerständigen und querdenkerischen Bewegung Unrecht getan wurde.

Nach fast 500 Jahren beginnt nun eine historische Aufarbeitung. Anlässlich des Täuferjahres 2007 baten die Vertreter der Reformierten Kirche in der Schweiz die Nachfahren der Täuferbewegung um Vergebung. 2010 entschuldigten sich Vertreter des Lutherischen Weltbundes bei Nachfahren der Täufer für die brutale Unterdrückung, Verfolgung und Tötung mit Billigung des Reformators Martin Luther. 2013, im Themenjahr „Reformation und Toleranz" im Vorfeld der 500 Jahr-Feier der Reformation, wurde bewusst der Ermordung von sechs Täufern in Thüringen gedacht. All dieses sind hoffnungsvolle Zeichen dafür, dass den täuferischen Bewegungen mehr und mehr ihr angemessener Platz in der Reformationsgeschichte eingeräumt wird.

Zum Schluss mehrere Anregungen und Fragen:

1) Wie steht es mit der Todesstrafe heute?
Für was darf einem Menschen von staatlicher Seite das Leben genommen werden? Was ist ein todeswürdiges Vergehen? Im Jahr 2015 hatten von den 198 Staaten weltweit noch 57 die Todesstrafe im gewöhnlichen Strafrecht. Verwirrend ist, dass es auch Christen gibt, die für die Todesstrafe eintreten. Sie muss aus dem Alten Testament hergeleitet werden. Aber geht das? Ist nicht genau dieses eine Vermischung von Altem und Neuem Testament? Und sind die Einwände der pazifistisch gesinnten Täufer nicht berechtigt, die besagten, dass wir uns zu allererst an Jesus orientieren müssen?

2) Das Verhältnis von Theologie und Macht

Ist es richtig, dass „christlicher Glaube" staatspolitische Macht rechtfertigt und legitimiert? Führt dieses nicht zwingend zur Ausübung von Gewalt um der nationalen Einheit willen? Wer so fragt, ist keineswegs gegen jegliche Art von Staatsmacht. Aber muss sich eine „Jesus-Kirche" nicht gerade davor hüten, als irgendeine Art von Steigbügelhalter für weltliche Macht zu dienen?

3) Christlicher Pazifismus

Täufer wurden verfolgt, weil sie Kirche und Staat getrennt gedacht haben. Auch dafür, dass sie Eide und den Kriegsdienst verweigerten. Die theologische Diskussion um „gerechte Kriege" ist längst nicht abgeschlossen. Wenn wirklich allein die Schrift gilt - „sola scriptura" -, muss darüber hinaus gefragt werden, ob unser Referenzpunkt zur Auslegung der Schrift wirklich Jesus von Nazareth ist? Oder behandeln wir die Lehre des irdischen Jesus längst schon als weltfremd und nicht umsetzbar? Ist es naiv, Pazifist zu sein und auf gewaltfreien Widerstand zu setzen?

4) Leidensbereitschaft

Die Schweizer Täuferbewegung ging keinen revolutionären Weg. Sie verweigerte jegliche Waffengewalt. Aber seltsamerweise wurde sie genau damit zu einer Bedrohung für die bürgerlich-kirchliche Einheit. Verdrehte Welt. Für ihre Überzeugungen waren viele Täufer bereit zu sterben. Ohne hier ein dramatisches Leidens-Pathos herbeizubeschwören, müsste doch gefragt werden dürfen: Für welche Glaubensüberzeugung wären Sie bereit, Nachteile und Repressalien auszuhalten? Wie verzerrt ist das Evangelium in der westlichen Kultur, wenn es nicht selten als Erfolgsformel für Familie und Beruf oder als spirituelles Glücks-Elixier daherkommt. Die Täufer vertraten kein Happy-clappy-Evangelium.

5) Zum Schluss noch mal zur Taufe

In der zwinglischen Reformation ist deutlich erkennbar, dass die Kindertaufe aus machtpolitischem Kalkül beibehalten wurde. Im Neuen Testament handeln über 100 Stellen von der Taufe. Kaum ein biblisches Thema ist so eindeutig. Zu einer sinnvollen Taufe braucht es vorab die Verkündigung des Evangeliums, die Bereitschaft zur Umkehr des Täuflings und das Bekenntnis zu einer an Jesus Christus orientierten Lebensführung. Was hindert uns, es auch so zu tun? Das wird eine dauernde Provokation aus der Täufertradition bleiben. Ohne Frage kann man auch bei diversen Lehrunterschieden ökumenisch bestens zusammenarbeiten. Die Vielfalt der Kirchen rund um Jesus, den Auferstandenen, ist wichtig. Auf der anderen Seite bedeutet Einheit aber nicht Einheitlichkeit, soll heißen: Es ist spannend, sich aufgrund von unterschiedlichen biblischen Einsichten immer neu herauszufordern, gemeinsam Jesus zu folgen.

#21 Wilhelm Reublin - Aufstieg und Niedergang eines Täuferführers

Obwohl mehrfach dem Tod sehr nahe, konnte Wilhelm Reublin dem Martyrium ausweichen. Reublin war eine führende Figur in der Schweizer Täuferbewegung, später auch in Süddeutschland und Mähren, dem heutigen Tschechien. Er erlebte einen rasanten Aufstieg, dann aber auch viele Desillusionierungen, wurde mehrfach aus Städten ausgewiesen und war häufig auf der Flucht. Zum Schluss wurde er sogar aus seiner eigenen täuferischen Gemeinde ausgeschlossen und verbrachte die letzten drei Jahrzehnte seines Lebens ohne nennenswerten Kontakt zur Täuferbewegung. Im Rückblick erscheint Reublin als jemand, dessen Begeisterung für die radikale Reformation mit viel Ehrgeiz, Machtstreben und Opportunismus durchmischt war. Im Verlauf seines Lebens hatte er zwar zu vielen verschiedenen Täuferströmungen und prägenden Persönlichkeiten Kontakt. Am Ende aber war er ein geächteter Mann, dessen Art von Radikalität ihn offenbar selbst zu Fall gebracht hatte.

Im Nachfolgenden sehen wir uns sechs Phasen im Leben von Wilhelm Reublin an. Er durchlief sie innerhalb seiner zehn intensiven Täufer-Jahre. Diese sechs Phasen berühren sich mit den verschiedenen Ausprägungen der Täuferbewegung insgesamt. Auch wenn Reublin damals unter den Täufern wohl eher als Abgefallener in Erinnerung blieb, ist sein Leben aus heutiger Sicht sehr interessant: Anhand seiner Biographie lassen sich die vielfältigen Verflechtungen und Dynamiken innerhalb der frühen Täuferbewegung erkunden.

Wilhelm Reublin wurde ca. 1484 in Rottenburg am Neckar, Württemberg, geboren. Damit war er nahezu gleich alt wie Luther und Zwingli. Er studierte in Freiburg und Tübingen Theologie und begann als Priester in der Region Waldshut zu wirken.

Phase 1: Offen für die Reformation

1521 wechselte Reublin als Priester nach Basel. Er näherte sich den reformatorischen Gedanken an und war einer der ersten, der den „alten Glauben" angriff. Inspiriert durch Martin Luther, galt Reublin vor Ort als Rebell und Provokateur. Offenbar hatte er eine herausragende Redebegabung und ein stark ausgeprägtes Selbstbewusstsein. Innerhalb kürzester Zeit setzte er sich an die Spitze der Reformwilligen. Eine breite Anhängerschaft entstand. Der Täuferforscher James M. Stayer meint, dass Reublin möglicherweise sogar der Hauptreformator von Basel hätte werden können, wenn er nicht durch seine ungeduldige Art die Stadtväter gegen sich aufgebracht hätte.[92] 1522 nahmen die Tumulte in Basel bedrohliche Ausmaße an und Reublin wurde aus der Stadt gewiesen.

Phase 2: Hoffnung auf umfassend christliche Reformen
Von Basel wechselte Reublin nach Zürich. Hier war die Umbruchsdynamik noch im Fluss und es gab noch keine endgültigen Fronten. Er wurde örtlicher Pfarrer in Witikon, südlich von Zürich. Die Landgemeinden waren so etwas wie Filialkirchen rund um das Großmünster in Zürich. Im Rahmen der wachsenden Unzufriedenheit unter den Bauern ermutigte Reublin dazu, die Zehnten-Steuer an die Hauptkirche in Zürich zu verweigern. Auch trat er für die Abschaffung der Kindertaufe ein. All dies gehörte zur allgemeinen Kritik an der bestehenden Kirche: Also gegen die Veräußerlichung der Religion, gegen die Heiligenverehrung, gegen die Fastenbräuche und gegen den Zölibat. 1523 heiratete Reublin als erster Priester in der Eidgenossenschaft. Zu dieser Zeit schloss er sich auch dem Castelberger Bibellesekreis an. Dort traf er auf Konrad Grebel und Felix Mantz. Bereits im Frühjahr 1524 lehnte er als amtierender Priester offen die Säuglingstaufe ab und ermutigte die Eltern dazu, ihre Kinder nicht taufen zu lassen. Der Unmut der Züricher Obrigkeit wuchs. Die frühen Täufer warfen dem Reformator Zwingli vor, mit der Herrschaftselite in Zürich zu kooperieren und aus politischen Motiven die biblischen Einsichten nicht konsequenter umzusetzen.

Im Januar 1525 kam es zur folgenschweren Taufdisputation in Zürich. Auf der einen Seite Huldrich Zwingli und seine Anhängerschaft, auf der anderen Seite die drei Täuferanführer: Konrad Grebel, Felix Mantz und auch Wilhelm Reublin. Reublin war nahezu gleich alt wie Zwingli, etwa 41 Jahre. Grebel und Mantz dagegen waren 14 Jahre jünger. Reublin begegnete dem Reformator Zwingli also auf Augenhöhe. Grebel und Mantz dagegen waren altersmäßig unterlegen. Wie schon in einer früheren Episode erwähnt ging dieser öffentliche Disput voll-

---

[92] Stayer, James M.; Wilhelm Reublin - Eine pikareske Wanderung durch das frühe Täufertum, in: Goertz, Reformatoren, 94.

ständig zugunsten Zwinglis aus. Reublin sollte, weil er keine Züricher Bürgerrechte hatte, innerhalb von acht Tagen die Stadt verlassen. Dieses war das zweite Mal, dass Reublin mit seinen Reformversuchen scheiterte und vertrieben wurde.

Phase 3: Die Formierung von täuferischen „Volkskirchen"
Anstelle zu resignieren, wechselte Reublin in die Region um Schaffhausen - insbesondere in den Ort Hallau. In dieser Grenzregion zwischen Südwestdeutschland und der nordöstlichen Schweiz braute sich in besonderer Weise ein bäuerlich-aufständisches Klima zusammen. In Hallau traf Reublin auf Johannes Brötli und auf Sebastian Hofmeister, dem führenden Priester in Schaffhausen. Auch mit Hans Krüsi in St. Gallen und Balthasar Hubmaier in Waldshut stand er in Kontakt. Rund um Hallau entstand eine täuferische Massenbewegung. James M. Stayer bezeichnete Hallau als „Sturmzentrum der bäuerlichen Erhebung"[93]. In dieser Region war die Vermischung von täuferisch-christlichem Reformwillen und wirtschaftlich-sozialen Unruhen unter den Bauern besonders stark. Reublin nutze diese Energie der Aufständischen und kombinierte sie mit einer täuferisch geprägten Stadtreform. Nachdem es nicht gelungen war, sich in der Zentralstadt Zürich durchzusetzen, wurde jetzt in kleineren Orten versucht, Gebietsgewinne zu erzielen.

Ostern 1525 taufte Reublin Balthasar Hubmaier, den gelehrten Stadtpfarrer von Waldshut. Hubmaier wird eine prägende Figur werden und nicht so sehr ein freikirchliches, sondern eher ein volkskirchliches Täufermodell favorisieren. Auch Michael Sattler, der 1527 die Schleitheimer Artikel, die gemeinsamen Überzeugungen der Täufer, verfassen wird, wurde von Reublin getauft.

Phase 4: Konturen eines freikirchlichen Täufermodells
Die territorialen Ausprägungen des Täufertums waren nur möglich, solange die allgemeine Erhebung der Bauern anwuchs. Als im Mai 1525 Thomas Müntzer und seine Anhänger in Frankenhausen vernichtend geschlagen wurden, ging auch die aufständische Dynamik zurück. Seit Ende 1525 waren Reublin und andere Täuferführer auf der Flucht. Als wandernder Apostel reiste er im schwäbisch-schweizerischen Grenzland umher und gründete Täufergemeinden, wohl immer noch mit der Hoffnung auf eine täuferische Massenbewegung.

---

[93] A.a.O., 96.

1527 fand in Schleitheim, nahe Hallau, ein Treffen von verschiedenen führenden Täuferpersönlichkeiten statt. In den Schleitheimer Artikeln wurde unter anderem die „Trennung von Kirche und Staat" stärker hervorgehoben, was im Grunde genommen der Beginn eines freikirchlichen Verständnisses war. Es ging um die Gründung einer „radikal christlichen Bruderschaft", die sich als Kontrast zur verweltlichten Kirche formieren sollte.

1528 finden wir Reublin in Eßlingen. In der Zwischenzeit war er durch Hans Denck mit mystischen Täufer-Ideen in Kontakt gekommen. Auch die endzeitliche Naherwartung von Hans Hut in Folge von Thomas Müntzer hatte Einfluss auf Reublin. Hut erwartete das Ende der Welt im Frühjahr 1528. Aber nichts geschah. Reublin wurde aus Eßlingen vertrieben und floh nach Straßburg, die Stadt, die zu diesem Zeitpunkt noch offen für Nonkonformisten war. In Straßburg wurde Reublin zu einer starken Autorität innerhalb einer organisierten Täufergemeinde. Anfang 1529 wurde er mit Jakob Kautz, einem anderen Täuferprediger, gefangen genommen. Während ihrer monatelangen Kerkerhaft entstand etwas, das James M. Stayer als „klassische Täuferformel" bezeichnet. Er ist die Ansicht, dass...

„die evangelischen Prediger... „untüchtige, kunstlose Zimmerleute" <seien>, die zwar die „Gemeinde des Papstes" eingerissen, nicht aber eine neue Gemeinde „nach christlicher Ordnung" aufgebaut hätten."[94]

1530 kommt Reublin aus dem Gefängnis frei und wird aus Straßburg ausgewiesen. Das ist bereits das vierte Mal. Zunächst aus Basel, dann Zürich, Eßlingen und jetzt Straßburg.

Phase 5: Kommunitäres Leben
Nachdem Reublin aus Straßburg verbannt wurde, wanderte es mit seiner Frau in das mährische Austerlitz aus. Dort gab es eine große friedfertige Täufergemeinde, die Gütergemeinschaft praktizierte und Verfolgten Zuflucht anbot. In dieser Region, dem heutigen Tschechien, hatte der Adel eine tolerantere Einstellung gegenüber verschiedenen Glaubensüberzeugungen. Diese Tradition der religiösen Vielfalt ging auf die Hussitenkriege mehr als 100 Jahre zuvor zurück. Nachdem also 1525 in Deutschland die Bauernaufstände niedergeschlagen wurden und 1528 das erhoffte Ende der Welt ausgeblieben war, sammelte sich in diesen

---

[94] A.a.O., 100.

Regionen - aus Sicht der Täufer - das neue Volk Gottes. Eine generelle Reform der christlichen Kirche war fehlgeschlagen. Jetzt ging es darum, „Gemeinschaften des Neuen" inmitten einer alten Welt zu gründen.

Kurz nachdem Reublin in Austerlitz ankam, fing er an, den leitenden Ältesten anzugreifen und ihn einer „frommen Diktatur" zu beschuldigen. Auch kritisierte Reublin, dass die Absonderung von der Welt nicht klar genug und die Gütergemeinschaft nicht konsequent genug praktiziert wurde. Anfang 1531 kam es zum Bruch. Mit ca. 200 Täufern verließ Reublin die Gemeinde in Austerlitz und gründete die „Christliche Kirche von Auspitz". Hier ging es darum, eine noch rigorosere Form der Gütergemeinschaft zu realisieren. Nach kurzer Zeit entpuppte sich Wilhelm Reublin aber als ähnlich diktatorischer Leiter. Die Spannungen stiegen. In dieser Phase wurden in Reublins Privatbesitz 24 Gulden entdeckt. Das kam nicht gut an. Obwohl er selbst strenge Gütergemeinschaft einforderte, behielt er offenbar sein Erspartes für sich. Man wird an die neutestamentliche Begebenheit von Hananias und Saphira in Apostelgeschichte 5 erinnert. Durch das Eingreifen von Jakob Huter wurde Wilhelm Reublin in den Bann getan und musste die Täufergemeinde, die er selbst gegründet hatte, verlassen.

Phase 6: Desillusionierung
Über den weiteren Verlauf von Reublins Leben ist nur noch wenig bekannt. Für kurze Zeit kehrte er noch einmal nach Südwestdeutschland in seine alte Heimat Rottenburg zurück und versuchte, dort Anhänger zu sammeln. Das Bemühen blieb erfolglos. Sein Ruf war bereits ruiniert. Er kehrte nach Mähren zurück und es wurde still um ihn. Vermutungen legen nahe, dass er sich innerlich von der Täuferbewegung getrennt hatte. Wilhelm Reublin starb 1559 mit ca. 75 Jahren in Mähren. Seine intensiven Täuferjahre umfassten eine Periode von ca. 10 Jahren in der Mitte seines langen Lebens. In der Frühphase war er oftmals einer der ersten, der die Reformen konsequent umsetzte. Das betraf sowohl die Verweigerung der Kindertaufe als auch die Eheschließung als Priester. Jedes Mal führte seine Radikalität aber dazu, dass er dort, wo er wirkte, vertrieben und verbannt wurde. Scheiterte er an seinen eigenen Ansprüchen? Lag es an seiner eigenwilligen, ungeduldigen Persönlichkeit oder war die Zeit einfach noch nicht reif für radikalere Ansätze? Man muss das wohl offen lassen.

Zum Schluss einige Anschluss-Überlegungen:
In welcher Phase befindet sich Ihre Hoffnung für Kirche und Gesellschaft? Zu den sechs genannten Phasen könnten wir auch noch von einer Phase 0 sprechen. Das würde bedeuten: Es gibt gar keine Reformerwartungen. Sie sind mit allem rundum zufrieden, sowohl wie Sie Kirche als auch wie Sie die Gesellschaft erleben. Der Begriff „Reformation" entfaltet dann bei Ihnen offenbar überhaupt keine Energie.

Phase 1 ist Offenheit für Reformen. Sie spüren, irgendetwas stimmt nicht mit dem, wie wir „Kirche" verstehen oder was wir seit vielen Jahrhunderten „Christentum" nennen. Sie begeben sich auf die Suche nach Mehr und die Sehnsucht wächst.

Phase 2 ist Hoffnung auf breitflächige Reformen im Rahmen der bestehenden kirchlichen und gesellschaftlichen Strukturen. Es geht um Verbesserungen am Bestehenden. Es ist die Hoffnung, viele Menschen gleichzeitig für eine Veränderung zu gewinnen.

Phase 3 ist die Vorstellung von regional gesellschaftspolitischen Veränderungen. Hier konzentrieren sich die Erwartungen nicht mehr auf ein ganzes Land, sondern auf einzelne Hoheitsgebiete. Wie wäre es zum Beispiel, wenn in einzelnen Landstrichen die Mehrheit der Bevölkerung christlich motivierte Veränderungen wollen und diese auch auf politischer Ebene umsetzen könnten?

Phase 4 favorisiert einen Ansatz, bei dem inmitten der Gesellschaft und des bestehenden wirtschaftlichen Systems religiöse Kontrastgesellschaften entstehen. Im Rahmen einer allgemeinen Toleranz bilden sich quasi-religiöse Biotope. Damit einher geht eine Pluralisierung der kirchlichen Landschaft.

In Phase 5 werden kommunitäre Gemeinschaften als Kontrastmodell auch auf wirtschaftlicher Ebene gebildet. Die Absonderung von der Umwelt betrifft nicht nur Glaubensfragen, sondern auch alle Belange der alltäglichen Lebens.

Phase 6 ist Enttäuschung auf breiter Ebene. Keines der Ideale ließ sich realisieren. Weder konnte der Anspruch der frühen Gemeinde im Neuen Testament umgesetzt, noch die neue Welt vorweggenommen werden. Zusätzlich wurde man mit den Begrenzungen und Abgründen in der eigenen Psyche konfrontiert. Demnach ist nicht nur die Welt inklusive aller bestehenden Kirchlichkeit von Gott abgefallen, sondern auch das eigene Innere von Ehrsucht, Machtwillen und Eigennutz verdorben. Was bleibt dann noch übrig?

Wenn ich von Phasen spreche, meine ich nicht eine zwingende Abfolge. Es sind unterschiedliche Haltungen der Hoffnung auf Veränderung, die wir einnehmen können. Im Leben von Wilhelm Reublin gab es offenbar einen Verlauf. Man bekommt den Eindruck, dass ihn seine Art von Radikalität immer weiter getrieben hat, als wäre es ein Zyklus: Anfängliche Begeisterung, Sammeln von Anhängern, Zuspitzung und dann die Zerstörung des Aufgebauten. Ist das die innere Logik von „Radikalität"? Hat „Radikalität" so etwas wie eine eingebaute Selbstzerstörung? Oder ist Radikalität eine Fata Morgana, etwas, dem man hinterher jagt, ohne es je zu erreichen? Wie zum Beispiel: Radikale Nachfolge, radikale Bibeltreue, eine radikal reine Gemeinschaft, radikale Offenheit für Gottes Reden.

Unter dem Anspruch von „Radikalität" lässt sich leicht das Bestehende, Durchwachsene, Gewordene, Durchmischte und Kompromissbehaftete kritisieren. Wird die Dynamik der „Radikalen Reformation" aus zwanghafter Unzufriedenheit gespeist? Beinhaltet Radikalität eine selbstverschuldete Frustration an der Wirklichkeit? Gehört das Scheitern zwingend dazu? Oder gibt es eine Art von Leidenschaft und Entschlossenheit, die eine konstruktive prophetische Veränderungsenergie für Kirche und Gesellschaft hervorbringen kann?

#22 Balthasar Hubmaier - Der praxisorientierte Theologieprofessor unter den Täufern

Ausgehend von der ersten Glaubenstaufe in Zürich durch Konrad Grebel und Jörg Blaurock führt uns die Linie über Wilhelm Reublin zu Balthasar Hubmaier nach Waldshut. Als Hubmaier mit der Täuferbewegung in Kontakt kam, hatte er bereits eine beachtliche Karriere hinter sich. Er war Doktor der Theologie, lehrte als Universitätsprofessor und predigte in großen Kirchen. Von ihm stammen die wichtigsten Schriften zur Begründung der Glaubenstaufe. Alle seine Texte sind in glänzendem Frühneuhochdeutsch geschrieben und zeugen von seiner Sprachbegabung und umfassenden theologischen Bildung. Als bedeutender literarischer Vertreter gab er der noch jungen Täuferbewegung entscheidende Impulse. Mit Hubmaier als gebildetem Fürsprecher und Wortführer der Täufer war es kaum noch möglich, diese Strömung als „pöbelnden Aufstand der Bauern" oder als „Ansammlung von unzufriedenen Städtern" zu verunglimpfen. Von seinen Gegnern wurde er als „Haupt und Vornehmster der Sekte der Wiedertäufer" bezeichnet.[95] Er starb als Märtyrer. Noch zwanzig Jahre nach seinem Tod wurde er von der katholischen Gegenreformation beim Konzil zu Trient in einem Atemzug mit Luther, Zwingli, Calvin und Schwenckfeld genannt. Als ehemaliger Priester wurde er mit dem Urteil „Ketzerfürst" exkommuniziert.

All das macht neugierig. Beginnen wir also mit den Eckdaten aus seiner Biographie.

Biographie
Balthasar Hubmaier wurde um 1485 in Friedberg bei Augsburg geboren. Damit war er ein Altersgenosse von Luther und Zwingli. Er besuchte die Augsburger Domschule, in der der Priesternachwuchs ausgebildet wurde. Ab 1503 war er Student an der Universität in Freiburg. Dort traf er auf den bedeutenden katholischen Theologen Johannes Eck. Eck wird später zum erbittertsten Gegner von Martin Luther. 1510 wechselte Eck nach Ingolstadt. Hubmaier folgte ihm als Schüler und wurde dort von ihm 1512 promoviert. Später lehrte Hubmaier in Ingol-

---

[95] Windhorst, Christof; Balthasar Hubmaier - Professor, Prediger, Politiker, in: Goertz, Reformatoren, 125.

stadt als Universitätsprofessor und predigte in der Marienkirche. 1516 wechselte er an den Dom zu Regensburg und wirkte dort als beliebter Kanzelredner. Unter anderem unterstütze er den jahrzehntelangen Kampf gegen die Juden, prangerte deren Zins- und Wucherwirtschaft an und warf ihnen vor, Gotteslästerer und Marienspötter zu sein. Im weiteren Verlauf wurde die Synagoge abgerissen und an deren Ort eine Kapelle zur „Schönen Maria" erbaut. Im Zusammenhang mit diesem Wallfahrtsort wurde Hubmaier immer berühmter.

1521 wechselte Hubmaier abrupt als Prediger in die Provinzstadt Waldshut. Die Motive sind unklar. Waldshut liegt in Süddeutschland dicht an der Schweizer Grenze, westlich von Schaffhausen. In dieser Zeit bahnte sich ein Umbruch im Denken an. Hubmaier las Schriften von Erasmus, Melanchthon und Luther. Des Weiteren kam er in freundschaftlichen Kontakt mit Zwingli und wurde ein Mitstreiter für die zwinglische Reformation. Zu diesem Zeitpunkt lehnten noch beide die Kindertaufe ab. Bei der zweiten Züricher Disputation, Oktober 1523, wurde bei Hubmaier schon erkennbar, dass er einen engen Zusammenhang zwischen dem persönlichen Glauben des einzelnen und der zugehörigen Taufe sah.

Pfingsten 1524 schloss sich Waldshut der zwinglischen Reformation an. Dieser Wechsel verlief nicht ohne politische Komplikationen und kirchlich-katholische Gegenwehr. Hubmaier wich nach Schaffhausen aus. Dort verfasste er die Schrift „Von den Ketzern und ihren Verbrennern" und setzte sich darin gegen jede inquisitorische und gewaltsame Bekehrung zum „richtigen Glauben der Kirche" ein. Diese Schrift ist ein bedeutsames Dokument des 16. Jahrhunderts für Toleranz und Gewissensfreiheit. In diesem Zusammenhang schrieb er:

> *„Die göttliche Wahrheit ist untödlich, und wiewohl sie sich eine Zeitlang gefangen nehmen lässt, geißeln, krönen, kreuzigen, und in das Grab legen, würde sie doch am dritten Tage wiederum siegreich auferstehen und in Ewigkeit regieren und triumphieren."*[96]

Auch verfasste er eine Thesenreihe gegen Johannes Eck, seinem ehemaligen Lehrer. Dieser hatte Hubmaier in früheren Zeiten sehr gelobt und in ihm einen ausgesprochen begabten Studenten der katholischen Lehre gesehen. Als Balthasar Hubmaier im Oktober 1524 zurück nach Waldshut wechselte, wurde er begeistert empfangen. Zeitgleich kam es

---

[96] Bärenfänger, Manfred; Balthasar Hubmaier, der Gemeindetheologe, in: Wenger, 132.

zwischen ihm und Zwingli zu stärkeren Meinungsverschiedenheiten bezüglich der Kindertaufe. Der Kontakt zu den Züricher Täufern um Konrad Grebel verstärkte sich.

Ende 1524 war Thomas Müntzer wahrscheinlich auf der Durchreise. Von ihm und Karlstadt war bekannt, dass sie die Kindertaufe ablehnten. Auch Reublin war in Waldshut und begann zu taufen. Hubmaier zögerte, die Kindertaufe ganz aufzugeben. Möglicherweise wollte er den Bruch mit seinem Freund Zwingli vermeiden. Mitte Januar 1525 heiratete Hubmaier Elsbeth Hügline und verließ damit den Stand der priesterlichen Ehelosigkeit. Seine Frau war ihm eine entschlossene Lebensgefährtin bis in den Tod. Aus dieser Zeit stammt auch ein Briefwechsel zwischen Hubmaier und Johannes Oekolampad, dem Reformator aus Basel. Hubmaier bat um Rat wegen der Kindertaufe. Oekolampad bestätigte, dass in der Heiligen Schrift keine zwingenden Gründe für die Kindertaufe vorhanden seien. Er sehe aber auch nicht, was die Kindertaufe hindere.[97]

Hubmaier sah sich in seinen kritischen Ansichten bestätigt. Als im Frühjahr 1525 der Bauernaufstand in dieser Region erfolgreich verlief, war die Zeit günstig, die täuferischen Ansichten auf breiter Ebene umzusetzen. Ostern 1525 lässt sich Dr. Balthasar Hubmaier von Wilhelm Reublin zusammen mit 60 anderen Bürgern der Stadt Waldshut taufen. Anschließend taufte Hubmaier noch etwa 300 weitere Personen. Damit bekannte er sich öffentlich zur Täuferbewegung. Unter seiner Führung bildete sich ein regionales Täufertum. Es hatte volkskirchlichen Charakter und wurde von der Obrigkeit unterstützt.

Es kam zu einem literarischen Schlagabtausch zwischen Hubmaier und Zwingli. Zwingli veröffentlichte im Mai 1525 eine Schrift gegen die „Taufleugner". Hubmaier reagierte im Juli mit einer Widerlegung, ohne Zwingli direkt zu nennen. Es kam zu weiteren Gegenschriften. In dieser Zeit verfasste er die Schrift mit dem Titel: „Von der christlichen Taufe der Gläubigen". Es ist die beste Begründung der Gläubigentaufe aus jener Zeit. Insgesamt veröffentlichte er sieben Schriften zur Tauffrage.[98]

Gegen Ende 1525 wurde Waldshut von Habsburgischen Truppen besiegt und zum Katholizismus zurückgezwungen. Hubmaier war ernsthaft erkrankt und hatte keine Kraft zu kämpfen. Er floh mit seiner Frau

---

[97] Windhorst, Taufverständnis, 16.
[98] A.a.O., 21.

und sechzig anderen nach Zürich. Dort wurde er aber kurze Zeit später verhaftet. Nach Gesprächen mit Zwingli war er gegen Ende des Jahres zum Widerruf seiner Lehre bereit. Als er dann aber auf den Kanzeln den drei großen Kirchen öffentlich Abbitte tun sollte, sprach er von seinen Gewissensqualen und verweigerte zu widerrufen. Er wollte seine Ansichten begründen, wurde aber von Zwingli unterbrochen. Es kam zum Tumult. Unter der anschließenden schweren Haft und Folter mit Androhung der Todesstrafe widerrief Hubmaier nun doch im April 1526 seine Lehren. Später bereute er sein Versagen und nannte seinen Widerruf „Blödigkeit".

Von Zürich aus reiste er nach Konstanz und Augsburg. Dort traf er auf Ludwig Hätzer und Hans Denck. Beide wurden von ihm Pfingsten 1526 getauft. In Augsburg hatte sich bereits eine große Täufergemeinde gebildet. Das Ehepaar Hubmaier reiste weiter in das tolerantere Nikolsburg in Mähren, Südtschechien. Mähren war Zufluchtsort für viele Täufer. Dort gelang es Hubmaier zum zweiten Mal, eine ganze Stadt mit Unterstützung der Obrigkeit für das Täufertum zu gewinnen. Mehr als 2000 Anhänger wurden von ihm getauft. Hubmaier war eine zentrale Figur in einer Volksbewegung. Durch das schnelle Wachstum kam es zu Missständen. Hubmaier schrieb unter anderem bedeutsame Texte über Gemeindezucht und die brüderliche Korrektur unter den Gläubigen. Insgesamt war die Zeit von Sommer 1526 bis Sommer 1527 literarisch äußerst fruchtbar. 18 weitere Schriften wurden von ihm verfasst.

Zu einem schweren Konflikt kam es, als Anfang 1527 Hans Hut nach Nikolsburg kam. Er war ein angesehener Täuferführer aus dem Augsburger Raum und vertrat eine friedfertige Verweigerung jeglichen Staatsdienstes. Hubmaier dagegen kooperierte bewusst mit der Obrigkeit und befürwortete den Einsatz von Waffengewalt zum Schutze der Allgemeinheit. Er rief auch zum Widerstand gegen die sogenannte „türkische Gefahr" auf. Hubmaier erhielt obrigkeitliche Unterstützung für seine Position und Hans Hut musste fliehen. Auf diesen Konflikt geht die Unterscheidung von „Schwertlern" und „Stäblern" zurück. „Stäbler" sind pazifistische Täufer, die bei einem bewaffneten Konflikt anstelle zum Schwert zum Wanderstab greifen und lieber fliehen als in eine gewaltsame Auseinandersetzung gehen.

Mitte 1527 veränderte sich die großpolitische Lage. König Ferdinand von Österreich wurde neuer Landesherr von Mähren. Als katholischer Politiker wollte er der religiösen Unruhe ein Ende machen. Unter dem

Vorwand des Aufruhrs wurde Hubmaier verhaftet und in der Nähe von Wien eingekerkert. Dieses Mal widerrief er nicht. Am 10. März 1528 wurde Dr. Balthasar Hubmaier auf dem Scheiterhaufen in Wien verbrannt. Seine Ehefrau wurde drei Tage nach seiner Hinrichtung mit einem Stein am Hals in der Donau ertränkt.

Schriften

Die meisten seiner Texte sind kompakte Darstellungen der neuen Lehre und Verteidigungen gegen Angriffe. Sie sind kein aus der Distanz geschriebener systematischer Entwurf, sondern aus der Situation heraus verfasst. Auf drei seiner Schriften möchte ich genauer eingehen:

1) Summe eines ganzen christlichen Lebens
Dieser Text wurde im Juli 1525 veröffentlicht. Es ist der früheste Taufdruck überhaupt. Damit trat das süddeutsche und schweizerische Täufertum zum ersten Mal an die Öffentlichkeit. Hubmaier schrieb an seine früheren Gemeinden in Regensburg, Ingolstadt und Friedberg. Er nahm darin Abschied von seiner Vergangenheit und forderte andere auf, auch diesen neuen Weg einzuschlagen.

In diesem kompakten Text geht es um die wahre Ordnung eines christlichen Lebens. Es beginnt mit dem verkündigten Wort und der Bereitschaft zur Buße und Umkehr. Daraus erwächst der Glaube an die Vergebung der Sünden. Auf dieser Grundlage wird die Wassertaufe durchgeführt. Sie ist Bekenntnis zu Jesus und Verpflichtung, nach der Regel Christi zu leben und sich in die Korrektur der Gemeinschaft einzufügen. Als letztes folgt daraus die Bereitschaft zur Mission, zum Leiden und dazu, gute Werke zu tun. All dieses nicht aus eigener Kraft, sondern in der Kraft Gottes. Hubmaier nennt die anfängliche Heilserfahrung Geisttaufe. Die Wassertaufe bekräftigt diese Erfahrung öffentlich und fordert Gläubige heraus, sich im Verlauf ihres Lebens einer Leidenstaufe zu stellen. Christoph Windhorst schreibt:

„So wird die Taufe die nach außen hin sichtbare Wendemarke einer neu gewonnenen inneren Qualität, die ihrerseits in das äußere Handeln drängt."[99]

Aus täuferischer Sicht steht die Taufe also nicht wie die Kindertaufe am Anfang des Lebens und vermittelt als Sakrament auch nicht die göttliche Gnade oder tilgt die Erbsünde.[100] Vielmehr ist die Taufe der be-

---

[99] Windhorst, in: Goertz, Reformatoren, 131.
[100] Windhorst, Taufverständnis, 36.

wusste Anfang eines Lebens in der Nachfolge Christi. Selbstverständlich wird auch beim täuferischen Verständnis das göttliche Gnadenhandeln betont. Gleichermaßen ist es aber auch wichtig, dass der Täufling bewusst auf dieses Gnadenhandeln Gottes reagiert und zur Lebensveränderung bereit ist. In diesem Zusammenhang wird auch das Abendmahl nicht als ein isoliert wirksames Sakrament zur Sündenvergebung, sondern als Gedächtnis- und Gemeinschaftsmahl verstanden. Damit argumentiert Hubmaier ganz im Sinne der zwinglischen Reformation.

2) Von der brüderlichen Strafe
Diese Schrift wurde 1527 zur Nikolsburger Zeit veröffentlicht. Darin betonte Hubmaier, dass allein durch Taufe und Abendmahl noch keine Kirche konstituiert würde. Nötig sei auch Kirchenzucht. Gemeint ist ein Instrumentarium zur gemeinschaftlichen Korrektur. Die Begriffe „brüderliche Strafe" und „Bann" klingen für heutige Ohren sehr fremd. Wir vermuten darin leicht eine gewaltsame Übergriffigkeit. Die damalige Bedeutung des Begriffes „Strafe" war aber eher „Schelte" oder „Tadel". Bei genauerem Lesen von Hubmaiers Schrift erkennt man, dass es ihm um - modern formuliert - eine Art von Gruppenhygiene ging. Die „Regel Christi", auf die wir später noch mal zurückkommen werden, war ein unhierarchisches Verfahren, einzelne Gruppenteilnehmer schrittweise gemeinschaftlich zu einer Korrektur ihrer Lebensführung zu bewegen. Für Hubmaier erschien das nötig, weil sonst die Gnade Gottes und die „Rechtfertigung aus Glauben allein" ein Freipass für Trägheit und Laster sein würden. Es ging ihm um den verbindlichen Charakter des Wortes Gottes. Die Gemeinde der Gläubigen war für ihn eine verpflichtende Nachfolge-Gemeinschaft. Korrektur beruhte auf Gegenseitigkeit und sollte aus Liebe zu den Glaubensgeschwistern und nicht aus Rechthaberei oder Bevormundung geschehen.

3) Vom Schwert
Das ist Hubmaiers letzte Schrift. Vermutlich grenzte er sich damit von den Schleitheimer Artikeln ab. Zu ihnen werden wir in der nächsten Episode kommen. In diesen Artikeln wurde die Friedfertigkeit und Wehrlosigkeit favorisiert, die später zur Hauptströmung in der Täuferbewegung werden sollte. Hubmaier dagegen stellte sich gegen eine Absonderung von der Welt. Er trat dafür ein, dass sich die christliche Gemeinschaft zwar als Gegenüber zur Welt verstand, aber dass gleichzeitig die einzelnen Christen auch als Staatsbürger Verantwortung für die-

se Welt übernehmen sollten. Das schloss Waffengewalt und Mitarbeit in Staatsämtern mit ein. Bestenfalls würde es eine christliche Obrigkeit geben. Ihm ging es also um eine Art Christentum, dass zwar bereit war, an der Welt zu leiden, gleichzeitig aber auch Verantwortung für die gesellschaftspolitischen Belange übernahm. Seine Position fand im späteren Täufertum wenig Resonanz. Erst im Baptismus, der sich zu Beginn des 17. Jahrhunderts in Holland und England formierte, wurde diese theologische Position wieder aufgegriffen.[101]

Abschließend lässt sich sagen, dass wir in Balthasar Hubmaier auf einen äußerst profilierten Täufertheologen treffen, den man keinem Lager zurechnen kann. In Kontinuität zum spätmittelalterlichen Denken nahm er verschiedene Impulse aus allen Richtungen der reformatorischen Theologien auf. Kreativ formulierte er seine Einsichten und drängte darauf, dass Glaubensüberzeugungen nicht theoretisch bleiben, sondern sichtbar werden und sich im Lebensvollzug bewahrheiten müssten.

„Die Wahrheit ist untödlich."[102]

---

[101] Windhorst, in: Goertz, Reformatoren, 136.
[102] Hubmaiers immer wiederkehrendes Motto, in: Fast, 58.

#23 Die Schleitheimer Artikel - Michael Sattler und der Weg in die Absonderung

Die Schleitheimer Artikel von 1527 sind die erste Verschriftlichung von Überzeugungen einer täuferischen Gemeinschaft. Sie wurden benannt nach dem kleinen Ort ihrer Entstehung in der nördlichen Schweiz, nahe Schaffhausen. Manche haben sie auch aufgrund der späteren Wirkung als Gründungsdokument einer Freikirche gedeutet. Tatsächlich waren die historischen Geschehnisse komplexer. Um die enorme Bedeutsamkeit des Dokuments zu verstehen, ist es wichtig, sich zeitlich zu orientieren und bereits erwähnte Entwicklungen in Erinnerung zu rufen.

Zehn Jahre zuvor, 1517, geschah Luthers Thesenanschlag zu Wittenberg. Ende 1521 führte Karlstadt dort konkrete Reformen bei der Gestaltung des Gottesdienstes ein. Im weiteren Umfeld entfaltete Thomas Müntzer seine Wirkung. Die Bauernunruhen nahmen zu. Parallel dazu begann es, 1523 im Raum Zürich theologisch zu gären. Anfang 1525 kam es zu ersten Glaubenstaufen im Kreis rund um Konrad Grebel, Felix Mantz und Jörg Blaurock. Die Täufer wurden aus Zürich verbannt. Im weiteren Verlauf entwickelte sich eine enorme missionarische Dynamik. Verschiedene Anführer schwärmten in umliegende Orte und Städte aus und warben für ihre Ansichten. So zum Beispiel Wilhelm Reublin, der Balthasar Hubmaier in Waldshut gewinnen konnte. In einzelnen Regionen kam es zu so etwas wie Massenbewegungen. Gleichzeitig nahm die theologische Unterschiedlichkeit zu. Jede Täuferpersönlichkeit entfaltete ihre eigenen Schwerpunkte.

Im Mai 1525 wurde der große Bauernaufstand - angeführt von Müntzer - niedergeschlagen. Hans Hut wird zwar dessen apokalyptische Linie aufnehmen und weiterführen - dazu kommen wir in der nächsten Episode -, letztendlich geriet aber die junge Täuferbewegung unter dem wachsenden Verfolgungsdruck in eine schwere, innere Krise. Durch die Niederschlagung der Bauern nahm die Unterstützung aus der ländlichen Bevölkerung ab. Täuferische Volkskirchen waren nicht mehr zu realisieren und der Einsatz von Waffengewalt war umstritten. In dieser Atmosphäre zwischen Aufsässigkeit und Resignation gegenüber staatlicher Macht fand sich in Schleitheim eine Gruppe von Täufern zusammen und verabschiedete am 24. Februar 1527 die sogenannten „Schleitheimer Artikel". Sie verfolgten damit das Ziel, die versprengte und bedrohte Bewegung zu sammeln, lehrmäßige Eckdaten zu fixieren und sich ihrer Überzeugungen zu vergewissern.

Die Schleitheimer Artikel sind weniger ein Bekenntnistext in dem Sinne, dass die positive Kernbotschaft der Bibel zusammengefasst wird. Vielmehr versuchen sie, bestehende Konfliktfelder zu klären und in der bedrängten Situation eine neue Perspektive und Richtung zu eröffnen. Letztendlich führte der Weg in eine Absonderung von der Welt. Es war der Weg in eine separatistische Freikirche. Die Verlängerungen davon können wir bei den Hutterern in Mähren und bei den Mennoniten in Friesland beobachten. Dazu kommen wir noch. Die wahre Bedeutung der Schleitheimer Artikel wird also erst durch deren Wirkungsgeschichte erkennbar. Für die Täufer in der Schweiz, die sogenannten „Schweizer Brüder", wurden die Artikel für lange Zeit - bis heute - zu einer wichtigen Orientierung.

Bereits noch im selben Jahr, 1527, reagierte Zwingli mit einer Gegenschrift und unterstrich damit schon sehr früh indirekt deren Bedeutung. 1544, also fast 20 Jahre später, nahm der Reformator Johannes Calvin darauf Bezug und schrieb eine Erwiderung unter dem Titel: „Eine kurze Belehrung, um alle guten Gläubigen gegen die Irrtümer der kommunistischen Sekte der Wiedertäufer zu wappnen." Mit den Schleitheimer Artikeln ist der Name Michael Sattler verbunden. Auch wenn er als Autor nicht genannt wird, gilt heutzutage als gesichert, dass er die Textvorlage lieferte.

Michael Sattler

Er war einer der klarsten und entschiedensten Verfechter des täuferischen Glaubens. Seine Äußerungen zeugen von einer erstaunlich theologischen Geschlossenheit. Sattler wurde 1490 in Staufen im Breisgau geboren und studierte Theologie und Philosophie in Freiburg. Er lebte etwa 20 Jahre im Benediktiner-Kloster St. Peter im Schwarzwald und war zum Schluss Prior des Klosters, also der Stellvertreter unter der Leitung des Abtes. Ansonsten ist sein Lebenslauf biographisch schwer zu fassen.

Die Benediktiner sind eine Klosterbewegung aus dem frühen 6. Jahrhundert, die durch ihre Ordensregel und die geistlich-wirtschaftlichen Kommunitäten in großem Maße zur Christianisierung Europas beigetragen haben. Sicherlich ist ihr Einfluss auf die Denkweise Sattlers nicht zu unterschätzen.

1524 trat Michael Sattler aus dem Kloster aus und heiratete Magaretha, eine ehemalige Schwester aus einer Beginen-Gemeinschaft. Kurz nachdem Anfang 1525 die ersten Glaubenstaufen in Zürich durchgeführt wurden, stieß Sattler zur Täufergemeinschaft dazu. Man wird ihn „Bruder Michael mit dem weißen Mantel" nennen. Als ehemaliger Benediktiner-Mönch brachte er gute lateinische, griechische und hebräische Sprachkenntnisse mit und genoss schon bald hohes Ansehen.

Nach der Ausweisung aus Zürich entstand vor deren Toren der Stadt in Zollikon eine große Täufergemeinde. Die Täuferanführer wurden verhört. Zunächst schwur Sattler den Täuferansichten ab und verließ die Region. Zum Ende des Jahres 1525 finden wir ihn aber wieder im Zürcher Raum. Nach einer Disputation mit dem Stadtrat wurde er mit anderen erneut ausgewiesen. Seine Aktivitäten verlagerten sich in das Zürcher Oberland, südwestlich von Zürich. Aber die Behörden zerschlugen auch dieses täuferische Zentrum.

Mitte 1526 wirkte Sattler im Zürcher Unterland, nördlich von Zürich. Nachdem Felix Mantz gefangen genommen und später zum ersten Märtyrer in Zürich wurde, entwickelte sich Sattler zu einer führenden Persönlichkeit in der Gemeinde. Durch ihn bekam die Gemeinschaft eine Prägung, wie sie später in den Schleitheimer Artikeln zum Ausdruck kommen wird. Nach deren Veröffentlichung reiste er weiter nach Straßburg, um die dortigen Reformatoren Wolfgang Capito und Martin Bucer für seine Anliegen zu gewinnen. Er war erfolglos. Später reiste er nach Horb am Neckar, nordöstlich vom Schwarzwald, um dort eine Täufergemeinde zu leiten. Kurz danach wurde gefangen genommen. Anhand von Augenzeugenberichten und Prozessakten wissen wir, dass ihm neun Punkte zu Last gelegt wurden.

Dazu gehörte unter anderem: Ungehorsam gegenüber dem kaiserlichen Mandat, das Leugnen der Gegenwart Christi im Abendmahl, die Lehre, dass die Kindertaufe nicht zur Seligkeit führe würde, die Weigerung, vor der Obrigkeit zu schwören und der Vorwurf, die Ehelosigkeit verlassen zu haben. Der letzte Punkt, Punkt neun, ist für heutige Ohren besonders interessant. Der Vorwurf des Rates lautete, Sattler habe gesagt:

„wenn der Türke ins Land käme, sollte man ihm keinen Widerstand leisten und wenn Kriegen recht wäre, wollte er lieber wider die Christen ziehen als wider die Türken."

Daraufhin erwiderte der Rat:

„Das ist ein starkes Stück: den größten Feind unseres heiligen Glaubens uns vorzuziehen."[103]

Sattler erwiderte mit Matthäus 5,12 „Du sollst nicht töten." und erläuterte :

„Wir sollen uns der Türken und anderer Verfolger nicht erwehren, sondern im strengen Gebet zu Gott anhalten, dass er wehre und Widerstand leiste. Dass ich aber gesagt habe: Wenn Kriegen recht wäre, wollt ich lieber wider die angeblichen Christen ziehen, welche die frommen Christen verfolgen, fangen und töten, als wider die Türken, das hat folgenden Grund: Der Türke ist ein rechter Türke nach dem Fleische. Ihr dagegen wollt Christen sein, rühmt euch Christi, verfolgt aber die frommen Zeugen Christi und seid Türken nach dem Geiste."[104]

Am Ende seiner Erwiderungsrede wurde Sattler von den Richtern geschmäht, verlacht und auf den Henker verwiesen. Der Stadtschreiber sagte in seine Richtung: „Es wäre gut, dass du nie geboren wärst."[105] Am 21. Mai 1527 wurde Michael Sattler in Rottenburg am Neckar brutal gefoltert und hingerichtet. Ihm wurde die Zunge rausgeschnitten und sein Körper wurde mit glühenden Zangen zerrissen. Anschließend wurden die Überreste verbrannt. Seine Frau wurde ein paar Tage später ertränkt.[106]

Die Schleitheimer Artikel (1527)

Der Originaltitel lautet: „Brüderliche Vereinigung etlicher Kinder Gottes / Sieben Artikel betreffend". Die Empfänger wurden mit „Liebe

---

[103] Aus den Prozessberichten bezüglich der Anklage von Michael Sattler in Rottenburg am Neckar, in: Fast, 72.
[104] A.a.O., 74-75.
[105] A.a.O., 75.
[106] Am 20. Mai 2016 hielt der Theologe Jürgen Moltmann die Laudation zum Michael-Sattler-Friedenspreis. Dabei äußerte er sich folgendermaßen: *„Und ich verhülle mein Haupt vor Traurigkeit, dass weder die lutherischen noch die reformierten Christen in der Reformationszeit die Täufer als Brüder und Schwestern im gleichen Geist und Glauben erkannt haben, sondern sie sogar als „Schwärmer" verdammt und verfolgt haben. Es wird Zeit, dass wir nicht nur die Schuld unserer Vorfahren bekennen, sondern auch unsere Bekenntnisschriften revidieren oder neue Bekenntnisse schreiben."* Quelle: http://www.michael-sattler-friedenspreis.de/wp-content/uploads/2016/06/Laudatio-Moltmann-2016-FINAL.pdf [abgerufen am 30.08.2018].

Brüder und Schwestern in dem Herrn" angeredet. Darüber hinaus sollte es alle „Liebhaber Gottes" erreichen und Verwirrten Klarheit bringen.

Die sieben Artikel werden in folgender Reihenfolge behandelt: Taufe der Gläubigen, Bann und Gemeindezucht, Abendmahl in der Gemeinschaft der Glaubenden, Absonderung von der Welt, die Hirten in der Gemeinde und deren Versorgung, der Nichtgebrauch des Schwertes und die Verweigerung des Eides.

Bereits durch Balthasar Hubmaier wurden die Positionen zur Glaubenstaufe, das Abendmahl als Erinnerungsfeier, die Bannpraxis und die eigene Wahl der Hirten formuliert. Da gab es kaum Unterschiede. Neu dagegen waren die langen Passagen über die Absonderung, den Nicht-Gebrauch des Schwertes und die Verweigerung des Eides. Offenbar erschien es den Schweizer Brüdern nötig, sich hier zu positionieren.

Die Verweigerung des Eides, also das Verbot des Schwörens, war zu Beginn noch nicht üblich. Es war nicht nur eine plumpe Verweigerung gegenüber staatlicher Macht, sondern es wurde damit begründet, dass kein Mensch die Zukunft vorhersehen kann und infolgedessen auch keine Schwüre abgeben soll. Es ging nicht um mangelnde Verbindlichkeit, ganz im Gegenteil. Die Loyalität der Täufer galt in letzter Konsequenz Gott, dem sie ihr Leben mit Gegenwart und Zukunft anvertraut hatten.

In Bezug auf den Gebrauch des Schwertes wurde eine radikal pazifistische Haltung eingenommen. Lieber leiden und fliehen, als andere töten. Das war eine Abgrenzung zu Hubmaiers Position und allen, die den Einsatz des Schwertes im gewissen Rahmen als sinnvoll betrachteten. Nach den Schleitheimer Artikeln war das Schwert im Alten Testament an die weltlichen Obrigkeiten, nicht aber an die christliche Gemeinde übergegangen. Und: Weltliche Obrigkeiten standen „außerhalb der Vollkommenheit Christi". Für die christliche Gemeinde sollte gelten, dass gegen anders Lebende und Glaubende keinesfalls mit dem Schwert, sondern allein durch das Wort der Schrift und durch den Bann vorgegangen werden sollte.

Die Bannpraxis hört sich für heutige Zeitgenossen fremd an. Man muss sich dabei Folgendes vor Augen führen. Die Ausübung eines Bannes gegenüber Ketzern war jahrhundertelange kirchliche Praxis. Gewöhnlich wurde der Bann von Kirchenoberen ausgesprochen. Auch die aufständischen Bauern übten eine radikale Bannpraxis aus, indem sie in

Dorfgemeinschaften diejenigen sozial und auch wirtschaftlich aus-
grenzten und mieden, die sich nicht ihrem Anliegen anschlossen.[107] Die
Täufer haben die Bannpraxis also nicht erfunden, sondern eher umge-
wandelt, der Gruppenverantwortung übertragen und auf den religiösen Bereich eingegrenzt.

Besonders auffallend ist in Schleitheim der Artikel über die Absonderung. Es wurde bekräftigt, sich aus reformatorischen Kirchen zurück-
zuziehen, keine anderen Gottesdienste zu besuchen, keine weltlichen
Leitungsämter anzunehmen und sich in einer Art Gegenkultur zu formieren. Der Bruch mit der feindlichen Umgebung führte zu einem
theologischen Dualismus: hier Licht, dort Finsternis. Taufe und Abendmahl wurden in diesem Kontext zu Zeichen der Trennung vom Bösen.
Diese Absonderung geschah in vierfacher Weise.

Als Erstes zu den offiziellen Kirchen. Stattdessen sollte eine urchristliche Gemeinde wiederhergestellt werden. Eigentlich ging es damit
nicht um Reformation, sondern um Restitution.

Als Zweites: Abgrenzung von der bürgerlichen Gesellschaft. Stattdessen ging es um den Prototyp einer neuen Welt. Bei den späteren
kommunitären Täufergemeinschaften wird das noch deutlicher werden.

Als Drittes: Abgrenzung zu den sozial-revolutionären Anliegen der
Bauern. Weder ging es um eine herrschaftliche Reformation von oben,
noch um eine gewaltbereite Revolution von unten. Die Schweizer Täufer suchten einen dritten Weg: In der Welt, aber nicht von der Welt. Die
Hoffnung auf eine breitflächige Täuferreformation war erloschen.

Und Viertens: Gegen falsche Brüder innerhalb der Täuferbewegung.
Man kann nur vermuten, wer damit gemeint sein könnte. Möglicherweise Hans Denck, der gegen eine zu starke sichtbare Formierung der
Gemeinde eintrat. Wir werden darauf zurückkommen. Möglicherweise
waren mit „falschen Brüdern" auch enthusiastische, schwärmerische
Täufer gemeint, die sich zu wenig auf den Buchstaben der Schrift gründeten.

Auffällig ist also, wie in den Schleitheimer Artikeln durch die Hand-
schrift des ehemaligen Benediktiners Sattler die Täufergemeinschaft so
etwas Ähnliches wie eine fragmentarische Ordensregel bekam. Es ging
darum, die wahre Kirche durch äußere Zeichen der Solidarität sichtbar
zu machen, ihr eine innere Struktur zu geben und sie in ihrer radi-

---

[107] Goertz, Täufer, 22.

kal-reformatorischen Aufgabe zu vergewissern. Hans-Jürgen Goertz
schreibt:

> *„In Schleitheim grenzten sich die Schweizer Brüder nach außen und nach
> innen ab. Das Reformprogramm hieß jetzt nicht mehr Säuberung der beste-
> henden Christenheit, sondern Absonderung von der Welt... Die Geburt ei-
> ner Freikirche ist aus dem Zusammenhang von antiklerikaler Aggressivität,
> kirchenpolitischer Ohnmacht und biblischer Lektüre zu erklären."*[108]

Und an anderer Stelle über die Täufer:

> *„Sie ziehen sich zwar aus den Händeln dieser Welt zurück, wirken aber
> dennoch aggressiv auf ihre Welt ein, weil sie die Beziehung von Kirche und
> Obrigkeit neu ordnen und das Corpus Christianum aufsprengen. Die Welt-
> flucht der Täufer wird zu einer revolutionären Gefährdung der Welt. Die
> Täufer brechen eine alte Geschichte ab, um eine neue zu begründen."*[109]

Kurz noch Anregungen und Fragen
Die eingegrenzte, gemeinschaftliche Verwaltung der täuferischen Bannpraxis war für die damalige Zeit herausragend. Die erwünschte Reinheit der Gemeinde wurde selbst verwaltet. Damit einher ging die Verweigerung gegenüber obrigkeitlicher Lehrzucht, bürgerlichen Sittenge-
setzen und Hinrichtung Andersgläubiger.

In heutiger Zeit fragen wir, ob überhaupt noch so etwas wie Kirchenzucht nötig sei. Braucht eine Gemeinschaft Grenzen für ihre eigene
Identität? Müssen diese Grenzen durch ethische Lebensführung definiert werden? Und wenn ja, wie? Allzu häufig wurde bei entschlos-
sen-christlichen Gemeinschaften das innere Selbstbewusstsein durch
Abgrenzung zur als gottlos empfundenen Umwelt und deren Abwertung entwickelt. Müsste es nicht auch möglich sein, sich allein aufgrund einer positiven Werte-Grundlage zu versammeln? Und was hat
das alles mit dem Geist des Auferstandenen mitten unter uns zu tun?
Eine Christus-Präsenz, die sich nicht von einer Gemeinschaft verwalten
oder kontrollieren lässt. Auch darauf werden wir zurückkommen.

---

[108] A.a.O., 23-24.
[109] Goertz, Radikalität, 341.

#24 Augsburger Täufersynode - oder: Hans Hut und die Erwartung des Endgerichts

Wir befinden uns im Jahr 1527, ein halbes Jahr nach der Veröffentlichung der Schleitheimer Artikel in der Schweiz. Vom 20. - 24. August 1527 fand in Augsburg eine große Täuferkonferenz statt. Sie war insofern besonders, weil es bis dahin noch keine Beratung so vieler verschiedener Täufer gegeben hatte. Dass es das letzte Mal sein würde, war zu diesem Zeitpunkt noch nicht klar. Die meisten der ca. 60 anwesenden Täuferanführer wurden kurze Zeit später aufgrund ihrer Glaubensüberzeugungen hingerichtet. Deswegen nannte man dieses bedeutsame Treffen im Nachhinein auch Märtyrersynode. Der Begriff ist ein bisschen irreführend. Gottfried Seebass weist darauf hin, dass es wohl weniger ein planmäßig einberufenes Treffen war.[110] Die anwesenden Täuferpersönlichkeiten kamen vermutlich aus verschiedenen Regionen zusammen, sie waren aber nicht offizielle Vertreter von Gemeinschaften und es wurden auch keine bindenden Beschlüsse gefasst. Vorbild für dieses Treffen könnte möglicherweise das Apostelkonzil, wie es in Apostelgeschichte 15 berichtet wird, gewesen sein. Es ging darum, sich über unterschiedliche Lehrauffassungen zu verständigen und die Täuferbewegung vor einer Spaltung zu bewahren. Was wirklich beraten wurde, kann nur nachträglich aus Gerichtsprotokollen rekonstruiert werden.

Die herausragende und tonangebende Person war Hans Hut, ein weitgereister, einflussreicher Täufermissionar, welcher auch an der Gründung der Augsburger Täufergemeinde beteiligt gewesen war. Er vertrat mit seinen Anhängern eine spirituell-apokalyptische Ansicht. Wir werden gleich darauf zurückkommen.

Eine zweite Fraktion ergab sich aus dem Einfluss der Schleitheimer Artikel von den Schweizer Brüdern. Viele der zur Augsburger Gemeinde gehörenden Täufer folgten nicht automatisch der Hutschen Sicht, sondern wollten sich eher an den Schweizern orientieren. Die Schleitheimer Artikel bekamen auch dadurch Gewicht, dass Michael Sattler, der Verfasser, bereits als Märtyrer für diese Überzeugungen gestorben war.

---

[110] Seebaß, 307.

Ein dritter Einfluss ging von Balthasar Hubmaier aus. Mit ihm hatte Hans Hut in Mähren, Frühjahr 1527, einen Disput über den Gebrauch von Waffen und der Kooperation mit der Obrigkeit. Hubmaier vertrat die Position der sogenannten „Schwertler". Hut dagegen wurde zu den „Stäblern" gerechnet. „Stäbler" wurden diejenigen genannt, die lieber flohen, als zum Schwert zu greifen. Dass Huts Position aber nur vordergründig pazifistisch war, wird gleich noch deutlicher werden.

Die unterschiedlichen Sichtweisen entzündeten sich insbesondere an den Punkten „Gebrauch des Schwertes" und „Schwören des Eides". Schlussendlich wies man die total-pazifistische Position der Schweizer Brüder als nicht zwingend zurück. Auf der anderen Seite wurde aber auch Hans Hut darauf verpflichtet, seine apokalyptischen Endzeitberechnungen für sich zu behalten und nur auf Rückfrage zu erläutern. Am Ende der Augsburger Täufersynode wurden apostolische Sendboten in die Hutschen Missionsgebiete gesandt: nach Franken, Bayern, Mähren, Österreich und nach Schlesien. Es ging darum, in der bedrängten Zeit noch möglichst viele Auserwählte zu sammeln. Allerdings wurden, kurz nachdem die ausgesandten Täufer an ihren Zielorten angekommen waren, viele von ihnen verhaftet und hingerichtet, so dass die weitere Ausbreitung dieser Täuferströmung ziemlich abrupt zum Stillstand kam.

Kommen wir auf Hans Hut zurück und gehen die Entwicklungen noch einmal anhand seiner Biographie durch.

Hans Hut

Geboren um 1490 in südlichen Thüringen, damit in etwa so alt wie Thomas Müntzer. Hut lebte lange Zeit in Bibra und war beruflich als fahrender Buchhändler unterwegs. Seine Reisen führten ihn nach Nürnberg und Wittenberg. Gegen Ende 1521 kam er mit der lutherischen Reformation in Kontakt. Insbesondere fühlte er sich von Karlstadt und Müntzer angezogen. Möglicherweise war er schon vorher von mittelalterlicher Mystik geprägt. Auch unterstützte er den Einsatz für einfache Leute und war misstrauisch gegenüber der neuen reformatorischen Gelehrsamkeit.

Als Thomas Müntzer in Mühlhausen und Allstedt wirkte, finden wir den Namen von Hut auf der Liste des „Ewigen Bundes", eines geheimen Kreises um Müntzer. Später organisierte Hut den Druck von einigen Müntzer-Schriften über den Nürnberger Drucker Hans Hergot. In

Episode 8 über die utopischen Weltentwürfe war sein Name bereits ge-
fallen. Hans Hut schloss sich der Kritik von Karlstadt und Müntzer gegenüber der Säuglingstaufe an und weigerte sich 1524, sein drittes Kind
taufen zu lassen. Daraufhin wurde er aus Bibra ausgewiesen.

Im Mai 1525 nahm er mit Thomas Müntzer an der Schlacht in Frankenhausen teil, bei der etwa 6000 Bauern von den Söldnerheeren der
Fürsten überrannt wurden. Im Gegensatz zu Müntzer konnte Hut fliehen und in Nürnberg untertauchen. Rückblickend deutete er die Nie-
derlage der Bauern um. Aus seiner Sicht hatte Gott den Bauern deswegen nicht mehr beigestanden, weil sie aus egoistischen Motiven gehandelt hätten. Müntzers prophetische Sicht war also nach wie vor gültig,
konnte sich aber mit den eigennützigen Bauern noch nicht erfüllen.

Enttäuscht von den Bauern wandte Hut sich den Täufern zu. In ihnen sah er von nun an die Frommen, durch die Gott sein Gericht an
den Herrschaftseliten vollführen würde. In dem bereits hingerichteten
Thomas Müntzer und in dessen Mitstreiter Heinrich Pfeiffer meinte
Hut die zwei Zeugen in der Offenbarung kurz vor dem Weltgericht zu
erkennen. Ausgehend von diesem Ereignis würde die Wiederkunft
Christi nun seiner Überzeugung nach - aufgrund einer korrigierten Berechnung - erst gut drei Jahre später, also Pfingsten 1528 stattfinden.

Ein Jahr nach der verheerenden Schlacht von Frankenhausen ließ
sich Hans Hut von Hans Denck, dem Nürnberger Täuferführer, in
Augsburg taufen. Es begann eine weitläufige Missionstätigkeit über
Mittel- und Süddeutschland, Mähren und Österreich. Hut gewann Enttäuschte aus dem Bauernkrieg und formierte ein Täufertum ganz eigener Art. Dabei gründete er nicht wie die Schweizer eigene Gemeinden,
sondern sammelte nur lose Gruppen von Auserwählten - ganz unter
dem Eindruck der hereinbrechenden Zukunft. Die Taufe war eine Versiegelung der Glaubenden vor dem Weltgericht. Sie wurde vollführt,
indem mit nassem Finger ein Kreuz auf die Stirn des Täuflings gezeich-
net wurde.

In Mähren geriet Hans Hut im Frühjahr 1527 mit Balthasar Hubmaier aneinander. Seit dem verlorenen Bauernkrieg lehnte Hut den eigen-
mächtigen Gebrauch des Schwertes ab. Das war aber nur vordergründig eine pazifistische Position. Richtigerweise müsste man sagen: Hut
vertrat nach wie vor seine apokalyptisch-militante Ansicht, allerdings
in einer verzögerten Form. Er glaubte gewissermaßen an eine aufge-
schobene Revolution. Nämlich: Mit der Wiederkunft Christi, Pfingsten

1528, würden die wahren Christen Waffen in die Hände bekommen und alle Feinde gewaltsam durch Gottes Eingreifen vernichten können. Im August 1527 kam es dann zu der bereits erwähnten Täufersynode. In Augsburg hatte sich zu diesem Zeitpunkt bereits eine große Täufergemeinde gebildet. Die Hutsche Position - abzüglich des berechneten Weltendes - schien die Hauptvariante zu werden. Daraufhin wurden die apostolischen Boten ausgesandt. Etwa drei Wochen nach der Augsburger Täufersynode wurde Hut gefangen genommen und verschiedenen Verhören unterzogen. Bei dem Gerichtsverfahren ging es weniger um sein spezielles Tauf- und Endzeitverständnis, sondern um seine Beteiligung am Bauernkrieg und damit um seinen Aufruf zum Aufruhr. Nachdem das Todesurteil unausweichlich wurde, versuchte Hut noch einmal zu fliehen, indem wahrscheinlich er selbst im Gefängnis ein Feuer legte. Der Fluchtversuch misslang und wenige Tage danach, am 6. Dezember 1527 starb Hans Hut an dessen Folgen. Anschließend wurde dem Leichnam noch einmal öffentlich das Todesurteil verlesen und dieser dann vor den Toren der Stadt verbrannt. Für die Täufer wurde Hans Hut auf diese Weise zu einem Märtyrer ihrer Glaubens.[111]

In den nur eineinhalb Jahren, die Hut unter den Täufern wirkte, erreichte er als Missionar eine ausgesprochen breite Wirksamkeit und hatte eine große Anhängerschaft. Weil aber seine Prophezeiung, dass die Wiederkunft Christi Pfingsten 1528 geschehen würde, nicht eintraf und er die Neugetauften auch nicht in Gemeinschaften organisierte, löste sich das Hutsche Täufertum zum Jahr 1530 mehr und mehr auf oder schloss sich anderen Strömungen an.

Themen
Werfen wir nun noch einen Blick auf die Inhalte seiner Verkündigung. Drei Themenfelder sollen dabei besonders hervorgehoben werden.

1) Das „Evangelium aller Kreatur"
Diese Begrifflichkeit ist dem Ende des Markusevangeliums entnommen. In Markus 16, Vers 15 sagte Jesus zu seinen Jüngern:

> „Gehet hin in alle Welt und predigt das Evangelium aller Kreatur."

Dabei deutete Hut das „aller Kreatur" anders, als es die urtextlich grammatikalische Form zulässt. Aus seiner Sicht ist es nicht ein Evan-

---

[111] A.a.O., 156.

gelium *für alle* Kreaturen, wie es Franz von Assisi verstand, der dementsprechend auch für Tiere predigte, sondern ein Evangelium *der* Kreaturen, also eins, das von der Kreatur, der Schöpfung, verkündigt wird.
Dahinter steht ein Verständnis von einer für alle erkennbaren „Ordnung Gottes" in dieser Welt. Wie der Mensch die Kreatur beherrsche,
so beherrscht Gott den Menschen. Umgekehrt: Die Kreatur kommt zur
Erfüllung, indem sie dem Menschen diene und der Mensch kommt zur
Erfüllung, indem er Gott dient. Die jeweils dienstbereite Unterordnung
ist mit Leiden verbunden. So wie Holz durch den Menschen bearbeitet
werden muss, um ihm nützlich zu sein, muss der Menschen durch Gottes Einwirken leiden, um so zur Vollkommenheit zu gelangen.

Mit diesem Verständnis predigte Hut vor der bäuerlichen und hand-
werkenden Bevölkerung und erreichte viel Resonanz. Anhand der Lei-
densthematik machte er ihnen die Leiden Christi und den Weg zur Erlösung verständlich. In eine solche Leidensbetonung fügte sich auch
problemlos die Erfahrung der Verfolgung ein. Wie schon bei Konrad
Grebel in Zürich fühlten sich die Hutschen Anhänger durch den obrigkeitlichen Druck in ihren Ansichten bestätigt.

2) Die Taufe als Versiegelung der Erwählten
Auf den ersten Blick erscheint es so, als würden die Gegner der Säuglingstaufe ihre Ablehnung alle auf dieselbe Weise begründen. Dem ist
aber nicht so. Balthasar Hubmaier schrieb über sein eigenes und das
Hut'sche Taufverständnis, dass diese „so fern voneinander als Himmel
und Hölle, Orient und Okzident, Christus und Belial"[112] wären. Offenbar gab es unter den Täufern nicht nur kleine Nuancen, sondern gravierende Unterschiede in Bezug auf die Taufbegründungen.

Die Schweizer Brüder waren durch Zwingli geprägt. Dementsprechend deuteten sie, wie schon beim Abendmahl auch die Taufe als ein
Symbol, also als ein Zeichen, das auf ein göttliches Geschehen verweist.
Aus ihrer Sicht bestätigte die äußere Wassertaufe eine bereits erfahrene
innere Geisttaufe, also den von Gott geschenkten Glauben an die Erlö-
sungstat Christi. Darüber hinaus bekannte sich der Täufling mit der
Taufe zur verbindlichen Gemeinschaft in der Nachfolge Jesu.

Hubmaier, der nicht in allem mit den Schweizern übereinstimmte,
formulierte dieses Taufverständnis weiter aus und betonte noch stärker
die Bedeutung der aus Gnade empfangenen Rechtfertigung in Christus

---

[112] Hubmaier, 487.

und die Reihenfolge: erst Erkenntnis der Sünden, dann Glaube an die Vergebung, als Drittes die an Christus orientierte Taufe und als Viertes die Eingliederung in die Gemeinde. Dieses erinnert an das spätere baptistische Verständnis.

Bei Hans Hut war das anders: Zwar verstand auch er die Taufe als Symbol, das sich auf Gottes Handeln bezieht, aber er ordnete sie völlig anders ins Heilsgeschehen ein. Die vollzogene Taufe steht demnach am Anfang und eröffnet einen lebenslangen Läuterungsweg. Durch die Taufe wird der Täufling versiegelt und darauf vorbereitet, im baldigen Endgericht bestehen zu können. Die Taufe ist damit so etwas wie eine äußere Bekräftigung und Verpflichtung, sich auf einen lebenslangen Leidens-, Glaubens- und Erlösungsweg zu begeben.

3) Die Wiederkunft Christi zu Pfingsten 1528
Bereits damals wurde Hut für diese Berechnung von anderen Täufern kritisiert. Die Kritik bezog sich aber nur auf das konkrete Datum nicht auf die Erwartung der Wiederkunft Christi an sich. In diesen Ansichten spiegelte sich der Einfluss von Thomas Müntzer und verschiedenen apokalyptischen Lehren wieder. Die allgemeine Stimmung muss damals sehr endzeitlich aufgeladen gewesen sein. Man erhoffte das unmittelbare, befreiende und richtende Eingreifen Gottes in die Geschichte. Träume und Visionen wurden verbreitet. In Anbetracht des Weltendes waren Menschen zu unglaublichen Opfern bereit. Vieles von der Schaffensenergie und der Dringlichkeit in der Verkündigung lässt sich nur aus dieser extremen Naherwartung erklären. Das Datum Pfingsten 1528 verstrich, ohne dass etwas geschah. Nachdem sich 1527 im Süddeutschen und Zürcher Raum die Hoffnung auf einen breitflächigen Umbruch zerschlagen hatte, machte sich nun auch in Mitteldeutschland die Enttäuschung breit.

Abschließend noch Anregungen und Fragen

1) Träume und prophetische Rede
Interessanterweise war die katholische Kirche mit ihrer mittelalterlich-mystischen Tradition dafür offener als die wort- und schriftorientierten Reformationskirchen. In den Strömungen der Radikalen Reformation traten solche Geist-Phänomene in unterschiedlicher Form auf: Bei den Zwickauer Propheten im Umfeld von Karlstadt, Luther und Müntzer,

beim Ehepaar Jost in Straßburg, durch das Melchior Hoffman stark geprägt wurde und bei den Uttenreuther Träumern, den ehemaligen Anhängern von Hans Hut. Heutzutage lehnen manche Christen prophetisches Reden vollständig ab. Andere sind davon überzeugt, dass Gott auf diese Weise unmittelbarer reden würde. Was denken Sie dazu?

2) Naherwartung
Die Erwartung der Wiederkunft Christi und des Weltendes war zur Zeit der Reformation weit verbreitet. Einzelne glaubten sogar, anhand von Zeichen das genaue Datum berechnen zu können. Heutige Zeitgenossen neigen eher dazu, die Erwartung einer unmittelbar bevorstehenden Wiederkunft Christi zu belächeln. Zu viele Fehlprognosen durchziehen die Geschichte. Zu unsinnig erscheint eine leibliche Wiederkunft Christi. Und doch sollte die Frage erlaubt sein, ob und wie es sich denn auf unseren unmittelbaren Alltag auswirkt, wenn wir „im Anbruch des kommenden Tages" leben?

166

#25 Hans Denck - Ausstieg aus Wortgezänk und Frontenbildung

Vor lauter Namen, Ereignissen und Ansichten verliert man leicht den Überblick. Deswegen eine kurze Rückschau. Es sollte um die Kernzeit der Reformation gehen. Gemeint ist die Zeitspanne: 1517, Luthers Thesenanschlag in Wittenberg bis grob 1529, die beginnende Konfessionalisierung auf dem Zweiten Reichstag zu Speyer. Die mittelalterlich *eine* Kirche wurde vielgestaltig. Diese hart erkämpfte, gegenseitige Anerkennung kam aber nicht den Vertretern der Radikalen Reformation zugute. Im Gegenteil: Jegliche Art von Schwärmertum oder täuferischer Praxis wurde landesweit unter Todesstrafe gestellt. Als gedankliches Raster verwendeten wir die Grob-Einteilung von Heinold Fast in Schwärmer, Spiritualisten, Antitrinitarier und Täufer.[113]

1) Schwärmer

Schwärmer sind motiviert von einer mehr oder weniger utopischen Erwartung einer gesamtgesellschaftlichen Umwälzung. Es ist ein Drängen „nach vorne" und „nach unten", heraus aus dem Abstrakten, hinein ins Konkrete. Ausgehend von Andreas Bodenstein von Karlstadt, der für viele Radikale zur Inspiration geworden ist, befassten wir uns mit dem leidenschaftlichen Prediger Thomas Müntzer und bewegten uns weiter zum niedergeschlagenen Bauernaufstand. Dann machten wir einen kurzen Exkurs zu Joachim de Fiore und seinem brüderlichen Reich des Geistes. Anschließend sind wir hinübergewechselt zu Michael Gaismaier nach Österreich. Sein Versuch einer christlichen Landesordnung ist ein herausragendes Beispiel für die Relevanz der sozialen Frage, die sich ohne Mühe bis ins 20. Jahrhundert verlängern lässt. Dann ein geographischer und zeitlicher Sprung beginnend mit Melchior Hoffman hin zum Jahr 1535: das Täuferkönigreich in Münster. Leider ist der Begriff „Täufer" durch dieses Geschehen bis heute negativ überlagert.

2) Spiritualisten und Antitrinitarier

Das Innere wurde gegenüber dem Äußeren betont, also gegenüber Buchstabenglauben, kirchlichen Ritualen und institutionalisierter Ge-

---

[113] Fast, IX-XXXIV.

meinschaft. Wahre Erkenntnis entsteht durch Berührung des Herzens oder einen vom Geist Gottes erleuchteten Verstand. Es ist ein Weg nach innen und in das göttliche Oben oder zur mystischen Tiefe. Kaspar von Schwenckfeld und Sebastian Franck, sind bedeutsame Figuren dieser Richtung, oftmals mit Langzeitwirkung bis hinein in die Zeit der Aufklärung. Auch Hans Denck, auf den wir gleich genauer eingehen werden, wird als Spiritualist unter den Täufern bezeichnet. Die Ablehnung von absoluten, kirchlichen Dogmen finden wir auch bei den sogenannten „Antitrinitariern"; zum Beispiel Fausto Sozzini und die Sozzinianer in Polen.

3) Täufer

Die Entstehung des Täufertums ist mehrschichtig. Je nach Region, sozialpolitischer Lage und Persönlichkeit der Wortführer bildeten sich unterschiedliche Profile heraus. Bis zum Wiedertäufermandat, 1529, und der damit landesweit einsetzenden Verfolgung waren bereits viele führende Täufer zu Märtyrern geworden. Felix Mantz und Jörg Blaurock, zwei der ersten, die die Glaubenstaufen in Zürich durchgeführt hatten, Michael Sattler, der Verfasser der Schleitheimer Artikel, Balthasar Hubmaier, der Theologieprofessor in Waldshut und Hans Hut, der herumreisende Missionar. Eine Reihe von anderen Namen könnte genannt werden. In dieser frühen Phase suchten die Täufer nach Orientierung zwischen Militanz und Friedfertigkeit, zwischen losen Gruppierungen und regelorientierten Gemeindebildungen, zwischen biblischer Buchstabentreue und prophetischer Apokalyptik, zwischen unmittelbarer Endzeiterwartung und der Bildung von stabilen, kommunitären Gemeinschaften. Radikale Reformation ereignete sich experimentell und fragmentarisch, in Flugschriften und Disputen, auf der Suche nach einem Leben und einer Gesellschaft, die auf bessere Weise den Vorstellungen Gottes entsprechen und zum Wohle der Menschen sein würde.[114]

Mit einem besonderen Blick auf Hans Denck werden wir diese ausgesprochen turbulente Zeitphase abschließen und noch einmal die unterschiedlichen theologischen Ansichten und sozialen Muster innerhalb der frühen Täuferströmungen Revue passieren lassen.

---

[114] Goertz, Bruchstücke, 45.

Hans Denck

Er muss eine hochbegabte, sensible und eher introvertierte Persönlichkeit gewesen sein. Man kann ihn schwer in eine Kategorie einordnen. Um 1500 in Oberbayern geboren prägten ihn im Studium die Schriften von Erasmus. Er hatte gute Latein-, Griechisch- und Hebräisch-Kenntnisse. 1522 zog er nach Basel und arbeitete als Verlagslektor für humanistische und mystische Texte. Ein Jahr später, 1523, empfahl ihn der Baseler Reformator Johannes Oekolampad nach Nürnberg. Denck wurde mit nur 23 Jahren Rektor der dortigen Latein-Schule St. Sebald. In Nürnberg kam er sowohl mit Schriften von Karlstadt und Müntzer als auch mit dem Müntzer Schüler Hans Hut in Kontakt und wurde für die Anliegen der Reformation gewonnen.

Anfang 1525 geriet Denck in den Konflikt um die sogenannten „drei gottlosen Maler". Es waren jüngere Künstler im Umfeld von Albrecht Dürer. Mit ihren Zeichnungen griffen sie die Missstände der Kirche an. Weil Denck sich mit ihnen solidarisierte, wurde er aus Nürnberg vertrieben. Ab September 1525 treffen wir ihn in Augsburg. Pfingsten 1526 wird er dort Hans Hut taufen, der sich nach dem enttäuschenden Bauernaufstand nun den Täufern zuwandte.

Ab Herbst 1526 wirkte Denck in Straßburg. Er vertrat eine spiritualistische Position und kritisierte die Veräußerlichung der Religion. Durch seine Ansichten geriet er - selbst in dem an sich noch toleranten Straßburg - in Konflikt mit den Stadtoberen, als auch mit dem dortigen Reformator Martin Bucer. In diese Zeit fällt auch ein Disput mit Michael Sattler aus der Schweiz. Bereits hier zeichnete sich ab, dass Sattler auf eine sichtbare Gestalt von Täufer-Gemeinschaften drängte, die erkennbar von der Welt abgegrenzt sein müssten. Ein halbes Jahr später verfasste er die Schleitheimer Artikel.

Denck verließ Straßburg und zog weiter nach Worms zum dortigen Täuferprediger Jakob Kautz. Zusammen mit Ludwig Hätzer beendete er die anspruchsvolle Übersetzung der alttestamentlichen Propheten. Mitte 1527 war Denck dann wieder in Augsburg. Die kurz danach stattfindende Märtyrersynode fand vermutlich unter der Leitung von Hans Hut, aber auch unter Dencks Mitwirkung statt.

Noch im Herbst 1527 wendete er sich wieder an Oekolampad in Basel, seinem ursprünglichen Unterstützer. Auf dessen Anraten verfasste er eine Distanzierung zu den Täufern und brach teilweise mit seiner Vergangenheit. Im November 1527, also mit nur 27 Jahren, starb Hans

Denck in Basel an der Pest. Sein sogenannter „Widerruf" wurde erst nach seinem Tod, 1528, veröffentlicht und gibt rückwirkend Aufschluss über seine theologischen Überzeugungen.

Auch wenn Denck nicht zu den Täufer-Märtyrern gehörte, war er doch ein bedeutsamer Vertreter, der das mittel- und oberdeutsche Täufertum in seinen Anfängen prägte. Er war ein Vorkämpfer für ein undogmatisches, tolerantes und handlungsorientiertes Christentum.[115] Sebastian Franck, der innovative Chronist, wird viele seiner Ansichten aufnehmen und verlängern. Von manchen wurde Hans Denck auch „Rabbi" oder „Abt" genannt, was umso mehr auf seine gelehrte, weise und sensible Ausstrahlung - trotz seines jungen Alters - hindeutet. Sein Bestreben war Dialog und die Suche nach einem Konsens. Möglicherweise erklärt dies, warum er sich kurz nach der Täufersynode in Augsburg - bei der es sicherlich deutlich kontrovers zugegangen war - enttäuscht vom Täufertum abwandte. Die Streitigkeiten über die biblische Buchstabentreue oder die apokalyptisch-militanten Endzeitberechnungen entsprachen nicht seinem friedfertigen, kontemplativen und ökumenischen Gemüt. Ein kurzer Blick auf drei seiner Ansichten:

1) Die Betonung der inneren Wahrheit
Im neuen Mennonitischen Lexikon steht in Bezug auf sein Bibelverständnis:

„Denck sieht in der Schrift das größte Geschenk Gottes an die Menschheit, aber er weigert sich, die Schrift als Gottes Wort zu begreifen. Vielmehr kann die Schrift, das geschriebene Wort, auf das lebendige Wort Gottes nur hinweisen. Schon im Nürnberger Bekenntnis warnte Denck davor, sich auf ungebührliche Weise auf den buchstäblichen Text der Schrift zu verlassen und ihn zu einem Götzen werden zu lassen, wie es die Schriftgelehrten tun."[116]

2) Gegen Wortgezänk
Aus dieser Überzeugung heraus erklärt sich, warum Denck fruchtlose Streitgespräche gemieden hat. Offenbar war er der gegenseitigen Verurteilungen müde. Er beklagte die wachsende Trennungssucht unter den religiösen Parteien. In seinem „Widerruf" schrieb er unter Punkt 7:

---

[115] Packull, Werner O.; Hans Denck - Auf der Flucht vor dem Dogmatismus, in: Goertz, Reformatoren, 59.
[116] Mennonitisches Lexikon, MennLex V, Artikel: Denck, Hans:
http://www.mennlex.de/doku.php?id=art:denck_hans [abgerufen am 30.08.2018].

„Die Menschen beweisen am allermeisten dadurch ihr Menschsein, dass sie so hart um der äußerlichen Elemente willen zanken."[117]

Für Denck war das Eigentliche unsichtbar. Die sichtbare Welt war nur ein Verweis auf die Wahrheit, aber nicht die Wahrheit selbst. Mit dieser Überzeugung konnte er sogar widersprüchlich erscheinende Aussagen nebeneinander stehen lassen. In Bezug auf die Taufe betonte er zwar nach wie vor, dass die Kindertaufe keine biblische Grundlage hätte. Auf der anderen Seite würde aber die Praxis der Kindertaufe auch nicht schaden. Letztendlich ginge es um Glauben „in der Tiefe des Herzens". In Dencks Ansichten finden wir ein frühes Zeugnis für ein religiös-tolerantes Zusammenleben.

3) Universales Heil
Bereits bei Müntzer finden wir den Gedanken, dass auch die einfachen Bauern ohne Predigt zum Glauben an Gott finden können. Ebenso glaubte Denck an eine göttliche Gegenwart in aller Kreatur. Aus seiner Sicht trägt jeder bereits das Bild Gottes in sich. Er schreibt:

„Also kann ein Mensch, der von Gott erwählt ist, ohne Predigt und Schrift selig werden. Nicht dass man darum keine Predigt hören oder keine Schrift lesen soll! Ich meine nur, dass sonst all die Ungelehrten nicht selig werden könnten, weil sie nicht lesen können, und sogar ganze Städte und Länder, weil sie nicht Prediger haben, die von Gott gesandt sind."[118]

Dencks Gnadenverständnis ist universal und nicht separatistisch. Er war davon überzeugt, dass Gott alle Menschen mit seiner Liebe erreichen wird. Gottes Geistes wirkt in der Tiefe des Herzens. Indem Menschen darauf reagieren, eröffnet sich ihnen der Weg des Heils.

Fazit: In der Frühphase der Täuferbewegungen können wir also grob vier Ausprägungen skizzieren:

1) Separatistisch
Die Schleitheimer Artikel und die Schweizer Brüder. Ihre Argumentation war rückwärtsorientiert und bezog sich in besonderer Weise auf die Bergpredigt. Von dort leiteten sie ab, keine Waffen zu verwenden und den Eid zu verweigern. Verkürzt gesagt ist der Referenzpunkt die ur-

---

[117] Denck, Hans; Widerruf, in: Fast, 201.
[118] A.a.O., 198.

christliche Vergangenheit. Aus einem Zurück zum Ideal der Urgemeinde ging es in ein Neben als Kontrastgesellschaft.

2) Obrigkeitlich

In Abgrenzung dazu trat Balthasar Hubmaier für eine sinnvolle Kooperation mit der Obrigkeit ein. Aus seiner Sicht war auch eine unvollkommene Obrigkeit entsprechend Römer 13 von Gott eingesetzt und hatte die Berechtigung, das Schwert zu führen. Hubmaier war nicht nur Theologieprofessor, sondern auch Politiker. Sein Referenzpunkt war eine zu gestaltende Gegenwart.

3) Apokalyptisch

Bei Hans Hut treffen wir auf ein noch anderes Verständnis. Hut war von der Endzeiterwartung Thomas Müntzers geprägt. Nach dem niedergeschlagenen Bauernaufstand ging es ihm nicht mehr darum, aktiv gegen die Obrigkeit zu kämpfen, sondern die Auserwählten durch Tauf-Versiegelung vor dem unmittelbar bevorstehenden Endgericht zu retten. Huts Referenzpunkt war die hereinbrechende Zukunft.

4) Spiritualistisch

Hans Denck dagegen grenzte sich im Konflikt mit Michael Sattler gegenüber einer allzu sichtbaren Form von Kirche ab. Demnach ist die wahre Kirche sowohl im Herzen, also individualistisch, als auch universal unsichtbar. Alles Sichtbare besteht nur aus unvollkommenen, vorläufigen Formen. Es ist nicht wert, darüber zu streiten. Eine solche mystisch-tolerante Ansicht konnte sich im Täufertum aber nicht durchsetzen.

Das ist der Stand um 1529: Die meisten der führenden Täufer aus der ersten Generation waren tot. Gleichzeitig setzte die landesweite Verfolgung durch weltliche und kirchliche Obrigkeiten ein. In vielen Regionen mussten die Täufer spätestens jetzt in den Untergrund gehen oder in andere Regionen auswandern. In den nächsten Episoden werden wir drei Linien ab 1530 genauer betrachten: (1) Pilgram Marpeck und sein vermittelnder Einfluss in Mittel- und Süddeutschland. (2) Jakob Huter und die Entstehung der Hutterer in Mähren. (3) Menno Simons und die Entstehung der Mennoniten im friesländischen und niederländischen Raum.

Zum Abschluss Anregungen und Fragen

Angenommen, Sie wären damals dabei gewesen. Wie hätten Sie sich positioniert? Gehen wir mal verschiedene Themenfelder durch:

1. Gebrauch von Waffen

Pazifistisch, also eine grundsätzliche Ablehnung von Waffengewalt, oder ein teilweiser Gebrauch zur Verteidigung gegen Feinde, oder Waffen als Instrument zur aktiven gesellschaftlichen Umwälzung?

2. Der Weg der Erneuerung

Restitution, also die Wiederherstellung der Urgemeinde als separierte Kontrastgesellschaft, Reformation als schrittweise Umgestaltung in Kooperation mit der herrschenden Obrigkeit oder Revolution als leidenschaftliche Erwartung und aktive Herbeiführung des Neuen?

3. Umgang mit Besitz

Die Förderung von privatem Grundbesitz inklusive Marktmechanismen und Kapitalflüssen, die gemeinschaftlich-regionale Nutzung der Natur in einer genossenschaftlichen Struktur oder eine abgeschieden kommunitäre Lebensform als prophetisches Modell für eine gerechtere Welt.

4. Geistliche Autorität

Kommt Autorität durch das kirchliche Amt, durch die gelehrsame Auslegung der Schrift, durch die prophetische Begabung von Einzelnen oder durch die Bestätigung aus der Gemeinde? Braucht es überhaupt Autorität? Oder kann jeder Nachfolger Jesu eigenständig die Schrift auslegen und auf den Geist hören? Wenn ja, wie würde sich das strukturell in einer Gemeinschaft abbilden?

5. Sichtbare Kirche

Braucht Kirche eine soziale Form, braucht es Versammlungen, braucht es Regeln, braucht es ein Drinnen-und-draußen? Wie kommt Zugehörigkeit zum Ausdruck? Oder ist Kirche einfach immer dort, wo der Geist wirkt, ohne fest gefügte Gemeinschaftsbildung? Wieviel Rahmenstruktur ist nötig? Und wann erstickt Struktur das geistliche Leben?

Viele Fragen auf einmal. In den diversen Strömungen der Reformation können wir studieren, wie unterschiedlich darauf geantwortet wurde. Vielleicht hilft das, eine eigene Position zu finden.

#26 Pilgram Marpeck - Gutes aus der Anfangszeit erhalten und Extreme vermeiden

Teilweise sind wir bereits über die Kernzeit der Reformation hinausgegangen. Das soll jetzt verlängert werden.

Pilgram Marpeck

Für lange Zeit tauchte er in der historischen Erinnerung nicht auf. Erst vor gut 100 Jahre begann das Forschungsinteresse an seiner Person. Unter Täuferspezialisten gilt er als herausragender Laientheologe und ausgesprochen interessanter Denker des 16. Jahrhunderts. Weil aber keine nach ihm benannte Bewegung entstand, geriet er lange Zeit in Vergessenheit. Man hat rückblickend in Bezug auf sein Wirken vom sogenannten „Marpeck-Kreis" gesprochen. Mit dieser Behelfs-Bezeichnung sollte zum Ausdruck gebracht werden, dass Pilgram Marpeck nicht als Einzelperson, sondern in einem Team aus Ältesten, also aus leitenden Täufern, arbeitete. Dieser „Marpeck-Kreis" war auch so etwas wie ein Verfasserkollektiv für verschiedene Schriften, die in der Zeit von 1530 bis 1555 veröffentlicht wurden, Schriften, die zur Förderung und zum Aufbau der Gemeinden dienen sollten.

Martin Rothkegel, Professor für Kirchengeschichte an der Theologischen Hochschule Elstal, hat erst kürzlich eindrucksvoll herausgearbeitet, dass der sogenannte Marpeck-Kreis eher eine Netzwerkstruktur hatte, überwiegend im süddeutschen Raum, aber mit intensiven Kontakten nach Österreich und Mähren.[119] Es waren lose Gemeindegruppen, die durch den Reisedienst und die Hirtenbriefe aus dem Team um Pilgram Marpeck miteinander verbunden waren. Marpeck, sein enger Mitarbeiter Leupold Scharnschlager und andere engagierten sich dafür, die durch die Verfolgung dezimierten und verunsicherten Täufergruppen zu sammeln. Ihnen ging es darum, die Extrempositionen der Frühphase zu vermeiden und die wegweisenden theologischen Einsichten der Anfangszeit zu einer ausgewogenen Gesamtsicht zu verbinden.

Bevor wir uns einzelne Inhalte ansehen, kurz ein Überblick über die Lebensstationen von Pilgram Marpeck. Marpeck wurde um 1495 in

---

[119] Rothkegel, Martin; Die Austerlitzer Brüder oder Bundesgenossen - Pilgram Marpecks Gemeinde in Mähren, in: Schubert, 232ff.

Rattenberg am Inn in Tirol geboren. Er war der Sohn eines Bergwerkunternehmers und Ratsherrn.
Damit stammte Marpeck aus einer wohlhabenden Familie der Oberschicht. Seit 1520 gehörte er selbst zum Rat der Stadt. Ab 1525 amtierte
er als Bergrichter und hatte damit weitreichende Befugnisse. Er galt als
frommer Mann, der sich ausgezeichnet in seinem Beruf und eifrig für
die Verwaltung der Stadt Rattenberg einsetzte. Bereits um 1522 muss er
mit reformatorischem Gedankengut in Berührung gekommen sein.
Aufgrund seines guten Rufs und weitreichenden Einflusses sollte er
sich für die Freilassung eines leitenden Augustinermönchs einsetzen,
der kurz zuvor wegen angeblich häretischer Predigten inhaftiert wurde.

1524 erreichte die lutherische Reformation Tirol, wurde aber durch
den Erzherzog von Österreich stark bekämpft und zurückgedrängt.
Schon damals zeigte sich bei Marpeck eine Offenheit für die reformatorischen Anliegen. Allerdings war er enttäuscht, dass die Lehre von der
Gnade nicht zu einer verbesserten Lebensführung beitrug. 1526 kamen
von Hans Hut geprägte Täufer nach Salzburg. Der ehemalige Franziskaner Mönch Leonhard Schiemer wurde zu einer führenden Figur in
dieser mystisch-apokalyptischen Taufbewegung. Ende 1527 wurde
Schiemer verhaftet und kurz danach hingerichtet. Man forderte Marpeck dazu auf, in seiner Rolle als Bergrichter auch andere Täufer bei
den Behörden anzuzeigen. Im Gegensatz zu den Schweizer Brüdern be-
kleidete Marpeck ja noch ein öffentliches Amt. Marpeck entschied sich
anders. Kurz nach der Hinrichtung von Leonhard Schiemer legte er seine öffentliche Aufgabe nieder und verließ mit seiner Frau die Stadt.
Sein beträchtliches Privatvermögen musste er dafür zurücklassen. Eine
ähnliche Entscheidung traf zwei Jahre zuvor Michael Gaismaier, der
Anführer der Tiroler Bauernaufstände. 1528 vertiefte Marpeck seine
täuferischen Kontakte in Österreich, Böhmen und Mähren. Insbesondere mit der Gemeinde in Austerlitz begann eine jahrelange Zusammen-
arbeit. Man geht davon aus, dass die Austerlitzer ihn aussandten, um
in Straßburg mit den verschiedenen Täufergruppen in Kontakt zu treten.

Straßburg war zu dem Zeitpunkt ein radikal-reformerischer
Schmelztiegel und ein Zufluchtsort für Nonkonformisten. Die kontroversen theologischen Einflüsse von Hans Denck und Michael Sattler
wirkten noch nach. 1529 kamen Melchior Hoffman und Kaspar von

Schwenckfeld in die Stadt. Auch Wilhelm Reublin war vor Ort. Kurz danach veröffentlichte Sebastian Franck seine kirchenkritischen Schriften. Innerhalb Straßburgs befanden wir uns also in einer ausgesprochen turbulenten und theologisch kreativen Phase, während es im restlichen Land bereits Vertreibungen und erste Hinrichtungen von Abweichlern gab. Pilgram Marpeck gelangte schon bald zu einer führenden Stellung unter den Straßburger Täufern. Aufgrund seines Fachwissens arbeitete er als städtischer Wasserbau-Ingenieur und stellte sicher, dass die Stadt mit Holz versorgt wurde. Obwohl er theologischer Laie war, hatte er sich offenbar sehr schnell in die unterschiedlichen Positionen eingearbeitet. Er nahm die tolerante und friedfertige Linie von Hans Denck auf, grenzte sich aber deutlich vom extremen Schwenckfelder Spiritualismus ab. Auch distanzierte er sich von der - aus seiner Sicht - übertriebenen Gemeindezucht der Schweizer Brüder.

Ende 1531 spitzte sich die Konfrontation mit dem Straßburger Reformator Martin Bucer zu. In zwei Disputationen versuchte Marpeck den Stadtrat davon zu überzeugen, dass er die Gleichsetzung der neutestamentlichen Wassertaufe mit der alttestamentlichen Beschneidung für biblisch unzulässig hielt. Der Rat ließ sich aber nicht überzeugen. Daraufhin wurde Marpeck der Stadt verwiesen. In der Zeit von 1532 bis 1544 ist von Marpeck kein fester Wohnsitz bekannt. Vermutlich reiste er umher: Süddeutschland, Schweiz, Österreich, Tschechien und versuchte, die durch die Verfolgung geschwächten Täufergemeinden zu sammeln und ihnen wieder Hoffnung und eine neue Ausrichtung zu geben. In diesen Zeitraum fielen auch die Ereignisse um das Täuferreich in Münster. Der Marpeck-Kreis wird sieben Jahre danach eine bedeutende Schrift von Bernhard Rothmann, dem dortigen theologischen Denker, aufgreifen, aber durch Überarbeitung alle apokalyptisch-militanten Passagen entfernen. Ähnlich wurde auch mit anderen täuferischen Schriften verfahren. Man versuchte, das Gute zu behalten, aber das Extreme zu vermeiden. Marpeck und sein Team traten in ihren Rundschreiben dafür ein, nicht unnötig die Obrigkeit zu provozieren. Beispielsweise sprachen sie sich gegen die Eidverweigerung aus, weil man nur durch einen Eid das Bürgerrecht erwerben konnte. Auch versuchte Marpeck, zwischen den Austerlitzer Brüdern und den sich bereits abgespalteten Hutterern mit ihrer radikalen Gütergemeinschaft zu vermitteln. Es misslang.

Ab 1544 wurde Augsburg zum ständigen Wohnort. Auch hier arbeitete Marpeck erneut als Wasserbau-Ingenieur und versorgte die Stadt mit auf Wasserwegen herangeschafftem Holz. Er leitete die verbliebene Augsburger Täufergruppe und hielt durch einen regen Schriftwechsel Kontakt zum verzweigten Netzwerk. Diejenigen, die sich diesem Netzwerk zugehörig fühlten, bezeichneten sich als „Bundesgenossen". Es war eine lose miteinander verbundene Sammlungsbewegung in den 40er- und 50er-Jahren. Von der Struktur her gab es keine so starke Hierarchie wie bei dem wirkmächtigen Hans Hut, dem apokalyptischen Melchior Hoffman oder den Güter teilenden Hutterern. Die Arbeit im Team, welches unterstützend umherreiste, war offenbar Absicht. Auch sollten die Gemeinschaften - bei aller klaren biblischen Linie - von viel Freiheit und Liebe geprägt sein. Marpeck verwarf die Extreme: also die rigorose Bannpraxis der Schweizer Brüder und deren Totalverweigerung gegenüber dem Staat, die apokalyptischen Spekulationen bezüglich des Endgerichts von Hans Hut und Melchior Hoffman, die totale Unsichtbarkeit von Kirche gemäß Schwenckfeld, die verpflichtende Gütergemeinschaft der Hutterer und die Anwendung von Gewalt in Münster. Er suchte einen mittleren Weg zwischen individualisiertem Spiritualismus und zwanghaft-regelorientierter Gemeindebildung. 1556 starb Pilgram Marpeck in Augsburg eines natürlicher Todes.

Vier Bereiche seiner theologischen Überzeugungen sollen stärker hervorgehoben werden:

1) Inkarnation

Die Front, gegenüber der sich Marpeck abgrenzte, war der Spiritualismus von Schwenckfeld. Marpeck begründete die Sichtbarkeit der Kirche mit der Menschwerdung Gottes. Dieser Gedankengang lässt sich auch auf die zwei Sakramente Taufe und Abendmahl übertragen. Der Heilige Geist gibt unserem Inneren ein göttliches Zeugnis. Die äußeren Handlungen sind nicht bloß Symbole, getrennt vom eigentlichen Wesen, sondern ergänzen das innere Geschehen. Äußere Handlungen sind ein „Mitzeugnis" für das innere Zeugnis des Geistes. Beides gehört in dieser Reihenfolge zusammen und darf nicht voneinander getrennt oder gegeneinander ausgespielt werden. Analog dazu soll das Leben in der Gemeinde Formen annehmen, durch die das Heilsgeschehen im Inneren nach außen transparent wird.

2) Gespräch

Interessant ist, dass Marpeck in einem Schriftsteller-Team arbeitete. Gemeinsam ging es ihnen darum, frühere Täuferschriften zu überarbeiten, zu erweitern und zum Aufbau der Gemeinde nutzbar zu machen. Darüber hinaus bestand kein Predigt- oder Lehramt, das den Gemeinden autoritativ gegenüber stand. Stattdessen gab es wechselnde Vorleser, die Bibelabschnitte vortrugen. Anschließend sprach die Gemeinde darüber. Martin Rothkegel schreibt:

> *„Kirche Christi ereignet sich im gemeinsam auslegenden Gespräch über die heilige Schrift."*[120]

Wir finden hier also ein grundlegend anderes Verständnis von Kirche vor. Weder ist die Anwesenheit eines amtierenden Priesters, noch die korrekte Anwendung der Sakramente, noch die Durchführung einer bestimmten gottesdienstlichen Liturgie nötig. Stattdessen ist Kirche die Gemeinschaft der Glaubenden, die sich gemeinsam über biblische Texte austauschen, miteinander beten und ihr Leben an den gewonnenen Einsichten ausrichten.

3) Bundesgenossen

Mangels eines besseren Begriffes sprach man lange Zeit vom „Marpeck-Kreis". Das ist aber keine Selbstbezeichnung. Innerhalb des Netzwerkes wurde eher der Begriff „Bundesgenosse" verwendet. Mit „Bund" war in erster Linie Gottes Handeln gegenüber dem Menschen gemeint: Gott schließt mit den Menschen ein Bündnis, welche wiederum auf Gottes Bundesangebot positiv eingehen und dadurch die Gemeinde bilden. Es ist ein vertikaler, asymmetrischer Bund. Auch wenn bei Marpeck der Begriff noch nicht horizontal, im Sinne einer menschlichen Bündnisstruktur, verwendet wurde, lassen sich möglicherweise doch schon erste Anzeichen in diese Richtung erkennen: Die flache Hierarchie, die Netzwerkstruktur und die gleichberechtigte Mitbeteiligung in offenen Bibelgesprächskreisen nahmen bereits in Ansätzen eine kongregationalistische, eher antihierarchisch föderale Struktur vorweg.

4) Das Verhältnis von Altem und Neuem Testament

1547 erschien die Schrift mit dem Titel „Testamentserläuterung". Darin werden alttestamentliche Stellen neutestamentlichen gegenüber ge-

---

[120] A.a.O., 235.

stellt. Marpeck verstand das Alte Testament als Verheißung, das Neue als Erfüllung. Das waren für ihn zwei grundlegend verschiedene Kategorien. Durch das Kommen Christi und durch den neuen Bund schlägt Gott ein neues Kapitel auf. Auf die Stellen im Alten Testament fällt nun ein anderes Licht. Deswegen grenzte sich Marpeck davon ab, wenn sich die christliche Kirche analog zu einer israelitischen Theokratie organisieren wollte. Auch die Rolle der Priester ist damit eine andere. Ebenso kann man sich bei dem Gebrauch des Schwertes und bei der Begründung der Taufe nicht auf das Alte Testament berufen. Marpeck erkannte in seinen späteren Jahren, dass das richtige Verhältnis von Altem und Neuem Testament für eine christliche Theologie elementar ist. Weder dürfen die beiden Testamente auseinandergerissen noch gegeneinander ausgespielt werden. Entscheidend ist aber, dass man als Christ seine gesellschaftspolitischen Überzeugungen nicht aus dem Alten Testament ableitet, so als wäre die Kirche der direkte Nachfolger des Volkes Israel.

Abschließend möchte ich diese vier Themenfelder noch einmal aufgreifen und verlängern:

1) Inkarnation
Je nachdem, wo Kirchen ihren Hauptreferenzpunkt im Leben von Jesus setzen, entsteht ein unterschiedliches Selbstverständnis. Ist es die Kreuzigung, entsteht eine mystische Leidensorientierung. Ist es die Auferstehung, erwächst daraus ein triumphales Kirchenverständnis. Wenn Martin Luther von „Christus allein" sprach, meinte er damit das Christusbild des Paulus. Wie aber wäre die Gestalt von Kirche, wenn sie sich an dem einfachen Mann von Nazareth orientieren würde? Wenn die Herabsteigung, die Kondeszendenz Gottes, ihr Hauptkennzeichen wäre? Eine Kirche, die durch ihr schlichtes, gewaltfreies Auftreten Machtstrukturen, auch religiöse Machtstrukturen, offenlegen würde?

2) Gemeinde als Gespräch
John Howard Yoder nennt Kirche eine „Hermeneutic Community", also eine Gemeinschaft, die im Gespräch über die Bibel zu Einsichten kommt. Die Bibel muss immer neu - und zwar gemeinschaftlich - gelesen werden.[121] Gordon Kaufmann, ebenfalls ein mennonitischer Theologe, geht noch weiter und versteht Glaubenswahrheit nicht als starre

---

[121] Goertz, Bruchstücke, 52.

Dogmatik, sondern als dialogische Erkenntnisstruktur.[122] Wie wäre eine Gemeinde, in der alle gemeinsam biblische Texte lesen, aufeinander hören und zu Folgerungen kommen würden? Wenn keiner beanspruchte, die Bibel in zeitlos normativer Weise auszulegen, sondern jeder sie als von Gott gegebene Hilfe und als Ansporn verstünde, um bestmöglich an Jesus orientiert zu leben?

3) Bundestheologie
Der Begriff „Bund", lässt sich in spannender Weise für das Zusammenleben von Menschen verlängern. Ein horizontales Bündnis ist das Gegenmodell zu einer hierarchischen Ordnung. Strukturen entstehen dann durch freiwillige Selbstverpflichtungen, nicht durch Unterordnung und Gehorsam. Bündnisse sind Zusammenschlüsse gleichberechtigter Partner, die sich gegenseitig an ihre Abmachung erinnern. Wie wäre eine Kirche, die sich über freiwillige Selbstverpflichtungen organisierte? Da gibt es viel Material zum Weiterdenken.

4) Das Verhältnis von Altem und Neuem Testament
Es wurde schon angedeutet, mit welcher Selbstverständlichkeit nicht nur die katholische Kirche, sondern auch viele der evangelischen Reformatoren Anleihen im Alten Testament gemacht haben: Heilige Kriege, Todesstrafe, Waffengewalt, monarchische Herrschaftsstruktur - das sind die massivsten Beispiele. Ich finde es ausgesprochen erschreckend, wie lange sich diese verheerenden Deutungsmuster durchgehalten und die Gestalt von Kirche geprägt haben. Dazu ließe sich noch viel mehr sagen. Es mag aber zunächst genügen.

---

[122] Seinen theologischen Entwurf führt Gorden D. Kaufmann genauer in dem Buch „In Face of Mystery" aus.

#27 Fundamentalismus? - Reformatorische Autorität und der Griff nach dem Absoluten

Ein Exkurs zum Stichwort: „Fundamentalismus", speziell: Christlicher Fundamentalismus. Mit all dem, was wir bisher über die Konflikte in der Reformationszeit gehört haben, werden wir versuchen, Muster zu erkennen, Muster, die Keime für fundamentalistische Denkfiguren sind. Das ist wichtig, um Gefährdungen des Glaubens zu reflektieren. Zum Schluss mache ich einen Vorschlag, wie wir der christlichen Fundamentalismus-Falle entkommen können.

Zum Begriff „Fundamentalismus".
Häufig wird er polemisch verwendet. Fundamentalisten sind dann immer die anderen. So ist der Begriff aber nicht mehr als ein Schimpfwort. Versucht man, ihn genauer zu beschreiben, ist wohl eine Art von Verbohrtheit, Intoleranz oder sogar Fanatismus gemeint. In vielen Fällen wird er auf eine bestimmte Form von Religiosität bezogen, auf Strenggläubige, religiöse Eiferer, Leute, die rückständig sind und mit denen man nicht vernünftig reden kann, auf Leute, die zur Gewalt neigen. Manch einer kommt sogar zu dem Schluss, dass deswegen Religionen an sich das Problem wären. Insbesondere die monotheistischen Religionen, also diejenigen, die behaupten „Gott ist einer" und die deswegen angeblich nichts neben sich bestehen lassen können.

Wer ein bisschen auf Spurensuche geht, findet, dass der Begriff „Fundamentalismus" auf eine christliche Bewegung Anfang des 20. Jahrhunderts zurück geht. Dort wurden sogenannte „Fundamentals" formuliert: zum Beispiel die Irrtumslosigkeit der Heiligen Schrift. Es war eine Gegenbewegung zur modern-historischen Relativierung der Bibel. Häufig wird dieses Themenfeld auch mit einer „konservativen Sexualmoral" oder mit der Ablehnung der Evolutionslehre in Verbindung gebracht.

Erst Ende des 20. Jahrhunderts wurden Phänomene rund um das Thema „Fundamentalismus" genauer erforscht. Bis heute gibt es keine eindeutige Definition. Hervorgehoben wird aber, dass nicht schon deswegen eine Überzeugung „fundamentalistisch" sei, nur weil sie „rückständig, bibelgläubig und dialogunfähig" daher kommt. Vielmehr geht es um eine Kombination aus „religiöser Letztbegründung" und „politischer Durchsetzungsmacht", wenn also die eigene „Weltsicht" als die einzig wahre verstanden wird *und* anderen in gewisser Form aufgezwungen werden soll. Gemeint ist eine Art von Religiosität, die den totalen Zugriff auf die vorhandene Welt beansprucht. Zugriff zunächst einmal im Sinne einer Deutungshoheit, also als umfassenden Begründungsrahmen für alles Denken, Fühlen und Handeln. Zugriff dann aber auch - schrittweise - auf die Ressourcen und die Gestaltung dieser Welt. Das führt natürlich auf kurz oder lang zu heftigen Konflikten. Religiöse Konflikte sollen die schlimmsten sein, sagt man. Weil es dabei immer um alles oder nichts geht, um das Absolute, Wahre, Ewige.

Und während ich diese Sätze formuliere, läuft schon der innere Erinnerungsfilm in Bezug auf die Reformationszeit ab: Hass auf die Priesterhierarchie der katholischen Kirche, religiöser Streit um die richtige Auslegung der Bibel, Machtkämpfe zwischen Fürsten und Kaiser, Gebietsansprüche, Verweigerung von Zehnten-Abgaben, Vertreibung und Hinrichtung Andersgläubiger, Polemik und Diffamierung bis ins Extreme und das bevorstehende Endgericht als Begründung für Gewaltanwendung. Man bekommt den Eindruck, nahezu alle Konfliktparteien - katholisch, lutherisch, reformiert, täuferisch, schwärmerisch oder wie man sie auch immer bezeichnen mag - waren in gewisser Weise durchtränkt von einer fundamentalistischen Energie.

Zum Wesen von Religion
Bevor wir uns das genauer ansehen, einige Hinweise zum Wesen von „Religion". Manch einen mag das verwundern, aber jede Religion hat einen Absolutheitsanspruch. Das macht gerade Religion aus. Sie deutet die gesamte Selbst- und Welterfahrung. Religion ist „das große Bild" oder „die gesamte Geschichte" von allem. Wenn Religion in ihrem Anspruch nicht absolut und umfassend wäre, hätten wir bloß religiöse Einzel-Meinungen, die zusammenhanglos nebeneinander stünden.

Man mag dagegen einwenden, dass manche Religionen - wie zum Beispiel der Hinduismus - aus sich heraus tolerant gegenüber anderen religiösen Ansichten seien. Demzufolge könnten dann alle Religionen gleichberechtigt nebeneinander stehen, ohne sich gegenseitig auszuschließen. Wenn man aber genauer hinsieht, wird auf diese Weise „religiöse Vielgestaltigkeit" zur höchsten Maxime und damit absolut gesetzt. Wie man es dreht und wendet: Religion ist der Umgang mit dem Absoluten, Letztgültigen, Umfassenden.

Der christliche Glaube

Was heißt das für den christlichen Glauben? Christen sind davon überzeugt, dass Gott einer ist. Im Unterschied zum Judentum und zum Islam gehen sie davon aus, dass sich dieser eine Gott in dreifacher Weise offenbart hat: Vater, Sohn und Geist. Die Kernaussage des christlichen Glaubens ist, dass der Mensch Jesus von Nazareth die unüberbietbar sichtbare Verkörperung Gottes in menschlicher Gestalt war. Die ersten Christen bekannten, dass Jesus der Christus sei, das heißt der erwartete Messias, und der Kyrios, das heißt der HERR, also das personal höchste Machtzentrum des Universums. Hier haben wir die Wurzel der christlichen Absolutheit. Bis zu diesem Punkt könnten sicherlich die meisten der unterschiedlichen christlichen Strömungen mitgehen.

Wenn darüber hinaus der Sinn von Kirche ist, Jesu Sendung in die Welt aufzugreifen, ihn als „Leib Christi" zu verkörpern und allen Menschen bekannt zu machen, was heißt das dann konkret? Jemand könnte sagen: „Lass uns doch einfach das tun, was Jesus möchte." Das hört sich zunächst sehr einleuchtend an. Bei genauerem Hinsehen folgt aber die Frage: Woher weiß ich, was Jesus möchte?

Und da stoßen wir auf das zentrale Problem: Niemand hat direkten Zugang zur Person Jesus Christus. Vereinfacht gesagt: Niemand kann heutzutage miterleben, wie Jesus predigt, Kranke heilt oder als Auferstandener am Lagerfeuer mit seinen Jüngern sitzt und frühstückt. Und: Niemand kann ihm bei auftretenden Unklarheiten direkt ein paar Fragen zum besseren Verständnis stellen. Was sich hier so leicht daher sagen lässt, hat ausgesprochen weitreichende Konsequenzen. Es bedeutet, dass wir nur auf *indirektem* Wege Gottes Willen erkennen können und zwar auf dreifache Weise: (1) durch die Tradition, also die geschichtliche Gemeinschaft der Kirche, (2) durch die Heilige Schrift und (3) durch das Reden des Geistes. In Kurzform: Gemeinschaft, Bibel und Geist.

Meine Behauptung ist: Jeder dieser drei Bereiche ist notwendig, um herauszufinden, was Gottes Wille in Christus ist, aber keiner der drei Bereiche darf an sich absolut gesetzt oder gegen die anderen ausgespielt werden: Also noch einmal: (1) die Gemeinschaft der Gläubigen durch die Jahrhunderte, (2) das reflektierte Studieren der Bibel und (3) das Hören auf das Reden des Geistes. Alle drei gehören zusammen. Es ist ein zutiefst relational hermeneutisches Wechselspiel. Bevor wir das weiter vertiefen, einen Blick auf die Reformation.

Muster während der Reformationszeit

Im sogenannten Mittelalter gab es nur eine christliche Weltdeutung. Anhand dieses religiösen Rahmens wurde die gesamte Gesellschaft geordnet. Die institutionelle katholische Kirche hatte die Deutungshoheit und verwaltete und vollstreckte - nach ihrer Ansicht - Gottes Anliegen auf Erden. Die Autorität lag beim Papst und in Verlängerung beim Klerus, also den Priestern. Kirche war dort, wo ein offizieller Amtsträger in rechtmäßiger Weise die Sakramente austeilte.

Dann kam - verkürzt gesagt - Martin Luther und sprach dem Papst seine geistliche Autorität ab. Er berief sich dabei auf die Bibel, speziell auf den Römerbrief des Apostels Paulus. Auf diese Weise wird die Textüberlieferung gegen die Traditionen der Kirche in Stellung gebracht. Der Slogan „Allein die Schrift" war ein Kampfbegriff gegen die päpstliche Autorität.

Wie war es bei den radikal-reformatorischen Strömungen? Bereits Andreas Bodenstein von Karlstadt und Thomas Müntzer kritisierten die neuen Schriftgelehrten zu Wittenberg. Ihr Vorwurf: Anstelle der katholischen Priester würden nun die lutherischen Professoren die Deutungshoheit beanspruchen. Karlstadt und Müntzer betonten dagegen, dass das Evangelium Christi auch durch direktes Reden des Geistes in die Herzen der ungebildeten Menschen kommen könne. Luther tat das als Schwärmerei ab.

In der Schweiz versuchten die Täufer im Disput mit Huldrich Zwingli anhand von Bibeltexten zu argumentieren. Zwingli saß aber am längeren Hebel und konnte sich mit seiner Auslegung durchsetzen. Erkennbar wird: Die vorherrschende Interpretation der Bibel ergibt sich nicht allein aus dem Textbefund, sondern wird entscheidend von der kirchlichen Macht der Ausleger bestimmt.

In Bezug auf unsere drei Stichworte „Gemeinschaft, Bibel, Geist" heißt das Folgendes: Die Reformation wollte zunächst die traditionell christliche Gesellschaft anhand der Bibel reformieren. Als das nicht gelang, kam es zum Traditionsabbruch und führte zur Konfessionalisierung. Luther grenzte sich sowohl zur katholischen Tradition als auch zum geistlichen Schwärmertum ab. Für ihn sollte allein die Schrift gelten. In Kurzform: Die katholische Kirche argumentierte mit dem ersten der drei Bereiche, also mit der geschichtlich-gemeinschaftlichen Tradition der Kirche und der amtierenden Hierarchie. Die evangelischen Kirchen setzen auf den zweiten Bereich und stellten gegen die Tradition das Wort der Heiligen Schrift in ihren Ursprachen und in Kombination mit einer fachlich gelehrten Auslegung. Nur bei den Strömungen der radikalen Reformation finden wir auch Elemente des dritten Bereichs, also Prophetien, Träume und direktes Reden des Heiligen Geistes. Auf diese Weise waren auch „gewöhnliche Leute", also der „gemeine Mann" beteiligt. Die Betonung von einfachen Geist-Offenbarungen lässt sich als Widerstand gegen die Übermacht der kirchlichen Tradition und gegen die neue Bevormundung durch evangelische Gelehrte deuten.

Folgerungen
Sehen wir uns die drei Bereiche und ihre Gefährdungen an. Beginnen wir mit dem zweiten Punkt: Die Bibel. Aus säkularer Sicht ist die Bibel eine Sammlung von historischen Texten. Aus gläubiger Sicht ist sie heilige Offenbarung. In beiden Richtungen kann es nun zu Extremen kommen. Zum einen wird dann behauptet, dass biblische Texte - gemäß der liberaltheologischen Tradition - allein menschlichen Ursprungs wären, die auf mögliche Gotteserfahrungen hindeuten. Dementsprechend könne die Bibel historisch-kritisch bis ins Kleinste hinterfragt und analysiert werden. Auf der anderen Seite wird behauptet, dass die Schrift in jeglicher Hinsicht irrtumslos und lückenlos inspiriert wäre. In Verlängerung dazu erhält sie einen quasi gottähnlichen Charakter und wird in sich absolut gesetzt.

Nehmen wir als nächstes den dritten Punkt: Reden des Geistes und Hören im Gebet. Aus säkularer Sicht handelt es sich hierbei um bloße Einbildungen oder Projektionen. Aus gläubiger Sicht redet Gottes Geist direkt zu unserem menschlichen Geist. Wiederum kann es in beiden Richtungen zu Extremen kommen: Zum einen wird dann behauptet, dass Gottes Geist heutzutage überhaupt nicht mehr auf direkte Weise - unabhängig vom Wort Gottes - zum Menschen redet. Damit werden alle charismatischen Phänomene abgelehnt. Auf der anderen Seite geht man davon aus, dass Prophetien direkte Eingebungen und Träume seien, die nicht hinterfragt werden dürften. Damit wird die Autorität von „geistlichen Impulsen" absolut gesetzt.

Und jetzt noch zum ersten Punkt: Gemeinschaft der Gläubigen und kirchliche Tradition. Aus säkularer Sicht haben wir es bei Kirche nur mit einer soziologischen Größe zu tun. Aus gläubiger Sicht ist Kirche - zusammen mit Israel - das erwählte Volk Gottes. Auch hier kann es zu

Extremen kommen: Die einen sagen dann, Kirche sei in ihrer konkreten Gestalt für die Herausbildung des Reiches Gottes gar nicht nötig. Das Eigentliche ist sowieso unsichtbar. Die anderen betonen, dass die Traditionsgeschichte der Kirche in sich Bedeutung hat und zu einer fortschreitenden Offenbarung gehört. Wenn man aber die jeweilige Gestalt von Kirche für unantastbar hält, wird sie absolut gesetzt und verweigert sich jeglicher Reform.

Gefährdungen widerstehen

Mit diesen Reflexionen erkennen wir eine dreifache Gefährdung zum Fundamentalismus. Es gibt (1) Traditions- oder Strukturfundamentalismus, (2) Bibelfundamentalismus und (3) Geistfundamentalismus. In jedem Fall wird einer der drei Bereiche auf Kosten der anderen absolut gesetzt. Warum geschieht diese Absolutsetzung? Meine Antwort dazu: Weil nicht ausgehalten wird, dass die Mitte zwischen diesen dreien leer und für den auferstandenen Christus reserviert bleiben muss. Fundamentalismus ist der Versuch, das Unverfügbare verfügbar zu machen. Es ist der Versuch, den Auferstandenen erneut „festzunageln". Entweder durch sakramental-kirchliche Verdinglichung, durch biblische Buchstabengläubigkeit oder durch vermeintliche Direkt-Eingaben des Geistes. Immer geht es um eine Deutungshoheit über die gesamte Wirklichkeit, die nicht hinterfragt werden kann. Diese Absolutheit gebührt aber allein dem Auferstandenen. Der Auferstandene lässt sich nicht kirchlich verwalten oder religiös kontrollieren. Er entzieht sich unserem Bemächtigungswillen. Und weil wir keinen unmittelbaren, sondern nur einen indirekten Zugang zum Ursprung und Kern des christlichen Glaubens haben, können wir dieses Mysterium - gewissermaßen - nur umkreisen.

Deswegen gilt: (1) Die kirchliche Tradition braucht das Korrektiv durch die urgemeindlichen Zeugenberichte und durch das Wirken des Geistes. (2) Die Schrift braucht das Hören auf den Geist und das auslegende Gespräch in der Gemeinschaft der Gläubigen. (3) Das Reden des Geistes muss anhand der Schrift und in der christlichen Gemeinschaft geprüft werden.

Wenn wir diese wechselseitige Abhängigkeit verinnerlichen, kann es nicht mehr zu fundamentalistischen Positionen kommen. Wir verstehen dann, dass wir immer Lernende bleiben, die einander brauchen: Gemeinsam forschen wir in den Heiligen Schriften, gemeinsam hören wir auf das Reden des Geistes und gemeinsam gestalten wir „Kirche". Und weil sich die Umwelt, in der sich christliche Gemeinschaften formieren, immer wandelt, weil es immer neue Herausforderungen gibt, braucht es auch immer neue Antworten.

Gemeinde ist - im Sinne der kirchlichen Tradition - eine Erzählgemeinschaft, - im Sinne der kritischen Textarbeit - eine Diskursgemeinschaft und - im Sinne des Geistwirkens - eine Sehnsuchtsgemeinschaft in Hinblick auf Gottes neue Welt. Kirche ist eine Gemeinschaft auf dem Weg. Sie lernt nie aus. Sie weiß den mitwandernden Auferstandenen in ihrer Mitte, darf aber nicht versuchen, durch Verabsolutierung von Tradition, Bibel und Geistreden dieses Geheimnisses habhaft zu werden oder es verwalten zu wollen.

#28 Jakob Huter - Die Hutterer und das Leben in Gütergemeinschaft

Erneuerungsbewegungen erhalten ihre Dynamik häufig aus einem Rückbezug zum Ursprung. Die Täufer hatten durch ihr Bibelstudium die Lehren Jesu und die Praxis der Jerusalemer Urgemeinde vor Augen. Sie versuchten, eine einfache Gemeinschaft von Gläubigen zu verwirklichen - im Kontrast zur mächtigen und prunkvollen Kirchlichkeit ihrer Zeit. Am Anfang der Apostelgeschichte steht über die Urgemeinde:

> *„Und alle, die gläubig geworden waren, bildeten eine Gemeinschaft und hatten alles gemeinsam. Sie verkauften Hab und Gut und gaben davon allen, jedem so viel, wie er nötig hatte."*[123]

Aus diesen Versen ergibt sich die Idee der Gütergemeinschaft. Das ist der Kerngedanke der Hutterischen Brüderhöfe. Seit fast 500 Jahren verfolgen sie das Ideal einer gerechten und friedlichen Welt - nicht nur theoretisch, sondern konkret als immer neu gelebte Utopie. Jakob Huter ist zwar nicht der Gründer der Hutterer, er spielte aber eine ganz entscheidende Rolle bei deren Formierung. Deswegen wurde die Bewegung nach ihm benannt.

1) Die Vorgeschichte

Das Ideal der Gütergemeinschaft zieht sich durch die Jahrhunderte. Häufig verstärkte sich die Idee des gemeinschaftlichen Lebens in Zeiten von wirtschaftlichen Umbrüchen, wachsender Ungerechtigkeit und zunehmender Verelendung der Bevölkerung. Das traf auch auf die Zeit der Reformation zu. Wir erinnern uns: Die Bauern verstanden Luthers „Freiheit eines Christenmenschen" als eine wirtschaftliche Befreiung von Ausbeutung. Das zunehmende Privateigentum der Mächtigen war aus geistlicher Sicht ein Ausdruck von Egoismus. Thomas Müntzer predigte dagegen ganz im Sinne der mittelalterlichen Mystik „Gelassenheit" gegenüber dem Materiellen. Mit anderen zu teilen, war ein Zeichen auf dem Weg zur Vollkommenheit. Die Besitzenden sollten teilen und die Armen sollten genug zum Leben bekommen. Nur so würde der Geist Gottes alle im Herzen berühren können.

---

[123] Apg. 2, 44.45.

Bei den Schweizer Brüdern lag die Betonung auf dem Studium der neutestamentlichen Schriften. Hier lasen sie, dass die ersten Christen ihren Besitz verkauften und teilten, damit keiner Not leiden müsse. Beim Teilen ging es ihnen um Solidarität mit den ärmeren Glaubensgeschwistern.

Auch den Hutterern war - aufgrund des österreichischen Einflusses von Hans Hut, dem Schüler von Thomas Müntzer - eine Loslösung vom Materiellen wichtig. Ein Leben gegen die Besitzgier, gegen Wucher und Neid und für Genügsamkeit und Bescheidenheit. Die erste Einführung der Gütergemeinschaft war kein weltfremdes Experiment, sondern sie ergab sich aufgrund von konkreter Not unter den Gläubigen, eine Not, die beseitigt werden sollte. Darüber hinaus ist Gütergemeinschaft mehr als nur materieller Ausgleich. Die Hutterer waren davon überzeugt, die wahre Gestalt von Kirche zu sein. Nur eine zum Teilen bereite Gemeinschaft lebte im Willen Gottes.[124]

2) Die Rolle von Jakob Huter

Huter wurde um 1500 im Pustertal in Tirol geboren. Er erlernte das Handwerk eines Hutmachers. Mitte der zwanziger Jahre kam er mit täuferischen Ideen in Kontakt. Die österreichischen Täufer waren besonders von Hans Hut geprägt. Dieser wurde aber bereits Ende 1527 in Augsburg hingerichtet. Auch von Jörg Blaurock, dem ersten Getauften in Zürich, ist bekannt, dass er in Tirol wirkte. Blaurock wurde 1529 in Tirol verbrannt. Insgesamt wurden in Österreich nahezu 400 Personen wegen ihres täuferischen Glaubens hingerichtet. 1529 ist auch das Jahr, in dem der Name Jakob Huter zum ersten Mal auftauchte. Er trat gewissermaßen die Nachfolge von Blaurock an und entwickelte sich in den folgenden Jahren zu einem einflussreichen österreichischen und mährischen Täuferführer.

Nachdem die Verfolgung in Österreich immer mehr zunahm, koordinierte Huter die Auswanderung der Tiroler Täufer nach Mähren. Mähren galt wegen seiner toleranten Obrigkeit als „verheißenes Land". Viele Täufer - nicht nur aus Österreich, sondern auch aus Süddeutschland - siedelten dorthin um. Als Jakob Huter mit den mährischen Täufern Kontakt aufnahm, gab es in Nikolsburg bereits eine große Gemeinschaft. Seit 1526 hatte dort Balthasar Hubmaier eine „obrigkeitliche

---

[124] Gross, Leonard; Jakob Huter - Ein christlicher Kommunist, in: Goertz, Reformatoren, 143.

Täuferreformation" ähnlich wie in Waldshut realisieren können. Man vermutet, dass sich ca. 12.000 Täufer in Nikolsburg versammelt hatten. 1528 kam es dort zu einem Konflikt in Bezug auf den Gebrauch des Schwertes. Eine Gruppe von pazifistischen Täufern stellte sich gegen Hubmaiers Position und siedelte nach Austerlitz über. 1530 traf Wilhelm Reublin, auch ein Schweizer Täufer der ersten Stunde, in Austerlitz ein. Unter seiner Mitwirkung und dem Drängen auf eine radikalere Form der Gütergemeinschaft kam es zu einer weiteren Spaltung, woraufhin sich die Gemeinde in Auspitz gründete.

Huter muss bei seinem Kontakt nach Mähren von der Idee der Gütergemeinschaft beeindruckt gewesen sein. Gleichzeitig sah er aber auch die Richtungskonflikte und die ungeklärten Strukturen. Als Wilhelm Reublin wegen heimlichen Privatbesitzes seines Amtes enthoben wurde, reorganisierte Huter die Auspitzer Gemeinschaft, blieb aber nicht vor Ort. Er pendelte weiterhin zwischen Tirol und Mähren hin und her, um die Umsiedlungen zu koordinieren.

1533 kam Jakob Huter dauerhaft nach Auspitz und baute die durch innere Konflikte geschundenen Gemeinschaften strukturell und institutionell wieder auf. Es gab eine gemeinsame Kasse und einen sogenannten „Diener der Notdurft", d.h. eine Person, die die gemeinsamen Güter verwaltete und an die Notleidenden austeilte. Huter sah die ursprüngliche Austerlitzer Gemeinschaft als Modell- und Muttergemeinde der Tiroler Täufer an. Durch Jörg Blaurock und Wilhelm Reublin fühlten sich die mährischen Hutterer in Kontinuität mit den Ursprüngen der Täufer in der Schweiz.

1535 brach das Täuferkönigreich in der Stadt Münster zusammen. Auch dort war aufgrund der Not, die sich durch die Belagerung durch die Fürstenheere ergab, die Gütergemeinschaft eingeführt worden. Die Radikalität Münsters wurde zum Anlass, alle täuferischen Gütergemeinschaften noch stärker zu verfolgen. Kurz danach brach auch in Mähren - trotz der ursprünglich toleranten Obrigkeit - die Verfolgung aus. Die Hutterer mussten sich in Wäldern und Höhlen verstecken.

Ende 1535 wurde Jakob Huter bei einer Reise zurück nach Tirol verhaftet. Man verhörte ihn in Innsbruck und ließ ihn foltern. Im Februar 1536 wurde er auf dem öffentlichen Platz vor dem „Goldenen Dachl" verbrannt. Seit 2007 erinnert dort eine Gedenktafel an den Märtyrer Jakob Huter. Man schätzt, dass in Österreich zeitweise 10% der Bevölkerung Täufer waren und ca. weitere 30% mit den Täufern sympathisierten. Das ist eine starke Verankerung in der Bevölkerung. Sicherlich ist das auch der Hauptgrund, warum die Täufer trotz starkem Verfolgungsdruck durch den katholischen König so lange im Untergrund überleben konnten.

3) Zurück zu den Hutterern
Viele der Details wissen wir aus dem hutterischen Geschichtsbuch, das die Entstehung und den Verlauf der hutterischen Bruderhöfe dokumentiert. Der erste Chronist bis zum Jahr 1542 war Kaspar Braitmichel. Von den hutterischen Gemeinschaften ist eine starke Missionstätigkeit bekannt. Laut ihrer Überzeugung war Gütergemeinschaft grundlegend für eine erneuerte Kirche nach dem Neuen Testament. Von ähnlicher Bedeutung waren die vollständige Friedfertigkeit und die Verweigerung jeglicher Kriegsbeteiligung. Mit diesen Ansichten warben sie bei den verbliebenen anderen Täuferströmungen. Das betraf sowohl die Täufer rund um Pilgram Marpeck und sein Team, als auch diejenigen, die eng mit den Schweizer Brüdern in Verbindung standen. Über die Zeit setzte sich ihre pazifistisch-streng-kommunitäre Sicht der „Stäbler" gegenüber der Überzeugung der „Schwertler" durch.

In der zweiten Hälfte des 16. Jahrhunderts wurden die hutterischen Bruderhöfe erneut toleriert und kamen zu erstaunlicher Blüte. Man spricht von den „goldenen Jahren". Auch wenn das religiös-kommunitäre Leben sicherlich vielfach Befremden ausgelöst hat, brachten die Bruderhöfe eine nicht zu unterschätzende Wirtschaftsleistung in die Gesellschaft ein. Es wird geschätzt, dass es wohl über 100 Bruderhöfe mit jeweils 200 - 400 Bewohnern gab, also ca. 20.000 bis 30.000 Personen.[125] Hutterische Bruderhöfe waren nicht nur Verteilgemeinschaften von Gütern, sondern auch Produktionsgemeinschaften. Viele der Täufer waren Handwerker. Die gemeinschaftlich organisierte gewerblich-manufakturelle Produktion war ihrer Zeit weit voraus. Keiner der Bewohner musste sich um Ernährung und Bekleidung sorgen. Kinder wurden schon früh in einer Art Vorschule betreut und später in einer für damalige Zeit innovativen Weise beschult. Aufgrund ihrer Wirtschaftskraft, ihres Fleißes, ihrer Genügsamkeit und Arbeitswilligkeit wurden Bruderhöfe von Landesherren oftmals sehr geschätzt.

Als es im 17. Jahrhundert in Mähren zur katholischen Gegenreformation kam, wurden die Hutterer erneut vertrieben - möglicherweise auch

---

[125] Genauere Angaben finden sich bei Plümper, 96f., 207.

wegen Neid und Misstrauen. Sie flohen nach Ungarn, in die Slowakei, nach Siebenbürgen, in die Walachei und nach Russland. Gegen Ende des 19. Jahrhunderts siedelten sie in die USA über. Weil sie dort aber zu Beginn des 1. Weltkrieges zum Kriegsdienst gezwungen werden sollen, wanderten viele nach Kanada aus. Heutzutage leben ca. 45.000 Hutterer in Kanada und den USA. Sie organisieren sich in Kolonien, die jeweils etwa eine Größe von 120 bis 150 Personen umfassen.

4) Zum Ideal der Gütergemeinschaft

Die konsequente Gütergemeinschaft der Hutterer war keineswegs unumstritten. Im Gegenteil: langfristig spalteten sie die täuferischen Strömungen. Besonders die Schweizer Brüder und der Marpeck-Kreis stellten sich gegen die Überzeugung, dass wahres Christsein und Privatbesitz nicht zusammen passe. Noch 1543 wurden die Hutterer deswegen als „schädliche und verderbliche Sekte" bezeichnet.[126] Sie wurden dafür kritisiert, dass sie Christus „als Gemeinschaft in den zeitlichen Gütern" finden wollten.[127] Genau da aber sind wir bei der inzwischen Jahrhunderte langen Provokation. Sie lautet: Ist es möglich, dass das kommende Friedensreich Gottes bereits jetzt modellhaft und sichtbar in unseren irdischen Bezügen gelebt werden kann? Den Hutterern geht es ja gar nicht darum, die gesamte Welt durch menschliche Anstrengung zu verwandeln. Sie konzentrieren sich allein auf die Nachfolger Jesu, die aus einer Herzensveränderung in einer Kontrastgesellschaft leben wollen.

Geht das? Ist das naiv? Oder ist es anmaßend? Ist ein solches Vorhaben zwingend zum Scheitern verurteilt? Oder hält es der restlichen Christenheit die Spiegel vor, wie wenig die Lehren Jesu und die urgemeindliche Praxis für Politik und Wirtschaft ernst genommen werden? Ist die Idee der Gütergemeinschaft wie ein „Stachel im Fleisch" einer wohlsituierten Christlichkeit?

Im Verlauf der Geschichte hat es viele Namen für Hoffnungen auf ein besseres Leben gegeben: die Insel Utopia, der Sonnenstaat, das Goldene Zeitalter, die klassenlose Gesellschaft, das Tausendjährige Reich und andere mehr. Nur weil viele Versuche, friedlicher und gerechter miteinander zu leben, gescheitert sind, folgt daraus nicht automatisch, dass diese hoffnungsvollen Aufbrüche an sich falsch waren. Vielmehr kann es auch darauf hindeuten, wie hartnäckig unsere erdrückende ge-

---

[126] Cornelius Veh, zitiert in: Goertz, Alles, 48.
[127] Stayer, James M.; Neue Modelle eines gemeinsamen Lebens - Gütergemeinschaft im Täufertum, in: Goertz, Alles, 48.

sellschaftliche Realität ist und wie schwer und wie mühsam es ist, sich langfristig dagegen aufzulehnen.

Zum Abschluss Anregungen und Fragen

1) Wie praxisrelevant ist das Evangelium?
Nach Luthers Überzeugung war die Botschaft von Jesus nicht dazu geeignet, das Volk zu regieren. Soll heißen: Man kann daraus keine Standards für politische und wirtschaftliche Regeln ableiten. Stimmt das? Die radikalen Reformatoren, wie Karlstadt, Müntzer und viele der Täufer waren da anderer Ansicht. Was denken Sie dazu? Gilt das Prinzip der Gewaltfreiheit und der Feindesliebe oder ist es naiv - oder sogar fahrlässig -, so zu denken? Gilt das Prinzip der Gütergemeinschaft oder ist das ein überzogener Anspruch?

2) Bleiben wir bei der Gütergemeinschaft
In der Bibel wird das Privateigentum nicht an sich kritisiert. Sonst würde das zehnte Gebot „Du sollst nicht begehren" gar keinen Sinn machen. Aber gleichermaßen werden Raffgier, Selbstsucht und Ausbeutung verurteilt. Die Gütergemeinschaft in der urchristlichen Gemeinde ging über das Alte Testament hinaus. Sie war freiwillig. Es war keine politische Zwangsverwaltung analog zum modernen Kommunismus. Wenn, wie es in Apostelgeschichte 5 berichtet wird, Hananias und Saphira verurteilt werden, dann nicht, weil sie Privatbesitz behalten hatten. Sondern, weil sie trotz persönlichen Besitzes den Eindruck erwecken wollten, alles der Gemeinschaft gegeben zu haben. Es ging also um Heuchelei und das falsche Bestreben nach Ehre vor den Menschen.

3) Modelle konkreter Utopie
Mir scheint, dass nichts so sehr eine wohlhabende Christenheit provoziert, wie der Gedanke der Gütergemeinschaft. Man wendet schnell dagegen ein: „Wir haben doch die staatlichen Sozialhilfen oder die großen Diakoniewerke. Da müsste doch für jeden gesorgt sein." Auch ist man bei Bedarf gerne bereit, zu spenden und von seinem Reichtum abzugeben. Wenn auch das nicht reicht, erklärt man die Bibeltexte für nicht realisierbar und überzogen. Die Idee der Gütergemeinschaft wird als Bedrohung wahrgenommen. Kein Wunder, denn es geht um mehr als nur um Abhilfe von Not bei Bedürftigen. Auch Reiche sind gefangen im

Modus des „Besitzen-Wollens" und brauchen Erlösung. Gütergemein-schaft ist eine Infragestellung des kapitalistischen Menschenbildes, ei-nes Bildes vom Menschen, der anhäuft, mit anderen konkurriert und gewinnen will. Gütergemeinschaft betont das Gemeinwohl, die Genüg-samkeit, das „Es ist genug für alle da". Letztendlich zielt Gütergemein-schaft darauf, durch das miteinander Teilen von Selbstsucht erlöst zu werden.

Wie könnten Gemeinden aussehen, die inmitten der säkularen Kul-tur - also ohne gleich eine abgeschiedene Klosterstruktur zu entwickeln - stärker als teilende Gemeinschaft erkannt werden? Eine Gemeinschaft, wo jeder versorgt wird und aus dem gemeinsamen Fundus bekommt, was er braucht. Die Leitfrage ist dann: „Was braucht jemand zum Le-ben?" Müssten Christen nicht die innovativsten Denker und Praktiker auf diesem Gebiet sein? Leute, die nicht nur sonntäglich glauben und einzelne Taten des Guten vollbringen, sondern die Gemeinschaften bil-den, welche als Ganzes, als Christuskörper, auf die göttliche Zukunft verweisen?

Als anregendes Beispiel möchte ich die Bewegung „The Simple Way", deutsch: Der Einfache Weg, erwähnen. Das Buch von Shaine Claiborne mit dem Titel „Ich muss verrückt sein, so zu leben" hat viele interessante Diskussionen und Anschlussfragen ausgelöst.

#29 Exkurs: Vorreformatoren - Petrus Valdes, John Wyclif, Jan Hus und ihre sogenannten Ketzereien

Wenn man sich aus 500 Jahren Abstand mit der Reformation befasst, läuft man Gefahr, einer dreifachen Verengung zu erliegen.

(1) Engführung: Luther: Ohne Frage war Martin Luther eine herausragende Figur. Man darf ihn aber auch nicht überhöhen. Vieles war im Umbruch. Und eine lange Liste von Personen war am Reformationsgeschehen beteiligt. Das müsste inzwischen - allein schon aus der Perspektive der Radikalen Reformation - deutlich geworden sein.

(2) Engführung: Deutschland: Häufig wird von Deutschland als dem Land der Reformation gesprochen. Auch das stimmt nur teilweise. Ebenso gab es Reformbemühungen in anderen Ländern: Frankreich, Italien, England, Tschechien. Allerdings kamen die Reformkräfte nicht überall gleichermaßen zum Durchbruch.

(3) Engführung: 16. Jahrhundert: Die Kernjahre der Reformation, 1517 bis 1529, müssen ausgesprochen intensiv gewesen sein. Man fragt sich verwundert: Woher kam plötzlich diese Energie, Jahrhunderte alte Traditionen in Frage zu stellen? Bei genauerem Hinsehen fällt auf, dass es einen langen Vorlauf gab. Die Reformation brach nicht über Nacht herein.

All das führt uns zu den sogenannten „Vorreformatoren", zu den Wegbereitern der Reformation. Seit dem 12. Jahrhundert häuften sich die Stimmen, die die mächtige und prunkvolle römische Kirche kritisierten. Gedanken, die bei der Reformation aufgegriffen wurden, sind teilweise schon 300 Jahre zuvor formuliert worden. Drei Personen und Bewegungen wollen wir uns genauer ansehen: (1) Petrus Valdes und die Waldenser in Südfrankreich und Norditalien, (2) John Wyclif und die Lollarden in England und (3) Jan Hus und die Hussiten in Tschechien.[128]

1) Petrus Valdes und die Waldenser

Wir befinden uns im 12. und 13. Jahrhundert, also über 300 Jahre vor der Reformation. Valdes, geboren 1140, war ein reicher Kaufmann in der Großstadt Lyon in Südfrankreich. Der Vorname Petrus wurde ihm vermutlich nachträglich von seinen Anhängern zugesprochen. Auf sei-

---

[128] Ausführliche Informationen bei Gustav Adolf Benrath, Wegbereiter der Reformation.

ne Veranlassung hin wurden Teile des Neuen Testaments in seine Landessprache übersetzt, damit auch das einfache Volk die Gute Nachricht hören und verstehen konnte.

Etwa 1176, also mit 36 Jahren entsagte er dem weltlichen Trubel und entschied sich für ein Leben in Armut. Während einer Hungersnot organisierter er öffentliche Armenspeisungen. Seine Anhänger wurden später die „Armen von Lyon" genannt. Sie predigten Umkehr und das Tun guter Werke. Man wird dabei unweigerlich an Franz von Assisi aus Mittel-Italien erinnert. Dieser wurde jedoch erst gut 40 Jahre später geboren und hatte sein Berufungserlebnis zu einem Zeitpunkt, als Valdes schon fast gestorben war. Obwohl sich ihre theologischen Anliegen sehr ähnlich waren, ist Franz von Assisi der Nachwelt besser in Erinnerung geblieben.

Zurück zu Valdes: 1180 kam es zum Konflikt mit der offiziellen Kirche. Schon längere Zeit wurden die Waldenser als Ketzer verdächtigt, weil bei ihnen Laien, sowohl Männer als auch Frauen, predigten. Die Kirche aber beanspruchte das Predigtamt und die damit verbundene theologische Autorität allein für sich. 1184 wurden die Waldenser exkommuniziert, also als Häretiker aus der Kirche ausgeschlossen. Eine Jahrhunderte lange blutige Verfolgung begann.

Petrus Valdes starb vermutlich zwischen 1207 und 1217. Seine Anhänger aber verbreiteten sich trotz starken Verfolgungsdrucks und immer weiterer Wellen der Inquisition in Südfrankreich, Norditalien und bis nach Südböhmen. Über 100 Jahre vor der offiziellen Reformation in Deutschland werden sie in Böhmen die Hussiten zu ihren Kirchenreformen inspirieren. Dazu kommen wir gleich noch.

Was waren die Überzeugungen der frühen Waldenser? Schon im 12. Jahrhundert thematisierten sie vieles, das später bei der Reformation wieder aufgegriffen wurde: zum Beispiel ein biblisch-apostolisches Christentum und Ablehnung von Fegefeuer und Heiligenverehrung. Sie waren gegen Kirchensatzungen und Eidesleistungen und gegen die Todesstrafe. Stattdessen sollten - bezogen auf die Bergpredigt - Jesu Gebote als Richtschnur gelten. Aus Sicht der Waldenser begann der Verfall des christlichen Glaubens, als das Christentum im 4. Jahrhundert unter Kaiser Konstantin zur Staatsreligion wurde. Damit wurden Ehre, Macht und Reichtum zur inneren Antriebskraft und verdarben die Kirche. Die Waldenser wollten stattdessen in „evangeliumsgemäßer Armut" leben. Sie führten ein einfaches Leben, hatten keine bezahlten

Ämter, teilten ihren Besitz und verurteilten die kirchliche Hierarchie. Jeder war vor Gott gleich. Deswegen predigten auch Frauen und übernahmen eigenständig Aufgaben. Die Achtung vor dem Leben jedes Menschen führte sie darüber hinaus zu konsequenter Kriegsgegnerschaft.

Heutzutage sind Waldenser vorwiegend in Italien und Südamerika verbreitet. Die Waldenser-Kirche umfasst weltweit ca. 98.000 Mitglieder. 2015 wurden die Waldenser von Papst Franziskus für die erlittenen Verfolgungen durch die katholische Kirche um Verzeihung gebeten.

2) John Wyclif und die Lollarden
Wir bewegen uns weiter in das 14. Jahrhundert. Wyclif wurde ca. 1328 geboren. Er war Theologieprofessor in Oxford, Philosoph und Kirchenreformer. Man nannte ihn „doctor evangelicus". Vor der Reformation hatte wohl niemand ein so umfassendes und tief einschneidendes Reformprogramm für die offizielle Kirche erarbeitet wie er.

Ab 1372 veröffentlichte er Schriften zur Kirchenkritik. Als englischer Patriot stellte er sich gegen die Vorrechte der römischen Päpste und der Mönche. Aus seiner Sicht sollte sich die Kirche nicht als politische Macht verstehen, sondern sich dem weltlichen Königtum unterordnen. Er forderte die Entmachtung und Enteignung der herrschsüchtigen und habgierigen Papstkirche. Stattdessen betonte er den armen, demütigen und leidensbereiten Christus und das Vorbild der Urkirche. Kein Wunder, dass er sich mit diesen Äußerungen den hohen Kirchenklerus und die begüterten Mönchsorden zu Feinden machte.

Zur Kritik Wyclifs gehörte auch die Ablehnung der Ohrenbeichte, der Heiligenverehrung und des Zölibats. Auch die Lehre von der Verwandlung beim Abendmahl, also dass aus Brot und Wein wahrhaftig der Leib und das Blut Christi werden, verwarf er. Letztendlich bekämpfte er das ganze System einer hierarchisch einflussreichen Kirche, die er zunehmend als antichristlich verstand.

Als es 1381 zu einem Aufstand der Bauern kam, wurden seine Lehren dafür mitverantwortlich gemacht. Daraufhin wandte sich auch ein Teil der weltlichen Obrigkeit, die ihn bisher geschützt hatte, von ihm ab. Wyclif musste Oxford verlassen, schrieb aber bis zu seinem Tod, 1384, weiter gegen die Kirche.

Die späteren Anhänger von John Wyclif nannte man Lollarden. Sie zogen als arme Prediger durchs Land. Aufgrund scharfer Verfolgung wurden viele hingerichtet. 1415 verurteilte das Konzil von Konstanz die Schriften von Wyclif als ketzerisch. Dreizehn Jahre später wurden seine Gebeine deswegen noch einmal ausgegraben und verbrannt. Aber seine Ideen einer schriftgemäßen Kirche, die Orientierung an Christus und die Betonung der Erwählungsgnade Gottes lebten weiter und erinnern an die knapp 150 Jahre nach seinem Tod einsetzende evangelische Reformation in Wittenberg.

3) Jan Hus und die Hussiten

Wir wechseln in das 15. Jahrhundert nach Böhmen. Als die Waldenser in Südfrankreich und Italien verfolgt wurden, flohen sie auch in diese Region. Darüber hinaus gab es obrigkeitliche Kontakte nach England. Auf diesem Wege gelangten die Schriften John Wyclifs an die Universität von Prag.

Jan Hus, geboren um 1370, kam aus einfachen Verhältnissen, war später Lehrer und zeitweise Universitätsrektor in Prag. Er unterrichtete Theologie und Philosophie. Darüber hinaus wirkte er als volkstümlicher Prediger an der Bethlehemskapelle in der Prager Altstadt. Als er Ende des 14. Jahrhunderts mit den Gedanken Wyclifs in Kontakt kam, nahm er diese mit Begeisterung auf und verbreitete sie an der Universität und in ganz Böhmen. Er führte in Gottesdiensten das gemeinsame Singen in der tschechischen Landessprache ein. Wie bei Wyclif und bei den Waldensern finden wir auch bei Hus die Kritik an der moralisch verdorbenen Kirche. Hus stellte sich gegen das Papsttum, den Ablasshandel und die Heiligenverehrung. Er prangerte den weltlichen Besitz der Kirche und die Herrschsucht des Klerus an. Stattdessen forderte er auf, sich wie die Urkirche am sogenannten „Gesetz Christi" zu orientieren. Die Bibel sollte die einzige Autorität in Glaubensfragen sein.

1408 wurde Hus mit einem Predigtverbot belegt. 1410 wurden die Schriften von John Wyclif öffentlich verbrannt. Hus wurde in Rom angeklagt und aus der Entfernung exkommuniziert. Aufgrund seiner regionalen Beliebtheit und aufgrund des Schutzes durch den böhmischen König konnte er jedoch noch für kurze Zeit weiter wirken. 1412 musste Hus aus Prag fliehen. Kurz darauf veröffentlichte er eine Schrift mit dem Titel: „Über die Kirche". Christus allein sollte das Oberhaupt und die christliche Kirche eine hierarchiefreie Gemeinschaft sein.

1414 reiste Jan Hus mit der Zusage des „freien Geleits" zum Konzil von Konstanz. Er wollte sich dort gegen die Vorwürfe der Häresie verteidigen. Trotz der Zusage einer unbeschadeten Rückkehr wurde Hus inhaftiert und, weil er nicht bereit war zu widerrufen, im Juni 1415 als Ketzer auf dem Scheiterhaufen verbrannt. Auf demselben Konzil wurden auch die Lehren von John Wyclif verdammt.

Damit war die Geschichte aber nicht zu Ende. Vier Jahre später, 1419 brachen in Tschechien die Hussitenkriege aus. Sie dauerten etwa 15 Jahre. Die Hussiten widersetzten sich lange Zeit erfolgreich dem Unterwerfungsdruck der katholischen Kirche. Mit ihren militärisch überlegenen Führern behielten sie gegenüber fünf Kreuzzügen die Oberhand. Bereits 1420 forderten sie in den Prager Artikeln die Freiheit der Predigt, das Abendmahl in beiderlei Gestalt, also auch mit dem Kelch. Darüber hinaus die Enteignung der Kirche von Besitz und weltlicher Macht und die Einführung einer gerechteren weltlichen Herrschaft.

Schließlich wurde zwischen der katholischen Kirche und den gemäßigten Hussiten ein Kompromiss ausgehandelt. Die radikaleren Hussiten, die sogenannten Taboriten, kämpften weiter gegen viele kirchliche Einrichtungen und Gebräuche, wurden aber in den nachfolgenden Jahren immer stärker aufgerieben. Viele der hussitischen Gedanken wurden in der Kirche der Böhmischen und Mährischen Brüder weiter geführt. In Tschechien wird Jan Hus als Märtyrer und Nationalheiliger verehrt.

Abschließend wieder einige Anregungen und Fragen:

1) Nährboden für Reformen
Allein durch diesen kurzen Überblick wird deutlich: Schon seit über 300 Jahren vor der Reformation gab es viele Kritikpunkte an der römischen Papstkirche. Das waren insbesondere:
- Der Prunk und die Anhäufung von Besitztümern.
- Die Hierarchie und die Beteiligung an weltlicher Macht.
- Das unmoralische Leben der Priester.
- Die Heiligenverehrung und die Vergötzung von Menschen.
- Der Ablasshandel, mit dem unter anderem Kreuzzüge finanziert wurden.

Demgegenüber wurde Folgendes eingefordert:

- Die Bibel als einzige Grundlage für Glauben und Leben.
- Die Orientierung am „Gesetz Christi" - insbesondere der Bergpredigt.
- Der Gottesdienst in verständlicher Sprache.
- Freiheit für eine am Evangelium orientierte Predigt.
- Gleiche Beteiligung aller - sowohl Männer als auch Frauen.
- Einfaches Leben und die Verpflichtung zum Teilen.
- Gewaltverzicht und die Bereitschaft zum Leiden.

Man fragt sich: Wenn all das schon angemahnt wurde, warum kam es nicht früher zu Veränderungen? War die offizielle Kirche noch zu stark? Gab es zu wenig Rückhalt in der Bevölkerung? Waren die Reformbewegungen nicht organisiert genug? Sicherlich lässt sich das nicht eindeutig beantworten. Wichtig ist aber festzuhalten, dass die Reformation, die häufig auf Martin Luther zurückgeführt wird, einen langen Vorlauf in ganz Europa hatte. Dass es dann Anfang des 16. Jahrhunderts zu dem kam, was wir heute Reformation nennen, hing nicht so sehr mit den Inhalten zusammen, sondern mit den veränderten kirchlichen, wirtschaftlichen und sozialen Rahmenbedingungen. Luther und die anderen Reformatoren waren Personen, die diese lange aufgestaute Reformenergie zu einer Massenbewegung formen konnten.

Auch heute gibt es sicherlich viele berechtigte Reformvorstellungen in Bezug auf die Art, wie Kirche gedacht und gelebt werden könnte. Nur, weil Ideen noch nicht zum Durchbruch gekommen sind, folgt daraus nicht, dass sie an sich falsch wären. Damit Reformen greifen, braucht es beides: Sinnvolle Verbesserungsideen und den Willen zur Veränderung. Es ist gut, weiterhin einen Traum von Kirche zu verfolgen, auch wenn sich die Auswirkungen nicht unmittelbar erkennen lassen. Die sogenannten Vorreformatoren waren ihrer Zeit weit voraus. Es brauchte Jahrhunderte, bis sich ihre Ideen durchsetzen.

2) Was ist Ketzerei?

Der Begriff „Ketzer" leitet sich von den Katharern ab. Die Katharer waren eine religiöse Gegenbewegung zur offiziellen Kirche - zeitgleich zu den Waldensern im 12. bis 14. Jahrhundert. Ketzer sind demnach Leute, die von der offiziellen Kirchenlehre abweichen. Häufig werden sie auch Häretiker genannt. Ihre Lehre gilt als Irrlehre, als Häresie.

Bei Verwendung dieser Begriffe muss man sich aber eines fragen: Wer bestimmt eigentlich, was die offizielle Lehre der Kirche ist und was von ihr abweicht? Und wer hat die Befugnis, abweichende Lehren als Irrlehren zu bezeichnen? Wer also legt die Norm, das Normale fest und wer definiert das Andere, das Fremde, das Feindliche?

Malcolm Lambert, ausgewiesener Kenner der mittelalterlichen Ketzerei, nennt die vorreformatorischen Strömungen „am Evangelium orientierte Häresien"[129]. Das ist spannend und irritierend zugleich. Bedeutet das also, dass diejenigen Reformbewegungen, die sich stärker an Jesus und seiner Lehre orientieren wollten, der Ketzerei beschuldigt wurden? Wäre Jesus, hätte er im Mittelalter gelebt, ein Ketzer gewesen? Was aber ist dann das offizielle Christentum, das von sich behauptet, die korrekte christliche Lehre zu vertreten? Sehr seltsam. Und auf welcher Grundlage haben die späteren evangelischen Reformatoren die Vertreter der Radikalen Reformation verurteilt? Haben nicht gerade die Täufer in Zürich nachweislich besser mit den neutestamentlichen Texten und den Lehren Jesu argumentiert als die offiziellen Reformatoren?

Müssten nicht Jesus, seine Lehren und die Praxis der Urgemeinde das Zentrum der christlichen Lehre sein und alles, was davon abweicht, als Irrlehre thematisiert werden? Selbst wenn es sich über Jahrhunderte im Christentum als das Normale und Richtige präsentiert hat?

---

[129] Lambert, 305.

#30 Christlicher Anarchismus - Peter Chelčický und die Auslegung der Bergpredigt

Christlicher Anarchismus. Was hat eine solche Thematik in diesem Podcast zu suchen? Steht eine anarchistische Weltsicht nicht im genauen Gegenteil zu christlichen Werten? Geht es dabei nicht um Gewalt und Chaos und um Rebellion gegen jegliche Autorität? Ist Anarchismus nicht vom Grundsatz her atheistisch, also gegen Gott? Insofern ist „christlicher" Anarchismus doch ein Widerspruch in sich, oder?

Fast völlig unbekannt ist aber, dass wichtige Impulse des gewaltfreien Anarchismus bis vor die Zeit der Reformation reichen und sich direkt auf die Lehren Jesu beziehen. Insbesondere geht es um die Auslegung der Bergpredigt. Christlicher Anarchismus versucht keineswegs, völlig gegenläufige Pole - also christlich und anarchistisch - notdürftig miteinander zu verbinden. Ganz im Gegenteil: Es geht darum zu realisieren, dass anarchistische Kerngedanken inmitten des christlichen Evangeliums zu finden sind. Wer seinen christlichen Glauben politisch denken will, kommt damit unweigerlich zu einer irgendwie gearteten anarchistischen Position.

Was ist Anarchismus?

Der Begriff kommt aus dem Griechischen und meint „ohne Herrschaft" oder „herrschaftsfrei". Es bedeutet nicht Chaos oder Vandalismus. Und es geht auch nicht in jedem Fall darum, mit Gewalt jegliche Staatsmacht zerschlagen zu wollen. Vielmehr ist es - einfach gesagt - die Reflexion darüber, ob menschliches Zusammenleben ohne Herrschaftsstrukturen und ohne Zwangsgewalt realisiert werden kann.

Wenn wir diesen Begriff mit dem der „Hierarchie" kombinieren, wird die Relevanz noch deutlicher. Auch der Begriff „Hierarchie" ist griechisch und meint „heilige Herrschaft". Gibt es so etwas wie eine heilige, von Gott gewollte, kategorische Über- und Unterordnung von Menschen? Sind soziale Gemeinschaften immer auf irgendeine Art pyramidenförmig geordnet? Die wenigen Mächtigen oben, die vielen armen Arbeiter unten? Und welche Rolle spielt dabei „Kirche"? Stabili-

siert Kirche ein solches System? Verkörpert sie es wohlmöglich sogar?
Oder hat Jesus eine solche Ordnung grundlegend kritisiert?

Springen wir zurück in die vorreformatorische Zeit zu einer Person,
die für über 400 Jahre in Vergessenheit geraten war:

Peter Chelčický[130]

Bereits in der letzten Episode sind wir kurz auf die Hussitenkriege eingegangen. Das war die Epoche, in der Chelčický lebte. Seine Biographie
liegt weitgehend im Dunkeln. Er wurde etwa 1390 als Sohn eines süd-
böhmischen Landedelmannes geboren. Vermutlich war er Großbauer.
Später wirkte er als Laientheologe und bedeutsamer Schriftsteller. Geprägt von den Waldensern und den Lehren John Wyclifs war er ein Anhänger von Jan Hus, dem tschechischen Reformator.

Wir erinnern uns. 1415 wurde Hus in Konstanz als Ketzer verbrannt.
1419 brachen die Hussitenkriege aus. Chelčický befand sich zu dieser
Zeit in Prag mitten in der kriegerischen Konfliktdynamik. Inhaltlich
ging es um die Frage, ob sich die hussitische Erneuerungsbewegung
mit Waffengewalt gegen die Belagerungsheere der katholischen Kirche
wehren dürfe oder sogar müsse. Ist ein Widerstandsrecht - die Tötung
von Menschen inbegriffen - vor Gott verantwortbar?

Chelčický stellte sich gegen die militante Position der Hussiten.
Gleichzeitig attackiert er aber auch die Gewaltanwendung auf Seiten
der römischen Kirche. Damit befand er sich zwischen allen Stühlen.
1420 verließ er Prag, zog sich auf sein Landgut in Südböhmen zurück
und begann zu schreiben.

In den darauffolgenden Jahren entwickelte er eine radikal pazifistische und herrschaftskritische Vision des christlichen Glaubens. Er
schreibt:

*„Unser Glaube verpflichtet uns dazu, Wunden zu versorgen, nicht das Blut
fließen zu lassen."[131]*

Um 1440 wurde sein Hauptwerk veröffentlicht. Es trägt den Titel „Das
Netz des Glaubens". Darin vergleicht er Papst und Kaiser mit zwei großen Fischen, die durch ihr Auftreten dieses Netz zerrissen und den
christlichen Glauben unglaubwürdig gemacht hätten. Chelčický bezieht
sich damit auf das von Jesus gebrauchte Bild vom Netzfischen. Und

---

[130] Mehr zur Person in: Kalicha, Sebastian; Peter Chelčický und das Netz des Glaubens, 173-187.
[131] Chelčický, Peter; zitiert in: Kalicha, 178.

darauf, dass seine Jünger als Menschenfischer ein weltweites Glaubens-netz auswerfen würden. Dadurch aber, dass die Kirche im 4. Jahrhun-dert eine staatspolitische Funktion übernommen und sich mit der welt-lichen Macht verbunden hatte, war das Evangelium mit Gift vermischt worden. Der Papst mit seinem Streben nach obrigkeitlicher Macht und der Kaiser, der die Kirche zur Stabilisierung des Reiches instrumentali-sierte, hatten das Christentum vollständig verdorben. Damit war das Netz des Glaubens zerrissen und viele Fische davon geschwommen.

Chelčický klagte alle an, die gewalttätig handeln, Kriege führen, Bau-ern ausbeuten und deswegen nur mit den Lippen Christen sind. Aus seiner Sicht fußte der Staat auf Gewalt und Plünderung. Er schrieb über die Herrscher:

> *„Sie versuchen, sich so viel wie nur möglich von der Erde zu eigen zu ma-chen, indem sie sich jedes Mittels und jeder List der Gewalt bedienen, um an das Gebiet des Schwächeren zu gelangen; manchmal durch Geld, manch-mal durch Erbschaft, immer jedoch mit der Absicht, zu herrschen und ihr Reich so weit wie möglich auszuweiten.“*[132]

Bei Chelčický finden wir sowohl eine radikal gewaltfreie Position, als auch eine grundlegende Herrschaftskritik. Er stellte die Dreiteilung der Stände-Gesellschaft in Priester, Ritter und Bauern infrage. Gewalt, Herrschaft, Missbrauch, ökonomische Ungerechtigkeit, Unterdrückung und Ausbeutung, all das sind aus seiner Sicht Missstände der heid-nischen Welt. Dazu gehören auch die Gier nach Eigentum, Wucher und Betrug. Und das Schlimmste: Die Kirche beteiligt sich an diesem gottlo-sen Treiben mit dem Bau von prächtigen Kirchen, Anhäufung von Be-sitz und dem Streben nach weltlichem Ansehen.

Chelčický kam zu dem Schluss, dass sich wahre Christen nicht an weltlicher Herrschaft beteiligen könnten, und die Kirche, die sich mit weltlicher Macht verbunden hatte, deswegen in ihrem Wesen zerstört worden war und nicht mehr den christlichen Glauben verkörpern kön-ne. An der Bergpredigt und der Urgemeinde orientiert betonte er die Gleichheit aller Menschen, freiwillige Armut, die Ablehnung staatlicher Ämter, die Verweigerung des Eides und des Kriegsdienstes und forder-te die Bereitschaft zu dienender Liebe.

Auch wenn Chelčickýs Gedankengänge nicht mit der anarchisti-schen Ideengeschichte des 19. Jahrhunderts gleichzusetzen sind, finden

---

[132] A.a.O., 179.

sich bei ihm viele herrschaftskritische und pazifistische Grundsatzpositionen. Seine Schriften gehören zu den wichtigsten Leistungen der alttschechischen Literatur.

Um 1460 starb Peter Chelčický mit ca. 70 Jahren. Er entkam dem Martyrium nur knapp, weil er mehrfach von den taboritischen Hussiten versteckt wurde. Im 15. und 16. Jahrhundert wird die Böhmisch-Mährische Brüderunität, kurz die Böhmischen Brüder, seine Gedanken aufgreifen und weiterführen. Im 17. Jahrhundert ist diese Bewegung durch Graf Nikolaus Ludwig von Zinzendorf unter dem Namen „Herrnhuter Brüdergemeine" bekannt geworden.

Das Zeitalter der Reformation
Interessant ist, dass die ersten Täufer in Zürich durch das Lesen der Bergpredigt zu ähnlichen Ergebnissen gekommen waren: Gewaltfreiheit, Eidverweigerung, Ablehnung von staatlichen Ämtern.

Ganz zu Anfang unserer Ausführungen hatten wir festgestellt, dass die Strömungen der Radikalen Reformation nicht nur ein „Linker Flügel", sondern eher eine außerparlamentarische Opposition waren. Gemeint ist: Sie fielen durch das Raster oder anders gesagt: Sie verweigerten sich dem vorherrschenden, gesellschaftspolitischen Ordnungssystem. Deswegen wurden sie als Bedrohung wahrgenommen. Sie übten sich in einer Totalinfragestellung gegenüber dem Bestehenden. Es musste doch andere Möglichkeiten der Organisation menschlichen Zusammenlebens geben, als die dreifach geschichtete Feudalgesellschaft und die Verbindung von Kirche und Staat. Immer waren die Lehren Jesu und die Praxis der Urgemeinde die Orientierungspunkte. Der Rückbezug ins Neue Testament führte zu einer konkreten, in die Zukunft weisenden Utopie; Utopie nicht als unsinniges Hirngespinst, sondern als Vision mit Realisierungskraft. Solche Überzeugungen mussten natürlich als aufrührerisch gegenüber der Obrigkeit wahrgenommen werden.

Martin Luther hatte eine grundlegend andere Sicht. Sein Kampf galt der übermächtigen Papstkirche. Dafür kooperierte er mit der weltlichen Macht der Fürsten. Die Variante, sich als Christ von der gewaltausübenden weltlichen Macht grundsätzlich zu distanzieren, war für ihn offenbar völlig undenkbar. Mit Bezug auf Römer 13 war auch weltliche Macht von Gott eingesetzt und hatte die Befugnis, Böses mit Gewalt zu bekämpfen.

Ende des 19. Jahrhunderts griff Leo Tolstoi, der berühmte russische Schriftsteller, die Texte von Peter Chelčický auf und machte sie erneut bekannt. Tolstoi war entschiedener Pazifist und Anarchist. In seinem Buch „Das Reich Gottes ist inwendig in euch" leitet er anhand der Bergpredigt das Prinzip der Gewaltlosigkeit her. Diese Ausführungen prägten später Mahatma Gandhi und dessen gewaltlosen Widerstand.

Einer der herausragendsten und einflussreichsten Denker auf diesem Gebiet ist der französische Soziologe und Philosoph Jaques Ellul. In seinen Schriften Ende des 20. Jahrhunderts führt er nicht nur an der Bergpredigt, sondern auch anhand von alttestamentlichen Texten die herrschaftskritischen Linien in der Bibel aus.

2011 veröffentlichte Alexandre Christoyannopoulos das Buch: „Christlicher Anarchismus - Ein politischer Kommentar zum Evangelium". Darin bringt er die verschiedenen christlich-anarchistischen Strömungen zusammen und erläutert ihre Hauptgedankengänge. Wer sich ernsthaft damit beschäftigt, wird merken, wie stichhaltig und stimmig diese theologische Position ist.

Kurz formuliert, geht es um folgende Kerngedanken: (1) Verweigerung des Kriegsdienstes, vollständige Gewaltfreiheit und aktive Entfeindungsliebe. (2) Kritik an weltlicher Herrschaft, die Verweigerung des Eides gegenüber dem Staat und die Nichtausübung von Staatsämtern. (3) Ein einfacher Lebensstil, die Bereitschaft zum Teilen und die Kritik an konkurrierenden und besitzanhäufenden Verhaltensmustern.

In dieser Kürze klingt das ziemlich massiv. Die Gegenargumente sind auch sofort zur Stelle. In der Regel wird behauptet, dass sich die Bergpredigt nicht auf den politischen Bereich anwenden ließe und dort eher ein zukünftiges Ideal formuliert werden würde. Aber kann man die Lehren von Jesus so leicht zur Seite wischen? Christliche Anarchisten bestehen darauf, dass Jesus das, was er sagte, auch so gemeint hat. Und darüber hinaus drängen sie darauf, seine Lehren nicht nur gut zu finden, sondern sie auch zu praktizieren.

Wenn wir also über die Vision einer herrschaftsfreien, einer anarchistischen Gesellschaft nachdenken, dann geht es nicht um eine chaotische Welt. Im Gegenteil: Es geht um den Traum, dass die öffentliche Ordnung nicht durch äußere Hierarchien und Gewalt ausübende Staatsmächte aufrecht erhalten werden muss, sondern dass das Gesetz Gottes in die Herzen von Menschen geschrieben wird. Es geht um eine innere Ordnung des Geistes, um Gleichheit aller Menschen, um die freiwillige

Bereitschaft, Besitz zu teilen und gemeinsam Armut zu verhindern, es geht um die tätige Liebe als das höchste Gebot. Natürlich kann man erneut einwenden: Das sei naiv. Unrealistisch. Man darf die Bibel an diesen Stellen nicht allzu wörtlich nehmen. Wir leben in einer gefallenen Welt, von Bösartigkeit durchseucht. Man muss realistisch sein und darf sich keinen Illusionen hingeben und so weiter.

Kleiner Exkurs: Die ersten Christen wurden als Atheisten beschimpft. Das mag irritieren. Waren es nicht gerade Christen, die neben den Juden den einen Gott verkündigten? Ja, genau. Aber damit fielen sie aus dem römisch-religiösen Göttersystem heraus und wirkten auf die übrige Bevölkerung wie Gottesleugner.

Ganz ähnlich ist die Argumentation gegen „Anarchismus". Zunächst einmal definiert sich die gegebene Ordnung als gesetzt und legitim. Das Bestehende ist demnach das Richtige. Wenn es durch kirchliche Mitwirkung auch noch religiös überhöht wird, ist es eine von Gott eingesetzte Ordnung. Jeder, der wagt, sie zu hinterfragen, gilt dann als rebellisch, aufrührerisch und staatsfeindlich - also anarchistisch. Wenn also das Gegebene als Referenzpunkt verwendet wird, ist jede grundsätzliche Infragestellung eine Bedrohung für den Status Quo. Wenn wir aber Jesu Lehre und die Vision von Gottes neuem Friedensreich als Referenzpunkt verwenden, dann ist das Bestehende hochgradig kritikwürdig. Diejenigen, die Widerstand leisten, sind dann keine Rebellen, sondern Propheten. Sie halten die Unzufriedenheit wach und malen eine bessere Zukunft vor Augen.

Die Rolle der Kirche

Was wäre, wenn es wirklich stimmte, dass der christliche Glaube über die Jahrhunderte - einschließlich der Reformationsepoche - zu großen Teilen inhaltlich vergiftet und verdunkelt wurde? Niemand kann bestreiten, dass über lange Zeit der Großteil der Kirchen nach Macht, Prestige und Prunk gestrebt haben. Und dass sie sich von weltlichen Obrigkeiten unterstützen ließen, um mit Gewalt ihre Interessen durchzusetzen. Niemand kann bestreiten, dass aus der christlichen Religion oftmals ein religiöses Unterdrückungs- und Kontrollsystem für die einfache Bevölkerung geworden ist. Und dass man sich dabei - mit einer unglaublichen Dreistigkeit - auf Gott und die Bibel berufen hat.

Kann es da verwundern, dass viele Zeitgenossen dem organisiert-institutionellen Christentum kritisch und ablehnend gegenüber stehen?

Wäre es deswegen nicht an der Zeit, dass die christlichen Kirchen noch stärker für gewaltlosen Widerstand, Friedensethik, Herrschaftskritik und einen einfachen Lebensstil bekannt werden würden und sich dabei enger an Jesus orientierten? Wäre es nicht an der Zeit, dass Christen aller Prägungen, noch mehr die Ansprüche von Jesus an sich herankommen ließen und sich nicht in eine private, bürgerlich-beschauliche Religiosität zurückziehen würden? Es geht nicht um einen gottlosen Sozialismus, Pazifismus oder Anarchismus, wie manche meinen. Nein, es geht um die praktischen Folgerungen aus den Lehren von Jesus, dem Jesus, von dem Christen behaupten, dass er ihr Lehrer und Erlöser sei. Das Neue Testament ist uns zeitlich noch voraus und die Lehren des bereits gekommenen Messias sind eine bleibende Provokation.

2009 wurde von Shaine Claiborne das Buch „Jesus for President" veröffentlicht. Darin geht es darum, die politische Fantasie von Christen herauszulocken und eine Art von Kirche zu träumen, die sich inmitten dieser Welt den destruktiven Spielregeln widersetzt. Lesenswert!

#31 Menno Simons - Die Mennoniten und die Tradition der Friedenskirchen

Mit diesen Ausführungen nehmen wir die Linie von Melchior Hoffman (Episode 10) und dem Täuferreich zu Münster (Episode 11) wieder auf.

Kurz ein Rückblick: Als 1525 der Bauernaufstand im Zusammenhang mit Thomas Müntzer niedergeschlagen wurde, verbreiteten sich seine apokalyptischen Anschauungen vorwiegend durch Hans Hut in Süddeutschland und Österreich. Parallel dazu bildeten sich die Schweizer Täufer und formulierten 1527 die Schleitheimer Artikel.

Die erwähnte dritte Linie entwickelte sich Ende der 20er Jahre in Straßburg, einem Zentrum für Nonkonformisten. Zu diesem Zeitpunkt treffen wir dort auf Melchior Hoffman. Er trug Anfang der 30er Jahre täuferische Gedanken nach Ostfriesland, insbesondere nach Emden. In der religiös fiebrigen Großwetterlage einer endzeitlichen Erwartung des Gottesgerichts bildete sich das Täuferreich zu Münster. Zu Beginn galt es als ein letzter Zufluchtsort für die inzwischen reichsweit verfolgten Ketzer. Es endete 1535/36 in einer menschlichen und geistlichen Katastrophe.

Es ist das Jahr 1536, in das wir jetzt einsteigen. Münster war gewaltsam rekatholisiert worden. Viele Täufer waren bereits hingerichtet oder konnten fliehen. Vom hereinbrechenden Gottesreich weit und breit keine Spur. Eine vollständige Desillusionierung. Kein Wunder, dass die zerstreute Täuferbewegung in eine grundlegende Identitätskrise geriet. Die Brüder Obbe und Dirk Philips waren es, die sich entschieden dafür einsetzten, die pazifistische Position wieder aufzunehmen und sich von militanten Täufergruppen zu distanzieren. Die Abwendung von jeglicher Gewalt, analog zu den Schweizer Brüdern oder den Stäblern in Mähren, war ein langer Weg. Besonders in den Niederlanden rund um Amsterdam kam es noch lange zu aufrührerischen Agitationen, in der Erwartung, dass Gottes Rache über die Gottlosen bald hereinbrechen würde. Hin- und hergerissen zwischen Friedfertigkeit und Militanz versuchte David Joris zu vermitteln. Er war in dieser Region wohl der bedeutendste Täuferanführer Ende der 30er Jahre. Joris war bereits 1534 zu den Täufern gestoßen und vertrat eine spiritualistische Sicht.

Letztendlich ging es ihm um eine innere Erneuerung des Einzelnen. Die äußere Form von Gemeinde war zweitrangig.

Vor dem Hintergrund dieser groben Orientierung wechseln wir nun zu Menno Simons. Von ihm leitet sich der Name „Mennoniten" ab. Durch sein Wirken wurde ein Großteil der zersplitterten Täufergruppen gesammelt und eine friedfertige, freikirchliche Identität entwickelt. Die Mennoniten zählen heutzutage zu den historischen Friedenskirchen.

Menno Simons

Menno Simons wurde um 1496 in Witmarsum, einem kleinen Ort in den Niederlanden, geboren. 1524 wurde er zum Priester geweiht. Schon früh kamen ihm Zweifel an der katholischen Transsubstantiationslehre, also der Wandlung von Brot und Wein in den Leib und in das Blut Christi. Anfänglich deutete er seine Kritik an den Sakramenten als Versuchungen des Teufels. Dann begann er aber, intensiver in der Bibel zu lesen. Der Einfluss von reformatorischen Schriften verstärkte seine Bedenken gegenüber kirchlichen Praktiken.

1531 wurde in Leeuwarden Sikke Freriks, ein Täufermissionar aus Emden hingerichtet. Tief beeindruckt durch dessen Märtyrertod begann Menno Simons sich mit täuferischen Ansichten zu befassen. Mehr und mehr zweifelte er an der Rechtmäßigkeit der Kindertaufe. Als sich 1534 das Täuferreich in Münster formierte und auch viele Niederländer dorthin auswanderten, predigte Menno gegen die dortige apokalyptische Gewalttätigkeit. Ein Jahr später erlebte er, wie elendig enttäuschte Täufer aus Münster zurückkehrten, ein nahegelegenes Kloster besetzten, dann aber von den Truppen des Statthalters niedergemacht wurden. Unter den Ermordeten war auch sein Bruder.

Nach einer tiefen inneren Krise verließ Menno 1536 die katholische Kirche, heiratete die Begine Geertruydt Hoyer und schloss sich dem pazifistischen Täuferlager an. Er wurde von Obbe Philips getauft und in Groningen zum Ältesten ordiniert. Damit begann sein unstetes Leben. Vielfach war Menno Simons mit seiner Familie auf der Flucht, in Ost- und Westfriesland, Nordholland und Amsterdam. Er sammelte die zerstreuten Täufergruppen, predigte und taufte im Untergrund. Inhaltlich wendete er sich sowohl gegen die münsterische Rache-Apokalyptik als auch gegen das spiritualistische Verständnis von David Joris.

Ab 1540 wurde Menno zur führenden Figur im nördlichen Täufertum. Zu dieser Zeit verfasste er die bedeutsame Schrift „Das Fundament des christlichen Lebens". Darin beschrieb er, dass die Kirche nicht auf Menschensatzungen des Papstes oder gelehrter Theologen gegründet sei, sondern allein auf Christus. Sein Leitspruch war ein Wort des Apostels Paulus an die Korinther:

„Einen andern Grund kann niemand legen außer dem, der gelegt ist, welcher ist Jesus Christus."[133]

1542 wurden die Verbreitung und das Lesen seiner Schriften unter Todesstrafe gestellt. Auf ihn selbst war ein hohes Kopfgeld ausgesetzt. In den folgenden Jahren wich Menno Simons nach Ostfriesland aus, dann nach Köln, später nach Lübeck. Ab 1554 fand er Zuflucht auf Gut Fresenburg bei Oldesloe in Holstein. Unermüdlich suchte er danach, dem verbliebenen Täufertum ein guter Seelsorger, Missionar und Organisator zu sein. Er verstand sich als Hirte für die verirrten Schafe. Durch sein Wirken wurden aus den „gewalttätigen Unruhestiftern" die sogenannten „Stillen im Lande".[134] Es bildeten sich mehr und mehr abgesonderte, friedfertige Gemeinden unter der Duldung von toleranteren Obrigkeiten. Gleichzeitig nahmen aber die inneren Streitigkeiten in den Täufergemeinden zu. Trotz aller Betonung der Gleichheit vor Gott bildeten sich Leitungsstrukturen, also Ältestenkreise, die auf eine rigorosere Bann-Praxis drängten. Von einigen Forschern wird sogar der Begriff „Ältesten-Oligarchie"[135] verwendet. Die mildere Position von Menno Simons verlor zunehmend an Einfluss. Spätestens ab 1557 wurde klar, dass die Entwicklung der Gemeinden über ihn hinweggegangen war. Der ursprüngliche Abwehrkampf gegen die äußeren, konfessionellen Gegner hatte sich zu einem inneren Ringen um die Reinheit der Gemeinde und gegen die Verweltlichung von deren Mitgliedern verschoben. Anfang 1561 starb Menno Simons krank und einsam auf Gut Fresenburg in Holstein. Seine Frau war bereits Mitte der 50er Jahre gestorben.

---

[133] 1.Kor. 3, 11.
[134] Goertz, Täufer, 41.
[135] Bornhäuser, 109.

Theologische Überzeugungen

Menno war kein abstrakt, systematisch denkender Schul-Theologe. Er schrieb aus der aktuellen Situation heraus. Seine etwa 25 Schriften sind zugleich seelsorgerlich-erbaulich, als auch polemisch-bissig.

Historiker haben nach der Mitte seiner Theologie gesucht. Man findet bei ihm eine starke Betonung der Buße und Hingabe an Christus: Aus einer echten Neugeburt durch den Geist Gottes folgt ein verwandeltes Leben. Ebenso legte er einen hohen Wert auf die sichtbare Gemeinschaft der Gläubigen und die Bereitschaft zum Leiden.

Auffallend ist aber auch, wie stark seine Äußerungen von tiefen, unerbittlichen Kontrasten geprägt sind: Laster und Tugend, Fleisch und Geist, Babylon und das neue Jerusalem, die Kirche des Antichristen und die Kirche Christi, Finsternis und Licht.[136] Um dieses zu verstehen, muss man sich in Erinnerung rufen: Menno Simons arbeitete lange Jahre als Priester in der katholischen Kirche. Im Rückblick grenzte er sich scharf davon ab. Für ihn gab es keine Kompromisse, sondern nur eine drastische Gegenüberstellung. Aus seiner Sicht wurde er durch Gottes Eingreifen aus einer verdorbenen Welt, auch aus einer verdorben kirchlichen Welt, gerettet. Nun galt es, andere ebenso aus dieser gottlosen Welt herauszurufen. Scharfe Kontraste erzwingen Entscheidungen. „Auf welcher Seite stehst du? Bist du für die Sache Christi oder stehst du auf der Seite des Teufels?" Mennos Zuhörer mussten sich positionieren.

Die 40er-Jahre waren noch durch konfessionelle Anfeindungen von außen bestimmt. In den 50er-Jahren nahm sein Gemeindeverständnis immer mehr separatistische Züge an. Die Mennoniten entwickelten sich zu einer abgesonderten, freikirchlichen Konfession unter dem Schutz von toleranten Obrigkeiten. Bei all dem betonte Menno Simons, dass Christen jetzt schon in der Zeit der Gnade leben. In Christus hatte die Endzeit bereits begonnen und würde nicht erst noch hereinbrechen oder müsste mit Gewalt herbeigezwungen werden. Solche Ansichten verhalfen den Täufern, ihr politisch-aggressives Glaubensverständnis hinter sich zu lassen.

Darüber hinaus verglich Menno die christliche Gemeinde mit der Braut Christi, die gemäß einer Formulierung von Paulus „ohne Flecken und Runzeln" vor Gott dargestellt werden sollte. Gemeinden müssen demnach von der Welt gereinigt werden. Das war die Motivation für

---

[136] Goertz, Erbe, 46-48.

die Bann- und Meidungspraxis. Dabei ging es nicht nur darum, dauerhaft vom Glauben Abgefallene auszugrenzen, sondern auch alle sozialen Kontakte zu ihnen abzubrechen. Bei Menno Simons lag der Akzent bei der Bannpraxis allerdings noch auf einer liebevollen, fürsorglichen Rückgewinnung von ehemaligen Täufern. Seine rigoroseren Mitältesten drängten dagegen darauf, Verstoßene konsequent zu meiden und auch den Kontakt zu ungläubigen Familienmitgliedern zu untersagen.

Zwischenreflexion zu den theologischen Verschiebungen
Melchior Hoffman erwartete noch das unmittelbar bevorstehende tausendjährige Reich Gottes. Aus seiner Sicht sollten Täufer nicht zu den Waffen greifen, sondern stattdessen dafür beten, dass alle Gottlosen durch die obrigkeitlichen Heere besiegt würden.

Bernhard Rothmann, der Haupttheologe vom Täuferreich zu Münster, radikalisierte diesen Ansatz und rief dazu auf, mit Waffengewalt alles Böse zu bekämpfen und Gottes Rache direkt zu vollstrecken. Aus einem ungeduldig erwarteten Reich Gottes wurde ein gewaltsam erzwungenes Reich. Aber immer noch ging es um die Umwandlung der gesamten Welt.

Die mennonitische Linie distanzierte sich von solcher Militanz. Dabei verwandelte sie den zeitlichen Dualismus zwischen Gottes hereinbrechender Zukunft und der gottlosen Gegenwart in einen räumlichen Dualismus zwischen „reiner Gemeinde" innen und einer „sündigen Welt" draußen. Von nun an ging es nicht mehr darum, für das erwartete neue Reich Gottes zu kämpfen, sondern in das Innere der Gemeinde einzutreten. Der Ruf in die Nachfolge Christi war nicht mehr ein utopisches Drängen nach vorne, sondern ein Absondern von der umliegenden gottlosen Gesellschaft. Das Reich Gottes wurde nicht mehr als völlig zukünftig erwartet, sondern war in der Gemeinschaft der Gläubigen bereits gegenwärtig.

Damit dieses auch so blieb, musste diese Gemeinschaft akribisch von Weltlichem gesäubert werden. Es ging also nicht mehr darum, die gesamte Gesellschaft zu revolutionieren, sondern nur noch die abgesonderte Gemeinde rein zu erhalten. Nur durch eine „reine Gemeinde" konnte das Reich Gottes abgebildet und dem neuem Jerusalem zum Durchbruch verholfen werden. Dass von der Reinhaltung der Gemeinde so viel abhing, erklärt wahrscheinlich auch, warum die Bannpraxis zeitweise so radikale Züge annahm. Und es ist nicht verwunderlich, dass es im 16. Jahrhundert gerade aufgrund dieser Fragen - nämlich wie, in welcher Schärfe und anhand welcher Themen die Bannpraxis geübt werden sollte - zu vielen Streitigkeiten und auch Spaltungen gekommen ist. Trotz aller Unterschiede blieb aber Gewaltfreiheit, Eidverweigerung und die Ablehnung des Kriegsdienstes eine verbindende Grundlage.

Rückblick und Vertiefung

In früheren Episoden haben wir bereits andere pazifistische Strömungen kennengelernt: Die Waldenser, die Böhmischen Brüder und die Hutterer. Die Mennoniten gehören ebenso zu den historischen Friedenskirchen. Aus dem 17. und 18. Jahrhundert sind darüber hinaus „The Church of the Brethern" (deutsch: die Kirche der Brüder oder Geschwister), die Quäker und die Shaker zu nennen. Ihre pazifistischen Ideen sind auch im 20. Jahrhundert wirksam. So wurde 1986 von mehreren Friedenskirchen die Initiative „Christian Peacemaker Teams" gegründet: Ausgebildete Friedensfachkräfte werden in Konfliktregionen entsendet, um gewaltfrei nach Lösungen zu suchen.

Seit 2006 besteht an der Universität Hamburg unter der Leitung von Dr. Fernando Enns die Forschungsstelle „Theologie der Friedenskirchen". Es geht darum, eine biblisch begründete, historisch verankerte und neuzeitlich differenzierte Konzeption für gewaltfreie Konfliktlösungen und einen gerechten Frieden zu erarbeiten.

Zum Schluss Anregungen und Fragen

(1) Wo ist die Welt?

Mit der Christianisierung des Römischen Reiches wurde aus der heidnischen Welt eine christliche Welt. Während des Mittelalters lautete die Streitfrage: Wer regiert diese Welt, der Kaiser oder der Papst?

Mit der aufkommenden Trennung von Kirche und Staat zur Zeit der Reformation wurde von den Täufern ein binnenkirchlicher Raum beansprucht, auf den die weltliche Obrigkeit keinen Zugriff haben sollte. Innen war das neue Reich Gottes, außen war die sündige Welt. Der Anspruch bestand nun nicht mehr darin, die umliegende Welt vollständig zu christianisieren, sondern aus der sündigen Außenwelt Einzelpersonen herauszurufen und in die innere Gemeinschaft der Gläubigen zu integrieren. Das nannte man Mission. Das Böse war draußen, das Gute war drinnen. Was aber, wenn „die Welt" plötzlich im Innern der Gemeinde ihre Spuren hinterlässt?

(2) Die Reinheit der Gemeinde

Militante Täuferströmungen wollten die gesamte Welt von Gottlosen reinigen. Aus ihrer Sicht kann Gottes neue Welt nur anbrechen, wenn vorher Gottes Gericht geübt würde.

Friedfertige Täuferströmungen dagegen verweigerten die Beteiligung an der Schwertgewalt des Staates. Aber das Thema der Reinigung blieb bestehen. Mit dem Rückzug in einen kirchlichen Binnenraum verlagerte sich die Aufmerksamkeit dahingehend, dass nun das Innere der Gemeinde beständig gereinigt werden sollte. Und die Grenze nach außen musste immer schärfer gezogen werden.

Sofort ergeben sie sich Anschlussfragen: An welchen Kriterien misst sich Reinheit und wer entscheidet über die Ausgrenzungen? Dass es auf diesem Weg zu einem ethischen Rigorismus und zu einer pharisäischen Macht der Ältesten gekommen ist, verwundert nicht wirklich.

Trotz aller Friedfertigkeit nach außen, bestand nach innen die Gefahr, eine strukturelle Gruppengewalt gegenüber abgefallenen Glaubensgeschwistern auszuüben. Vor lauter Reinheitssucht werden Gemeinden dann immer kleiner. Zunächst werden die anderen ausgeschlossen. Irgendwann aber, wenn man diesen Prozess bis zu Ende denkt, müsste man wohl auch sich selbst - wegen der eigenen Unvollkommenheit - ausschließen.

Je mehr man sich dessen bewusst wird, dass „die Welt" nicht nur draußen, sondern auch in mir ist, desto vorsichtiger wird man, andere zu verurteilen. Und desto dankbarer wird man für die Gnade Gottes.

#32 Frauen - Ursula Jost, Hille Feicken, Anneken Jans und Helena von Freyberg

Was war die Rolle der Frauen bei der Reformation?[137] Lässt sich das überhaupt pauschal beantworten? Für lange Zeit wurden Frauen in den historischen Darstellungen als ein „ergänzendes Sonderkapitel" behandelt. Ganz ähnlich in diesen Ausführungen. Leider.

Die meisten der 31 vorlaufenden Episoden haben sich mit Männern befasst: Mit ihren theologischen Schriften, ihren Disputen und ihren Aktionen. Es ist ungerecht, wenn dadurch der Eindruck entstanden ist, als würden Frauen nur stille Mitläuferinnen gewesen sein: dem Mann untergeordnet, zuhause am Herd und bei den Kindern. Das war keineswegs so.

Ohne Frage gab es zur Zeit der Reformation ein starkes geschlechterspezifisches Rollenverständnis. Männer hatten einen besseren Zugang zu Bildung und konnten sich leichter am öffentlichen Leben beteiligen. Das führte zwangsläufig dazu, dass die historische Quellenlage wesentlich mehr Material in Bezug auf Männer hergibt. Die reformatorischen Auseinandersetzungen wurden mithilfe von Flugschriften und öffentlichen Disputen geführt. Universitäten und Kirchenkanzeln waren die Austragungsorte der theologischen Konflikte. Vielfach wurde der Kampf gegen die Papstkirche von gebildeten, ehemaligen Priestern geführt.

Bei der Radikalen Reformation ist die dünne Quellenlage noch ausgeprägter. Viele der Akteure kamen nicht aus dem Raum der Kirche und verstanden auch nicht das Latein der Gelehrten. Sofern sie Adlige, Kaufleute oder Handwerker waren, konnten sie in der Regel die Landessprache lesen und schreiben. Aber über 80% der Bevölkerung bestand aus Bauern, denen Nachrichten allein mündlich zugetragen wurden. Bei all dem muss man sich vor Augen führen, dass mehr als die Hälfte der Bevölkerung aus Frauen bestand. Das heißt: Spätestens bei Massenbewegungen waren Frauen aktiv beteiligt. Wenn darüber hinaus Frauen namentlich als Akteurinnen bekannt sind, wiegt das umso

---

[137] Eine Fundgrube von Informationen ist das neue Mennonitische Lexikon. Es ist online verfügbar. Der Artikel „Frauen" ist über diesen Link zu finden: http://www.mennlex.de/doku.php?id=top:frauen [abgerufen am 30.08.2018].

schwerer als Hinweis auf ihre Eigenständigkeit im Reformationsgeschehen.

Bis zum 19. Jahrhundert wurde von den sogenannten „Edlen Frauen" gesprochen. Gemeint waren die Frauen der einflussreichen Reformatoren. Zum Beispiel: Katharina von Bora als Frau von Martin Luther. Großen Männern wurden in den Geschichtsdarstellungen große Frauen zur Seite gestellt. Es gab auch Frauen, die noch eigenständiger auftraten. Beispielsweise Argula von Grumbach: Sie schaltete sich 1523 in Süddeutschland mit Flugschriften in die reformatorischen Streitgespräche ein. Ihre Schriften erreichten hohe Auflagen. Zu diesem Zeitpunkt war sie erst 31 Jahre alt. Ihr Mann unterstützte ihren reformatorischen Weg nicht. Als weiteres ist Katharina Zell zu nennen. Sie wirkte über viele Jahre in Straßburg, dem reformatorischen Brodelpott der Nonkonformisten. Häufig war sie Gastgeberin für durchreisende Reformatoren. Sie beteiligte sich an theologischen Fachgesprächen und verstand sich als weibliche Reformatorin.

Bei der Radikalen Reformation finden wir Frauen, die Predigten störten, mit diskutierten, handgreiflich wurden und sich sogar an Klosterplünderungen beteiligten. Sie verweigerten zusammen mit ihren Männern die Taufe von Säuglingen, predigten an den abgelegensten Orten und versteckten Verfolgte in ihren Häusern. All das ist aus den Verhörprotokollen überliefert. Im Anschluss der entsprechenden Gerichtsverhandlungen wurden Frauen häufig als Ketzerinnen hingerichtet. In der Regel hat man sie ertränkt.

Vier markante Gestalten aus den Täuferbewegungen sollen besonders erwähnt werden: Die Straßburger Prophetin Ursula Jost, die Münsteraner Attentäterin Hille Feicken, die niederländische Dichterin Anneken Jans und die Tiroler Leiterin Helena von Freyberg.

1) Ursula Jost

Das Ehepaar Ursula und Lienhard Jost ist aus dem Straßburger Täufermilieu Ende der 20er Jahre bekannt. Ursula Jost trat als Prophetin auf und hatte insgesamt 77 apokalyptische Visionen und Offenbarungen. Sie verglich sich mit den Propheten des Alten Testaments, die Gottes Gericht ankündigten. Viele ihrer geistlichen Eindrücke bezogen sich auf den verheerenden Ausgang des Bauernkrieges und beschworen das nahende Weltende. Melchior Hoffman, der norddeutsche und niederlän-

dische Täufermissionar, war stark davon beeindruckt. 1530 veröffentlichte er diese Visionen in schriftlicher Form.

An Ursula Jost lässt sich erkennen, dass Frauen mithilfe von „Geist-
begabung" Autorität erlangen konnten. Die Priesterhierarchie war
männlich und auch theologische Gelehrsamkeit war von Männern do-
miniert. Aber, indem Frauen spirituelle Botschaften direkt von Gott
empfingen und mitteilten, überschritten sie männliche Barrieren und
konnten jenseits von hierarchischen Strukturen agieren.

2) Hille Feicken[138]

Mit ihr verbindet sich die dramatische Geschichte eines gescheiterten
Attentats. Es ereignete sich inmitten des Täuferreichs in Münster. Wir
befinden uns im Jahr 1534. Der Stadtrat hatte täuferische Ansichten angenommen und Münster galt als das neue Jerusalem. Bereits 1529, also
seit fünf Jahren, wurden Täufer reichsweit verfolgt. Kein Wunder, dass
Münster als täuferische Zufluchtsstadt eine enorme Anziehungskraft
entwickelte. Hille Feicken und ihr Mann waren nicht von Anfang an in
Münster dabei. Sie waren erst kurz zuvor als bereits Getaufte aus den
Niederlanden zugereist. Dort hatten sie ihren Besitz an Arme ver-
schenkt und alles hinter sich gelassen.

Als der katholische Fürstbischof Franz von Waldeck begann, Münster mit seinem Heer zu belagern, halfen Täuferfrauen, innerhalb der
Stadt die Befestigungsanlagen zu verstärken. Auch wenn sicherlich
nicht alle Frauen die männliche Prophetenherrschaft und die erzwungene Gütergemeinschaft mittrugen, unterstützen sie doch zum Großteil
das religiöse System. Für Ostern 1534 wurde durch den tonangebenden
Propheten Jan Matthijs die erlösende und richtende Wiederkunft Christi angekündigt. Aber nichts geschah. Stattdessen starb Matthijs auf dem
Schlachtfeld.

All diese Umstände müssen bei Hille Feicken zu einer Verwandlung
in ihrem Selbstverständnis geführt haben. Mehr und mehr identifizierte
sie sich mit der historischen Rolle der biblischen Judith. Das ist eine
Heldin in den griechischen Schriften des Alten Testaments. Als Israel
damals von Feinden umzingelt war, schlich sie sich in einer wagemuti-
gen Aktion in das feindliche Heer und enthauptete dessen assyrischen
Feldhauptmann Holofernes. Es war ein göttlich legitimierter Mord. Seit

---

[138] Mehr Informationen auf der Website „500 Jahre Reformation - Von Frauen gestaltet":
http://frauen-und-reformation.de/?s=bio&id=121 [abgerufen am 30.08.2018].

Jahrhunderten wird Judith als schöne, mutige und starke Frau verehrt, die ihr Leben für die Befreiung Israels einsetzte. Zur Zeit der Reformation war diese weibliche Heldengestalt in mehreren künstlerischen Darstellungen verarbeitet worden und damit bekannt. Judith war eine ideale Identifikationsfigur für Frauen, die sich als Befreiungskämpferinnen verstanden.[139]

Hille Feicken sah sich als neue Judith, die analog zu biblischen Zeiten den Fürstbischof Franz von Waldeck ermorden wollte. Es sollte mit einem vergifteten Kleidungsstück geschehen. Aber das Attentat misslang. Hille Feicken wurde verraten, verhaftet und verhört. Sie war erst ca. 30 Jahre alt, als sie im Sommer 1534 enthauptet wurde. Man vermutet, dass Hille Feicken nicht als Einzelgängerin, sondern in Absprache mit den Täuferführern gehandelt hat. Auch wenn sich die Mehrheit der münsteraner Frauen sicherlich entsprechend des traditionellen Rollenmusters verhielt, war es offenbar durchaus möglich, herausragende Aufgaben zu übernehmen. Mit Berufung auf eine göttliche Eingebung und auf die Leitung durch den Geist Gottes konnten Frauen freier agieren. Der spektakuläre Attentatsversuch der Hille Feicken in Münster zeigt, dass sich einzelne Frauen durchaus selbstbewusst aus der Masse heraushoben und in die politischen Geschehnisse eingriffen.

3) Anneken Jans
Sie wurde Anfang 1539 als bekennende Täuferin in Rotterdam ertränkt - mit erst 28 Jahren. Ihre Geschichte wird - neben vielen anderen - im sogenannten Märtyrerspiegel aufgeführt. Das ist eine mennonitische Sammlung von Märtyrerzeugnissen. Anneken Jans wird als eine glaubensstarke Frau beschrieben, die sich, kurz bevor sie ermordet wurde, an die umherstehende Menge wandte. Auf dem Weg zur Hinrichtungsstätte versprach sie ihr gesamtes Erbe demjenigen, der sich um ihren 15 Monate alten Sohn kümmern würde. Ein Bäcker übernahm diese Aufgabe. Später wurde ihr Sohn Bürgermeister von Rotterdam. Er schloss sich aber nicht den Täufern an.

Anneken Jans stammte aus einer wohlhabenden niederländischen Familie. Zu der Zeit, als sich in Münster das Täuferreich formierte, wurde sie in den Niederlanden getauft. Wegen einer Verfolgungswelle floh sie mit ihrem Mann nach England. 1538 kam sie nach Holland zu-

---

[139] Mehr Informationen in dem Buch von Marion Kobelt-Groch „Judith macht Geschichte", Paderborn 2005.

rück. Durch das Singen eines täuferischen Liedes machte sie sich verdächtig, wurde verraten und gefangen genommen. Mit ihrem Namen verbindet sich ein eindrucksvoller Abschiedsbrief an ihren kleinen Sohn. Bereits kurz nach ihrem Tod gingen diese Dokumente in den Druck und verbreiteten sich schnell. Auch der Text einer täuferischen Hymne geht auf sie zurück. Darin geht es darum, dass sie die Posaune der Endzeit und der Wiederkunft Christi erschallen hört. Anneken Jans ist ein herausragendes Zeugnis einer täuferischen Mutter, die standhaft für ihren Glauben einstand und sich zugleich um ihr Kind kümmerte.

4) Helena von Freyberg
Sie war insofern eine Ausnahmegestalt, als sie von adliger Herkunft war und lange Zeit eine leitende Position unter den Täufern einnahm. Sie wurde 1491 in Tirol geboren. 1528, also mit 37 Jahren, schloss sie sich den Täufern an. Dazu muss man wissen: Die allgemeine Reformation in Österreich war weniger von herausragenden Stadtreformatoren wie in Deutschland oder der Schweiz geprägt. Stattdessen gab es eine Anzahl ländlicher Prediger. Ähnlich trafen sich die Täufer zu heimlichen Versammlungen in Wäldern und Scheunen. Helena von Freyberg leitete eine Täufergemeinde in Münichau, ihrem Geburtsort. Von dort aus hielt sie Kontakt zu Pilgram Marpeck, der Führungsfigur im süddeutschen Täufertum. Auch besuchte sie Täufer im Gefängnis und war bereit, Teile ihres Vermögens zu verleihen.

Als es Anzeichen für eine bevorstehende Verhaftung gab, floh sie 1530 nach Konstanz. Nachdem sie auch dort bedroht wurde, organisierte sie ihre Rückkehr nach Tirol. Dafür sollte sie aber dem täuferischen Glauben absagen. Nach zahlreichen Verhandlungen widerrief sie ihre täuferischen Überzeugungen - vermutlich aus taktischen Gründen, um ihre Familie zu schützen. Später beschrieb sie, wie sie diesen Schritt zutiefst bereute. Sie verließ Tirol und ging ins Exil in das damals tolerantere Augsburg. Dort schloss sie sich der Täufergemeinschaft an und bildete spätere Täuferanführer aus. Auch vermittelte sie im theologischen Streit zwischen Pilgram Marpeck und Kaspar von Schwenckfeld.

An ihrer Biographie lässt sich ablesen, wie es vereinzelt auch Frauen möglich war, unter den Täufern Führungsaufgaben zu übernehmen. Helena von Freyberg verfasste zwar keine theologischen Schriften, trug aber maßgeblich dazu bei, dass sich im Tiroler Raum viele den Täufern anschlossen. Über 15 Jahre lang engagierte sie sich mit viel Ausdauer in dieser noch jungen Bewegung. Für ihren ausgesprochen eigenständigen Glaubensweg nahm sie Verfolgung und Ausweisung in Kauf. Ihre Familie folgte ihrem Beispiel nicht. Helena von Freyberg starb 1545 im Alter von etwa 54 Jahren eines natürlichen Todes.

Anregungen und Fragen:

Die biblische Rolle der Frau

Diese Thematik zieht sich bis heute durch kirchliche und freikirchliche Diskussionen. Insbesondere, ob und inwiefern Frauen in christlichen Gemeinden für Leitungsämter zugelassen werden. Die einen berufen sich auf die Anforderungskataloge für Älteste und Diakone und leiten daraus ab, dass diese Aufgaben Männern vorbehalten seien. Manche verweisen sogar darauf, dass Paulus den Frauen geboten hätte, in der Gemeinde zu schweigen. Die anderen berufen sich auf Galater 3,28, wo derselbe Paulus schreibt, dass es in Christus weder Mann noch Frau gäbe. Und sie verweisen auf das sogenannte „Priestertum aller Gläubigen". Deswegen sollen auch Frauen alle Ämter und Dienste übernehmen können. Was gilt nun?

Bei den frühen Täuferbewegungen war es offenbar so, dass Frauen nahezu alle Aufgaben wahrnahmen. Ob sie auch tauften, ist nicht belegt. Aus den Verhörprotokollen ist aber zu entnehmen, dass ihnen das durchaus zugetraut wurde. Jedenfalls wurden sie von den Obrigkeiten genauso als Bedrohung wahrgenommen wie Männer. Es waren die Täufer, die wohl am konsequentesten das Prinzip der „Gleichberechtigung aller" umsetzten: Frauen wirkten als Prophetinnen und als Predigerinnen. Durch ihre Netzwerke konnte sich die Botschaft ausgesprochen schnell verbreiten. Sie trugen entscheidend dazu bei, dass Täuferanführer im Untergrund überleben konnten. Die Täufer waren zum Großteil eine Laienbewegung beiderlei Geschlechts.

Und doch gab es trotz aller nivellierenden Tendenzen immer noch Geschlechtergrenzen. Es waren Männer, die theologische Schriften verfassten und an öffentlichen Disputationen teilnahmen. Und möglicherweise waren es auch nur Männer, die getauft und die Gemeindezucht ausgeübt haben.

Interessant ist nun Folgendes: In turbulenten Aufbruchsstimmungen verschwimmen die Rollenzuordnungen. Je mehr sich aber eine Bewegung anfängt zu organisieren, desto stärker treten wieder klassische

Rollenmuster hervor. Sobald also eine Institutionalisierung beginnt, verschwinden die ursprünglichen Freiräume für Frauen. Dann wird wieder mit der Unterordnung der Frau und der gottgewollten Ordnung argumentiert. Die Historikerin Marion Kobelt-Groch hat dieses Phänomen erforscht. In ihrem Buch mit dem Titel „Aufsässige Töchter Gottes - Frauen im Bauernkrieg und in der Täufergeschichte" schreibt sie zum Prozess der Institutionalisierung:

> *„Dabei löste sich das Spannungsverhältnis von Freiheit und Ordnung nie zugunsten der Frauen auf. Wo eine euphorische Aufbruchstimmung in theologisch legitimierter Ordnung erstarrte, war es mit Wagnissen und Experimenten bald vorbei."*[140]

Man könnte es auch anders formulieren: Utopische Energien lassen für kurze Zeit die göttliche Zukunft hindurchscheinen. Eine Zukunft, in der wir - Männer und Frauen gleichermaßen - geliebte, begabte und befähigte Menschen sind. Sobald aber dieses visionäre Feuer erlischt, fällt der theologische Deutungsrahmen erneut zurück in die Vergangenheit bis hin zur Schöpfungserzählung und strukturiert das Zusammenleben von Menschen anhand einer vermeintlich hierarchischen „göttlichen Ordnung".

Zum Schluss ein Filmtipp:
Es ist noch nicht lange her, dass Frauen das demokratische Wahlrecht bekamen. Im Film „Die göttliche Ordnung" wird beschrieben, dass es in der Schweiz erst ab 1971 eingeführt wurde. Die langjährige Verhinderung wurde auch mit der Bibel begründet. Seltsam.

---

[140] Aus dem Klappentext des Buches von Marion Kobelt-Groch, Aufsässige Töchter Gottes - Frauen im Bauernkrieg und in den Täuferbewegungen, Frankfurt am Main 1998.

#33 Allgemeines Priestertum - Kampfansage an die kirchliche Hierarchie

In den weiteren Einheiten soll es nicht mehr um einzelne Personen, sondern um bedeutsame Themenlinien gehen. Unser erstes Wortfeld ist das sogenannte „Allgemeine Priestertum" oder „Priestertum aller Getauften". Das ist der Schlüsselbegriff, anhand dessen die Gestalt von Kirche verändert wurde. Vieles, was während der Reformationszeit geschah, steht mit den dahinter stehenden Leitideen in direktem Zusammenhang. Grundlage ist eine Bibelstelle aus dem 1. Petrusbrief, in der das Volk Gottes als ein königliches Priestertum bezeichnet wird:

„Ihr aber seid ein auserwähltes Geschlecht, ein königliches Priestertum, ein heiliges Volk, ein Volk zum Eigentum, dass ihr verkündigen sollt die Wohltaten dessen, der euch berufen hat aus der Finsternis in sein wunderbares Licht" (1.Petr.2,9)

Mit der Parole des „Allgemeinen Priestertums" wurde die weitverbreitete antiklerikale Stimmung weiter angeheizt. Innerhalb weniger Jahre kam es zu einem gravierenden Umbruch in der mittelalterlichen Ständeordnung. Der erste Stand, also der Stand der geweihten Priester, war radikal unter Beschuss. Reformatorische Einsichten erzwangen strukturelle Veränderungen. Aus Sicht der Radikalen Reformation gingen die Reformen aber nicht weit genug.

Antiklerikalismus
Das Wort „Antiklerikalismus" hat sich als Fachbegriff erst im 19. Jahrhundert durchgesetzt. Es war mit der atheistischen Religionskritik verbunden. Gefordert wurde die vollständige Abschaffung der Kirchenhierarchie und die Überwindung der Religion an sich. Solch ein Anliegen entsprach aber keineswegs der Situation zur Zeit der Reformation. Anfang des 16. Jahrhunderts sollte die Religion nicht abgeschafft, sondern die Christenheit erneuert werden. Bereits im Mittelalter wurde der Klerus, also alle kirchlichen Amtsträger, kritisiert, weil er seine Aufgaben nicht richtig erfüllte und stattdessen ein luxuriöses und liederliches Leben führte. Lange Zeit erhoffte man sich, die klerikale Struktur an sich reformieren zu könnten.

Anfang des 16. Jahrhunderts verstärkte sich der Verdacht, dass der priesterliche Stand an sich das Problem wäre. Die Papstkirche galt als Werk des Bösen und der Papst selbst als Antichrist. Um dieses religiöse System zu stürzen, musste die priesterliche Führungsschicht als oberster Stand in der Feudalordnung abgeschafft werden. Nur dann könne es zu einer Erneuerung des christlichen Glaubens kommen. In der Stimmung des Volkes äußerte sich das als Hass auf die Priester. Dieser Hass hatte mehrfache Gründe: Ursprünglich sollten Priester Repräsentanten moralischer Vollkommenheit sein. Davon waren sie aber weit entfernt. Stattdessen missbrauchten sie ihre weitreichenden Privilegien, waren von Steuern und Kriegsdienst befreit, ließen sich kirchliche Dienstleistungen bezahlen und häuften immer mehr Besitz an. Durch die kultische Weihe waren Priester höher gestellt, beanspruchten das Monopol, die Heilige Schrift auszulegen, und konnten das gottesdienstliche Messopfer durchführen. Sie hatten gewissermaßen die offizielle Lizenz für religiöse Handlungen. Alles in allem fühlte sich die traditionelle Kirche für die Mehrheit der Bevölkerung offenbar wie ein religiöses Unterdrückungs- und Kontrollsystem an.

Der frühe Martin Luther
Luther griff den gesellschaftlichen Unmut geschickt auf und heizte ihn weiter an. In seiner 1520 erschienenen Schrift „An den christlichen Adel" schrieb er:

> *„Was aus der Taufe gekrochen ist, das mag sich rühmen, dass es schon Priester, Bischof und Papst geweiht sei..."*[141]

Das bedeutet: Mit der Taufe ist der qualitative Unterschied zwischen Priestern und Laien aufgelöst. Alle sind vor Gott gleich. Es gibt keinen herausgehobenen Stand. Dieses verband sich gut mit dem neu entdeckten Gnadenverständnis. Christus allein ist der Mittler und allein durch ihn wird uns Gottes Gerechtigkeit zugesprochen. Es braucht keine weiteren menschlichen Priester, die in der Beziehung zu Gott vermitteln müssten. Jeder ist durch Christus zu Gott unmittelbar.

Die wachsende Bedeutung der Laien
Durch die Abschaffung des Priesterstandes, wurde natürlich nicht die Religion aufgelöst. Das war auch gar nicht die Absicht. Stattdessen

---

[141] Luther, 156.

wurden alle zu Priestern. Das war eine enorme Aufwertung des Laien, also des normalen Volksgenossen. Kirche wurde ab jetzt nicht mehr anhand der kirchlichen Hierarchie, sondern über die Laien definiert. Christliche Gemeinde war von nun an die Gemeinschaft der Gläubigen. All dieses verband sich mit den Bestrebungen der Bauern nach mehr kommunaler Selbstbestimmung, mit dem Wunsch, Pfarrer als Diener der Gemeinde selbst wählen zu können und mit der Verweigerung, kirchliche Zehnten-Abgaben zu leisten. Laien waren nun nicht mehr eine ungebildete Masse, sondern fingen an, ihre Individualität und Eigenständigkeit wahrzunehmen und sich dementsprechend zu verhalten. Durch ihr Engagement begann eine Demokratisierung und Pluralisierung der Kirche.

Vom Stand zum Amt
Mitte der 1520er-Jahre geschah eine Verschiebung, die später von den Akteuren der Radikalen Reformation kritisiert werden wird. Der Historiker Hans-Jürgen Goertz schreibt dazu:

„Die Losung vom „Priestertum aller Gläubigen" hatte schnell und gründlich gewirkt, allerdings nicht in äußerster Konsequenz. Es dauerte gar nicht lange und die evangelische Geistlichkeit etablierte sich als eine pastorale Führungsschicht gegenüber den Laien. Neue Geistliche urteilten über die Rechtgläubigkeit, nahmen den Auftrag zur Predigt für sich allein in Anspruch und wachten über die Moral im Volk."[142]

Wie ist das zu erklären? Der frühe Luther hatte noch die Signale gegeben: Alle sind gleich vor Gott, in Christus sind wir allein aus Gnaden gerechtfertigt, jeder soll in der Bibel lesen, das Evangelium verstehen und ein Gott wohlgefälliges Leben führen.
Als dann aber der dritte, also der unterste Stand - Bauern und Handwerker - diese Hoffnungssignale aufnahm und seine eigenen revolutionären Ideen entwickelte, ruderte Luther zurück und stärkte dem mittleren Stand, also den des weltlichen Adels, theologisch den Rücken. Und weil die Reformation - aus Sicht von Martin Luther - nur aufgrund einer reinen, erneuerten Lehre durchzuführen war, übernahmen evangelische Gelehrte die Führung in der Kirche. Aus dem Stand des Priesters wurde das Amt des Pastors. Nicht mehr das Messopfer war im Zentrum, sondern die korrekte Wortverkündigung. Aus einer hierarchi-

---

[142] Goertz, Pfaffenhass, 252.

schen Papstkirche wurde eine lutherische Amtskirche. Und diese Amtskirche ging zusammen mit den weltlichen Landesherren eine Koalition gegen den Papst ein. Strategisch sicherlich geschickt, aber in Bezug auf die Gestalt der christlichen Gemeinde fragwürdig.

Radikale Reformation
Sowohl Andreas Bodenstein von Karlstadt als auch Thomas Müntzer kritisierten die erneute Entmündigung der Laien durch die evangelischen Gelehrten. Letztendlich waren es aber die Täuferbewegungen, die mit der Aktivierung der Laien am stärksten experimentierten. Aus ihrer Sicht gehörten alle kirchlichen Befugnisse in die Gemeinschaft der gläubig Getauften. Sie lasen gemeinsam in der Bibel und zogen die Konsequenzen daraus. Taufe und Abendmahl wurden ohne Priester und ohne kultisches Zeremoniell durchgeführt. Man traf sich in säkularen Räumen oder unter freiem Himmel. Auch die Zugehörigkeit zur Gemeinde oder der Ausschluss wurde durch die Gemeinschaft selbst verwaltet. Täufer lehnten das lutherische Amtsverständnis, nach dem der Pastor der Gemeinde quasi gegenübersteht, ab. Stattdessen verfolgten sie ein egalitäres Prinzip, was bedeutet: Es ging ihnen auch strukturell um die Gleichheit der Gläubigen.[143]

Allerdings lässt sich auch beobachten, wie sich bei einigen Täufergemeinschaften erneut Ältesten-Hierarchien herausbildeten. So in der Strömung um Melchior Hoffman, bei den Mennoniten und auch bei den Hutterern. Auch wenn also leitende Personen „Diener der Gemeinde" genannt wurden und kein offizielles Amt innehatten, konnten sie durchaus zu einer erkennbaren Machtposition gelangen. Die Parole vom „Allgemeinen Priestertum" lässt sich offenbar nicht so leicht durchhalten.

Ethisierung des Glaubens
Mit der Aufwertung der Laien erhielten diese auch mehr geistliche Verantwortung. Weil die offiziellen Priester nicht mehr dem christlichen Ideal entsprachen, waren nun die „einfachen Leute" gefragt. Der gläubige Laie wurde zum Hoffnungsträger für eine erneuerte Kirche.

Mit dem Begriff „Allgemeines Priestertum" verschob sich der Fokus von der kultischen Handlung in der katholischen Messe hin zu einer

---

[143] Als Leitvers galt die Devise von Paulus: „*Wenn ihr zusammenkommt, so hat ein jeder einen Psalm, er hat eine Lehre, er hat eine Offenbarung, er hat eine Zungenrede, er hat eine Auslegung. Lasst es alles geschehen zur Erbauung!*" 1.Kor 14,26 (LUT2017).

überprüfbar veränderten Lebensführung des Einzelnen. Auch eine bloß zugesprochene Gnade und ein unsichtbarer Herzensglaube waren aus Sicht der Radikalen Reformatoren zu wenig. Sie beanstandeten, dass die reformatorische Botschaft von der Gnade dazu ermutige, noch mehr zu sündigen. Einen solchen Vorwurf musste sich auch schon Paulus anhören. Natürlich ist das ein Missverständnis der Gnadenlehre. Und doch ist es berechtigt, darauf zu drängen, dass der Ruf in die Nachfolge Christi auch eine sichtbare Wirkung hervorbringen soll. Wahrer Glaube muss auch die Frucht eines erkennbar erneuerten Lebens aufweisen. Wenn es aber dazu führt, dass von außen kontrolliert werden soll, wie gläubig jemand im Inneren ist, entwickelt es sich zu einer moralisch strengen Gesetzlichkeit. Man versucht dann, aufgrund von sogenannten sichtbaren Tatsünden zwischen Gläubigen und Ungläubigen zu unterscheiden und dementsprechend Grenzen zu ziehen.

Religion als Ordnungssystem
Beim Stichwort „Allgemeines Priestertum" ging es nicht nur um eine stärkere Mitbeteiligung der Laien. Allein aus der Forderung nach mehr Partizipation lässt sich nicht das enorme Bedrohungspotential für das traditionelle Christentum herleiten. Für ein tieferes Verständnis müssen wir uns die Grundmuster von „Religion an sich" vor Augen führen.

Seit Urzeiten ist es so, dass Religionen versuchen, die kosmische Ordnung in einer gesellschaftlichen Ordnung abzubilden. Sowohl der Aufbau des menschlichen Körpers, als auch der familiäre Haushalt und ebenso die gesellschaftliche Stufung werden analog zur göttlichen Ordnung der Schöpfung verstanden. In vertikaler Linie gibt es dementsprechend das Haupt des Leibes, oder einen männlichen Familienvorstand, oder einen Herrscher über das Volk. Alles ist an seinem Platz. Religion stabilisiert dieses Symbolsystem mit Gott an oberster Stelle. Dazu gibt es tempelartige Kirchen als heilige Orte, mit feierlich-mystischen Zeremonien durch lizensierte Priester. Diese Priester überbrücken die Kluft zwischen Menschen und der göttlichen Sphäre durch gnadenwirkende Opferrituale. Insofern ist Religion ein Ordnungs- und Orientierungssystem. Sie verbindet die sichtbare und unsichtbare Welt. Und die Kirche hat die Aufgabe, diese kosmisch abgebildete Ordnung zu bewahren.

Für viele Jahrhunderte ging das gut. Dann aber begann die radikal-reformatorische Energie zu brodeln: Normale Leute lasen im heiligen Buch, der Bibel, und stellten kritische Fragen. Männer und Frauen predigten an normalen Orten und feierten Gottesdienste ohne kultische Liturgie. Das Heilige strömte aus in den Alltag. Und die traditionelle Kirche verlor die Kontrolle. Es ist nicht verwunderlich, dass das Streben der Laien nach Mündigkeit und Selbstbestimmung von den Kirchen-Oberen als Aufruhr und Rebellion gegen Gottes Ordnung wahrgenommen wurde.

Fakt ist aber: In den Reformationsdynamiken verschob sich die vertikale Schichtung der Gesellschaft hin zu einer horizontalen Gleichstellung. In letzter Konsequenz würde es damit kein „über" oder „unter" mehr geben. Leider ist es in Bezug auf die Gestalt von Kirche bis heute noch nicht gelungen, dementsprechende Strukturreformen konsequent und nachhaltig zu realisieren.

Zum Abschluss Anregungen und Fragen

1) Ist das Christentum eine Religion?
Die Antwort auf diese Frage hängt sicherlich davon ab, was man unter „Religion" versteht. Wenn man den christlichen Glauben von außen betrachtet und soziologisch oder psychologisch untersucht, haben wir es ohne Frage mit einem eigenständigen Religionssystem zu tun. Wenn wir aber auf zentrale Elemente aus der Religionswissenschaft zu sprechen kommen, könnte die Antwort schon anders ausfallen.

Ist es richtig, dass das Christentum eine kosmische Ordnung abbilden möchte? Soll die Sehnsucht des Menschen durch eine Rückbindung zum Ursprung erfüllt werden? Geht es um kirchliche Tempel als heilige Räume der Gottesbegegnung? Braucht es Priester, die die Kommunikation zu Gott durch rituelle Handlungen herstellen? Gibt es ein wiederholtes Opfergeschehen, um den Zorn der Götter zu besänftigen? Und ist die Kernaufgabe des Menschen, sich dieser göttlichen Ordnung willig einzufügen? Oder durchbricht der christliche Glaube in der Person von Jesus Christus nicht all diese Muster und ist damit im Kern antireligiös?

2) Was ist Aufgabe von Kirche?
Ist Kirche die Verwalterin der christlichen Religion? Hat Kirche demnach die Aufgabe, das kosmische Ordnungssystem zu bewahren und Menschen in ihrem Gewissen gefügig zu machen? Oder ist Kirche nicht

eher Gottes Instrument, um religiöse Systeme aufzubrechen und zu transformieren? Damit hätte Kirche weniger die Aufgabe der Stabilisierung, sondern der Unterbrechung. Die schärfste Kritik der Radikalen Reformatoren lautet: Mit der Konstantinischen Wende im 4. Jahrhundert wurde Kirche zur ordnungspolitischen Religionsmacht. Der ursprüngliche, subversive und prophetische Charakter der frühen Gemeinden ging damit verloren.

3) Hat Geschichte eine Richtung?

Ist die Horizontalisierung der kirchlichen Struktur ein Fortschritt oder eine Verfallserscheinung? Ist mehr Partizipation der Gläubigen ein Gewinn oder stiftet sie nur mehr Unruhe und Verwirrung?

Der Begriff „Allgemeines Priestertum" meint genau genommen nicht Demokratie, also dass das Volk die Macht hat, sondern die Gleichheit aller Menschen vor Gott. Gemeint ist eher eine Pneumatokratie, eine Geist-Herrschaft, also eine Gemeinschaft, die gemeinsam anhand des Wortes Gottes durch die Impulse und die Gaben des Christusgeistes geleitet wird. Wenn das stimmt, dann war die Reformation immer noch nicht radikal genug.

Bei Jesus ist Folgendes zu beobachten: Er kam aus dem „oben" ins „unten", um Menschen hochzuheben. Er ging aus der Mitte zu den Rändern, um Menschen hereinzuholen und er korrigierte die „Lehre der Alten", um Menschen für Gottes Zukunft zu öffnen. Damit durchkreuzte er die typisch religiösen Muster und drehte sie um. Offenbar gibt es - zumindest bei Jesus - eine Bewegungsrichtung. Die große Herausforderung lautet: Wie können wir diese Dynamik strukturell und nachhaltig in der Gestalt von christlichen Gemeinschaften abbilden. Wir werden später noch darauf zurückkommen.

#34 Vieldeutige Bibel - oder: Von der Pluralisierung der Bibelauslegung

„Sola scriptura" - Allein die Schrift. Mit dieser Kampfansage stellte sich Martin Luther gegen die Autorität der katholischen Tradition und die des Papstes. Von nun an sollte allein die Schrift als Quelle göttlicher Erkenntnis gelten und zur einzigen Norm für das christliche Leben werden. So weit die Theorie.

1522 hatte Luther das Neue Testament ins Deutsche übersetzt und jeder Laie konnte nachlesen, ob es sich „in der Heiligen Schrift so verhielt". Paradoxerweise führte das Studieren der Bibel nur für kurze Zeit zu mehr Einheit unter den Reformwilligen. Solange es gegen den katholischen Klerus und die kirchlichen Traditionen ging, war man sich noch einig. Im weiteren Verlauf wurden von den radikaleren Reformatoren aber auch die weltlichen Fürsten scharf kritisiert. Die Bibel sollte zum Gestaltungsprinzip für das gesamte öffentliche Leben werden. Alles sollte an der Schrift gemessen werden. So verwies die Bauernbewegung auf das „Göttliche Recht" zur gemeinschaftlichen Nutzung des landwirtschaftlichen Ertrages. Des Weiteren kämpfte Thomas Müntzer mit der Bibel gegen die wirtschaftliche Ausbeutung und die soziale Ungerechtigkeit. Gleichzeitig warf man den evangelischen Hauptreformatoren vor, dass sie die Heilige Schrift nur nach ihrer Vorstellung auslegen und als Machtmittel gegen Andersdenkende verwenden würden. Konrad Grebel, einer der ersten Glaubensgetauften in Zürich, schrieb bereits 1524 in seinem Brief an Thomas Müntzer:

„Es gibt mehr als genug Weisheit und Rat in der Schrift, wie man alle Stände, alle Menschen lehren, regieren, weisen und fromm machen soll."[144]

Im selben Brief beklagte er auch, dass sie lange Zeit nur Zuhörer und Leser der evangelischen Prediger gewesen waren. Jetzt aber, wo sie die Schrift selbst zur Hand genommen hätten, sind sie in vielen Punkten eines Besseren belehrt worden und würden nun die fehlerhaften Auslegungen der evangelischen Reformatoren erkennen.

Wir beobachten also folgendes Phänomen: Je mehr Menschen in der Bibel lasen und ihre Einsichten und Perspektiven einbrachten, desto

---

[144] Aus dem Brief von Konrad Grebel an Thomas Müntzer, in: Fast, 19.

vielfältiger wurde die Bibelauslegung. Auch die Hoffnung, dass sich die Bibel selbst auslege, führte keineswegs zu mehr Eindeutigkeit. Stattdessen bewirkte das „Allgemeine Priestertum" eine Pluralisierung des Bibelverständnisses. Martin Luther und die anderen Hauptreformatoren standen damit vor dem Problem, dass „ihre" Reformen aus dem Ruder liefen und teilweise eine Richtung nahmen, die nicht ihren Vorstellungen entsprachen. Deswegen mussten sie klären, *wie* die Schrift auszulegen wäre. Wie sollten biblische Themen und Texte gewichtet und zugeordnet werden? Was war das leitende Prinzip für eine evangelische Bibelauslegung?

In diesem Zusammenhang stoßen wir auf die lutherische Formel „Das, was Christum treibet." Gemeint ist: Alle Texte sind danach zu beurteilen, ob sie das Werk Christi voranbringen. Deswegen wertete Luther den Jakobusbrief und die Offenbarung ab und schied die griechisch apokryphen Schriften des Alten Testaments aus. Luther begründete damit einen Kanon im Kanon. Anhand *seines* Christusverständnisses kategorisierte er die Bibelpassagen und legte deren Gültigkeit fest. Dass wir es hierbei nicht mit einer neutralen Vorgehensweise zu tun haben, müsste jedem klar sein. Die radikaleren Reformatoren waren bei vielen Bibelthemen anderer Meinung und widersprachen.

Um uns in den historischen Konfliktfeldern besser orientieren zu können, schlage ich folgendes Koordinatenkreuz vor: In der vertikalen Linie steht oben „Geist" und unten „Buchstabe". In der horizontalen Linie steht links „Altes Testament" und rechts „Neues Testament". Geist und Buchstabe, AT und NT, je nach Mischung oder Gegenüberstellung ergeben sich unterschiedliche theologische Anschauungen und Konzepte.

Geist

Wer das Wirken des Geistes oder einen inneren Herzensglauben stärker als alles Äußere betonte, vertrat eine spiritualistische Ansicht. Dabei wurde auf den 2. Korintherbrief 3,6 verwiesen: „Der Buchstabe tötet, der Geist aber macht lebendig." Karlstadt und Thomas Müntzer betonten, dass ungebildete Bauern, auch wenn sie nicht Lesen konnten, in der Tiefe ihres Herzens vom Geist berührt werden können. Extremer Spiritualismus wertete sogar alles Sichtbare ab: Keine sichtbare Kirche, keine Notwendigkeit von Abendmahl und Taufe, keine Bedeutung der

Buchstaben-Bibel. Wahrer Glaube sei innerlich und habe keine äußere Formung. So beim Chronisten Sebastian Franck.

An anderer Stelle äußerte sich das Reden des Geistes in Träumen und Sonderoffenbarungen. Propheten, die das Weltende verkündigten, bekamen eine hohe Autorität. Hierbei bestand aber immer die Gefahr, dass sich solche Eindrücke verselbständigten und nicht mehr am geschriebenen Wort geprüft wurden. All solche Tendenzen hat es bei den radikaleren Strömungen gegeben und ihnen letztendlich die abwertende Bezeichnung „Schwärmer" eingebracht. Die meisten von ihnen betonten aber, dass geistliche Träume zwar möglich sind, aber nicht der Schrift widersprechen dürfen.

Buchstabe

Bei dieser Position wird heraus gestellt, dass das geschriebene Wort nicht nur Hinweis auf Gottes Reden, sondern wörtliche Offenbarung sei. So wie Jesus in der Wüste dem Satan ein „Es steht geschrieben." entgegenhielt, muss die Bibel buchstabengetreu zitiert und befolgt werden. Im Extremfall geht man sogar davon aus, dass das geschriebene Gotteswort aus sich heraus Menschen zum Glauben führt und Offenbarung bewirkt. Das Wirken des Geistes wäre damit überflüssig und das Bibelbuch bekäme eine quasi magische Mächtigkeit. Mit so einer Ansicht ging die Betonung der sichtbaren Zeichen einher: Sichtbare Kirche, ein im materiellen Abendmahl anwesender Christus und die Taufe als Heils-Ritual.

In den meisten Fällen entsprach das nicht den Ansichten der radikaleren Reformatoren, die sich gerade gegen eine ausgehöhlte Sakramentalisierung wandten, außer beim Thema „sichtbare Kirche", also der Gestalt von christlicher Gemeinschaft. In diesem Bereich kam es zu einer neuen, am Wortlaut ausgerichteten Regelorientierung. Die Bannpraxis der Schweizer Brüder oder die als biblisch notwendig empfundene Gütergemeinschaft der Hutterer sind Beispiele dafür.

Wir können festhalten: Die radikaleren Strömungen schwankten vielfach zwischen den Extremen „Spiritualismus" und „Biblizismus" hin und her. Nur wenigen, wie zum Beispiel dem täuferischen Theologie-

professor Balthasar Hubmaier, gelang es, eine Balance zwischen Geist-
wirken und geschriebenem Wort herzustellen: Der Geist bedient sich
des Wortes und das Wort wird erleuchtet durch den Geist.

Wegweisend war die Ansicht vom Täuferführer Pilgram Marpeck.
Er sprach davon, dass Gottes Geist das innere Zeugnis wirke und die
Schrift als ein unterstützendes Mitzeugnis fungiere. Besonders die Täufer drängten darauf, dass die Erfahrung der Gnade Gottes nicht ohne
Frucht bleiben sollte. Ihnen war wichtig, dass Gottes Heilswirken im
Menschen zu einer erkennbaren Änderung des Lebens führe. Das Unsichtbare drängt in das Sichtbare. Es ging um ein Leben in der Nachfolge Jesu; um Glauben, der in der Liebe tätig wurde. Schwierig wurde es
immer dann, wenn anhand der äußeren Lebensführung auf die innere
Verfasstheit des Gläubigen geschlossen werden sollte. Dann wurde aus
der Freiheit in Christus eine neue moralisierende Regelorientierung.

Wechseln wir nun zum zweiten Spannungsfeld: die Zuordnung von
Altem und Neuem Testament. Hat das Neue Testament Vorrang vor
dem Alten? Ist mit dem Neuen das Alte be-endet oder voll-endet? Geht
es um eine Zäsur oder um eine Fortentwicklung? Ist das AT die eigentliche Bibel der ersten Christen und das NT nur ein Kommentar? Oder
ist das NT die christliche Bibel und das AT entbehrlich? Aber: Kann
man das Neue Testament ohne das Alte überhaupt verstehen?

Altes Testament

Der sogenannte Bildersturm, also das Entfernen von Heiligenbildern,
wurde mit dem 2. Gebot: „Du sollst dir kein Bildnis machen." begründet. Wenn man das AT eher buchstabenorientiert liest, dann lassen sich
damit auch Heilige Kriege, die Todesstrafe, das Königtum, den Bau von
Tempeln und einen besonderen Priesterstand herleiten. Letztendlich
läuft es dabei auf eine monarchische Theokratie hinaus. Der König oder
der Papst regieren das Volk im göttlichen Auftrag. Die christliche Gemeinde wird dabei als Volk Gottes analog zum Volk Israel verstanden.[145] Ganz in diesem Sinne begründete in Zürich der Hauptreformator Huldrich Zwingli die Säuglingstaufe mit der alttestamentlichen Praxis der Beschneidung. Das bleibt bis heute irritierend.

---

[145] Hans-Jürgen Goertz schreibt über die Täufer: „*Und bald drängte sich ihnen der Eindruck auf,
dass die Reformatoren das Alte Testament brauchten, um ihr ganzes Reformkonzept verwirklichen
zu können: Die Erneuerung der Kirche mit Hilfe der weltlichen Obrigkeit wurde mit der poli-
tisch-theologischen Einheit des alttestamentlichen Gottesvolkes gerechtfertigt.*" (Goertz, Täufer,
59).

Aber auch bei den radikaleren Strömungen gab es teilweise eine deutliche Betonung des Alten Testaments. Auffällig war dieses beim Täuferreich zu Münster. Dort wurden alttestamentliche Gerichts-Prophetien in direkter Weise in die Gegenwart verlängert. Mit fatalen Folgen. Die Mehrheit der radikaleren Strömungen deutete das Alte Testament aber eher typologisch oder allegorisch. Gemeint ist: Die Geschichten des AT wurden als Bilder und Vergleiche für die christliche Gemeinde verstanden und nicht als direkte Anweisung, die Gesellschaft zu regieren.

Neues Testament

Schon in der frühen Kirche hatte es Versuche gegeben, das AT als abgetan hinzustellen und ganz wegzulassen. Das hatte verhängnisvolle Konsequenzen. Vielleicht erklärt sich daraus, dass die Haupt-Reformatoren so viel Gewicht auf die Einheit des Heilshandeln Gottes und damit auch auf das Alte Testament gelegt haben. Die Täufer dagegen haben darauf bestanden, dass das NT von höherem Gewicht sei und das AT nicht nur fortschreibe, sondern teilweise auch korrigiere. Besonders die Schweizer Brüder beriefen sich auf die Bergpredigt von Jesus und bemühten sich, ihr Leben daran auszurichten. Wie schon erwähnt, führte dieses aber teilweise zu einer Radikalisierung der Bannpraxis: Es sollte nur so gelebt werden, wie es ausdrücklich im Neuen Testament - insbesondere in den Evangelien - geboten war.[146]

Wir können festhalten: Bei den radikaleren Strömungen wurden - wie auch schon bei den Stichworten „Geist" und „Buchstaben" - die Extreme stärker ausgelotet. Wenn also das AT, speziell mit seinen Gerichtsprophetien und Gewaltandrohungen direkt angewendet wird, landen wir beim Täuferkönigreich zu Münster. Wenn auf der anderen Seite das NT in seinem Wortlaut nicht als die letztgültige Offenbarung verstanden wird, sondern als eine Durchgangsstation zu noch mehr vernünftiger Klarheit, dann landen wir bei den Antitrinitariern und Rationalisten.

Die Täufer wurden zu unrecht beschuldigt, das Alte Testament abzulehnen. Ihnen ging es bei aller Zusammengehörigkeit um eine Vorrangstellung des Neuen Testaments. AT und NT verhalten sich wie Verhei-

---

[146] Werner O. Packull schreibt über die Hutterer: Sie *„traten für fortlaufende Gespräche innerhalb einer hermeneutischen Gemeinschaft ein, deren Grundlage die Heilige Schrift in der Volkssprache sein sollte."* (Packull, 38).

ßung und Erfüllung. Aus ihrer Sicht korrigierte Jesus einzelne Linien des Alten Testamentes, sodass diese für Christen nicht mehr normativ sind. Es ging nicht um eine abstrakte Gegenüberstellung von Gesetz und Evangelium, sondern um eine zum Besseren veränderte Lebensführung. Sie betonten den irdischen, leidenden Jesus und nicht den triumphalen, zum Himmel aufgefahrenen Weltenherrscher, wie es seit dem 4. Jahrhundert üblich wurde. Auf diesem Wege kamen sie zur Verweigerung des Kriegsdienstes und des Staats-Eides. Die Vorrangstellung des Neuen Testaments und die Orientierung am inkarnierten Leben Jesu führte letztendlich zur Friedensethik.

Abschließend Anregungen und Fragen:

1) Wie eindeutig ist die Bibel?
Wer in verschiedenen christlichen Milieus unterwegs ist, trifft immer wieder mal auf den Begriff „bibeltreu". Wenn damit gemeint ist, dass Christen die Gründungsdokumente ihres Glaubens kennen und ernst nehmen, ist das voll zu unterstützen. Oftmals scheint damit aber folgende Vorstellung verbunden zu sein: „Wenn wir uns nur genau genug den biblischen Text ansehen, wissen wir eindeutig, was christlich ist und was Gott will. Und dann wird es Einheit unter den Christen geben." Dazu kann man nur sagen: Schön wär's. Die Hoffnung auf Klarheit der Schrift ist naiv. Selbst wenn wir den Urtext in 100%iger Reinheit hätten, gäbe es vielfältige Kontroversen in Bezug auf die Auslegung. Das war ja gerade die Ernüchterung in der Reformationszeit: Man wollte die Autorität des katholischen Lehramtes abschaffen, merkte aber bald, dass es ohne Lehrautorität nicht ging. Irgendwie musste entschieden werden, wie die verschiedenen biblischen Aussagen gewichtet und zugeordnet werden sollten. Wer also behauptet, *das* richtige Bibelverständnis zu haben, macht eine fragwürdige Aussage. Letztendlich gibt eine solche Person nur zu erkennen, dass sie ihr eigenes Vorverständnis und die damit zusammenhängenden Auslegungsprinzipien nicht ausreichend reflektiert hat.

2) Ist die Bibel in sich dialogisch?
Woran eigentlich liegt es, dass aus der Bibel so häufig Standpunkte abgeleitet werden sollen? Ist es der Wunsch nach Klarheit und Eindeutigkeit? Braucht es solche Klärungen, um eine christliche Identität aufzu-

bauen, auf der „richtigen Seite" zu stehen und Grenzen nach außen zu ziehen? Im schlimmsten Fall wird aus dem christlichen Glauben ein in sich geschlossenes Lehrsystem.

Was aber wäre, wenn die Bibel mehr einer Landschaft als einem Gebäude entspräche? Das Alte Testament wäre dann wie eine imposante Gebirgskette mit grünen Tälern, abenteuerlichen Schluchten und bedrohlichen Abgründen. Und immer ist Gott als Begleiter dabei. Dann wäre die Bibel keine monologische Mitteilung vom Himmel, sondern eine Geschichte, in die ich hineingelockt und hinein verflochten werde. Plötzlich sitze ich nicht mehr distanziert auf der Zuschauertribüne des Lebens, sondern bin mitten im Geschehen. Wie Simon von Kyrene, der unerwartet Jesu Kreuz tragen musste.

Die Bibel hat dann keine Flächigkeit, sondern Tiefe. Sie ist keine Fotografie von göttlichen Wahrheiten, sondern ein Fenster in Gottes neue Welt. Gottes Wort hat eine dialogische Struktur und lädt ein, mit Gott ins Gespräch zu kommen. Auf diese Weise kommt zur Dualität von „Geist" und „Buchstaben" eine dritte personale Komponente, die der lernenden Gemeinschaft, hinzu. Im gemeinsamen Studieren der Bibel öffnet der Geist uns den Sinn für Gottes Zukunft. Dieser Prozess kommt erst endgültig zum Abschluss, wenn Christus, der Messias, für alle erscheint. AT und NT weisen - bei aller Abgeschlossenheit - über sich hinaus. Gottes Offenbarung geschieht nicht als abstrakt zeitlose Wahrheit, sondern ereignet sich in einem geschichtlichen Prozess. Das erfordert eine kontextuelle Bibelauslegung. Deswegen war auch die Reformation nicht das Ende der Geschichte, sondern nur eine weitere Etappe auf diesem Weg.

#35 Streit um die Taufe - "Säuglingstaufe" oder "Glaubenstaufe" – bis heute ungelöst

Im ersten Teil verschaffen wir uns einen Überblick über die Taufdiskussion zur Zeit der Reformation. Zusätzlich sehen wir uns in einem zweiten Teil die unterschiedlichen Begründungslinien an, wie sie sich bis in die heutige Zeit durchgehalten haben. Es ist ein seit 500 Jahren ungelöstes Themenfeld: Auf der einen Seite die Befürworter der „Säuglingstaufe", auf der anderen die der „Glaubenstaufe". Es wird zwar nicht mehr gestritten wie damals, aber entscheidende Differenzen, auch wenn sie abgemildert wurden, bestehen immer noch.

Woran liegt das? Könnte man nicht meinen, dass gewisse Variationen in der Taufpraxis vertretbar wären? Warum hält sich dieser Konflikt so lange? Bei genauerem Hinsehen fällt auf, dass es nicht isoliert um die Form der Taufe geht, sondern um die dahinter liegenden theologischen Ansätze, also: das Verständnis von Gnade und Glaube, das Wirken des Geistes, die neue Geburt in Christus, die Mündigkeit des einzelnen und das Wesen von Kirche an sich. Und es fällt auf, dass die Bruchlinie bei diesem Thema nicht so sehr zwischen evangelisch und katholisch verläuft, sondern erstaunlicherweise innerhalb der Reformationskirchen. Die Säuglingstaufe wird von lutherischen und reformierten Kirchen zwar unterschiedlich begründet, aber grundsätzlich befürwortet. Die Glaubenstaufe dagegen wird von Täuferkirchen und den meisten - historisch späteren - Freikirchen vertreten. An der Thematik „Taufe" lässt sich offenbar studieren, wie bis heute das reformatorische Prinzip „sola scriptura" unterschiedlich ausgelegt wird und nicht zwingend zu Korrekturen an kirchlichen Traditionen führt.

1) Die Anfänge in der Reformation

Anfang des 16. Jahrhunderts war die Säuglingstaufe gängige Praxis. Die Gesellschaft galt schon lange als christianisiert. Sie war ein Corpus Christianum, ein christlicher Volkskörper. Mit der Taufe wurden Säuglinge zu Christen und buchstäblich in diesen Volkskörper einverleibt. Es gab keine Alternative. Wer sich weigerte, seine Kinder taufen zu lassen, wurde zum Feind des religiös-staatlichen Systems.

Genau hier müssen wir beginnen, um die Anfangsdynamiken zu verstehen. Seit längerem hatte sich eine antiklerikale Stimmung aufge-

238

staut. Als die Hoffnung schwand, dass der katholische Priesterstand inklusive der kirchlichen Hierarchie grundlegend reformiert werden könne, gingen die unteren Stände dazu über, die Reform der Christenheit selbst in die Hand zu nehmen. Laien lasen die Bibel und erkannten ihre Handlungsfähigkeit. Sie hatten zwar offiziell keine politische Macht, konnten sich aber dem gesellschaftlichen Druck verweigern. Die Verweigerung der Säuglingstaufe war eine Form des zivilen Ungehorsams. Es war quasi der Testfall, ob man noch mit dem alten Staatskirchen-System kollaborierte oder ob man sich schon widersetzte.

Hieraus erklärt sich, dass zu Beginn alle Reformatoren die Legitimität der Säuglingstaufe anzweifelten: in Wittenberg der frühe Martin Luther, aber noch viel mehr Andreas Bodenstein von Karlstadt, Thomas Müntzer und die Zwickauer Propheten. Von Müntzer ist die berühmte Kritik überliefert (1524):

„Die rechte Taufe ist nicht verstanden, darum ist der Eingang zur Christenheit zum viehischen Affenspiel geworden."[147]

Auch in Zürich stellte sich Huldrich Zwingli anfangs noch gegen die Säuglingstaufe. Bereits 1521 nannte er es einen Aberglauben, dass die Taufe die Erbsünde von Neugeborenen abwasche. Dennoch plädierte er nicht für eine Abschaffung der Säuglingstaufe.[148] Die Zögerlichkeit der Hauptreformatoren eröffnete den Raum für radikalere Ansätze. Im Frühjahr 1524 lehnte der ehemalige Priester Wilhelm Reublin die Säuglingstaufe öffentlich ab und ermutigte Eltern, ihre Kinder nicht zur Taufe zu bringen. Ende 1524 musste sich Felix Mantz wegen seiner Taufansichten vor dem Rat in Zürich verantworten. Er schrieb über die gelehrten Theologen:

„Sie wissen auch viel besser, als es jemand darlegen kann, dass Christus die Kindertaufe nicht gelehrt hat, dass auch die Apostel sie nicht geübt haben, sondern dass, entsprechend dem Sinn der Taufe, allein die getauft werden sollen, die sich bessern, ein neues Leben annehmen, den Lastern absterben, mit Christus begraben werden und mit ihm in Erneuerung des Lebens aus der Taufe auferstehen."[149]

---

[147] Thomas Müntzer in seiner Schrift „Protestation oder Entbietung" von 1524.
[148] Zitiert aus Wikipedia, Artikel „Kindertaufe": https://de.wikipedia.org/wiki/Kindertaufe [abgerufen am 30.08.2018].
[149] Aus der „Protestation und Schutzschrift" von Felix Mantz (1524), in: Fast, 29-30.

2) Von der Verweigerung zur Aktion

Anfang 1525 kam es zu den ersten Glaubenstaufen in Zürich. Aus Sicht der Täufer waren sie selbst konsequenter als die restlichen Reformatoren. Taufe sollte nicht nur eine gesellschaftliche Konvention sein oder ein leeres kirchliches Ritual ohne Konsequenzen. Stattdessen wurden die Täuflinge herausgefordert, ihren Glauben öffentlich zu bekennen und sich zu einem Leben in der Nachfolge Christi und in christlicher Gemeinschaft zu verpflichten. Damit verweigerten sich die Täufer dem volkskirchlichen Ansatz und sammelten Gläubige in Kontrastgemeinschaften.

In früheren Episoden kam bereits zur Sprache, dass die Täufergemeinschaften keinen einheitlichen Ursprung und auch keine einheitliche Theologie hatten. Entsprechend ist es auch bei den Taufverständnissen. Allen gemeinsam war zwar die Ablehnung der Säuglingstaufe, aber die Begründung der Glaubenstaufe war recht unterschiedlich. Bei Konrad Grebel und Felix Mantz, den ersten Täufern in Zürich, lag der Akzent darauf, dass Taufe ein äußeres Zeichen für ein inneres geistliches Geschehen ist. Der Theologieprofessor Balthasar Hubmaier legte hohen Wert auf den Christusbezug, den Zusammenhang von Wort Gottes und Taufe und dass Gläubige sich öffentlich verpflichteten, ihr Leben zu bessern. Hans Hut, der Täufermissionar in Mitteldeutschland und Österreich, sprach von einer Versiegelung der Gläubigen für das Endgericht. Pilgram Marpeck und sein Netzwerk betonten, dass die äußere Wassertaufe ein unterstützendes Mitzeugnis für das innere Zeugnis des Heiligen Geistes sei. Menno Simons, der Namensgeber der Mennoniten, stellte heraus, dass zur Taufe auch die Bereitschaft zum Gehorsam gegenüber Christus gehöre.

In den sieben Schleitheimer Artikeln von 1527, die später für viele Täufergemeinschaften zur Orientierung wurden, wird die Taufe ganz am Anfang verhandelt. Dort steht:

„Die Taufe soll allen denen gegeben werden, die über die Buße und Änderung des Lebens belehrt worden sind und wahrhaftig glauben, dass ihre Sünden durch Christus hinweggenommen sind, und allen denen, die wandeln wollen in der Auferstehung Jesu Christi und mit ihm in den Tod begraben sein wollen, auf dass sie mit ihm auferstehen mögen, und allen denen, die es in solcher Meinung von uns begehren und von sich selbst aus

240

fordern. Damit wird jede Kindertaufe ausgeschlossen, des Papstes höchster und erster Gräuel."[150]

3) Gegenwind von den Hauptreformatoren

Sowohl bei Huldrich Zwingli als auch bei Martin Luther können wir beobachten, dass beide - nach anfänglicher Unsicherheit - erneut die Säuglingstaufe befürworteten. Wie kam es zu dieser Wende? Möglicherweise hatten sie befürchtet, dass durch die Verweigerung der Täufer gegenüber dem gesellschaftlichen System die Reformation insgesamt gefährdet sein würde. Fraglich ist jedenfalls, ob es bei den Hauptreformatoren wirklich theologische Gründe waren, die sie erneut zu Befürwortern der Säuglingstaufe machten, oder ob es eher politisch-strategische Gründe waren und die vermeintlich biblische Herleitung erst später ergänzt wurde. Auf jeden Fall fingen sie an, die Täufer als „Wiedertäufer" zu verunglimpfen und damit zu kriminalisieren.[151] Den Täufern wurde zu Unrecht vorgeworfen, die bedingungslose Gnade Gottes zu verachten und erneut in die Werkgerechtigkeit des Alten Testaments zurückzufallen.

Bei Martin Luther lässt sich die Begründung der Säuglingstaufe folgendermaßen skizzieren: Zunächst wandte er sich gegen die katholische Sakramentslehre, bei der die Taufe der Säuglinge auch dann gültig ist, wenn das zu taufende Kind selbst nicht glaubt. Katholisch liegt die Betonung auf der glaubenden Gemeinde, die den Säugling umgibt. Für Luther dagegen war der Glaube des Täuflings unverzichtbar. Er betonte ja gerade die Gnade Gottes und den Glauben als Geschenk, der zwar allein ausreiche, aber doch nötig sei, um vor Gott gerecht zu werden. Wie stand es aber bei Säuglingen mit dem Glauben? Zeitweise postulierte Luther einen verborgenen Säuglingsglauben, um damit der Taufe Sinn zu verleihen. Später betonte er, dass die Taufe ein Ausdruck der Verkündigung der Gnade Gottes am Menschen sei. Weil der Mensch einen unfreien Willen habe und durch die Erbsünde belastet sei, brauche er die vorauslaufende Gnade Gottes, die in der Taufe zum Ausdruck kommt. Demnach sei die Taufe nicht eine Konsequenz des gläubig Werdens, sondern der von Gott geschenkte Glaube empfange die Taufe. Und: Weil alle Menschen vor Gott unwürdig und unvollkommen

---

[150] Aus den Schleitheimer Artikeln, in: Fast, 62.
[151] Bereits kurz nach den ersten Glaubenstaufen in Zürich (1525) schrieb Zwingli ein Buch gegen die Wiedertäufer.

sind und alle dieser Gnade bedürfen, deswegen können und sollen auch unmündige Kinder getauft werden. Wichtig ist dabei, dass die Taufhandlung als verkündigendes Wort Gottes verstanden wird. Der Täufling selbst ist dabei allein Empfangender. Mit dieser Begründung näherte sich Luther wieder deutlich dem altkirchlich sakramentalen Taufverständnis an. Vereinzelt berief er sich sogar auf die jahrhundertelange Tauftradition, durch die Gott an den Menschen gewirkt habe. Das allerdings ist irritierend. Hatte die Reformation nicht gerade angesetzt, kirchliche Traditionen anhand des biblischen Text-Befundes zu korrigieren, egal wie lange sie bereits bestanden?

Huldrich Zwingli lieferte eine andere Begründung für die Säuglingstaufe. Die reformierte Lehre, die später durch Johannes Calvin verfeinert wurde, wollte die Taufe rein symbolisch verstehen. Innerhalb der Taufhandlung gab es dementsprechend keinerlei göttliche Magie. Taufe wurde als Bundeszeichen gedeutet. So wie im Alten Testament Säuglinge beschnitten wurden, sollten diese im Neuen Bund getauft werden. Die Taufe war damit so etwas wie eine Christus-Beschneidung. Man ging davon aus, dass im Säugling bereits ein verborgenes Samenkorn von Buße und Glauben gelegt war, das später, also nach der Taufe, zur Entfaltung kommen würde. Aber: Ist das nicht ein seltsamer Rückgriff auf das Alte Testament? Es lässt sich wohl nur wirklich verstehen, wenn man das dahinter liegende Bild einer theokratisch organisierten Gesellschaft erkennt. Während Luther die Zwei-Reiche-Lehre formulierte, also weltliches und geistliches Reich trennte, griff man in der reformierten Tradition stärker auf das Alte Testament zurück. Das Volk Israel galt als Muster, um ein christliches Gemeinwesen zu gestalten.

4) Verurteilung der Täuferbewegungen
Die breitflächige Verweigerung der Säuglingstaufe und die Durchführung der Glaubenstaufe war nur eine kurze Episode im Reformationsgeschehen. Zwölf Jahre nach Anschlag der 95 Thesen wurde auf dem zweiten Reichstag zu Speyer das Wiedertäufermandat erlassen. Damit wurden alle Taufgesinnten per landesweitem Gesetz verfolgt und bestraft oder sogar hingerichtet. Katholische und Evangelische waren sich darin einig, dass die Täufer das eigentliche Problem waren. 1530 wurden in der lutherischen Bekenntnisschrift, der Confessio Augustana, die

sogenannten Wiedertäufer mehrfach verdammt.[152] Es ist eine offene konfessionelle Wunde, dass bis heute nicht nur einzelne Lehrüberzeugungen abgelehnt werden, sondern ganze Personengruppen, die sich mit der Täufertradition verbunden fühlen.

5) Geschichte der Freikirchen

Im 16. Jahrhundert, also noch während der Reformationszeit, hatten es Gemeinschaften, die die Säuglingstaufe verweigerten, schwer. Das ist im Rahmen dieser Ausführungen schon mehrfach thematisiert worden. Mit Beginn des 17. Jahrhunderts nahmen neue freikirchliche Bewegungen die täuferischen Überzeugungen auf und begannen, sich zu verbreiten. So insbesondere die Baptisten, deren Name sich von dem griechischen Wort „baptizein" (deutsch: untertauchen, eintauchen, taufen) ableitet. Weil das damalige Europa allerdings konfessionell noch nicht so tolerant war, wanderten viele nach Nordamerika aus.

6) Ökumenische Gespräche

In der zweiten Hälfte des 20. Jahrhunderts entfachte der herausragende reformierte Theologe Karl Barth erneut die Diskussion um die Säuglingstaufe. In seiner kirchlichen Dogmatik unterschied er zwischen Geisttaufe und Wassertaufe. Unter Geisttaufe verstand er Gottes Wirken im Menschen, die Wassertaufe dagegen verstand er als Antwort des Glaubens. In seinen Ausführungen brachte er viele biblisch-theologische Gründe gegen die Säuglingstaufe vor. Letztendlich plädierte er aber nicht für deren Abschaffung. 1977 kam es zum Dialog zwischen Baptisten und den reformierten Kirchen. 1990 gab es einen baptistisch-lutherischen Gesprächsprozess. 2008 vereinbarten verschiedene christliche Kirchen - nicht alle - eine gegenseitige Taufanerkennung. All dieses sind bedeutsame Versuche, das Trennende zwischen den Kirchen zu überwinden. Allerdings gestaltet sich die gegenseitige Anerkennung von „Säuglingstaufe" und „Glaubenstaufe" noch immer schwierig. Um dieses besser nachvollziehen zu können, führen wir uns in einem zweiten Teil die inhaltlichen Positionen noch einmal genauer vor Augen.

Worin beim Taufverständnis Einigkeit besteht

Die Praxis der Wassertaufe ist grundlegend wichtig. Jesus hatte zwar nicht selbst getauft, diesen Auftrag aber an seine Nachfolger weiterge-

---

[152] So in den Artikeln 5, 9 und 16.

geben. Durch die Taufe handelt Gott am Menschen. Die Themen Gnade und Glaube sind eng damit verbunden. Und sowohl die Integration in eine christliche Gemeinschaft als auch die Unterweisung in christlicher Lebensführung gehören dazu. Taufe ist Ausdruck der Verbundenheit mit Christi Tod und seiner Auferstehung. Es geht um einen Bezug zum Thema Sündenvergebung, dem Wirken des Geistes und der Befreiung zu einem neuen Leben. Dieses neue Leben ist zugleich Geschenk, als auch ein beständiger Wachstumsprozess. Einig ist man sich auch darüber, dass, egal welche Form der Taufe praktiziert wird, diese immer missbraucht werden kann, nämlich, indem sie entweder zu einem leeren Ritual oder als bloß menschliche Gegenleistung für Gottes Gnade verstanden wird. Und man ist sich inzwischen auch darüber einig, dass im Neuen Testament weder die Praxis der Glaubenstaufe eindeutig bewiesen, noch die Praxis der Säuglingstaufe zu 100% ausgeschlossen werden kann.

Wenn es also so viele Gemeinsamkeiten gibt, mag man fragen: Warum noch Konflikte? Um dieses besser zu verstehen, muss man sich die unterschiedlichen Begründungen, die sich seit der Reformation kaum wesentlich verändert haben, genauer ansehen. Dabei ist es wichtig, das evangelische „sola scriptura"-Prinzip im Hinterkopf zu behalten. Welche Rolle spielt also der biblische Textbefund, um kirchliche Traditionen zu begründen oder zu korrigieren?

Das Verständnis der Säuglingstaufe
Gerade im Zusammenhang mit dem 500-jährigen Reformationsjubiläum finden wir neuere Bekräftigungen der Säuglingstaufpraxis. Der Begründungsgang geht in etwa so: Der christliche Gott ist ein Gott der bedingungslosen Gnade. Jeder Mensch soll das Geschenk dieser liebevollen Zuwendung Gottes erhalten. Die Taufe ist Verkündigung und Ausdruck dieser vorauslaufenden Gnade Gottes. Mit der Taufe wird dem Säugling das Heil Gottes zugesprochen und dieser in die Gemeinschaft der Kirche aufgenommen. Als biblischer Beleg wird Folgendes angeführt:

(1) Im Missionsbefehl von Jesus am Ende des Matthäusevangeliums geht es darum, alle Menschen zu Jüngern zu machen, sie zu taufen und zu lehren. Man sagt: Mit „alle" sind auch Säuglinge gemeint. Dabei muss man aber kritisch rückfragen, ob man nicht ebenso auch Zwangstaufen an Erwachsenen rechtfertigen könnte?

(2) Es wird darauf hingewiesen, dass auch Kindern das Reich Gottes zugesprochen wird und in ihnen der Geist Gottes wirkt. Dass in Kindern Gottes Geist wirkt, wird niemand bestreiten. Fraglich ist aber, ob das durch eine Taufe zum Ausdruck gebracht werden sollte. Markus 10, die Bibelstelle, auf die man sich häufig beruft, ist ein Argument für die Segnung von Kleinkindern und nicht für deren Taufe.

(3) In lutherischer Argumentation wird oftmals herausgestellt, dass gerade in Bezug auf einen verletzlichen und hilflosen Säugling am besten und schönsten zum Ausdruck käme, dass Gottes Gnade bedingungslos sei. Das ist an sich ein guter Gedanke. Er wird in der Bibel aber nirgends mit der Taufe in Verbindung gebracht.

(4) Reformierte berufen sich auf einen Vers in Kolosser 2, in dem der Begriff Taufe in einem Satz mit dem Begriff Beschneidung vorkommt. Wenn man diese Passage aber mit anderen Paulus-Stellen kombiniert, erkennt man, dass Paulus von einer inneren Beschneidung des Herzens spricht und nicht von der Wassertaufe.

(5) Häufig wird auch auf die sogenannten „Haustaufen" in der Apostelgeschichte verwiesen, also die Formulierungen „er und sein ganzes Haus ließen sich taufen". Möglicherweise bedeutet dieses, dass Säuglinge mitgetauft wurden. Sicher kann das aber nicht gesagt werden.

Fazit: Der exegetische Befund für eine Säuglingstaufpraxis ist äußerst dünn. Dieses führt aber keineswegs zu einer Verunsicherung oder einem Überdenken der Tradition. Im Gegenteil: Man sagt: Weil es im Neuen Testament nicht ausdrücklich verboten sei, spräche nichts dagegen, es beizubehalten.

Die Argumentation geht dann folgendermaßen weiter: Zur Zeit des Neuen Testaments sei die Urgemeinde in einer Missionssituation gewesen, in der überwiegend Erwachsene getauft wurden. Nachdem aber Völker als Ganzes christianisiert waren, traf das Evangelium nicht mehr auf eine heidnische Kultur. Stattdessen musste die christliche Gesellschaft nach innen missioniert werden, was bedeutet, alle von Geburt an zu taufen und zu lehren. Von Befürwortern wird darüber hinaus betont, dass Säuglingstaufen schon zum Ende des 2. Jahrhunderts, also bevor das Christentum zur Staatsreligion wurde, nachgewiesen werden können. Andere halten dagegen, dass die Säuglingstaufe wohl erst im 5. Jahrhundert zur durchgängigen Praxis wurde. Es bleibt also eine Frage der Deutung: War die Einführung der Säuglingstaufe eine sinnvolle Anpassung des christlichen Glaubens oder aber eine Verfallserscheinung, also eine Vermischung mit heidnischen Mysterienreligionen? Wurde die Taufe in der Gestalt der Säuglingstaufe zu so etwas wie einer christlichen Geburtsurkunde und religiösen Schutzimpfung?

Wenn man auf die Reformation zu sprechen kommt, wird manchmal das alte Vorurteil bedient, dass Täufer die Taufe angeblich als menschliches Werk verstanden hätten. Das ist aber eine Karikatur. Richtig ist: Auch Täufer sprachen von der Gnade Gottes und seinem vorauslaufenden Wirken im Gläubigen. Damit wurde der Sinn der Taufe - aus ihrer Sicht - aber nicht vollständig erfasst. Sie drängten darauf, den Ruf in die Nachfolge im Zusammenhang mit den neutestamentlichen Taufaussagen ernster zu nehmen und sich daran zu orientieren.

Kurzer Exkurs: 1988 trat der bekannte Pastor Wolfram Kopfermann aus der lutherischen Landeskirche aus und gründete mit einem Team die Anskar-Kirche. In seinem Buch „Abschied von einer Illusion" behandelt er auch die Praxis der Säuglingstaufe. Er führt aus, dass es drei Hauptgründe dagegen gibt:

1) Die Säuglingstaufe behindert Emanzipation und Freiheit und untergräbt damit die Mündigkeit des Gläubigen. Heißt: Die Entscheidungsfreiheit hin zum Glauben und zur Kirchenzugehörigkeit wird nicht respektiert. Wenn ich bereits als Säugling getauft wurde, bleibt mir nur noch die Möglichkeit, es nachträglich anzuerkennen oder auszutreten.

2) Die Säuglingstaufe dient nur dem Interesse der kirchlichen Selbsterhaltung und hat machtpolitische Gründe. Heißt: Es wird zwar bestritten, dass es bei dieser Praxis um die Rekrutierung neuer Mitglieder ginge. Tatsache ist aber, dass ein Säugling mit der Taufe zum Kirchenmitglied wird und sobald dieser heranwächst und erwerbstätig wird, Kirchensteuern zahlen muss. Die volkskirchliche Finanzierung steht und fällt mit der Praxis der Säuglingstaufe.

3) Die Säuglingstaufe verleitet dazu, sich als Christ zu verstehen, ohne seine Lebensführung an Jesus und den Lehren des Neuen Testaments auszurichten. Kirchenmitglieder werden damit in der gefährlichen Illusion gelassen, dass sie bereits Christen seien, auch wenn sie sich nicht in einer lebendiger Lernbeziehung zu Jesus Christus befinden.

Sein Fazit: Obwohl sich die Praxis der Säuglingstaufe sowohl exege-
tisch als auch dogmatisch auf dünnen Eis befindet, wird sich wohl
nichts ändern.[153]

Das Verständnis der Glaubenstaufe
Häufig wird auch von „Erwachsenentaufe" oder „Bekenntnistaufe" gesprochen. Das trifft es aber nicht. Es geht nicht um das Erwachsensein
oder um ein verbales Bekenntnis als Vorbedingung zur Taufe. Vielmehr wird Taufe als positive Antwort auf die Verkündigung des Evangeliums verstanden. Die reformatorischen Täufer haben betont, dass
sich diejenigen taufen ließen, die bereits gläubig geworden waren. Eine
Taufe geschieht demnach auf Verlangen des Täuflings und nicht gegen
seinen Willen. Der biblische Hauptbezug ergibt sich aus einer Reihe
von Stellen in der Apostelgeschichte. Daran kann abgelesen werden,
wie die frühe Kirche getauft hat.

Allein durch die Taufhandlung wird also niemand zum Christen,
sondern bekennt öffentlich, bereits zu Christus zu gehören. In der Taufe wird auch niemand von seinen Sünden erlöst. Dieses geschieht allein
durch Christus am Kreuz. Dort am Kreuz ist bereits unser altes Wesen
mit Christus gestorben. Im Glauben wird diese Botschaft ergriffen. Die
Taufe ist nicht der Tod des „Alten Menschen", sondern sein Begräbnis.

Verschiedene Elemente gehören also zusammen: Die Verkündigung
des Evangeliums und die Umkehr der Hörenden, die daraus folgende
Taufe, das erfüllt Werden mit dem Heiligen Geist und die Eingliederung in die Gemeinde. All das sind sowohl Wirkungen Gottes, als auch
bewusste Erfahrungen im Leben des Täuflings. Mit der Taufe verbinden sich die Bitte und der Entschluss, im Herrschaftsbereich Gottes leben und Jesus verbindlich in einer christlichen Gemeinschaft nachfol-
gen zu wollen.

Kritiker der Glaubenstaufe wenden ein, dass ein solches Verständnis
zu viel Subjektivität des Einzelnen beinhalte und zu wenig das objekti-
ve Heilswirken Gottes betone. Ohne Frage besteht darin eine Gefahr.
Wichtig ist aber, dass das subjektive Erleben des Täuflings nicht als nebensächlich und entbehrlich verstanden wird.

Letztendlich besteht der Hauptunterschied der beiden Taufverständnis-
se darin, dass die Säuglingstaufe ganz unter dem Vorzeichen der vor-

---

[153] Kopfermann, 82.

auslaufenden Gnade Gottes gespendet wird und die Glaubenstaufe stark den notwendigen Antwortcharakter des gläubig Gewordenen betont. Möglicherweise ergibt sich diese unterschiedliche Betonung auch aus der verschiedenen Wahrnehmung der gesellschaftlichen Situation. Können wir noch von einer christlichen Kultur reden, in der Säuglinge durch Erziehung und Bildung in das Christentum hineinwachsen, oder müssen wir eher von einer heidnischen Kultur sprechen, in der Menschen eingeladen werden sollten, einen klaren Schritt in die Nachfolge Jesu zu tun? Man muss sich wohl entscheiden, ob und inwieweit man die heutige säkulare Gesellschaft noch als christlich versteht.

Zum Schluss Anregungen und Fragen

1) Ökumenische Zusammenarbeit

Heutzutage will keiner mehr Streit zwischen den Kirchen. Und das ist auch gut so. Es ist wichtig, um der leuchtenden Botschaft von Jesus willen - trotz aller Unterschiede - zusammenzustehen. Auch viele Baptistengemeinden anerkennen inzwischen die biographische Entwicklung eines Christen, der als Säugling getauft wurde. Gott wirkt auf vielfältige Weise. Keine biblische Überzeugung oder Praxis kann von sich behaupten, die einzig richtige Auslegung zu sein. Wir brauchen einander mit unseren unterschiedlichen Perspektiven auf biblische Themen.

2) Die Bibel als Dialograum für kirchliche Traditionen

Gerade weil es bei allen Diskussionen nicht um den Grund des Glaubens, sondern nur um verschiedene Ausprägungen geht, bleibt ein konstruktiver Dialog befruchtend. Eine abschließende Klärung ist nicht zwingend nötig. Stattdessen können offene Fragen immer neu zu einer vertieften Beschäftigung mit biblischen Themen führen. Zur Zeit der Reformation sind Täufer für ihre Überzeugungen gestorben. Es verwundert deswegen nicht, dass die damaligen Einwände gegen die Säuglingstaufe durchaus noch ihre Berechtigung haben könnten. Dieses sollte aber nicht zu einer gegenseitigen Ablehnung von einzelnen Kirchen führen.

3) Ein kleines Gedankenspiel

Angenommen, die Täufer hätten damals zu Recht die Taufpraxis kritisiert: Was müsste heute geschehen, um diese inzwischen Jahrhunderte alte Säuglingstauftradition grundlegend zu reformieren?

#36 Orientiert an Jesus - Zwischen Sadduzäern, Zeloten, Essenern und Pharisäern

In den letzten Folgen dieses Podcasts soll es darum gehen, biblisch begründete Konturen für eine glaubwürdige Gestalt von Kirche zu formulieren. Die Konflikte der Reformationszeit haben uns viel Material geliefert, um verschiedene Varianten denken zu können und für Gefährdungen sensibilisiert zu sein. Insbesondere soll es um die Orientierung am irdischen Leben von Jesus gehen. Das war den Täufern wichtig: ein Lebensstil, der Jesus gemäß ist.

Konrad Grebel, der erste Täufer in Zürich, schrieb 1524 in einem Brief an Thomas Müntzer:

„Was uns nicht gelehrt wird mit klaren Bibelstellen und Beispielen, das soll so gut wie verboten sein."[154]

Dahinter steckte die Überzeugung, dass die Bibel ausreichend Informationen für Glauben und Leben eines Christen enthält. Wie sich dadurch die Gestalt von Gemeinde wandelte, wird im weiteren Verlauf deutlicher werden. Beginnen wir unseren Gedankengang mit drei befremdlichen Beobachtungen:

1) Nicht alles, was „das Christentum" ist, ist biblisch

Oder direkter formuliert: Nicht überall, wo „christlich" draufsteht, ist auch „christlich" drin. Viele Traditionen und Anschauungen gründen in griechischer Philosophie oder dem römischen Rechtsverständnis. Es gibt heidnische Einflüsse, die in der Missionsgeschichte christlich vereinnahmt und umgedeutet wurden, damit aber auch das Auftreten des Christentums verändert haben. Von dorther ist verständlich, dass die Reformatoren zurück zu den Quellen, den Urdokumenten des Glaubens, wollten. Auf dieser Grundlage wurde die Reformation vorangetrieben.

2) Nicht alles, was biblisch ist, ist christlich

Soll heißen: Nicht alle Anweisungen, die wir in der Bibel finden, sind für Christen gültig. Ohne Frage gehören beide Testamente zusammen. Um die Bibel aber christlich auszulegen, ist es wichtig, diese aus der

---

[154] Aus dem Brief von Konrad Grebel an Thomas Müntzer, in: Fast, 15.

Perspektive des Neuen Testaments zu lesen. Wie in früheren Episoden schon mehrfach angeklungen, griffen Reformatoren häufiger auf das Alte Testament zurück, um gesellschaftliche Regeln herzuleiten. Das mag für die damalige Zeit teilweise verständlich sein. Wer aber so vorgeht, muss sich fragen, ob er nicht damit hinter die ursprünglich christliche Botschaft zurückfällt.

3) Nicht alles, was christlich ist, orientiert sich am Leben von Jesus
Auffällig ist, wie über Jahrhunderte das irdische Leben des Jesus von Nazareth - mit Ausnahme der Armuts-Ordensgemeinschaften - für die Kirche insgesamt kaum eine Rolle spielte. Mit dem auferstandenen und zum Himmel aufgefahrenen Weltenrichter vor Augen bildete sich eine triumphale, imposante Kirche. Als man sich auf den am Kreuz Sterbenden konzentrierte, formierte sich eine gehorsame und leidensbereite Christenheit. In Kombination bekam man eine mächtige Kirchenhierarchie und ein untergebenes Gottesvolk. Dabei gingen jedoch die gesellschaftsrelevanten und politischen Facetten des irdischen Jesus verloren. Und genau diese Aspekte haben die radikaleren Reformatoren betont.

Die Aufgabe der „christlichen" Bibelauslegung besteht darin, Gottes Geschichte mit den Menschen vorrangig vom Neuen Testament - genauer: von Jesus Christus her zu verstehen - immer in Rückbindung an die Zeugenberichte über das gelebte Leben des Jesus von Nazareth. Eine christliche Kirche ist eine Jesus-Kirche. Dabei müssen wir der Versuchung widerstehen, hinter die Offenbarung des Neuen Testaments zurückzufallen und Weisungen, die für Israel gelten, auch für Christen verbindlich zu erklären. Das hat weitreichende Konsequenzen für viele politische und ethische Diskussionen. Auf der anderen Seite dürfen wir aber auch nicht bei der Beobachtung von Jesus in eine neue zwanghafte Wörtlichkeit verfallen und damit die Atmosphäre von Gottes Gnade verraten.

Im Folgenden möchte ich ein - wie ich finde ausgesprochen hilfreiches - Orientierungsmuster vorstellen, mit dem wir Ableitungen aus dem Leben Jesu für unsere heutige Zeit machen können, ohne dabei biblizistisch zu werden oder in einen Bibel-Fundamentalismus zu verfallen. Wen das genauer interessiert, findet vieles in dem Klassiker „Christ sein" von Hans Küng oder in der kürzeren Version unter dem Titel „Jesus".[155]

I. Vier Grundmuster

Aufgrund der Evangelienberichte und der historischen Forschung lässt sich herausarbeiten, wie unterschiedlich sich Jesus gegenüber Sadduzäern, Zeloten, Essenern und Pharisäern verhalten hat. Hinter diesen vier gesellschaftlich-religiösen Gruppierungen steckten unterschiedliche theologische Überzeugungen und Weltanschauungen. Küng nennt sie den Weg (1) des Establishments, (2) der Revolution, (3) der Emigration oder (4) des Kompromisses. Es sind die vier großen Muster, wie sich Religion zur Gesellschaft verhält. Und genau diese Muster variierten kirchengeschichtlich und gerieten zur Zeit der Reformation in Konflikt. Jesus wählte einen fünften Weg. Je genauer wir die vier anderen Wege verstehen und nachvollziehen können, was Jesus daran ablehnte, desto leichter können wir Übertragungen ins Heute durchführen.

Zur Veranschaulichung versuchen Sie sich ein Koordinatenkreuz vorzustellen: In der Vertikalen oben die Sadduzäer, unten die Zeloten. In der Horizontalen links die Essener, rechts die Pharisäer. Die vertikale Linie ist die Frage nach Macht und Gewalt. WIE kommt das Reich Gottes in diese Welt? Kommt es von oben durch herrschaftliche Macht - das sadduzäische Modell - oder von unten durch revolutionäre Gewalt - das zelotische Modell? Die horizontale Linie ist die Frage nach Reinheit und Abgrenzung. WO kommt das Reich Gottes in diese Welt? Kommt es durch Ausstieg aus der Gesellschaft - das essenische Modell - oder durch kompromissbereite Integration in den Alltag - das pharisäische Modell. Das sehen wir uns jetzt und in den nachfolgenden Episoden genauer an.

1) Die Sadduzäer

Sie waren das Herrschergeschlecht und verkörperten das Establishment und die religiöse Elite. Ihr Hauptthema war Macht, Status und Tradition. Nach außen gegenüber der Besatzungsmacht waren sie liberal, nach innen ausgesprochen konservativ. Sie orientierten sich an den heiligen Ordnungen des Mose. Wichtig waren der Tempel, die Amtspersonen und das offizielle Priestergeschlecht. Nach heutigem Ver-

---

[155] Küng, 43-101.

ständnis bildeten sie einen theokratischen Kirchenstaat. Es ging um Machtpolitik und Ruhe und Ordnung im Volk.

2) Die Zeloten

Sie verkörperten das genaue Gegenteil. Ihr Ziel war es, sich der römischen Besatzungsmacht gewaltsam zu widersetzen. Sie operierten im Untergrund und organisierten Aufstände. Für ihre Überzeugungen waren sie bereit zu sterben. Die Zeloten waren gewissermaßen religiöse Guerilla-Kämpfer. Beten war ihnen zu wenig. Ihre Devise war: Handeln, nicht reden. Sie erwarteten, dass Gott mit ihnen war, das Heilige Land zu befreien. Aus ihrer Sicht war der Messias ein politisch kämpfender Aktivist.

3) Die Essener

Ob Jesus wirklich zu den Essenern Kontakt hatte, wissen wir nicht genau. Gesichert ist aber, dass diese religiöse Bewegung damals präsent war. Ihnen ging es um Reinheit und Heiligkeit in Abgeschiedenheit. Sie verstanden sich als kleine Herde in einer Kontrastgemeinschaft zur Mainstream-Gesellschaft. In ihrer Absonderung versuchten sie, die jüdischen Reinheitsgebote besonders genau und strikt zu befolgen und erwarteten auf diesem Wege in der Wüste den wiederkommenden Messias.

4) Die Pharisäer

Die Pharisäer haben zu Unrecht einen schlechten Ruf. Tatsächlich waren sie eine religiöse Erneuerungsbewegung. Ihnen ging es darum, die verschiedenen jüdischen Gebote ernst zu nehmen und alltagstauglich zu machen. Man könnte auch sagen: Sie wollten ihre Bibel aktualisieren. So kam es, dass sie viele zusätzliche Anweisungen herausgaben, die normalen Gläubigen ein heiliges Leben ermöglichen sollten: Besondere Themen waren der Sabbat, die Zehnten-Abgabe und die Reinheitsgebote. Dass es trotz guter Motivation zu vielen heuchlerischen Kompromissen kam, ist hinlänglich bekannt.

II. Kirchengeschichte

Mit der Konstantinischen Wende wurde das sadduzäische Modell zum Hauptmuster: Kirche wurde zu einem Machtapparat. Mit Dogma, Kultus und Rechtsbestimmungen wurde sie zu einem Garant des Gewordenen, des Status Quo. In der Kirche war das Reich Gottes auf Erden.

Mit dem Erfolg der Christianisierung wurden alle aufständisch ketzerischen Bewegungen unterdrückt. In der Reformation waren bei den
sogenannten Schwärmern und Täufern teilweise erneut die zelotische
Energie und der politische Messianismus zu erkennen.

Das essenische Modell findet sich am ehesten in den Mönchsorden
und den mystischen Traditionen. Sie lebten als Kontrastgemeinschaften
in einer heiligen Zone. Zur Zeit der Reformation ist dieser Gang in die
Emigration besonders bei einzelnen Täufergruppen zum Beispiel den
Hutterern zu beobachten.

Das pharisäische Modell ist eng verwandt mit allen an der Bibel orientierten Erneuerungsbewegungen. Dazu gehören auch die Reformationskirchen. Sie leben von der Abgrenzung zur traditionell kirchlichen
Priesterhierarchie und bemühen sich um eine Anwendung der biblischen Wahrheiten im Alltag des Gläubigen. Interessant ist, dass Jesus
gerade mit dieser Gruppe am meisten Schwierigkeiten hatte.

III. Jesus in den vier Mustern
In einem dritten Schritt wechseln wir direkt zu Jesus. Interessant ist,
dass er sich keinem dieser vier religiösen Muster zuordnen lässt. Irgendwie befindet er sich zwischen allen Fronten. Er ging einen fünften
Weg. Und genau dieser Weg ist ausgesprochen richtungsweisend für
eine Jesus-gemäße Gestalt von Kirche.

1) Zum sadduzäischen Modell
Auffällig ist: Jesus war kein Priester, sondern gewöhnlicher Laie. Er
war auch kein gelehrter Theologe, vielmehr ein volkstümlicher Ge-
schichtenerzähler. Bei all dem hatte er aber keine Berührungsängste mit
den Mächtigen und Reichen. Er ließ sich von ihnen zum Essen einla-
den. Jesus lebte nicht in Totalopposition. Jedoch scheute er sich auch
nicht, Gottes Selbsterniedrigung zu demonstrieren und bösartige
Machtstrukturen bloßzustellen. Steuern zwar für den Kaiser, aber auch
nicht mehr. Leitungsarbeit ist Dienst und nicht Herrschaft. Alle Menschen sind vor Gott gleich und der Tempel als Ausdruck des religiösen
Machtmonopols wird zerstört werden.

2) Zum zelotischen Modell
Als Jesus zum König der Juden gemacht werden sollte, entzog er sich.
Er ritt auf einem Esel, dem Lasttier der Alltäglichkeit, nach Jerusalem
ein. Einem römischen Hauptmann heilte er ein abgeschlagenes Ohr. All

das macht deutlich: Jesus war zwar radikal und voller Eifer, er lehnte aber Gewalt zur Durchsetzung des Reiches Gottes ab. In seinem engsten Jüngerkreis hatte er Zeloten, aber er ließ sich von ihnen nicht zur vermeintlich göttlich richtenden Gewalt verleiten. Stattdessen durchbrach er die Teufelskreise von Verurteilung und religiösen Hinrichtungen.

3) Zum essenischen Modell

Jesus liebte das Leben. Er war kein Asket in der Wüste. Er durchbrach auch die Grenzziehungen von Rein und Unrein, Heilig und Profan. Sicherlich zog er sich oft in die Stille zum Beten zurück, aber nur, um danach erneut den Menschen in Gottes Kraft zu dienen. Er relativierte die Reinheitsgebote und war nicht bereit, Sünder auszugrenzen. Jesus warnte zwar davor, auf dem breiten Weg zu gehen, bei ihm finden wir aber keine statischen Drinnen-Draußen-Muster.

4) Zum pharisäischen Modell

Dieser Ansatz ist dem von Jesus zum Verwechseln ähnlich. Über die Pharisäer sagte er: „ Alles nun, was sie euch sagen, das tut und haltet…" (Mt.23,3). Und doch war er den Pharisäern sehr fern. Er kritisierte ihre Regelorientierung, ihr Verdienstdenken und ihre Sabbat-Ängstlichkeit. Bei den Pharisäern treffen wir auf ein seltsames Paradox: In dem Versuch, die Sünde bestmöglich zu vermeiden, beschäftigten sie sich über die Maßen mit ihr. Sie versuchten, die Sünde handhabbar zu machen. Und genau damit schien Jesus ein Problem zu haben. Denn eine solche Vorgehensweise führt zur Selbsttäuschung und Heuchelei.

Bei der Reformation können wir sehen, dass sich das Koordinatensystem im Urzeigersinn drehte. Es beginnt oben: Ausgangspunkt war das sadduzäische Modell der katholischen Kirche. Die frühe Reformation verfolgte anhand der Bibel ein erneuertes christliches Alltagsleben, das pharisäische Modell. Als die Reformation zu wenig Früchte gemäß einer veränderten Lebensführung aufwies und in das sadduzäische Modell zurückkippte, bildeten sich radikalere Strömungen und nahmen zelotische Züge an. Nachdem die gewaltsamen Aufstände scheiterten, lösten sich diese Strömungen entweder auf oder gingen teilweise in die Emigration und bildeten Kontrastgemeinschaften, das essenische Modell.

IV. Konsequenzen für die Gestalt von Kirche

(1) Jesus lehnte - gemäß dem sadduzäischen Modell - einen kirchenpolitischen Machtapparat ab. Ihm ging es nicht um religiöse Bestandswahrung, sondern um Gottes neue Welt. Ohne Frage braucht es sinnvolle Leitungsstrukturen und Kooperationen mit weltlichen Obrigkeiten. Kirche hat aber nicht die Aufgabe, den Status Quo religiös zu legitimieren.

(2) Jesus lehnte - gemäß dem zelotischen Modell - jegliche Art von Gewalt ab. Auch die minutiöse Dokumentation der Passionsgeschichte stellt alle Art von religiös legitimierter Gewalt als unrechtmäßig bloß. Damit sind heilige Kriege grundsätzlich ausgeschlossen. Ohne Frage schätzte Jesus die Entschlossenheit und Leidensbereitschaft der zelotischen Energie. Sie sollte aber nicht zu Freund-Feind-Schemata führen, sondern aktive Friedens- und Entfeindungsarbeit hervorrufen.

(3) Jesus lehnte - gemäß dem essenischen Modell - jede Art von Abkapselung und Bildung von religiösen Sondergruppen ab. Christen sind zwar nicht von dieser Welt, aber doch in der Welt. Dementsprechend hat Kirche auch nicht die Aufgabe, Drinnen-draußen-Muster zu kultivieren und Ausgrenzungsmechanismen religiös heilig zu sprechen.

(4) Jesus lehnte - gemäß dem pharisäischen Modell - jede Art von regelorientiertem Glauben ab. Natürlich braucht es Regeln - keine Frage, aber sie müssen dem Leben dienen. Wer jedoch zu sehr auf Regeln achtet und die persönliche Beziehung zu Jesus Christus vernachlässigt, neigt zur religiösen Selbstgerechtigkeit und neigt dazu, sich anzumaßen, andere aufgrund ihrer Lebensweise beurteilen zu können.

Fazit: Jesus bewegte sich dynamisch zwischen allen vier Fronten. Was also ist Gemeinde? Es ist der Resonanzraum für genau diesen Jesus, ein Sehnsuchtsort für Gottes neue Welt, in der Gerechtigkeit wohnt.

#37 Obrigkeit und Widerstand - Gehorsamspflicht und berechtigte Herrschaftskritik

Der Apostel Paulus beginnt das 13. Kapitel im Römerbrief mit folgenden Worten:

> *„Jedermann sei untertan der Obrigkeit, die Gewalt über ihn hat. Denn es ist keine Obrigkeit außer von Gott; wo aber Obrigkeit ist, ist sie von Gott angeordnet."*

Diese Passage hat eine weitreichende und verhängnisvolle Wirkungsgeschichte. Wenn man die Stelle isoliert und wörtlich liest, steht dort, dass jegliche Regierung, also auch Diktaturen, von Gott eingesetzt sind und sich Christen grundsätzlich unterordnen sollen. Paulus fährt fort:

> *„Darum: Wer sich der Obrigkeit widersetzt, der widerstrebt Gottes Anordnung; die ihr aber widerstreben, werden ihr Urteil empfangen."* *(Römer 13,2)*

Mit dieser Aussage wird jede Art von Widerstand gegen die Staatsgewalt zur Rebellion gegen Gott erklärt. Demnach würde Christsein darin bestehen, ein fügsamer Untertan zu sein, egal von welcher Qualität die Regierung ist. Dass eine solche Auslegung zu verheerenden Konsequenzen führt, ist geschichtlich reichlich dokumentiert. Es ist das Spannungsfeld von Politik und Religion, von weltlicher und kirchlicher Macht.

Was meint „Unterordnung unter die Obrigkeit"? Haben Christen die Pflicht, in jedem Fall weltlichen Führern zu gehorchen? Oder: Ab wann müssen sie sich verweigern? Gibt es ein Widerstandsrecht oder sogar eine Widerstandspflicht? In der deutschen Geschichte war der bittere Anwendungsfall für das Themenfeld „Kirche und Obrigkeit" das Nazi-Reich. Erschreckend viele Christen - aus den Großkirchen, aber ebenso aus den Freikirchen - hielten Adolf Hitler als von Gott eingesetzt und waren bereit, sich seinen Anweisungen unterzuordnen. Dabei muss man sich klar machen: Die christliche Unterstützung der Nazis war kein vorübergehendes Versehen, sondern sie war durch eine bestimmte Art der Bibelauslegung theologisch gestützt. Und das reicht bis in die Reformation zurück.

1) Vorlauf im Mittelalter

Als Martin Luther die Reformation ins Rollen brachte, war die Gesellschaft juristisch durch ein Reichskirchenregiment strukturiert. Nicht nur der Kaiser, sondern auch der Papst und die Kirche übernahmen weltliche Aufgaben. Das hatte eine lange mittelalterliche Vorgeschichte. Anfang des 12. Jahrhunderts erreichte der Konflikt zwischen Thron und Altar seinen Höhepunkt. Geschichtlich bekannt unter dem Namen „Investiturstreit", also der Frage, wer wen in die höchsten Ämter einsetzen durfte. Die Kirche bekam immer mehr Macht. Der Kaiser war Kaiser von Gottes Gnaden. Für die Zeit der Reformation bedeutet das, dass in den katholischen Regionen die Bischöfe oftmals zugleich Fürsten waren, die über Soldatenheere verfügen konnten.

2) Reformation auf zwei Ebenen

Wenn man sich die Reformationsgeschichte aus der Perspektive von Thomas Müntzer, den Bauern und den Täufern ansieht, dann blickt man gewissermaßen von unten auf das Geschehen. Die bäuerliche Basisbevölkerung erhoffte sich eine Abschaffung der Unterdrückung und mehr soziale Gerechtigkeit. Es war ein kommunales, teilweise aufständisches Verhalten, welches zu mehr gemeindlichen Reformen führen sollte. Der Bibelvers aus Apg. 5, 29: „Man muss Gott mehr gehorchen als den Menschen." machte die Runde. Das ist aber nur die eine Seite. Parallel dazu wurden die Inhalte der Reformation an Fürstenhöfen diskutiert. Luther stützte mit seiner Theologie die Anliegen der Landesherren gegenüber Papst und Kaiser. Der Effekt war, dass es bei der weltlichen Regierung nicht zu einer Herrschaftsreduzierung, sondern zu einer Machtstabilisierung kam. Die Fürsten instrumentalisierten die Reformation für ihre territoriale Selbstbehauptung.

3) Martin Luthers Obrigkeitsverständnis

Luther kritisierte, dass sich die traditionelle Kirche in weltliche Angelegenheiten einmischte. Sie sollte sich ganz auf den geistlichen Bereich konzentrieren und das Evangelium ausbreiten. Später wird die lutherische Version der Trennung von Staat und Kirche als „Zwei-Reiche-Lehre" bezeichnet werden. Zur Zeit der Reformation gab es jedoch noch keine ausformulierte Staatslehre. Luther ging es darum zu klären, dass der Christ unter zwei Regimenten lebt, dem weltlichen und dem geistlichen. Und dass diese beiden Bereiche nach unterschiedlichen Gesetzmäßigkeiten funktionieren. Die weltliche Regierung hatte die Befugnis, das Böse mit Gewalt zu strafen. Die Kirche legitimierte den Staat und der Staat hatte die Verpflichtung, die Kirche zu schützen. Dass mit dieser Trennung in „weltlich" und „geistlich" die Kirche erneut von der Macht der Fürsten abhängig wurde und sich politisch ein landesherrliches Kirchenregiment herausbildete, war sicherlich so nicht beabsichtigt.

4) Thomas Müntzer

Münter wollte nicht nur das Innere des Menschen erneuern, sondern die gesamte bestehende Christenheit von den Gottlosen, das heißt Altgläubigen, reinigen. Mit seinem Anliegen wandte er sich an die evangelischen Fürsten. Diese aber ließen sich nicht dafür gewinnen. Von diesem Moment an wandte sich Müntzer auch gegen die evangelische Obrigkeit und verbuchte diese - genauso wie die katholische Religion - unter Gottlosigkeit. Ab jetzt zielte er darauf, auch die Fürsten - notfalls mit Gewalt - abzusetzen. Er betonte aus Römer 13 den Vers 4:

„Denn sie <also die Obrigkeit> ist Gottes Dienerin, dir zugut. Tust du aber Böses, so fürchte dich; denn sie <die Obrigkeit> trägt das Schwert nicht umsonst. Sie ist Gottes Dienerin und vollzieht die Strafe an dem, der Böses tut."

Thomas Müntzer folgerte daraus: Die Unterordnung unter die Obrigkeit gilt nur, solange sich diese als Gottes Dienerin erweist. Wenn sie sich aber unbiblisch und nicht mehr nach Gottes Willen verhält, kann und muss sie abgesetzt werden. Einen ähnlichen Gedankengang finden wir schon über 100 Jahre zuvor bei Jan Hus und den Hussiten in Tschechien.

5) Huldrich Zwingli

In Zürich verlief die Reformation zeitverzögert. Zwingli und die reformierte Tradition folgten nicht dem Muster der Zwei-Reiche-Lehre, sondern betonten, dass sowohl die weltliche Herrschaft als auch die kirchliche Macht unter der endzeitlichen Königsherrschaft Gottes gesehen werden muss. Gemeint ist: Es gibt keine Obrigkeit, die sich nicht beständig in ihrem Handeln vor Gott verantworten müsste. Ein solches Obrigkeitsverständnis findet sich auch teilweise bei den Täufern, insbesondere bei Balthasar Hubmaier.

6) Die abgesonderten Täufer

In der Frühphase wollten die Schweizer Täufergemeinschaften auf die gesamte Gesellschaft einwirken. Erst als dieses misslang, zogen sie sich in religiöse Sondergemeinschaften zurück. Sie anerkannten zwar die weltliche Obrigkeit, wollten sich aber nicht an ihren Tätigkeiten beteiligen. In den Schleitheimer Artikeln von 1527 wurde formuliert, dass die weltliche Obrigkeit „eine Ordnung außerhalb der Vollkommenheit Christi" sei. Die Schweizer Täufer glaubten nicht daran, dass eine Obrigkeit christusgemäß handeln könne. Jede Art von Staat war ihrer Meinung nach ein „Regiment nach dem Fleisch"[156]. Dieses hing insbesondere mit der staatlichen Schwertgewalt zusammen, die die Täufer als unvereinbar mit der Nachfolge Christi ansahen. Auf das Thema „Kirche und Gewalt" werden wir in der nächsten Episode zurückkommen.

Bei den Täufern wurde das Prinzip „Trennung von Kirche und Staat" demnach auch auf sozialer Ebene durchgeführt. Sie wollten den Staat nicht in die christliche Gemeinde hinein regieren lassen. Es gab eine scharfe, teilweise dualistische Abgrenzung. Die Welt war in Finsternis, die Gemeinde der Raum des Lichtes. Von hierher erklärt sich, dass sie entsprechend neutestamentlicher Aussagen ihre internen Streitigkeiten nicht vor weltliche Gerichte brachten, sondern innerhalb der Gemeinden klären wollten. Keine Beteiligung am Bösen der Welt. Deswegen verweigerten sie den Eid auf den Staat, den Einsatz von Waffen, den Kriegsdienst und die Übernahme von weltlichen Ämtern. Lieber waren sie bereit, im Sinne Christi zu leiden oder zu fliehen. Sie ließen sich eher von den weltlichen Obrigkeiten diffamieren, als sich am Bösen der Welt zu verunreinigen. Natürlich wurde ihnen deswegen „Verweigerung an der Bürgergesellschaft" und „Verantwortungslosigkeit gegenüber dem Gemeinwohl" vorgeworfen. Deswegen galten sie auch, obwohl sie die Obrigkeit grundsätzlich anerkannten, als Aufrührer und Unruhestifter. Aber Aufruhr war nicht ihre Absicht. Vielmehr ging es den Täufern darum, Kontrastgemeinschaften zum Bestehenden zu bilden. Sie wollten am Vorbild der Urgemeinde eine Alternative leben, Gemeinschaften, die sich ganz an Christus ausrichteten. In diesem Sinne waren sie eine prophetisch-utopische Minderheitenkirche.

Im weiteren Verlauf überlebten Täufergemeinschaften nur dort, wo sie von Fürsten geduldet wurden. Dafür distanzierten sie sich von jegli-

---

[156] Michael Satter in den Schleitheimer Artikeln von 1527: „*Das Regiment der Obrigkeit ist nach dem Fleisch, das der Christen nach dem Geist.*" (Fast, 67).

chen sozialrevolutionären Energien und entwickelten sich zu den sogenannten „Stillen im Lande". Aus radikalen Reformern wurden konfor-
me Nonkonformisten.

7) Christliche Anarchisten?

Die meisten der Reformatoren waren davon überzeugt, dass sich weltliche Regierungen im Sinne Gottes verhalten können. Christliche Anarchisten misstrauen dagegen grundsätzlich dem Staat. Als biblische Orientierung dient weniger Römer 13, sondern Offenbarung 13. Dort wird
das Staatswesen als ein destruktives Ungetüm charakterisiert. Damit
verbindet sich die Analyse, dass jeglicher Staat auf Gewalt gründet und
nur durch Gewalt erhalten werden kann. Bei den Täufern sehen wir,
dass diese sich eher zurückzogen und die Konfrontation vermieden haben. Christliche Anarchisten sehen ihre Verantwortung dagegen darin,
staatliche Systemmacht durch gewaltfreien Widerstand zu demaski-
eren. Ihnen geht es um die Konfrontation mit institutionellen Mächten,
die Menschen manipulieren und strukturell ausbeuten.

Damit wenden wir uns noch mal dem „Widerstandsrecht" zu. Die Diskussion um Rechte und Pflichten von Fürsten oder um den Missbrauch
von Herrschergewalt reicht bis ins Mittelalter. Auch die Päpste haben
sich ja den Kaisern teilweise widersetzt.

In der Reformation tauchte die Frage besonders dort auf, wo sich die
evangelischen Reform-Fürsten vom katholischen Kaiser bedroht fühlten. Luther gestand den Fürsten zu, sich der kaiserlichen und päpstlichen Obrigkeit zu widersetzen, um die evangelischen Untertanen zu
schützen - notfalls auch mit Waffengewalt. In Bezug auf die einzelnen
Untertanen aber schreibt Professor Dr. Eike Wolgast:

> *„Luther hat zeit seines Lebens daran festgehalten, dass der einzelne amtlose*
> *Untertan ... kein Recht habe, sich obrigkeitlichen Handlungen mit Gewalt*
> *zu widersetzen."*[157]

Deswegen verurteilte Luther auch die Bauernaufstände als grundlegend unrechtmäßig und aufrührerisch.

Interessant ist in diesem Zusammenhang noch der Hinweis auf eine
Schrift, die der niederländische Gelehrte Wessel Gansfort Mitte des 15.
Jahrhunderts verfasst hatte. Diese Schrift wurde 1522 und 1530 ins

---

[157] Wolgast, Eike; Obrigkeit und Widerstand in der Frühzeit der Reformation, in: Vogler, 239.

Deutsche übersetzt. Bemerkenswert ist, dass Gansfort von einem be-
grenztem Gehorsamsgebot sprach und jedem Bauern und Bürger zuge-
stand, sich den kirchlichen Vorschriften zu widersetzen, sofern diese
göttliche Gebote verletzen. Mehr noch: Das Volk ist nicht nur berechtigt, sondern geradezu verpflichtet, sich gegen einen verdorbenen Klerus zu erheben. Alle Obrigkeit, die sich ungerecht und nicht dem Willen Gottes gemäß verhält, wird als tyrannisch qualifiziert. In Gansforts
Schrift finden wir vermutlich das weitgehendste Widerstandsrecht seiner Zeit.[158]

Springen wir ins 20. Jahrhundert. John Howard Yoder, Theologe aus
Nordamerika hat sich wohl am eingehendsten aus mennonitischer
Sicht mit der Frage nach staatlicher Obrigkeit auseinander gesetzt.[159] Er
stellt sich einerseits gegen eine täuferische Totalabsonderung, andererseits gegen eine kirchliche Legitimierung des Staates. Es geht ihm um
eine kritische Distanz, um eine prophetische Zeugenschaft, die die
christliche Gemeinde ausüben soll. Gemeinde ist seiner Meinung nach
eine messianische Kontrastgemeinschaft, die alternatives, gewaltfreies
Zusammenleben sichtbar machen soll. Mehr dazu in einer späteren Episode.

Im deutschen Bereich sei noch kurz auf zwei Theologien verwiesen:
Karl Barth und Dietrich Bonhoeffer. Sowohl Barth als auch Bonhoeffer
lehnten die sogenannte Zwei-Reiche-Lehre in ihrer Extremform ab. Sie
wollten verhindern, dass Geistliches und Weltliches völlig auseinander
fiel. Politisches hatte demnach keine Eigengesetzlichkeit jenseits von
Gott. Auch säkulare Regierungen müssen sich vor Gott verantworten.
Äußerst provozierend zog der reformierte Theologe Karl Barth eine historische Linie von Luther über Friedrich den Großen und Bismarck hin
zu Adolf Hitler.[160] Dem wurde von lutherischer Seite natürlich heftigst
widersprochen. Allerdings bleibt es eine ständige Warnung, dass sowohl eine völlige Absonderung als auch eine absolut Setzung des Staates zu einem Ausbruch von dämonischen Energien führen kann.

Dietrich Bonhoeffer sprach davon, dass es drei Möglichkeiten gebe,
wie die Kirche ihr Zeugnis gegenüber dem Staat abzulegen habe: (1)

---

[158] Laube, Adolf; „Daß die Untertanen den Obrigkeiten zu widerstehen schuldig sind" - Widerstandspflicht um 1530, in: Vogler, 264-265.
[159] Yoder, Politik Jesu, 217-236.
[160] Karl Barth; Eine Schweizer Stimme, Zürich 1985. Zitiert nach Wikipedia, Artikel „Zwei-Reiche-Lehre": https://de.wikipedia.org/wiki/Zwei-Reiche-Lehre [abgerufen am 30.08.2018].

Den Staat an seine legitime, aber begrenzte Rolle in der Gesellschaft erinnern, (2) den Opfern staatlicher Maßnahmen zu Hilfe kommen und (3) in extremen Situationen der Staatsmaschinerie in die Speichen greifen. Dieser letzte Punkt war für einen lutherischen Pastor und Theologen der damaligen Zeit untypisch.[161]

Abschließend Anregungen und Fragen

1) Die Verortung von Kirche in der Gesellschaft
Welche Funktion erfüllt „Kirche" im Zusammenleben? Geht es um „Sinnstiftung"? Ist Kirche eine religiöse Service-Agentur? Mir scheint es hilfreich, „Gesellschaft" nicht nur als Wechselspiel von „Staat" und „Wirtschaft" zu verstehen, sondern als dritten Bereich die „Zivilgesellschaft" mit in den Blick zu bekommen. Staat und Wirtschaft sind nicht Selbstzweck, sondern haben der Zivilgesellschaft zu dienen. Kirche darf weder dem Staat als irgendwie geartete Staatskirche, noch der Wirtschaft als irgendwie geartete religiöse Konsumfabrik zugeordnet werden. Kirche hat die Aufgabe, die Zivilgesellschaft zu stärken. Sie ist - unabhängig von ihrer christlichen Botschaft - ein intermediärer Akteur, der den öffentlichen Raum für alle Menschen offenhält. Der nordamerikanische Theologe und Philosoph Cornel West spricht von einem prophetischen Pragmatismus.[162] Es geht um zukunftsweisende Lösungen für ein gerechteres Zusammenleben.

2) Staat und Religion
Nicht nur die Religion muss vor den Übergriffen des Staates geschützt werden, sondern auch der Staat vor den Übergriffen der Religion. Das wird in heutiger Zeit, in der fundamentalistische Strömungen stärker nach politischer Macht streben, immer relevanter. Ziel ist nicht eine christliche Regierung, sondern der Erhalt der Religionsfreiheit - für jeden.

---

[161] Zitiert aus dem Mennonitischen Lexikon: http://www.mennlex.de/doku.php?id=art:bonhoeffer_dietrich [abgerufen am 30.08.2018].
[162] Mehr dazu: Manemann, Jürgen, u.a.; Prophetischer Pragmatismus - Eine Einführung in das Denken von Cornel West, München 2012; Wood, Mark David; Cornel West and the Politics of Prophetic Pragmatism, Illinois 2000.

#38 Krieg und Friedensethik - Verweigerung der Schwertgewalt und gewaltloser Widerstand

Noch bis ins 20. Jahrhundert hinein galt die Verweigerung des Kriegs-dienstes als staatsfeindlich und war strafbar. Im Nazi-Regime wurden Verweigerer hingerichtet. Vor diesem Hintergrund wurde 1949 das Recht, den Kriegsdienst aus Gewissensgründen zu verweigern, ins deutsche Grundgesetz aufgenommen. Seit 1987 gilt es auf Ebene der UNO als internationales Menschenrecht. Man muss sich das noch mal klar machen: Für lange Zeit galten Menschen, die nicht bereit waren, andere zu töten, als kriminell. Was für eine verdrehte Welt.

Die Mehrheit der Täufer lehnte jegliche Schwertgewalt ab. Konrad Grebel schrieb bereit 1524 an Thomas Müntzer:

„Man soll auch das Evangelium und seine Anhänger nicht mit dem Schwert schirmen, und sie sollen es auch selbst nicht tun. … Denn bei ih-nen ist das Töten ganz abgeschafft - es sei denn wir gehörten noch dem Al-ten Gesetz an. Aber auch dort <im Alten Testament> ist (wenn wir es recht überlegen) der Krieg, nachdem sie das gelobte Land erobert hatten, nur eine Plage gewesen."[163]

In den Schleitheimer Artikeln der Schweizer Täufer von 1527 handelt der 6. Artikel von der Schwertgewalt. Es wurde zwar nicht bestritten, dass der Staat das Schwert führen darf, jedoch sollten Christen sich nicht daran beteiligen. Die weltliche Obrigkeit regiert „nach dem Fleisch", das Königreich Christi aber ist geistlich. Lieber sollten Chris-ten bereit sein, Unrecht zu erleiden, als andere zu töten.

Damit bezogen sich die Täufer direkt auf Aussagen von Jesus, insbe-sondere auf solche aus der Bergpredigt. Sie positionierten sich ebenso wie die frühe Kirche bis zum Ende des 2. Jahrhunderts. Auch die ersten Kirchenväter verstanden die Taufe als Wechsel in der Loyalität. Chris-ten waren nicht mehr in letzter Konsequenz dem Kaiser und der staatli-chen Macht, sondern allein Christus unterstellt. Christus aber stand für Nächsten- und sogar Feindesliebe. Er kritisierte den Gebrauch des Schwertes und grenzte Gottes Reich von weltlichen Herrscher-Metho-den ab. Dementsprechend lehnten die frühen Christen jede Art von Ge-

---

[163] Aus dem Brief von Konrad Grebel an Thomas Müntzer, in: Fast, 20.

walt - insbesondere tötende Gewalt - ab und hielten das Soldatenleben als unvereinbar mit christlichen Überzeugungen.

Dann aber breitete sich der christliche Glaube im römischen Reich immer mehr aus. Auch viele Soldaten kamen zum Glauben. Mit der Konstantinischen Wende im 4. Jahrhundert entwickelte sich die Überzeugung, dass auch ein Staat christianisiert werden könne. Die pazifistische Position wurde zurückgedrängt und die Kirche bekam eine staatstragende Rolle.

Zu Beginn des 5. Jahrhunderts entwickelte der Kirchenvater Augustinus in seinem monumentalen Werk über den „Gottesstaat" die Lehre vom „gerechten Krieg". Das war damals ein Fortschritt. Ihm ging es darum, die uferlose Gewalt eines Staates einzugrenzen. Mit der Lehre vom Gerechten Krieg stellte er sich gegen Plünderungen und Eroberungskriege. Damit ein Krieg als „gerecht" und somit als gerechtfertigt galt, musste er ganz genaue Kriterien erfüllen. Die Leitlinien Augustinus' haben für viele Jahrhunderte die Kirche geprägt. Rückblickend kommentierte während der Reformationszeit der scharfsinnige Chronist Sebastian Franck allerdings, dass seit Beginn der Staatskirche ein christlich-gerechter Krieg so selten wie Störche im Winter sei.[164]

Im Verlauf des Mittelalters gab es nur wenige Gruppierungen, die den Kriegsdienst verweigerten, darunter die Waldenser und auch die Franziskaner. Franz von Assisi ging davon aus: Je mehr Besitz man anhäufe, desto mehr Waffengewalt brauche es, um diesen zu verteidigen. Das war einer seiner Gründe für ein besitzloses Leben.

Zur Zeit der Reformation war das Verständnis, dass jede Art von Obrigkeit zu Recht Waffengewalt ausübt, allgemein verbreitet. Das Christentum insgesamt fühlte sich durch die Türken von außen bedroht. Darüber hinaus verteidigten sich die Evangelischen gegen die katholischen Heere. Und auch alles, was als Bedrohung der staatlichen Ordnung angesehen wurde - wie die Bauernaufstände -, durfte legitim von den Fürsten mit Gewalt bekämpft werden. In der Confessio Augustana, der lutherischen Bekenntnisschrift von 1530, wurde in Artikel 16 festgehalten, dass es für Christen legitim sei, den Soldatenberuf auszuüben und für den Staat, gerechte Kriege zu führen. Der Pazifismus der Täufer wurde verdammt.

Wie schon in früheren Episoden teilweise ausgeführt, lebte pazifistisches Gedankengut bei den Böhmischen Brüdern, den Schweizer Täu-

---

[164] Aus: „Kriegsbüchlein des Friedens" von Sebastian Frank, Augsburg 1539, 3.

fern, den Hutterern und den Mennoniten weiter. Auch schlossen sich die Quäker, the Church of the Brethern, die Zeugen Jehovas und andere diesen Überzeugungen an. Je mehr sich allerdings Nationalstaaten herausbildeten und die allgemeine Wehrpflicht einführten, desto schwieriger wurde es, diese Friedensethik durchzuhalten. Häufig wurden pazifistische Christen vertrieben und mussten in tolerantere Regionen auswandern. Es war ein langer Weg, bis die Verweigerung des Kriegsdienstes aus Gewissensgründen anerkannt wurde.

Bevor wir uns verschiedenen Überzeugungen zum Thema Krieg und Gewalt zuwenden, machen wir zunächst einen Schritt zurück, um zur gesamten Thematik ein bisschen Überblicks-Distanz zu bekommen. Was ist die Logik eines Krieges? Welche Elemente führen zum gewaltsamen Verhalten - egal welcher Art? Grob gesagt braucht es vier Bestandteile.

1) Das Böse

Damit es überhaupt zu einer kämpferischen Aggression kommt, muss es irgendwo Böses geben, das besiegt oder beseitigt werden soll. Wo aber ist das Böse? Ist es im Außen, im Fremden? Ist es im Oben, bei den regierenden Eliten? Ist es im Unten, bei den Chaosmächten und der drohenden Gesetzlosigkeit? Ist es im Hinten, in Gestalt einer lähmenden Tradition? Oder im Vorne einer schwärmerischen Utopie? Wo ist das Böse? Ist es in Strukturen? Oder sind es Mächte im unsichtbaren Bereich? Oder ist Böses im Innern der Menschen? Kann man dem Bösen überhaupt entkommen?

2) Es braucht einen Feind

Das Böse muss lokalisiert werden. Krieg entsteht nur, wenn Böses in anderen Menschen, die besiegt werden sollen, verortet wird. Es braucht ein Freund-Feind-Schema. Und es braucht das Selbstverständnis, dass man selbst zu den Guten gehört und die Anderen der böse Feind sind.

Paulus dagegen sprach davon, dass wir nicht gegen „Fleisch und Blut" kämpfen, sondern gegen Mächte. Demnach sind die Waffen: Glauben, Gebet und ein Gott hingegebenes Leben. Wenn es im christlichen Sinne überhaupt um Kampf geht, dann ist dieser niemals gegen Menschen gerichtet.

3) Es braucht eine Bedrohungslage

Krieg wird dadurch legitimiert, dass man sich bedroht fühlt. Abgelehnt werden brutale Eroberungskriege und die Sucht nach exzessiver Überlegenheit. Da ist man sich einig.

Sobald sich aber eine Nation bedroht fühlt, wird Aggression als legitim angesehen. Demnach geht es ja um Verteidigung, um Abwehr einer Bedrohung. Selbst wann man technisch dem potentiellen Gegner weit überlegen ist, braucht es in der eigenen Bevölkerung das Gefühl, ein Opfer zu sein. Nur so lässt sich legitim Krieg führen. Ein Opfer hat anscheinend immer das Recht, Gewalt anzuwenden. Die Anwendung von Gewalt ist in dieser Logik nur ein Akt der Verteidigung.

4) Schutzverantwortung

Gemeint ist die Verantwortung der Obrigkeit, ihre Bürger zu schützen. Wer behauptet, zum Schutz der ihm Anvertrauten Krieg zu führen, hat immer recht. Er ist sogar dazu verpflichtet, zu den Waffen zu greifen. Wer es nicht tut, handelt verantwortungslos. Krieg führen ist in dieser Logik ein Ausdruck von Fürsorge.

Damit haben wir den Vierer-Schritt vor Augen: Kampf gegen das Böse, Menschen werden zu Feinden, Handeln aus dem Gefühl einer Bedrohungslage und Schutzverantwortung für die eigene Bevölkerung. Um dieser Logik nicht automatisch zu erliegen, muss man alle vier Ebenen differenzieren und kritisch hinterfragen:

(1) Gegen welche Art des Bösen meint man kämpfen zu müssen?

(2) Welche Psychomechanismen führen dazu, dass sich Menschen als Feinde wahrnehmen? Oder: Wie lässt sich Entfeindung leben?

(3) Wodurch entsteht ein Gefühl der Bedrohung? Ist es eine reale Bedrohung oder geht es um eine subjektive Befindlichkeit?

(4) Wird mit der „Pflicht zur Fürsorge" von dem eigenen „Willen zur Gewalt" abgelenkt?

Mit diesen Gedanken im Hinterkopf führen wir uns vier - vermeintlich - christliche Ansichten zum Thema „Krieg" vor Augen:

1) Kreuzzug und Präventiv-Krieg

Ein Motto der Römer lautete: „Wenn du den Frieden willst, bereite den Krieg vor." Es gibt christliche Autoren, die Kreuzzüge verteidigen. Unter einem Kreuzzug - englisch: crusade - verstehen sie eine militärische Aktion, die ein ursprünglich christliches Gebiet zurückerobert. So ein

Verständnis lässt sich aber, wenn überhaupt, nur mit alttestamentlichen Bezügen zur Landeroberung Israels begründen. Aus christlicher Sicht ist es sehr problematisch, den christlichen Glauben mit bestimmten Ländern und Staaten zu verbinden.

Ganz ähnlich wird auch für einen Präventiv-Krieg argumentiert. Es geht darum, von außen in einen Konflikt einzugreifen, um eine christliche Minderheit zu schützen. Selbst wenn man so ein Vorgehen zu einem gewissen Teil als politisch verantwortliches Handeln verstehen mag, finden sich im Neuen Testament dafür keine Anhaltspunkte.

2) Der gerechte Krieg

Wie schon erwähnt geht die Theorie des gerechten Krieges auf den Kirchenvater Augustinus zurück. Aus seiner Sicht ist Krieg nicht per se schlecht. Aber der Krieg muss im Willen Gottes sein und darf nicht aus unlauteren Motiven geführt werden. Er muss von einer offiziellen Obrigkeit angeordnet werden. Das Ziel eines Gerechten Krieges ist nicht die Vernichtung des Feindes, sondern die Wiederherstellung des Friedens.

Insbesondere waren Heilige Kriege legitim, wenn sie gegen das Böse, das Heidnische vorgingen und sich die Herrscher gegen Feinde des christlichen Glaubens zur Wehr setzen mussten. Weil der Sinn eines solchen Krieges die Beseitigung des Übels war, konnten auch christliche Soldaten daran teilnehmen, ohne in Gewissenskonflikte zu kommen. Auch eine solche Kriegslogik lässt sich, wenn überhaupt, nur aus den von Gott angeordneten Kriegen im Alten Testament herleiten. Jesus bleibt dabei vollständig außen vor.

3) Christlicher Pazifismus

Die allgemein pazifistische Position lehnt Kriege grundsätzlich ab. In der Friedensbewegung werden Staaten, die Rüstungsgüter herstellen, scharf kritisiert. Diese grundsätzlich kritische Haltung zum Staat kann in zivilem Ungehorsam münden. Im extremsten Fall geht es um die Infragestellung von obrigkeitlicher Ordnung an sich.

Pazifistische Strömungen speisen sich aus verschiedenen Quellen. Häufig gründen sie im Humanismus. Man erhofft sich eine Weiterentwicklung der Menschheit zu mehr Humanität und besseren moralischen Überzeugungen. Verkürzt gesagt: Es wird auf das Gute im Menschen gesetzt.

Aus christlicher Perspektive wird auf die Nächsten- und Feindesliebe Jesu und den Schalom Gottes verwiesen. Von Kritikern wird angemerkt, ob pazifistische Positionen nicht zu naiv gegenüber dem real Bösen in dieser Welt wären und die Tendenz hätten, sich aus schwierigen Konflikten herauszustehlen.

4) Gewaltloser Widerstand
Häufig wird gewaltloser Widerstand mit Pazifismus verwechselt. Sicherlich gibt es teilweise Überschneidungen, aber auch gravierende Unterschiede.

Aktivisten des gewaltlosen Widerstands akzeptieren die Realität des Bösen, betonen aber gleichzeitig, dass Christen nicht mit Gewalt dagegen vorgehen sollen. Sie sprechen nicht von einer moralischen Verbesserung der Menschheit oder einer Christianisierung des Staates. Stattdessen wird die Trennung von Staat und Kirche, weltlichem Reich und der Königsherrschaft Christi konsequent durchgehalten.

Das Verhalten des gewaltlosen Widerstands gilt nur für Nachfolger Christi und wird nicht von allen Menschen erwartet. Es geht um aktive Entfeindungsstrategien am Vorbild von Jesus. Wenn überhaupt, geht es um böse Mächte, aber nicht um böse Menschen. Feinde sollen durch Taten des Guten gewonnen werden. Weil dieses keineswegs mehrheitlich gelingt, braucht es die Bereitschaft, aus Liebe zu leiden. Liebe ist kein Ausdruck von Passivität oder Schwäche, sondern eine aktive Handlung, um Spiralen des Hasses zu unterbrechen.

Walter Wink, Professor für Biblische Exegese, führt in seinem Buch mit dem Titel: „Verwandlung der Mächte" aus, dass die Aufforderung Jesu, „die rechte Wange hinzuhalten", nichts mit Unterwürfigkeit zu tun hatte. Im Gegenteil: Es war eine Art von gewaltfreier Widerstandstechnik, um den überlegenen Gegner mit Würde entgegenzutreten und seine Handlung öffentlich zu ächten.[165]
Wenn Jesus sagte: „Selig sind die Friedfertigen, denn sie werden Gottes Kinder heißen." meinte er damit nicht, sich aus den Bösartigkeiten dieser Welt herauszuhalten. Besser wird deswegen „friedfertig" mit „friedensstiftend" übersetzt. Es meint aktive Entfeindungsarbeit.

---

[165] Wink, 92-93.

In heutiger Zeit werden auf der Ebene der christlichen Ökumene nicht mehr die Kriterien für einen gerechten Krieg, sondern vielmehr für einen gerechten Frieden diskutiert. Das ist das Leitbild der Friedensethik. Frieden ist nicht nur die Abwesenheit von Gewalt, sondern er ist die Frucht der Gerechtigkeit. Deswegen geht es darum präventive Arbeit zu leisten: die Förderung von einem Leben in Freiheit und Würde, der Respekt vor der kulturellen Vielfalt und der Abbau von Zugangs- und Verteilungsungerechtigkeiten.

Walter Wink spricht davon, dass unsere gesamte Welt - über alle kulturellen und religiösen Grenzen hinweg - an einen „Mythos der erlösenden Gewalt" glaubt.[166] Gemeint ist: Die überwiegende Mehrheit aller Menschen ist davon überzeugt, dass Böses nur mit Gewalt besiegt werden kann. Die Menschheit will Helden, die gegen das Dunkle mit Waffengewalt kämpfen und siegen. Im Gegensatz dazu fordert Walter Wink die Fantasie von Christen heraus, mehr Ideen und Methoden zu entwickeln, um Böses mit Gutem zu überwinden, wie es auch schon der Apostel Paulus geschrieben hat.

Zum Schluss Anregungen und Fragen:
Was ist Ihre Position zu Gewalt und Krieg? Gerade bei dieser Thematik wird deutlich, wie wichtig es ist, die Zuordnung von Altem und Neuem Testament genau zu bedenken und zu klären, welche Rolle die Lebensweise von Jesus für das eigene Christsein spielt.

Wer sich genauer mit moderner Friedensethik befassen möchte, dem empfehle ich die Veröffentlichungen von Prof. Dr. Fernando Enns. Er leitet die Arbeitsstelle „Theologie der Friedenskirchen" an der Universität Hamburg.

Ich ende mit einem leuchtenden Prophetenvers aus dem ersten Teil der Bibel:

„Und der Gerechtigkeit Frucht wird Friede sein, und der Ertrag der Gerechtigkeit wird Ruhe und Sicherheit sein auf ewig..." (Jesaja 32,17)

---

[166] A.a.O., 48-53.

#39 Gemeindezucht und Bannpraxis - Zwischen starren Regeln und subjektiver Beliebigkeit

In meinem freikirchlichen Umfeld wurde noch bis in die 90er-Jahre hinein die sogenannte Gemeindezucht praktiziert. Wer damals Jugendlicher war, wird sich besonders gut erinnern - mit vermutlich eher negativen Empfindungen. Man war davon überzeugt, biblisch zu sein. Ethische, besonders sexualethische Verfehlungen mussten in einer Gemeindeversammlung offengelegt und bereut werden. Nur so konnten die Betroffenen ihren Ausschluss aus der Gemeinschaft verhindern.

Von außen betrachtet erkennt man noch klarer die Elemente dieser fragwürdigen Praxis: Soziale Kontrolle, öffentliche Bloßstellung und Beschämung, Machtbeweise der amtierenden Autoritäten, die Abgrenzung zur bösen Außenwelt, die Sorge um die Verunreinigung der Gemeinschaft, eine grundlegend moralisierende Atmosphäre und der Hang zu einer gesetzlichen Bibelauslegung. Kein Wunder, dass Betroffene ihren Ausstieg oftmals als Befreiung erlebten. Kein Wunder auch, dass Gemeinden immer häufiger diese moralische Enge hinter sich lassen wollten und stattdessen äußerst vorsichtig mit ethischen Verurteilungen geworden sind. Man möchte nicht mehr übergriffig werden oder jemandem zu nahe treten.

Diese eher liberale Einstellung führt in unseren Tagen erneut zu einer Gegenreaktion: Aus Sorge, dem sogenannten „Zeitgeist" zu verfallen und dabei völlig beliebig zu werden, werden Bekenntnisschriften verfasst. Durch diese soll klargestellt werden, wie bestimmte Bibelstellen auszulegen sind, um biblisch zu sein. Man bekommt den Eindruck, es gäbe nur diese beiden Möglichkeiten: Entweder entwickelt man aufgrund von Bibelstellen einen ethischen Regelkatalog, der dann die Einheit der wahren Christen gewährleisten soll. Oder man überlässt die Lebensführung ganz dem Einzelnen und weist darauf hin, dass jeder allein vor Gott verantwortlich ist. Vor lauter Vielfalt scheint man dann aber jeglichen ethischen Konsens zu verlieren.

Wenn wir uns in dieser Episode mit der Bannpraxis der Täufer beschäftigen, hört sich das zunächst einmal nach einem rigoros rückständigen Vorgehen an. Bei genauerem Hinsehen können wir darin aber einen dritten, sehr interessanten Weg zwischen starrer Gesetzlichkeit und subjektiver Beliebigkeit erkennen. Beginnen wir unsere Beobachtungen in der Zeit der Reformation.

Für lange Zeit lag die Banngewalt beim Klerus und in letzter Konsequenz beim Papst. Die kirchliche Obrigkeit entschied über Irrlehre und falsche Lebensführung. Abweichler wurden exkommuniziert, das heißt aus der kirchlichen Gemeinschaft ausgeschlossen. Weil Kirche und Gesellschaft aber so eng verzahnt waren, führte ein Ausschluss aus der Kirchengemeinschaft nicht selten auch in eine gesellschaftliche Isolierung. Oder, sofern jemand als Ketzer verurteilt wurde, zum Tod. Das Neue, das Täufergemeinschaften einführten, hat zwei Aspekte:

(1) Es war nicht die Bannpraxis an sich, sondern dass diese von der kirchlich hierarchischen Autorität abgelöst wurde. Statt dass offizielle Amtspersonen Lehrzuchtverfahren einberiefen, wollten die Täufer unmittelbar auf der Basis-Ebene der jeweiligen Glaubensgemeinschaft Klärungsprozesse durchführen. Im Gespräch sollte anhand der Bibel geklärt werden, wer zur Gemeinschaft gehört und wer nicht.

(2) Dadurch entstand gewissermaßen ein selbst verwalteter Binnenraum. Es ging nicht mehr darum, die Gesellschaft als Ganzes zu reinigen, sondern Einzelne aus einer „bösen Welt" herauszurufen. Mit den Täufergemeinschaften entstand eine Alternative zum Bestehenden. Die Kategorie des „Anders-Seins" bekam eine soziale Form. Und das ist für die damalige Zeit bemerkenswert.

Der Unterschied lässt sich am Gleichnis vom „Unkraut unter dem Weizen" veranschaulichen. Jesus erzählte, dass bis zum Endgericht Böses und Gutes nebeneinander wachsen werden und es erst ganz zum Schluss zu einer Scheidung kommen wird.[167]

Die Großkirchen mit ihrem gesellschaftlichen Volkskirchenverständnis haben daraus abgeleitet: Auch in der Kirche gibt es Unkraut, also Unglaube und Sünde. Man muss damit leben, dass sich niemals „Reinheit" herstellen lässt. Daraus folgte auf der einen Seite unter der Überschrift der Gnade eine Laxheit in Bezug auf eine veränderte Lebensführung. Auf der anderen Seite schien aber manches Unkraut, sprich Irrlehre, dennoch so bedrohlich gewesen zu sein, dass es durch Ketzerprozesse ausgerottet werden sollte.

Die Täufer dagegen deuteten das Gleichnis nicht auf die Kirche, sondern auf die Welt. Heißt: In dieser Welt wächst Unkraut und Weizen,

---

[167] Mt. 13, 24-30.

also Unglauben und Glauben nebeneinander her. Gottesleugnern oder Andersgläubigen ist mit Toleranz aber nicht mit Hinrichtung zu begegnen.

Eine solche Einstellung findet sich bereits 1524 in dem Brief von Konrad Grebel an Thomas Müntzer:

> *„Wer sich nicht bessern, nicht glauben will und dem Wort und Handeln Gottes widerstrebt und dabei verharrt, den soll man, nachdem ihm Christus und sein Wort, seine Regel gepredigt und er durch die drei Zeugen und die Gemeinde ermahnt worden ist, den soll man, sagen wir (die wir durch Gottes Wort unterrichtet sind), nicht töten, sondern für einen Heiden und Zöllner halten und so bleiben lassen.“*[168]

Grebel plädierte dafür, dass Menschen, die sich nicht nach der Lehre Christi richten wollen, auch keinen Platz in der christlichen Gemeinde hätten. Er sprach sich damit sowohl gegen eine falsche Nachsicht, als auch gegen Gewaltanwendung aus. Stattdessen sprach er von der sogenannten „Regel Christi".

Auf diese „Regel Christi" wurde auch 1527 in den Schleitheimer Artikeln Bezug genommen. Grundlage ist eine Passage aus dem Matthäusevangelium. Dort wird davon gesprochen, dass „sofern ein Bruder sündigt", er zunächst unter vier Augen darauf hingewiesen werden soll. Wenn das nicht weiterführt, sollten zwei oder drei weitere Personen hinzugezogen werden. Wenn auch das nicht zu einer Klärung führt, wird die Angelegenheit in die Versammlung der gesamten Gemeinde gebracht. Und wenn auch dieser dritte und letzte Schritt nicht zu einer Korrektur führt, endet damit für den Betroffenen die Zugehörigkeit zur Gemeinschaft.[169]

Bei all diesem muss man bedenken, dass in den frühen Täufergemeinschaften neue Gläubige bewusst diesem Klärungsverfahren zugestimmt hatten. Es war so etwas wie eine freiwillige Selbstverpflichtung, bezüglich der Nachfolge Christi füreinander Verantwortung zu übernehmen.

Ebenfalls im Jahr 1527 verfasste Balthasar Hubmaier die Schrift „Von der brüderlichen Strafe". Der Begriff „Strafe" ist für heutige Ohren irreführend. Gemeint ist eher eine Art von gegenseitiger Korrektur. Hubmaier drängte darauf, dass die Feier des Abendmahls und die Praxis

---

[168] In: Fast, 19.
[169] Mt.18,15-18.

der Glaubenstaufe nicht ausreiche, um Kirche zu konstituieren. Er schrieb:

„Wenn die brüderliche Strafe nicht wieder aufgerichtet, angenommen und gebraucht wird nach dem ernsten Befehl Christi, ist es nicht möglich, dass es recht zugeht und wohl steht unter den Christen auf Erden. Obwohl wir uns alle an dem Evangelium heiser und müde schreien, schreiben und zuhören, so ist doch alles Geschrei, Mühe und Arbeit vergeblich und unnütz."[170]

Er beklagte, dass in der lutherischen Reformbewegung nur zwei Dinge betont würden: (1) Allein der Glaube macht selig, und (2) Menschen können aus sich selbst heraus nichts Gutes tun. Dieses führe aus seiner Sicht zu Folgendem:

„Unter dem Deckmantel dieser halben Wahrheiten hat alle Bosheit, Untreue und Ungerechtigkeit ganz und gar die Oberhand gewonnen..."[171]

Auch Menno Simons, der Namensgeber für die Mennonitische Täuferbewegung, hat drei Schriften zum Stichwort Bannpraxis verfasst. Das macht deutlich, wie wichtig das Thema zur damaligen Zeit war. Er schrieb:

„Nicht die Schwachen, sondern die verderbten Glieder werden abgeschnitten, damit sie nicht etwa andere verderben... Es ist mein Begehren, dass der Bann in einem aufrichtigen, väterlichen Geiste und treuer Liebe gebraucht werde, in Übereinstimmung mit der Lehre Christi und seiner Apostel."[172]

In der Frühphase der einzelnen Täuferbewegungen lag die Betonung noch auf einer liebevollen Korrektur in Bezug auf Glaubenslehre und Lebensführung. Dahinter steckte die Überzeugung, dass keiner als Christ allein unterwegs war und man sich gegenseitig brauche, um ernsthaft Jesus nachzufolgen. Rückblickend gewinnt man aber den Eindruck, dass, je mehr der äußere Verfolgungsdruck abnahm, desto rigoroser die Bannpraxis wurde. Grenzte man sich in der Anfangszeit noch von der sündigen Außenwelt ab, so verlagerte sich später der Kampf gegen die Unreinheit auf das Innere der Gemeinschaft. Die Gesetzlichkeit nahm zu. Es kam zu Abspaltungen. Kleidungsvorschriften wurden erlassen. Im Extremfall ging es sogar darum, sich von ungläubigen Ehepartnern zu distanzieren.

---

[170] In: Fast, 47.
[171] Ebd.
[172] Menno Simons zitiert in: Wenger, 96.

Parallel dazu, verlagerte sich die Durchführung der Bannpraxis immer mehr in die Verantwortung von Führungsfiguren, die damit zu einer strafenden Autorität wurden. Das ursprüngliche Ideal einer Gemeinschaft von Gleichen trat immer mehr in den Hintergrund. Wir beobachten das seltsame Phänomen, dass Gruppierungen, die sich mit viel Leidenschaft von staatskirchlichen Strukturen befreiten, zeitverzögert selbst in eine innere strukturelle Unfreiheit verfielen. Allerdings war es nicht bei allen so. Beispielsweise hat sich der Täufer Pilgram Marpeck entschieden gegen solch eine rigorose Bannpraxis gestellt.

Kommen wir noch mal zum Bibeltext zurück. Im Matthäusevangelium 18, Vers 15 steht:

„Sündigt aber dein Bruder, so geh hin und weise ihn zurecht zwischen dir und ihm allein. Hört er auf dich, so hast du deinen Bruder gewonnen. Hört er nicht auf dich, so nimm noch einen oder zwei zu dir, damit jede Sache durch zweier oder dreier Zeugen Mund bestätigt werde. Hört er auf die nicht, so sage es der Gemeinde. Hört er auch auf die Gemeinde nicht, so sei er für dich wie ein Heide und Zöllner. Wahrlich, ich sage euch: Alles, was ihr auf Erden binden werdet, soll auch im Himmel gebunden sein, und alles, was ihr auf Erden lösen werdet, soll auch im Himmel gelöst sein."

In dem Buch „Die Politik des Leibes Christi" weist John Howard Yoder, der herausragende mennonitische Theologe im 20. Jahrhundert, darauf hin, dass man die Praxis des „Binden und Lösens" vor dem jüdischen-rabbinischen Hintergrund verstehen muss.[173] „Binden" meint, eine bestimmte ethische Sicht als verbindlich zu erklären. „Lösen" dagegen meint, von einer Verbindlichkeit freizusprechen. Es hat also keineswegs etwas mit „Dämonenaustreibung" zu tun, wie es in manchen pfingstlich-charismatischen Milieus angenommen wird. Stattdessen geht es um ein gemeinschaftliches Konfliktlösungsverfahren. Es geht um dialogische Versöhnungsarbeit und um das Gespür für eine ethische Urteilsfindung. Statt sich vor weltlichen Gerichten zu verklagen, soll eine christliche Gemeinschaft lernen, im direkten Gespräch Unstimmigkeiten beizulegen. Zunächst unter vier Augen, dann mit erfahrener Unterstützung und zum Schluss im Rahmen einer Gesamtversamm-

---

[173] Yoder, Politik des Leibes Christi, 27-45.

lung. Ziel ist die Wiederherstellung von Beziehungen, nicht Strafe oder öffentliche Bloßstellung.[174]

Yoder betont, dass ein solcher Klärungsprozess nicht anhand starrer Maßstäbe stattfindet. Richtig ist, dass gewisse Werte hochgehalten werden, wie: Wahrhaftig sein, Versprechen einhalten, das Wohl des anderen in den Blick nehmen oder auf die Leitung des Geistes vertrauen. Einzelne Konfliktfälle aber sind so tausendfach unterschiedlich, je nach Zeit, Person oder Situation, dass man nicht mit Regelkatalogen arbeiten kann. Vielmehr geht es darum, beziehungssensibel zu werden und Differenzen achtsam zu klären. Das kann auch dazu führen, dass eine Gemeinschaft an manchen Stellen grundlegend umdenkt und sich als Ganzes neu positioniert.

Noch einmal: In jeder Gemeinschaft entstehen Konflikte. Das ist normal und belebend. Wie aber geht man mit Konflikten um, ohne dass eine Gemeinschaft daran zerbricht? Die Regel Christi leitet dazu an, Spannungen weder zu verdrängen, noch Abweichungen anhand eines starren Regelsystems zu bewerten. Auch sollen Meinungsverschiedenheiten nicht aufgrund eines Machtgefälles geklärt werden. Stattdessen geht es um eine direkte menschliche Begegnung. Kein schlechtes Gerede hinterm Rücken, sondern Auge in Auge miteinander sprechen, nachfragen, Irritationen äußern, diskutieren und Unstimmigkeiten aushalten. Wenn ein Themenfeld ein größeres Gewicht hat, braucht es weitere Personen, die ihre Erfahrung und ihre Perspektive einbringen. Wenn auch das nicht fruchtet, braucht es eine klärende Diskussion auf gesamtgemeindlicher Ebene.

Schwierig wird ein solches Verfahren immer dann, wenn die Bibel als zeitloser Verhaltenskodex verstanden wird und man meint, Aussagen von damals eins zu eins ins Heute übertragen zu können. Spannend aber wird solch ein Verfahren, wenn wir die Bibel als Referenzraum verstehen, als einen 1000-jährigen Dialogprozess, der uns herausfordert, selbst mitzudenken und für die heutige Zeit Aktualisierungen vorzunehmen. Und es ist großartig, so einen Weg mit anderen Jesus-Schülerinnen und -Schülern zu gehen. Mit Leuten, die im Bewusstsein der eigenen Begrenztheit gemeinsam nach Lösungen für konkrete Fragestellungen suchen.

---

[174] Paulus schreibt: *„Brüder und Schwestern, wenn ein Mensch etwa von einer Verfehlung ereilt wird, so helft ihm wieder zurecht mit sanftmütigem Geist, ihr, die ihr geistlich seid. Und sieh auf dich selbst, dass du nicht auch versucht werdest. Einer trage des andern Last, so werdet ihr das Gesetz Christi erfüllen."* (Gal. 6, 1.2).

Yoder spricht davon, dass die christliche Gemeinschaft im besten Fall ein Modell für eine geheilte Gesellschaft ist. Am Beispiel vom „Binden und Lösen" verweist er darauf, dass Opfer-Täter-Versöhnungsprozesse von diesem biblischen Konfliktlösungsmodell inspiriert sind. Im deutschen Bereich wird von Täter-Opfer-Ausgleich gesprochen. Ziel ist nicht in erster Linie die Bestrafung des Täters, sondern dessen Konfrontation mit der Perspektive des Opfers. Natürlich nur, sofern das Opfer und der Täter freiwillig zustimmen. Idealerweise kommt es durch diese Direktbegegnung zu einem tieferen Verständnis von Schuld und von dem angerichteten Schaden. Bestenfalls folgt daraus auch die Bereitschaft zur Versöhnung und zur Wiedergutmachung.

Abschließend Anregungen und Fragen

Identität und Grenze
Es ist ein komplexes Themenfeld, ob überhaupt und wenn ja, welche Grenzen nötig sind, um für eine Gruppe das Gefühl der Zusammengehörigkeit zu gewährleisten. Aus Grenzen werden leicht Kontrollmechanismen. Und das kombiniert sich schnell mit Machtdynamiken. Wer entscheidet aber über „Drinnen" und „Draußen"?

Wäre es nicht spannend, zu einer Gemeinschaft zu gehören, die beständig miteinander im Gespräch bleibt, wie die Bibel auszulegen ist und wie sich Aussagen aktualisieren lassen? Eine Gemeinschaft, die nicht über andere urteilt, sondern in der jeder angespornt wird, selbst mitzudenken und sein Leben vor Gott zu verantworten? Eine Gemeinschaft, die insgesamt lernt und nicht davor zurückschreckt, sich selbst zu korrigieren, falls neue Aspekte auftreten oder es die aktuelle Situation erforderlich macht?

#40 Persönliches Fazit - Begeistert, genervt, frustriert und hoffnungsvoll

In dieser vorletzten Episode möchte ich eine persönliche Bilanz ziehen. Der Ursprungsgedanke war, dass wir aus der Gegenwart 500 Jahre in die Vergangenheit reisen, um aus der Reformationszeit zu lernen. Besonders ging es mir um die Frage nach der „Gestalt von Kirche". Wie ist das Verhältnis zu Politik und Gesellschaft, zu Macht und Gewalt, zu Utopie und Alltagserfahrung? Und welche Vorstellungen vom Reich Gottes stecken dahinter? Gegenwartsrealismus oder Zukunftshoffnung? Abwartendes Beten oder sozial-revolutionäre Aktion? Im Verlauf dieser Podcast-Serie habe ich gemerkt, wie sehr mich das historische Wissen verändert hat. Grob gesagt habe ich vier Phasen durchlaufen.

Phase 1: Begeisterung

Es schien sich zu bestätigen, dass insbesondere in den ersten zwölf Jahren der Reformation, 1517 bis 1529, viele theologische Positionen neu durchdacht wurden. Ich las von Personen, deren Namen ich noch nie gehört hatte. Und das, obwohl ich mich selbst seit vielen Jahren mit der täuferischen Tradition verbunden fühle. Gerade die weniger bekannten Strömungen in der Reformationszeit erwiesen sich als theologische Goldader.

Im Reformationsjubiläum 2017 gab es leider eine gewisse Engführung. Das ist aus marketingtechnischen Gründen verständlich. Die markante Silhouette des Luther-Kopfes eignete sich gut für ein Logo. Die Reformation war aber nicht nur lutherisch, und es ging auch nicht nur um einen „gnädigen Gott". Stattdessen gab es einen zeitlichen Vorlauf von ca. 300 Jahren. Es ging auch nicht nur um Deutschland. Auch viele andere weniger bekannte Personen haben sich bei diesem Umbruch eingebracht. Die damaligen theologischen Varianten veranschaulichen Muster, die sich auf die Gegenwart übertragen lassen.

Phase 2: Genervtheit

Je mehr ich mich einarbeitete, desto ärgerlicher wurde ich. Immer häufiger stieß ich auf Belege, wie dunkel die Kirchengeschichte ist. Grob wusste ich das natürlich. Es aber detailreich in den theologischen Positionierungen zu lesen, war noch einmal etwas anderes.

Deswegen kann ich Leute verstehen, die sich grundlegend von Kirche abwenden. Weil Kirche die Nähe zu den Mächtigen suchte und dabei die Armen fast vergaß. Weil manche Persönlichkeiten Konkurrenten aus dem Amt mobbten, um ihre eigene Wirkung zu vergrößern. Weil die Bibel instrumentalisiert wurde, um das Volk ruhig zu stellen, oder um Krieg und Gewalt zu rechtfertigen, oder um den Status Quo zu heiligen, oder um eine angeblich göttliche Ordnung zu legitimieren. Und weil Leute, die sich direkter an Jesus von Nazareth orientieren wollten, als Bedrohung erlebt und als Ketzer diffamiert wurden.

Ist es nicht seltsam, dass Kirche zwar meint, den christlichen Glauben zu repräsentieren oder gar zu verwalten, dabei jedoch Jesus oftmals an den Rand gedrängt hat?

Phase 3: Frustration
Die Begeisterung und der Ärger schlug in Frustration um, als mir deutlich wurde, dass sich interessante theologische Ansätze nicht von selbst durchsetzten. Vieles kam unter die Räder. Schon damals wurde eine tolerantere Gesellschaft gedacht. Nicht aggressive Religionskriege, sondern mehr Humanität und Dialog. Nicht Entweder-oder-Muster, sondern theologische Differenzierung. Nicht nur inneren Glauben, sondern gleichermaßen soziale Gerechtigkeit. Nicht nur kirchliche Dogmen, sondern mündiges Bibellesen. Nicht nur heilige Hierarchien, sondern Mitbeteiligung aller.

Bereits vor 500 Jahren gab es viele spannende Ansätze, Glauben, Kirche und Gesellschaft neu zu denken. Es waren nicht unbedingt die christlichen Hauptströmungen, die sich für Demokratie, Friedensethik und Religionsfreiheit eingesetzt haben. Stattdessen wanderte das kritische, mündige Mitdenken in die sogenannte Aufklärung aus. Und der Kampf gegen Ausbeutung und für mehr soziale Gerechtigkeit formierte sich im späteren Sozialismus.

Kein Wunder, dass der christliche Glaube - trotz aller Hochphasen - immer mehr als bremsend, vernunftfeindlich, obrigkeitlich strukturiert und rückwärts orientiert wahrgenommen wurde. Und das ist wirklich ärgerlich. Und umso ärgerlicher, je klarer ist, dass es schon damals alternative Denkansätze gab, die jedoch aufgrund verschiedener Konstellationen - häufig machtpolitischer Art - nicht zum Zuge kamen.

Phase 4: Hoffnung?

Warum sollte sich heute etwas ändern? Vieles ist nur noch für Historiker interessant. Wo aber müsste Kirche heute reformiert werden? Ich spüre in mir eine Müdigkeit. Einen Kampf gegen Windmühlen. Die kulturellen Muster, was als Kirche verstanden wird und was man unter Christentum versteht, sind so mächtig und häufig so verzerrt. Theoretisch ist klar: Christlicher Glaube bindet sich nicht an Gebäude, an Amtspersonen, an Gottesdienstprogramme, an Rituale, an Verhaltensregeln, nicht einmal an die Bibel, sofern man darunter nur ein Buch versteht.

An sich ist klar: All das ist nicht lebendig und doch wird es häufig als nötig und konstitutiv verstanden. Kaum denkbar, dass eine Gemeinde ohne Gebäude, ohne Pastor und ohne Gottesdienstprogramm nicht langsam auseinanderfällt. Und man fragt sich, ob es nicht eher darum geht, eine christliche Religion zu kultivieren, als eine persönliche Beziehung zum auferstandenen Christus und den Einsatz für eine humanere Welt.

Mich hat die Beschäftigung mit den sogenannten Randfiguren der Reformation demütiger gemacht. Vieles wurde bereits damals gedacht und ist gar nicht neu. Die Geschichte ist eine Fundgrube. Manches muss nur reaktiviert werden. Und es ist gut, in der Linie von nonkonformistischen Christen zu stehen, die mit einer heiligen Unruhe gelebt haben und gegen das Sichtbare die neue Welt Gottes vor Augen hatten.

Vor kurzem bin ich auf ein Buch gestoßen mit dem Titel: „Kirche - Idee und Wirklichkeit | Für eine Erneuerung aus dem Ursprung".[175] Darin erläutern verschiedene Theologieprofessorinnen und -professoren ihren oftmals bereits 50-jährigen Kampf für eine Erneuerung der Kirche. Hermann Häring, inzwischen 80 Jahre alt, schreibt:

> *„Die gegenwärtige Kirchenstruktur, einschließlich der sie begründenden Kirchentheorie, hat sich von den biblischen, auch von den altkirchlichen Ordnungsvorstellungen weit entfernt…".*[176]

Im weiteren Verlauf nennt er drei Themenfelder, die aus dem Fokus geraten sind:

---

[175] Siehe im Literaturverzeichnis unter: Heinzmann, Richard.
[176] Häring, Hermann; Die aktuelle Kirchenkrise als Chance - Etappen auf dem Weg zu einer zukunftsfähigen Glaubensgemeinschaft, in: Heinzmann, 57.

(1) Die Erinnerung an den (vorösterlichen) Jesus, (2) Kirche als Gemeinschaft der Nachfolge und (3) die Erwartung der Gottesherrschaft mit ihrer Leidenschaft für Recht und Gerechtigkeit. Genau das sind die drei zentralen Punkte, die durch die radikale Reformation, besonders durch die Täufer, angemahnt wurden, aber damals zu wenig Gehör fanden.

In einem zweiten Teil möchte ich Inhalte benennen, die mir bei der Beschäftigung mit dem linken Flügel der Reformation besonders wichtig wurden.

1) Die Kategorie des „Anders-Seins"
In einem totalitären System lassen sich keine Alternativen denken. Das ist ja gerade das Wesen des Totalitären, dass es alles umgreift und durchdringt. Die religiöse Variante beginnt mit der Allmacht Gottes, folgert daraus eine christlich unantastbare Obrigkeit und eine vom Christentum durchdrungene Gesellschaft bis hinein in das innerste Gewissen der Menschen.

Bis zur Reformation ließen sich keine grundlegenden Alternativen denken. Es gab kein Anders, kein Daneben, ohne als Ketzer verdächtigt zu werden. Die Täufer haben sich dem herrschenden Gesellschaftsverständnis verweigert. Ihnen wurde die Umwelt fremd, und sie selbst wurden zu Fremden. Es kam zu Irritationen. Aber genau solche Irritationen sind nötig, damit ein in sich geschlossenes Denksystem Risse bekommt. Das Fremde öffnet den Horizont. Auch heute.

2) Gutes setzt sich nicht von allein durch
Lange Jahre habe ich geglaubt, dass man, wenn beispielsweise andere Christen einen niederträchtig behandeln, abwarten und auf Gott vertrauen sollte. In gewisser Weise mag das stimmen. In vielen Fällen ist es jedoch falsch.

Anhand der Reformation können wir studieren, wie sich unter Christen nicht unbedingt Weisheit, Toleranz und Menschlichkeit durchgesetzt haben, sondern eher Machtstreben, Eitelkeit und Gewaltbereitschaft. Das ist verstörend.

Ich folgere daraus, dass „das Gute" Fürsprecher braucht. Gerade auch unter Christen braucht es Leute, die den Mund aufmachen gegen schlechtes Gerede, entwürdigende Moral, strukturelle Gewalt, fundamentalistische Denkmuster und arrogante Rechtgläubigkeit. Es braucht

Christen, die als Kinder des Lichts für Güte, Gerechtigkeit und Wahrheit einstehen. Leute, die nicht nur zugucken, sondern aktive Mitspieler in Gottes Geschichte werden.

3) Eine bessere Kirche ist möglich

Heutzutage wird Freiheit und Toleranz ganz groß geschrieben. Und das ist gut so. Wenn daraus aber abgeleitet wird, dass alles, egal wie destruktiv, als gleichwertig behandelt werden sollte, dann wird jede kritische Diskussion unterbunden. Toleranz bedeutet nicht, alles unterschiedslos gut finden zu müssen. Stattdessen wäre es wichtig, gerade aufgrund der Kirchengeschichte theologische Verirrungen zu korrigieren und nicht endlos fortzuschreiben. Wer aber korrigieren oder reformieren will, muss klären, welchen Maßstab er anlegt.

Dass die Tradition von der Schrift her korrigiert werden soll - sola scriptura -, ist ein evangelisch nachvollziehbares Grundprinzip. Der Prozess der Reformation darf aber nicht steckenbleiben. Auch Martin Luther war teilweise noch im mittelalterlichen Denken verhaftet. Gute Ansätze müssen weitergedacht werden: der Umgang mit Macht und Gewalt, der Zusammenhang von Gnade und Nachfolge, die Struktur einer dienenden Kirche, innere Spiritualität und soziale Gerechtigkeit, prophetische Kraft und die Öffnung nach vorne - hin zu Gottes neuer Welt.

4) Kirche als Nachfolgegemeinschaft

Soziale Systeme haben verschiedene Steuerungslogiken. Die mittelalterliche Kirche hatte einen hierarchischen Aufbau. Geistliche Autoritäten trafen die Entscheidungen. Das normale Volk sollte folgen. Anders war es bei den Mönchsorden. Auch dort gab es einen Abt als geistlichen Leiter. Allerdings wurde die Gemeinschaft anhand einer Ordensregel angeleitet. Mit dem Eintritt in einen Orden unterstellte man sich diesem Regularium.

Dann kam die Reformation und predigte Freiheit und Gnade. Die altkirchlichen Autoritäten verloren ihre Befugnisse und aus den Klöstern wurde ausgetreten. Mutwillig wurden Fastenzeiten gebrochen, um die neue Freiheit zu demonstrieren. Es waren wiederum überwiegend die Täufer, die beklagten, dass die neue Gnadenfreiheit zu Ausschweifungen jeglicher Art führte. Deswegen riefen sie Gläubige zu Kontrast-Gemeinschaften zusammen. Es ging darum, gemeinsam die Bibel zu lesen und sich freiwillig zu verpflichten, an Jesus orientiert zu leben. In

der Anfangszeit ging das auch gut. Später aber kippten viele Täufergruppen zurück in moralische Regelsysteme und autoritäre Führungs-
strukturen.

Das stellt aber nicht deren guten Ansatz in Frage. Es macht nur deutlich, wie schwierig es ist, eine Glaubensgemeinschaft zu formieren, die
auf Gleichberechtigung, Flexibilität, gegenseitiger Achtung und Mitbeteiligung beruht.

5) Plurale Bibelauslegung

Eigentlich sollte die Betonung der Bibel zu mehr Einheit führen. Das
Gegenteil trat ein. Gerade innerhalb der evangelischen Reformbewegungen wurde am heftigsten um die richtige Bibelauslegung gestritten.
Und das lange vor dem Aufkommen der historisch-kritischen Exegese
und der liberalen Theologie.

Bis heute versuchen verschiedene christliche Strömungen anhand
der Bibel Einheit unter Christen herzustellen. Weil dieses nicht gelingt,
muss zu anderen Maßnahmen gegriffen werden. Entweder entscheidet
erneut ein Leitungsgremium autoritativ, wie die Bibel auszulegen sei,
oder es werden moralische Regeln in Bekenntnisgestalt verfasst. Man
wird an mittelalterliche Muster erinnert. Offenbar muss man nachhel-
fen, damit die Bibel eindeutig wird.

Man könnte auch einen ganz anderen Weg gehen. Möglicherweise
ist es ja Gottes Absicht, dass die Bibel in vielen Fragen nicht ganz eindeutig ist. Möglicherweise ist es Absicht, dass sich aus dem historischen Panorama der biblischen Geschichte kein endgültig fixierbares
dogmatisches System herleiten lässt. Wenn das stimmt, dann braucht es
die vielgestaltige Gemeinschaft der Christen, um die Bibel immer neu
zu lesen und zu aktualisieren. Gottes Wort ist eben nicht nur direktiv,
sondern auch dialogisch. Es geht um Kommunikation, nicht nur um
„Anweisungen aus dem Himmel". Die Gemeinde der Gläubigen ist der
Resonanzraum, um aus unterschiedlichen Perspektiven Gottes Reden
zu hören.

6) Vom Neuen her denken

Zu den verstörendsten Beobachtungen gehört für mich Folgendes:
Selbst die am Evangelium ausgerichteten Reformationskirchen haben
ihr Staats- und Gesellschaftsbild zu hohen Teilen aus dem Alten Testament abgeleitet. Das macht deutlich: Trotz aller Gnadenpredigt wurde

die jahrhundertealte kirchliche Struktur beibehalten und nicht reformiert.

Müssten wir als Christen nicht viel konsequenter vom Neuen her denken, ohne das Alte abzuwerten oder gar abzulehnen? Die Geschichte hat eine Richtung. Und das Neue Testament öffnet die Zukunft, macht das Messianische konkret und formiert eine Gemeinschaft, die im Anbruch des kommenden Tages lebt. Mir scheint, das Neue Testament liegt nicht hinter uns, sondern ist uns immer noch voraus. Und es gibt noch vieles an der Gestalt von Kirche, das wir neutestamentlicher denken müssten.

7) Jesus kann leicht aus dem Blick geraten
Auch das ist eine ernüchternde Beobachtung. Christliche Kirchen orientieren sich nicht automatisch an Christus. Jesus von Nazareth ist manchmal sogar eher ein Störfaktor. Immer wieder hat man seine Lehre relativiert oder instrumentalisiert. Er sollte sich als Galionsfigur in ein Christentum einfügen, das einen umfassenden Führungsanspruch vertrat. Man brauchte eine Legitimation, um das eigene Imperium auszubreiten. Hierzu ließe sich noch viel Deprimierendes sagen. Aber ich breche besser ab.

All das macht deutlich, dass wir christliche Gemeinschaften brauchen, die in ihrer Gestalt bestmöglich das Wesen Christi abbilden wollen. Dazu werden wir in der letzten Episode kommen.

Abschließend noch ein Buchtipp: Anfang der neunziger Jahre gründete sich in England das „Anabaptist-Network"[177]. Verschiedene Gemeinschaften haben sich zusammengeschlossen, um die Werte der Täuferbewegung für die heutige Zeit lebendig zu machen. Im Buch von *Stuart Murray* mit dem deutschen Titel „Nackter Glaube - Christsein in einer nachchristlichen Welt" finden sich viele Impulse zum Weiterdenken.

---

[177] Im Internet zu finden unter: https://www.anabaptistnetwork.com/. [abgerufen am 30.08.2018].

#41 Schwärmender Christus - Ein Traum von Kirche

In dieser letzten Folge möchte ich eine positive Gedankenreise machen. Die Leitfrage lautet: Wie könnte die Gestalt von Kirche aussehen, wenn wir versuchen, jahrhundertealte Fallgruben zu vermeiden?

Dabei komme ich auf die Anfangsbehauptung zurück: Struktur ist Botschaft. Wenn beispielsweise von Mitbeteiligung gesprochen wird, man aber eine starre Hierarchie vorfindet, ist das unstimmig. Ebenso, wenn von einer Willkommenskultur die Rede ist, tatsächlich aber eine strukturelle Ausgrenzung Anwendung findet.

Im Nachfolgenden werden wir (1) uns die seit 2000 Jahren bekannten Problemfelder ansehen, (2) uns einige, für die Struktur wichtige, biblische Aussagen vor Augen führen, (3) die Kirchengeschichte in Erinnerung rufen und (4) eine moderne Analogie suchen, die all diese Beobachtungen versucht zu berücksichtigen.

I. Problemanzeige

Was sind die typischen Konfliktzonen, wenn es darum geht, eine christliche Gemeinschaft zu formieren? Strukturelle Unstimmigkeiten entstehen immer dann, wenn Kirche sichtbar wird. Solange wir von einer weltweiten unsichtbaren Kirche sprechen, sind der Fantasie keine Grenzen gesetzt. Wie aber wird das Abstrakte konkret? Wie sieht eine Gemeinschaft von Gläubigen in einem ganz bestimmten Kontext aus? Welche soziale Formierung bildet sich heraus? Bei dem Thema „Sichtbar werden" geht es um viele Faktoren: Gruppengrößen, Strukturen, Versammlungsorte, Entscheidungswege. Gemeinschaften entwickeln innere Ziel- und Steuerungslogiken, eine Art Verhaltenskodex, der das Selbstverständnis der Gruppe bestimmt.

Dabei muss man sich klar machen: Jede soziale Gestalt sendet eine Botschaft aus. Die selten gestellte Frage lautet: Welche strukturelle Botschaft hat eine christliche Gemeinschaft? Fromme Worte und gute Taten laufen ins Leere, wenn nicht die gemeinschaftliche Struktur selbst Christus gemäß ist. Direkter formuliert lautet die Frage: Was unterscheidet eine christliche Gemeinschaft von einem religiösen Kulturverein oder von einer am spirituellen Markt orientierten kirchlichen Sinngebungsfabrik?

Mir stehen vier Bereiche vor Augen, die in besonderer Weise reflektiert werden müssen.

1) Identität

Um eine Gruppe zu sein, braucht es etwas, das die Teilnehmer verbindet. Wenn es das nicht gibt, ist es nur ein loser Haufen. Sobald aber eine Gruppe eine Identität ausbildet, erzeugt sie gewöhnlich eine Grenze. Es gibt Innen und Außen. Zu dieser Grenze gehören Grenzmarkierungen, englisch: boundary markers. Im Tierreich markieren Hunde ihr Gebiet, indem sie in gewissen Abständen an Bäume und Laternenpfähle pinkeln. Sie setzen Duftmarken. Bei Menschen gibt es andere Markierungen: Bestimmte Kleidung, bestimmte Slang-Worte oder eine gewisse Art der Begrüßung.

Wenn wir über eine speziell christliche Gemeinschaft nachdenken, ist die Frage: Was hält diese Gemeinschaft zusammen? Der Glaube an Jesus? Wer jahrelang in der praktischen Gemeindearbeit unterwegs ist, weiß, dass es oftmals ganz andere Gründe gibt: z.B. das gewohnte Gebäude, die kirchliche Musik, die konkrete Aufgabe, die religiöse Aura der Liturgie, das Sonntagsprogramm, die netten Leute oder pastoralen Leitfiguren. Vielleicht ist es auch einfach nur Gewohnheit oder sogar Trägheit.

Im Zusammenhang mit Gruppenidentitäten begegnet uns das Phänomen der Absonderung. Draußen das Andere, die Welt, das Fremde, das Böse. Drinnen zwar nicht immer Harmonie, aber doch Bekanntes und Vertrautes. Wie offen kann eine Gemeinschaft sein, ohne beliebig zu werden? Wann schlägt das Thema der Zugehörigkeit in Ausgrenzung um? Und wann werden Gruppendynamiken zu struktureller Gewalt? Kann man überhaupt Identität denken, ohne sich abzugrenzen?

2) Regeln

Wie schon angedeutet, gibt es innerhalb von Gruppen sogenannte Steuerungslogiken. Möglicherweise sind es konkrete Personen, die sagen, „was Sache ist". Oder es ist eher eine Art von Verhaltenskodex, wie bei den Mönchsorden. In deren Ordensregeln ist transparent formuliert, was die Grundlage der Gemeinschaft ist. Eine solche Transparenz ist hilfreich.

Vielfach sind Regelsysteme aber unsichtbar. Man spürt, was man tun soll oder besser sein lässt. Es gibt Kleingedrucktes. Dieses kommt immer dann zum Tragen, wenn eine Grenze übertreten wird. Oft weiß man erst im Nachhinein, was nicht erlaubt war. Häufig geht es um moralische Grenzziehungen, um Überprüfbarkeit der Lebensführung, um Richtig und Falsch und um die daraus folgenden Konsequenzen. Auch Mitgliedschaftsfragen spielen hier mit hinein. Natürlich haben auch Gemeinschaften, die ganz viel von Freiheit sprechen, solche inneren Regelsysteme. Je mehr sie das bestreiten, desto unreflektierter scheinen sie zu sein.

Auch hier ist wieder die Frage: Was unterscheidet eine christliche Gemeinschaft von einer anderen Gruppe? Anhand welcher Kriterien, werden einzelne reglementiert? Wie dynamisch sind solche Regelsysteme? Und wer legt sie fest? Natürlich soll nach evangelischer Überzeugung alles von der Bibel her begründet und bewertet werden. Wie schwierig das aber ist, müsste bereits deutlich geworden sein.

3) Ordnung

Mit Ordnung meine ich hauptsächlich Rangordnung. Manche nennen es auch Schöpfungs- oder Naturordnung. Häufig geht es um eine vertikale Schichtung. Sind einzelne Gläubige Gott näher als andere? Natürlich würde das sofort bestritten werden. Aber wie lässt sich die Überzeugung der „Gleichheit vor Gott" strukturell im Beziehungsgeschehen einer Gemeinschaft abbilden?

Der griechische Begriff für eine heilige, gottgegebene Ordnung ist „Hierarchie". Dabei geht es um Machtverteilung und Entscheidungswege in einer Gruppe. Wer bestimmt, was getan wird? Wer setzt sich durch? Wer wird bei solchen Prozessen beteiligt oder aber übersehen? Das Thema „Religiöse Macht" ist ein dunkles Kapitel. Allzu leicht lässt sich die Ausübung von Macht mit einer göttlichen Beauftragung begründen. Selbst Machtmissbrauch könnte mit geistlichen Eingebungen legitimiert werden.

Um so wichtiger ist die Frage, wie die Themen Leitung, Macht und Ordnung in einer Christus gemäßen Gemeinschaft strukturell zu leben sind. Wenn sich Gott in Christus selbst erniedrigt hat und dieser ein Jesus ähnliches Verhalten von seinen Jüngern erwartet, was bedeutet das dann für die Gestalt von Gemeinde?

4) Richtung

Vor nicht allzu langer Zeit überfiel mich eine scheinbar einfache Frage: Sie lautet: Wo ist vorne? Viele Gottesdiensträume haben ein Vorne. Meist steht dort der Altar oder die Kanzel. Die Stühle sind dementsprechend ausgerichtet. Auf diese Weise wird unser religiöser Lebensraum geordnet. Auch Leiter stehen vorne. Dann sind sie Vorsteher. Wenn sie sitzen, haben sie den Vorsitz. Wenn wir es abstrakter fassen, sind sie ein Vorbild. Immer geht es um die Frage des Vorne. Wohin ist unser Blick gerichtet?

Im Change-Management findet man häufig folgende Methodik: Es geht um einen Dreischritt nach vorne. Mache als Erstes eine Standortbestimmung. Als Zweites kläre, wo du hin willst, also wo „dein" Vorne ist. Und als Drittes plane die Etappen auf dem Weg dorthin. Das klingt ziemlich einleuchtend. Ähnlich werden heutzutage Gemeinden beraten. Sie entwickeln Leitbilder und Fünf-Jahrespläne, so als könnte man dadurch dem Reich Gottes näher kommen.

Was wäre aber, wenn wir uns gar nicht auf das Reich Gottes zubewegen können, sondern uns dieses von hinten überrascht? Was wäre, wenn das angepeilte Ziel gar nicht fixierbar ist, sondern sich ständig bewegt? Haben wir es mit einem wechselnden Vorne zu tun? Die Frage nach der Entwicklungsrichtung einer christlichen Gemeinschaft wird immer schwieriger, je mehr man sich hineinvertieft. Ekklesia semper reformanda, eine Gemeinschaft, die sich beständig reformiert, die dynamisch ist, in der der Status Quo nicht heiliggesprochen wird und in der immer eine Öffnung über das Sichtbare hinaus besteht. Wie lässt sich das strukturell abbilden?

Wir sind immer noch bei der Problemstellung. Haben wir es möglicherweise mit einer Aufgabe zu tun, die sich gar nicht lösen lässt? Muss Kirche mit diesen permanenten Unstimmigkeiten leben? Macht es überhaupt Sinn zu träumen?

- Von einer Gemeinschaft, die zwar sichtbar, aber nicht statisch ist.
- Mit einem klaren Selbstverständnis, aber ohne Abgrenzung.
- Nicht bewertend, aber auch nicht beliebig.
- Geordnet, aber nicht in einer hierarchischen Weise.
- Mündig, vielfältig und reflektiert.
- Mit Ausstrahlung, aber ohne übergriffig zu werden.

Geht das?

II. Aussagen der Bibel

Was sind die großen biblischen Leitlinien und was ist neu am Neuen Testament?

Die Bibel erzählt Gottes Geschichte mit den Menschen. Diese Geschichte beginnt in einem Garten, dem Garten Eden, und endet in einer Stadt, dem neuen Jerusalem. Der biblische Gott ist ein Weg-Gott. Abraham zog aus in ein neues Land, dann der Exodus: Israel wurde aus Ägypten geführt, die Stiftshütte als mobiles Zeltheiligtum, immer in Bewegung. Dann eine Zwischenphase mit Königen, eher eine Notlösung, weil der eigentliche König Gott selbst bleibt. Später das Exil in Babylon. Eine völlig neue Umgebung. Dann die Synagogenkultur. Kleinere Lerngemeinschaften entstanden.

Dieses war das Umfeld, in dem Jesus auftrat. Obwohl er nicht studiert hatte, wurde er Rabbi genannt. Er lehrte „auf dem Weg" und auf der Straße, selten in Gebäuden. Und er rief auf einen neuen Weg, hinein in seine Nachfolge. Als Auferstandener begleitete er die Emmanus-Jünger - auf dem Weg. Jesu Lehre war an vielen Stellen auffällig gegenläufig zu üblichen Ansichten: Wahre Leitung ist dienstbereit. Zugang zum Reich Gottes wie die Kinder. Erste werden Letzte sein. Mein Reich ist nicht von dieser Welt, aber gleichzeitig mitten unter euch. Man kann nicht darauf zeigen, als wäre es hier oder dort und doch sind die Wirkungen direkt vor Augen. Alles ziemlich paradox.

Später beschrieb Paulus die Gemeinde als Leib Christi und den menschlichen Körper als Tempel des Geistes. Die Verortung des Heiligen in einem Gebäude ist damit vollständig dekonstruiert. Warum wird das bis heute nicht ernster genommen?

Ich möchte sechs Bereiche nennen, in denen das Neue Testament Neues bringt:

1) Dynamische Wahrheiten

Vom Ende des Steintempels war schon die Rede. Die Linie der organischen Bilder lässt sich verlängern. Paulus sprach von Lebendigen Steinen und von einem Lebendigen Opfer. Im 1. Korintherbrief wird sogar von Christus als dem mitwandernden Felsen gesprochen. Was für ein geheimnisvolles Bild. An all diesem erkennen wir, dass im Neuen Testament ursprünglich statische Begriffe aufgenommen und vitalisiert, also mit Leben gefüllt werden. Das hat weitreichende Konsequenzen: Wahrheit ist keine tote Substanz, kein religiöses Ding und kein statischer Standpunkt. Sie lässt sich nicht besitzen und verwalten. Wahrheit ist lebendig und personal.

2) Relationale Ethik

Weil Wahrheit in einer Person verkörpert wird, ist auch die neutestamentliche Ethik kein Regelkatalog. Das ist eine der Neuheiten, anders
als beim alttestamentlichen Gesetz. Der Apostel Johannes sprach in den
Briefen vom Gebot der Liebe als dem einzigen neuen, aber zugleich alten Gebot. Es geht um beziehungssensible, umsichtige Liebe. Liebe
grenzt die umfassende Freiheit, die durch die Gnade gekommen ist,
sinnvoll ein. Deswegen ist Freiheit nicht Rücksichtslosigkeit. Neutestamentliche Ethik ist Kontext bezogen und ergibt sich aus der Relationalität zum Mitmenschen. Dabei geht es immer um das Wohl des anderen.

3) Intrinsische Motivation

Ein Leben, das nicht durch externe Regeln bestimmt wird, lässt sich in
unserer Welt äußerst schwer denken. Aber genau davon reden bereits
die alttestamentlichen Propheten. Sie beschreiben es, dass Gottes Gebote in unser Herz geschrieben werden. Keiner muss mehr den anderen
belehren, weil jeder von innen her weiß, was richtig ist zu tun. Man
sollte diese Vision nicht vorschnell als unrealistisch abtun. Denn genau
darum geht es im Neuen Testament: Gottes Geist leitet uns von innen
her in die göttliche Wahrheit.

4) Entgrenzung

Jesus wurde in einer Region mit schlechtem Ruf geboren. Mit seinem
öffentlichen Auftreten wurde er beständig beliebter. Nacheinander
übertrat er religiös-kulturelle Grenzen. Nicht weil er per se Grenzen ablehnte, sondern weil er aus der Enge in die Weite führen wollte. Mit seinem Auftreten öffnete er das Denken und den Horizont. Es ging um
Reinheitsvorschriften und das Verständnis des Sabbats. Er heilte, wo es
keine Hoffnung gab. Und er lud die Ausgegrenzten ein, mit ihm zu essen. Selbst den Himmel beschrieb er als offenes Festmahl. Ganz zum
Schluss wurde er selbst ausgegrenzt und vor den Toren Jerusalems ge-
kreuzigt. Damit brachte er das Heil endgültig zu den Außenseitern und
stellte die Welt auf den Kopf.

5) Entmittung

Der Begriff „Entmittung" ist eine Wortschöpfung. Indem Jesus aus dem
religiösen Zentrum, Jerusalem, ausgestoßen wurde, dezentrierte er das
Heilige. Und als nach seiner Himmelfahrt die Jünger staunend stehen
blieben, hinterließ er eine leere Mitte. Der zwar umherwandernde, aber

dennoch zentralisierte Jesus war fort. Mit dem Kommen des Geistes geschah eine atemberaubende Dezentralisierung des Auferstandenen. Von nun an entstand überall dort immer neu eine heilige Mitte, wo zwei oder drei in seinem Namen versammelt waren. Es gab keine bevorzugte Richtung mehr. Vielmehr war es ein Ausströmen, ein Ausschwärmen in alle Richtungen zugleich. Die Grenze zwischen Heilig und Profan war aufgelöst. Von nun an konnte die ganze Welt geheiligt werden.

6) Entäußern

Das deutsche Wort „Entäußern" ist geheimnisvoll. „Sich äußern" meint, aus sich herauskommen, aus dem Innern ins Außen treten. „Entäußern" meint demnach, dass das Außen abgeschafft wird. Wenn Christus sich entäußert hat, dann heißt es, dass es in seiner Person kein feindliches Außen mehr gibt. Er begegnet jedem Menschen als Freund, selbst Judas, der ihn verriet. Diese Entäußerung Gottes ist Ausdruck seines „Herabsteigens". Er anti-absolutiert sich. Man könnte sogar sagen: Gott selbstrelativiert sich in Christus. Er wird einer von uns. Er wird verwechselbar. Ein Diener. Wenn wir diese Bewegungsrichtung Gottes ernster nehmen würden, was würde das für die Erscheinungsweise von Kirche bedeuten?

Man könnte die Liste noch verlängern. Ganz auffällig ist im Neuen Testament die Verschränkung der Wirklichkeitsebenen. Wir in Christus und Christus in uns. Christus als Meister wäscht den Jüngern die Füße. Dann später die Aufforderung, dass wir uns einander unterordnen sollen. Das ist völlig gegenläufig zu einer hierarchischen Pyramiden-Struktur.

Mich erinnert das an einen vierdimensionalen Würfel. Man kann sich das als Film-Simulation ansehen. Innen und außen, oben und unten verschränken sich. Sobald der 4-D-Würfel rotiert, werden die dreidimensionalen Kategorien relativiert.

In ähnliche Richtung gehen die Bilder für den Geist Gottes: Wasser, Wind, Feuer. Alles bewegliche Bilder. Wer Feuer fotografiert, fängt das Wesentliche nicht ein. Wasser und Wind müssen in ihrer Dynamik erlebt werden. Die Wahrheit des Geistes ist kein Standbild.

Man kann Wind nicht einfangen in einer kirchlichen Institution. Wie aber kann Kirche dennoch sichtbar werden? Wie lässt sich der unsichtbare, auferstandene Christus als sichtbare Gemeinschaft abbilden?

III. Kirchengeschichte

Es gibt drei Hauptstrategien, wie Kirche über die Jahrhunderte versucht hat, mit dem Unverfügbaren klar zu kommen. Manchmal bekommt man den Eindruck, dass der lebendige Jesus dabei wie ein gefangener Schmetterling in einem kirchlichen Setzkasten aufgespießt wurde. Man verwaltet und bestaunt ihn in einer Glasbox. Man hat ihn handhabbar gemacht.

1) Dogmen

Die Mehrdeutigkeit von Jesus war von Anfang an ein Problem. „Was sagen die Leute über mich?", fragte er seine Jünger. Und er erhielt unterschiedliche Antworten.

In den nachfolgenden Generationen brauchte es Klärungen. Dogmen wurden formuliert. Irrlehren mussten bekämpft werden. Die Vielfalt der Deutungen sollte begrenzt werden.

Ab dem 4. Jahrhundert wurden Konzilien einberufen. Wahrheit musste auf den Punkt gebracht werden. Begriffe sollten Wirklichkeit begreifbar und dingfest machen. Standpunkte wurden eingenommen. Und Feinde wurden ausgemacht.

Am Ende dieser Entwicklung stehen Mächtige, die bestimmen, was wahr ist und geglaubt werden sollte. Dialog und Disput über die Wahrheit wird als Bedrohung erlebt. Kirche versteht sich als Beschützerin der Wahrheit. Und indem sie auf diese Weise für die Wahrheit einstehen will, droht sie, diese zu ersticken.

2) Moral

Das Herz und die Gedanken von Menschen konnten nur schwer kontrolliert werden. Leichter war es bei der sichtbaren Lebensführung. Die Erneuerung durch die Gnade musste überprüfbar werden. Und es brauchte Vergleichbarkeit, eine Normierung. Gesetze wurden erlassen. Kirchenrecht, juristische Feinheiten. Die Bibel wurde zu einem Gesetzbuch, um das Leben zu reglementieren.

Ein solches Bibelverständnis hat viele Gesichter. Man benutzt das Buch, um sich selbst zu positionieren und andere zu bewerten. Die an sich guten Weisungen Gottes stellen sich als Kategorisierungen zwischen Menschen: Projektionen, Anklagen, Vorwürfe, Unterstellungen - all das führt dazu, dass Beziehungen vergiftet werden.

Immer wenn die Gnade verblasst, wird es moralisch. Und ein moralisches Christentum wird heuchlerisch, besserwisserisch und selbstgerecht.

3) Kultus

Unter „Kultur" verstehe ich alle religiösen Handlungen einer Glaubensgemeinschaft: Gottesdienste, Lesungen, Liedgut, Gebetsabläufe. All das ist wichtig und für das Leben einer Gemeinschaft unerlässlich.

Wenn aber der lebendige Glaube in den Hintergrund tritt, wird es zur leeren äußerlichen Form. Man geht zur Kirche und meint damit das Kirchengebäude. Gottesdienste werden zu religiösen Gedenkfeiern, Gebete zu aufgesagten Gedichten und Lieder zu bloßem Kulturgut. Sonntagsabläufe bekommen dann eine seltsame Eigendynamik. Räume haben feste Sitzordnungen, Liturgien müssen wörtlich eingehalten werden und überhaupt ist auf die zeitliche Länge des Programms zu achten. Frömmigkeit verkommt zu einem nützlichen Segment im religiösen Leben.

Seit Jahrhunderten versuchen Theologen, in ihren Lehrgebäuden das Unaussprechliche zur Sprache zu bringen. In kirchlichen Zeremonien soll das Unverfügbare verfügbar gemacht werden. Solange dieses als unabgeschlossene Aufgabe verstanden wird, als etwas Vorläufiges, ist alles im grünen Bereich. Sobald man meint, die Wahrheit sprachlich, rituell und sakramental fixieren zu können, sollten Zweifel aufkommen.

Wenn man also die Kirchengeschichte wohlwollend liest, ging es Kirchen darum, die christliche Wahrheit zu beschützen. Aber ist das die Aufgabe von Kirche? Man wird erinnert an die Jünger, die sich wie Bodyguards um Jesus stellten und Eltern mit kleinen Kindern nicht durchlassen wollten. Hat Kirche die Aufgabe, Jesus und seine Lehre zu beschützen? Muss seine Wahrheit im Raum der Kirche sicher verwahrt werden?

Wenden wir unseren Blick nach vorne. Schon früh in der Kirchengeschichte gab es Ansätze, das Neue Testament als Sammlung von Dokumenten zu lesen, die über sich hinaus weisen. Für viele war das beängstigend und der Beginn von Irrlehren.

Im Hochmittelalter sprach Joachim de Fiore von einem kommenden Zeitalter des Geistes. Menschen als Freunde Gottes. Bereits Jesus sprach davon, dass aus allen Himmelsrichtungen Leute zusammenkommen würden, um Tischgemeinschaft zu haben. Ein Friedensessen, wie es auch schon die früheren Propheten vorhergesagt hatten. Wer mit der Bibel vertraut ist, kennt diese Bilder. All das hat sich so noch nicht erfüllt. Es steht noch aus. Und wieder sind wir bei den unterschiedlichen Vorstellungen vom Kommen des Friedensreiches Gottes.

Die alte Lutherbibel hat noch übersetzt: „Das Reich Gottes ist inwendig in euch." Neuere Übersetzungen sprechen von einem „mitten unter". Jesus betonte: Man kann nicht darauf zeigen, kann es nicht verorten oder fixieren. Es lässt sich nicht besitzen oder verwalten. Offenbar geschieht das Reich Gottes im „Dazwischen". Völlig gegenwärtig, aber nicht verfügbar. Es ist kein Ding, keine Substanz, sondern eine Relationalität. Genauer: Ein geheilter Zwischenraum. Das Reich Gottes ist die sich erfüllende Verheißung des Schalom, eine geheilte Wohlordnung zwischen Gott, Mensch und Schöpfung. Diese Überlegungen hören sich kompliziert an, sind aber wichtig für den gleich folgenden vierten Teil.

Noch einmal anders formuliert: Das Reich Gottes scheint eine Art Muster zu sein, eine Art himmlischer Zuordnung. Wenn Sie Gegenstände auf einem Tisch liegen haben, können Sie diese unterschiedlich anordnen. Verschiedene Zuordnungen senden unterschiedliche Signale aus. Und das ohne neue Gegenstände hinzugetan zu haben. Ähnlich ist das Reich Gottes nicht eine Substanz, die sich in unserem Leben oder in dieser Welt als Ding manifestiert, sondern eine neue Art von Zuordnung. Die Beziehung von Menschen wird geheilt. Die Wahrnehmung verändert sich. Man begegnet sich nicht mehr argwöhnisch, sondern beginnt, Christus im anderen zu erkennen. Christus steht immer zwischen mir und dem anderen. Auch Gott sieht mich durch Christus. Christus ist das „Mitten-unter" und „Dazwischen".

IV. Kirche neu denken

Welche Bilder können uns helfen, die Gestalt von Kirche neu zu denken? Dass ein Gebäude irreführend ist, müsste deutlich geworden sein. Häufig wird stattdessen von Kirche als Familie gesprochen. Das betont die Zugehörigkeit. Allerdings hat Jesus die biologische Familie kritisch kommentiert. Das mag daran liegen, dass in damaliger Zeit „Familie" eher eine Unterdrückungsstruktur für Frauen und Kinder war.

Man könnte Kirche auch als Organisation beschreiben. Das betont Arbeitsteilung, eine Aufgabe und Zielgerichtetheit. Und es betont, dass man nicht zwingend dabei bleiben muss, sondern sich entscheiden kann. Ein kritischer Blick würde anmerken, dass Beziehungen funktionalisiert werden, um für einen größeren Zweck nützlich zu sein.

Manche vergleichen „Kirche" auch mit einer Netzwerkstruktur. Das hört sich dynamischer an. Flache Hierarchien und hohe Mitbeteiligung. Wandelbar, kein Zentrum. Es geht nicht nur um die Knotenpunkte, sondern auch um die Relationen zwischen diesen Punkten. Aber auch Netzwerke brauchen Administratoren und verbleiben in einer gewissen statischen Zuordnung.

All das sind hilfreiche Vergleiche. Mir scheint aber, wir brauchen noch mehr Fantasie, um das Geheimnisvolle des Reiches Gottes und um die Gestalt von Kirche auch nur ansatzweise zu erahnen.

Meine Gedanken möchte ich anhand von „Schwärmen" ausführen. Und diesen Vergleich muss ich sofort einschränken. Mir geht es nicht um eine angebliche Schwarmintelligenz. 2009 gab es einen Hype in diese Richtung und kurz darauf wurden gegenteilige Aussagen veröffentlicht. Man sprach dann von kollektiver Dummheit.

Mir geht es also nicht um eine Art Kollektiv-Intelligenz, sondern um das Strukturmuster von Schwärmen und die dahinter liegenden Formierungslogiken. Mich interessiert die faszinierend dynamische Gestalt von Schwärmen. Dazu gibt es neuere Forschungen, die uns inspirieren können.

Zunächst möchte ich Ihnen ein Bild vor Augen malen: Über den Dächern von Rom findet zu einer bestimmten Jahreszeit ein Naturschauspiel statt: Tausende Stare formieren sich zu gigantischen Vogelschwärmen und führen einen geheimnisvollen Tanz auf. Es gleicht mehr einer visuellen Symphonie. Ständiger Wechsel in Richtung und Form. Meisterhaft koordiniert im dreidimensionalen Raum.

Was ist das Wesen von Schwärmen?
Schwärme sind Muster in Bewegung. Sie haben zwar eine Form, aber keine Oberfläche. Höchst geheimnisvoll. Durch sie leuchtet eine vierte Dimension auf. Ihre Ordnung gleicht keinem Gitter oder Netzwerk. Jeder Teil in einem Schwarm kann jede beliebige Position einnehmen.

Schwärme sind Muster im beständigen Werden. Sie sind reines Geschehen, zwar geordnet, aber ohne Hierarchie. Es gibt eine dynamische Mitte, aber keine Zentriertheit. Sie haben zwar eine Gestalt, aber keine starren Außengrenzen. Das Außen ändert sich ständig. Es faltet sich immer neu nach innen.

Wie wäre es, wenn wir darin ein Bild für den schwärmenden Christus erkennen? Jeder einzelne Christ als Akteur in einem größeren Schwarm des Heiligen Geistes. Der Auferstandene mitten unter und in uns.

Für lange Zeit glaubte man, dass es bei Schwärmen irgendwo einen geheimen Dirigenten gibt. Ein Mechanismus, der den einzelnen Vögeln sagt, wohin sie zu fliegen hätten. Erst in neuerer Zeit lässt sich mit modernster Kamera- und Computertechnik nachweisen, dass Schwärme erstaunlich einfache Regeln haben.[178] Es sind eher so etwas wie Meta-Regeln, die ganz anders als übliche Gruppenregeln funktionieren. Und man kommt zu verblüffenden Einsichten, wenn man diese Prinzipien auf die Gestalt von Kirche überträgt.

Vereinfacht gesagt gibt es drei Hauptprinzipien: Englisch: Cohesion, Seperation und Alignment. Deutsch: Anziehung, Abgrenzung und Ausrichtung.

1) Anziehung und Zusammenhalt
Ein Vogelschwarm entsteht, wenn sich die einzelnen Vögel angezogen fühlen und sich aus irgendeinem Grund formieren. Diese Anziehung ergibt sich nicht durch Außendruck. Es braucht keinen Feind und auch keine Autorität, die ein Kommando erlässt. Und es braucht auch keine Grenzen, die ein Innen und Außen markieren. Stattdessen scheint es eine innere Verbundenheit zu geben.

Ist das nicht ein großartiges Bild für Kirche? Zusammengehalten durch das Wirken des Geistes, aber nicht durch Druck, Hierarchie oder Begrenzungen. Weltweit und lokal in immer neuen sozialen Aggregationen, an jedem x-beliebigen Ort, zu jeder x-beliebigen Zeit versammelt in Jesu Namen.

2) Abgrenzung und Distanzierung
Wäre Anziehung das einzige Prinzip, würden die Vögel in der Luft kollidieren. Deswegen braucht es einen gewissen Abstand. Um Abstand

---

[178] Mehr zu den Forschungen von Andrea Cavagna: https://www.youtube.com/watch?v=zH_5uTJmcPE [abgerufen am 30.08.2018].

halten zu können, ist es nicht nötig, den gesamten Schwarm zu überblicken. Es reicht eine umgebende Bezugsgruppe von etwa sieben Vögeln. Innerhalb dieser Bezugsgruppe wird die eigene Position immer neu nachjustiert.

Man wird an ein Kleingruppenmodell erinnert. Und daran, dass Gemeinden eine Diskurs-Kultur entwickeln müssen. Wenn man unter Einheit Einheitlichkeit versteht, verklumpt eine Gemeinschaft. Stattdessen braucht es die Ermutigung, sich miteinander auseinanderzusetzen. Es braucht einen Disput, ohne sich zu trennen. Nur durch ein gewisses Maß an Unterscheidung, bleibt Individualität gewahrt.

3) Ausrichtung und Angleichung
Einzelne Vögel fliegen im Rahmen ihrer Bezugsgruppe in eine gemeinsame Richtung. Vordergründig sieht das aus, als würden sie einfach nur „mit dem Strom" fliegen. Inzwischen können Forschungen aber belegen, dass sich jede noch so kleine Kursänderung eines einzelnen Vogels auf den gesamten Schwarm auswirkt. Es gibt einen kollektiven Response. Und noch geheimnisvoller ist: Das Richtungssignal eines einzelnen Vogels schwächt sich nicht im Sinne von „stiller Post" ab, sondern bleibt klar. Man spricht von einer skalierungsfreien Korrelation.

Übertragen heißt das: Jeder Christ ist ein Akteur inmitten einer großen spirituellen Symphonie. Im jahrtausendealten Strom der Geschichte setzen wir als Einzelne Richtungsakzente und geben Signale für die Formierung von Kirche. Keiner von uns überblickt das Ganze. Wir alle leben in sozialen Referenzgruppen. Und häufig haben wir nicht mehr als sieben vertraute Personen.

Dieser Christusschwarm hat offene Ränder. Er formiert sich nicht über Konkurrenz oder Abgrenzung, sondern lädt ein, sich in Beziehung zu setzen und gemeinsam auf einer spirituellen Reise zu sein - schon jetzt Teilhaber an einem dynamischen Muster des Himmels.

Zum Schluss kommen wir auf die anfangs genannten Problemzonen zurück und machen die Gegenprobe.

1) Identität im Schwarm
Wie schon angedeutet bildet sich die Form eines Schwarmes nicht durch Abgrenzung. Die Zugehörigkeit des Einzelnen ergibt sich aus seiner Annäherung und dem Mitgehen. Ohne Frage braucht eine christliche Gemeinschaft eine regelmäßige Selbstvergewisserung anhand der

Ursprungsdokumente und muss sich darüber verständigen, woran sie glaubt und wofür sie steht. Dogma, Moral und Kultus dürfen aber nicht zu starren Behältern werden, mit denen man versucht, die Dynamik eines Schwarmes einzufangen.

Dabei geht es nicht um eine spiritualistisch gedachte, vollständig unsichtbare Kirche. Es braucht auch sichtbare Verbindlichkeit. Allerdings weniger zu einer Institution, sondern vielmehr zu einer kleinen Bezugsgruppe von Mitchristen, die gemeinsam inmitten einer größeren Bewegung auf dem Weg sind.

2) Regeln im Schwarm

Es ist wie eine Dauerkrankheit, dass der christliche Glaube zwischen moralischem Regelkatalog und subjektiver Liberalität verkommt. Offenbar ist es äußerst schwer, eine relationale Ethik zu denken. Eine Ethik, die aus einem inneren Bezug zu Christus und die Einbindung in eine lokale Gemeinschaft im ständigen Diskurs mit aktuellen Herausforderungen steht. Eine Ethik der Rücksichtnahme und Achtsamkeit für das Leben. Eine Ethik der Beziehungssensibilität.

Häufig wurden Regeln als Kontrollinstrumente entwickelt. Es ging um Beurteilungskriterien. Menschen wurden zu Objekten. Man hat sie bewertet und eingeordnet. Und man versuchte, falsche Handlungen durch Strafe zu begrenzen. Das mag bis zu einem gewissen Grade funktionieren. Besser ist es aber, auf positive Verstärkung zu setzen. Und genau damit sind wir wieder beim Schwarmverhalten. Lebensführungen ändern sich aufgrund der eigenen Bezugsgruppen. Menschen wählen sich Vertrauenspersonen und Vorbilder. Kirche ist keine Normierungs- sondern eine Diskursgemeinschaft.

3) Rangordnung im Schwarm

Weil menschliche Gemeinschaften in kürzester Zeit eine mehr oder weniger sichtbare Hierarchie entwickeln, lässt sich so schwer eine hierarchiefreie Gesellschaft vorstellen. Offenbar muss man permanent gegen diesen Drall zur Hierarchisierung ankämpfen. Ohne Frage braucht es eine gewisse Art von vertikaler Ordnung. Sie darf aber nicht als Machtstruktur missbraucht werden. Deswegen wird im Neuen Testament die „gegenseitige Unterordnung" betont. Für Leitfiguren bedeutet das ein ständiges Herabsteigen vom Sockel und ein ständiges Erhöhen derjenigen, die leicht übersehen werden.

In einem Schwarm gibt es kein statisches Oben und Unten. Es ist eine ständige Verschränkung der Form in sich selbst. Christus erniedrigt sich in unserer Mitte. Wir folgen ihm und werden bereit zu dienen. Auch die Mitte wird beständig dezentriert und die Außenzonen eines Schwarmes fließen beständig nach innen. Und doch ist alles geordnet. Nur der Ungeübte spricht vom Chaos. Schwärme sind hochkomplex und doch verblüffend einfach.

4) Richtung im Schwarm
Schwärme realisieren mehrere Richtungen gleichzeitig. Sie pulsieren in ihrer Größe und können jederzeit Ausbuchtungen hervorbringen. Sie können sich teilen und erneut fusionieren. Es ist eine beständige Fließbewegung. Je mehr Akteure dazu kommen, desto vielfältiger wird diese Dynamik.

Ist es nicht spannend, dass jeder Akteur Einfluss auf die Form des Schwarmes hat? Alles, was Sie denken, sagen, beten und tun, formiert den Christus-Schwarm. Nichts ist vergeblich. Und es gibt genug Flexibilität, um fehlerhafte „Flugmanöver" abzufangen. Ein Schwarm bestraft nicht in mechanischer Manier jegliche Art von Abweichung. Er ist geschmeidig in der Form und passt sich an.

All diese Einsichten wirken sich auch auf das Leitungsverständnis aus. Braucht es überhaupt eine kontrollierende Leitung? Wäre es nicht viel besser, sich innerhalb des Schwarmes zu bewegen und kleine Richtungsimpulse zu geben - in dem Vertrauen, dass die Signale die gesamte Gemeinschaft berühren? Braucht es nicht mehr Vertrauen in das geheimnisvolle Wirken des Geistes?

Noch einmal: Schwärme sind nicht zu kontrollieren. Auch der schwärmende Christus nicht. In der Gestalt des Schwarmes verschränkt sich der uralte Gegenpol von Transzendenz und Immanenz zur Transparenz. Das Reich Gottes schimmert hindurch in der relationalen Christus-Bezogenheit.

Wenn wir diese Überlegungen weiter denken, dann braucht es für christliche Gemeinschaften im Wesentlichen nur drei verblüffend einfache und doch hochkomplexe Überzeugungen:

(1) Alle Akteure brauchen einen persönlichen Christusbezug. Das verbindet von innen mit dem Auferstandenen. Nur so ist man Teilhaber am schwärmenden Christus.

(2) Christliche Gemeinschaften brauchen Diskursbereitschaft. Jeder wird zum kritisch-konstruktiven Mitdenken herausgefordert. Unterschiedlichkeit wird gefördert und nicht unterdrückt.

(3) Alle können mitgestalten. Leiter haben nicht die Aufgabe, über die Gruppe zu bestimmen, sondern den Raum zur Entfaltung zu öffnen. Es gibt keine einzig-richtige Richtung.

All das, was ich versucht habe zu formulieren, mag beim ersten Hören verwirrend klingen. Vielleicht muss man sich zunächst ausreichend Zeit nehmen, die anmutig komplexe Schönheit von Schwarmformationen zu meditieren, um den statischen Mustern von Kirche zu entkommen.

Möglicherweise werden wir in Zukunft noch treffendere Bilder finden, um die geheimnisvoll nichtverfügbare Gegenwart und gleichzeitige Zukünftigkeit des Reiches Gottes zu erahnen und eine dazu stimmige Gestalt von Kirche zu leben. Mal sehen.

Vielen Dank bis hierhin. Danke, dass Sie mit mir durch die Radikale Reformation gereist sind.

Anhang: Teaser-Texte | Podcast

#01 Einführung - Warum dieser Podcast entstanden ist und worum es gehen soll

500 Jahre Reformation. Ein guter Anlass, um sich die Ereignisse, Themen und Personen aus der Reformationszeit in Erinnerung zu rufen. Häufig sind nur die Namen der großen Reformatoren bekannt: Martin Luther, Johannes Calvin oder Huldrich Zwingli. Weniger bekannt ist der sogenannte "Linke Flügel der Reformation" oder die "Radikale Reformation". Wer und was sich hinter diesen Bezeichnungen verbirgt und was das für uns heute bedeuten könnte, darum soll es in diesem Podcast gehen.

#02 Überblick - Über Zeitraum, Regionen, Deutungslinien und Begrifflichkeiten

1) Zeitraum: ca. 1517 bis 1529 und darüber hinaus | 2) Geographische Verbreitung: Heiliges Römisches Reich, breitflächig über Europa verteilt | 3) Deutungslinien: Lutherische Polemik, Soziologisches Interesse, Freikirchenforschung und marxistische Interpretation | 4) Bezeichnungen und Begrifflichkeiten: Randströmungen der Reformation, Nonkonformisten, Linker Flügel der Reformation, Radikale Reformation.

#03 Unterteilungen - Von Schwärmern, Spiritualisten, Antitrinitariern und Täufern

1) Schwärmer: Mit einer utopischen Zukunft vor Augen die Gegenwart revolutionieren | 2) Spiritualisten: Durch den Rückzug ins Innerliche dem eigentlich Göttlichen begegnen | 3) Antitrinitarier: Scharfe Kritik an Dogmen und an der Entmündigung des Menschen | 4) Täufer: Aus dem Rückbezug ins Neue Testament christliche Nachfolgegemeinschaften bilden.

#04 Andreas Bodenstein von Karlstadt - Was ist die richtige Geschwindigkeit für Reformen?

Karlstadt war ein führender Reformator der frühen Wittenberger Erneuerungsbewegung. Warum ist er so wenig bekannt? Zunächst war er ein Freund von Martin Luther, später ein erbitterter Gegner. Luther machte seine Reformen rückgängig und sorgte dafür, dass dieser als "Schwärmer" vertrieben wurde. Schon bei Karlstadt finden wir aber sehr interessante Ansätze, die später von den Täufern wieder aufgegriffen wurden.

#05 Thomas Müntzer - Radikal für Freiheit und Gerechtigkeit

Thomas Müntzer ist aus Martin Luthers Sicht der Inbegriff des Schwärmers. Für seine Anhänger gilt er dagegen als wahrhaftiger Verkündiger des Evangeliums und unerschrockener Kämpfer für Freiheit und Gerechtigkeit. Noch lange nach Müntzers Tod polarisieren seine Ansichten. Umso spannender ist es, sich mit seiner Utopie von einer umgestalteten Gesellschaft auseinanderzusetzen und das klassische Bild der Reformation hinterfragen zu lassen.

#06 Exkurs ins 12. Jh.: Joachim de Fiore - Eine kühne Geschichtskonzeption und ihre Folgen

Von wem war Thomas Müntzer inspiriert? Eine der bedeutsamsten Spuren führt zurück in das 12. Jahrhundert zu dem Abt Joachim de Fiore. Mit seiner dreigeteilten Geschichtskonzeption inspirierte er viele Denker bis in die heutige Zeit. Was wäre, wenn ein vom Geist geleitetes "Reich der Freiheit und der Freundschaft" nicht erst im Himmel, sondern bereits hier auf Erden eine realisierbare Möglichkeit darstellte?

#07 Der Bauernkrieg - Kommunaler Befreiungskampf des "gemeinen Mannes"

Der sogenannte "Deutsche Bauernkrieg" wird völlig unterschiedlich bewertet. Die Einschätzungen reichen vom "größten Missverständnis der Reformation" bis hin zum "Musterbeispiel für eine soziale Revolution". Alles nur eine Frage der Perspektive? Was waren die Kernanliegen der Bauern und wie wäre die Geschichte verlaufen, wenn sie mehr Unterstützung bekommen hätten?

#08 Die Kraft der Utopien - Neues nicht nur erträumen, sondern aktiv in Angriff nehmen

Um das Jahr 1500 weitete sich der Horizont der damaligen Welt. Ab dann war die bestehende Gesellschaft nicht mehr alternativlos. Neue Ideen wurden formuliert. Berühmt ist die "Insel Utopia" von Thomas Morus. Im deutschsprachigen Raum begegnen wir Sebastian Lotzer als Verfasser der *"12 Artikel"*, Johannes Hergot, der als Buchdrucker seine Vision nieder- schrieb und Michael Gaismair, der eine Bauernrepublik in Tirol aufbauen wollte. Immer ging es um die Leidenschaft, nicht nur auf eine bessere Welt zu warten, sondern diese auch aktiv in Angriff zu nehmen.

#09 Exkurs ins 20. Jahrhundert - Über die Aktualität der "sozialen Frage"

Die Diskussionen der Reformationszeit lassen sich bis in das 20. Jahrhundert verlängern. In aller Kürze sehen wir uns folgende Linien an: (1) Religiöse Sozialisten in der Schweiz, (2) Die Social Gospel-Bewegung in Nordamerika, (3) Martin Luther King und die Bürgerrechtsbewegung, (4) Ernst Bloch und das Prinzip Hoffnung, (5) Leonardo Boff und die lateinamerikanische Befreiungstheologie und (6) Dorothee Sölle und ihre Anmerkungen zu Thomas Müntzer. An diesen Beispielen wird deutlich, wie sehr die Glaubwürdigkeit der kirchlichen Botschaft mit der "sozialen Frage" verbunden ist.

#10 Melchior Hoffman - Streitbare Laienpredigt und täuferische Flächenwirkung

In Melchior Hoffman begegnet uns ein überaus wirkmächtiger Laienprediger der frühen Reformationszeit. In manchen Regionen entfachte er geradezu eine täuferische Massenbewegung – besonders in Ostfriesland und den Niederlanden. Anfänglich unterstützte er die lutherische Reformation. Von 1527 an wandte er sich immer mehr von Luthers Ansichten ab und predigte ein apokalyptisches Einbrechen des Gottesreiches. Auch wenn er selbst nicht zu militärischen Auseinandersetzungen anstiftete, wurden seine Ideen von den radikalisierten Täufern in Münster aufgenommen und führten zur Katastrophe. Hoffman starb 1543 desillusioniert in einem Straßburger Gefängnis.

#11 Das Täuferreich von Münster - Religiöser Massenwahn oder Zufluchtsort für Verfolgte?

Die sich überschlagenden Entwicklungen in Münster in den Jahren 1534 – 1536 gelten als "Entgleisung der Reformation". Um den einheimischen Prediger Bernhard Rothmann, den Propheten Jan Matthys und den Schneider Johann Bockelson aus den Niederlanden bildete sich eine apokalyptische

Täufergemeinschaft, die die Wiederkunft Christi und das Gericht über die Gottlosen erwartete. Lange Jahre wurde mit "Münster" und den "Umtrieben der Wiedertäufer" die Ablehnung täuferischer Theologie begründet. Es ist an der Zeit, mit einem differenzierteren Blick auf die Ereignisse zu sehen.

#12 Reich Gottes in vier Mustern - Zwischenbilanz: Reflexion der Konfliktdynamiken

Zwischenbilanz: Auffällig ist, dass alle beteiligten Religionsparteien ab einem gewissen Punkt gewalttätig wurden. Um solche verhängnisvollen Dynamiken besser zu verstehen, ist es nötig, auf das unterschiedliche Verständnis vom Reich Gottes zu sehen. Wir unterscheiden in der 1500-jährigen Kirchengeschichte bis hin zur Reformation vier Typen oder Muster: eschatologisch, mystisch, politisch und kirchlich. Anhand dieser vier Modelle vom Reich Gottes lässt sich die teilweise völlige Gegenläufigkeit der unterschiedlichen Anliegen von den Reformatoren, Schwärmern, Spiritualisten, Antitrinitariern und den Täufern besser nachvollziehen.

#13 Kaspar Schwenckfeld - Verfechter eines "mittleren Weges"

Obwohl er zur damaligen Zeit ähnlich bekannt war wie Thomas Müntzer, ist Schwenckfeld heutzutage fast vergessen. Sein "mittlerer Weg" und sein Eintreten für Toleranz und Gewaltfreiheit haben zur Zeit der Reformation nur wenig Gehör gefunden. Er galt als "Spiritualist", weil er das Innerliche des Glaubens und eine aus dem Herzen kommende Veränderung der Lebensführung stark gegenüber einem veräußerlichten Christentum betonte. Viele seiner Ansichten wurden im späteren Pietismus aufgegriffen.

#14 Sebastian Franck - Erleuchtete Vernunft und die Geschichtlichkeit von Wahrheit

Für manche Forscher ist er der modernste Denker des 16. Jahrhunderts. Er war Einzelgänger und schloss sich keiner Kirche an. Sebastian Franck verfasste eine Reihe von Schriften, die weniger konfrontativ, sondern eher auf subversive Art die bestehenden Ordnungen in Frage stellten. Seiner Meinung nach hatte Wahrheit keine absolute, sondern eine geschichtliche Gestalt und musste immer neu in den aktuellen Kontext übersetzt werden. Das war einer der Gründe dafür, weshalb ihm theologische Rechthabereien zuwider waren und er sich gegen fromme Absolutheiten und die daraus folgenden – oftmals militanten – Auseinandersetzungen stellte.

#15 Exkurs: Erasmus von Rotterdam - Humanismus in seiner besten Form

Der Renaissance-Humanismus war eine breite Bildungsbewegung in ganz Europa. Erasmus gilt als "Fürst des Humanismus". Seine Schriften legten die Grundlage für die weitere Reformation. In seiner Person ist Triumph und Tragik vereint. Auf der einen Seite korrespondierte er mit den höchsten Persönlichkeiten seiner Zeit. Auf der anderen Seite wurde seine ausgleichende Art in den Wirren der Reformation als Lauheit und Unentschlossenheit gedeutet. In einem historischen Konflikt mit dem erstarkten Martin Luther wurde Erasmus schließlich theologisch beiseitegedrängt. Aber seine Idee von einer toleranten und friedfertigen Menschheit lebt weiter.

#16 Antitrinitarier - Gegen blinden Glauben und für eine vernünftige Religion

Die Reformation war ein vielschichtiges Geschehen. Antitrinitarier praktizierten eine radikale Dogmenkritik im Zeichen der Vernunft. Sehr bekannt ist Michael Servetus, der als Ketzer in Genf verbrannt wurde. Auch Fausto Sozzini und der sich in Polen entwickelnde Sozianismus hatte über längere Zeit starken Einfluss auf die gebildeteren Schichten. Ziel war es, ein vernünftiges, wahres Christentum zu formieren. Um die Vielfalt der Radikalen Reformation zu verdeutlichen, wird auch kurz auf den genialen Arzt Paracelsus eingegangen. Für ihn gehörten Glaube und Gesundheit zusammen.

#17 Zwischenbilanz - Von Ketzern lernen: Acht Kriterien für eine ideale Kirche

Welche Anforderungen müsste eine ideale Kirche erfüllen? Die Auseinandersetzungen mit den verschiedenen Ketzerbewegungen helfen, die Gestalt von Kirche neu zu durchdenken. Nachdem wir uns die Anfragen und Kritikpunkte von Schwärmern, Spiritualisten und Antitrinitariern angesehen haben, ist es Zeit für eine Zwischenbilanz. "Radikale Reformation" heißt auch, für heute zu fragen: Wie müsste Kirche aussehen, damit sie im Sinne Gottes und zum Wohle der Welt eine "gute Kirche" ist?

#18 Täuferbewegungen - Überblick über Varianten, Selbstverständnis und Themen

Die Entstehung der Täufer verlief nicht so einheitlich, wie lange Zeit angenommen. Seit Mitte des 20. Jahrhunderts werden die unterschiedlichen Strömungen und Ausprägungen untersucht. Umso spannender ist es, wie sich im Gegensatz zu einer Reformation "von oben" oder einer Revolution "von unten" ein anderer Weg herausbildete. Schwankte es anfänglich noch zwischen Gewaltbereitschaft und Friedfertigkeit, setzte sich später immer mehr die Überzeugung einer konsequenten Verweigerung gegenüber gesellschaftlichem Zwang durch. Erste Umrisse von Religionsfreiheit, freikirchlichen Gemeinschaften und einer pluralen Gesellschaft werden erkennbar.

#19 Erste Glaubenstaufen in Zürich - Konrad Grebel und der Beginn der Täuferbewegung

Es war der 21. Januar 1525: Der Patriziersohn Konrad Grebel taufte mit einer Schöpfkelle den ehemaligen Priester Jörg Blaurock. Anschließend wurden durch Blaurock auch die anderen Anwesenden getauft. Von nun an verweigerte die Täuferbewegung nicht nur die Säuglingstaufe, sondern führte aktiv die Glaubenstaufe ein. Zu dieser Erkenntnis waren die ehemaligen Schüler des Schweizer Reformators Huldrich Zwinglis aufgrund ihres gemeinsamen Bibelstudiums gekommen. Nachdem sie aus Zürich vertrieben wurden, predigten und tauften sie in den umliegenden Gegenden.

#20 Das Martyrium der Täufer - Von der systematischen Ausrottung widerständiger Christen

Felix Mantz war der erste Märtyrer in Zürich. Er wurde Anfang 1527 mitten in der Limmat öffentlich ertränkt. Immer mehr gerieten die Täufer un-

ter Druck und wurden verfolgt und ermordet. 1529 wurde auf dem Reichstag zu Speyer II das sogenannte "Wiedertäufermandat" erlassen. Es schuf die rechtliche Grundlage für eine reichsweite und systematische Verfolgung aller Taufgesinnten. Erst in jüngeren Jahren wurde mit der geschichtlichen Aufarbeitung dieses Unrechts im Rahmen des christlichen Kontextes begonnen.

#21 Wilhelm Reublin - Aufstieg und Niedergang eines Täuferführers

Bei der folgenschweren Taufdisputation im Jahr 1525 in Zürich war neben Konrad Grebel und Felix Mantz auch Wilhelm Reublin dabei. Mit seiner Redebegabung und Entschlossenheit erzielte er später eine breite Wirkung rund um Schaffhausen. 10 Jahre lang engagierte er sich in der Täuferbewegung und durchlief dabei verschiedene Phasen: Von einer breitflächig reformatorischen Hoffnung über ein volkskirchliches Täufermodell bis hin zu einem freikirchlich kommunitären Ansatz. Zum Schluss scheiterte er an seiner eigenen Radikalität und wurde zu einem geächteten Mann.

#22 Balthasar Hubmaier - Der praxisorientierte Theologieprofessor unter den Täufern

Die Schriften von Balthasar Hubmaier gelten als die klarsten Darstellungen der täuferischen Lehre in der damaligen Zeit. Als Doktor der Theologie führte er die frühe inhaltliche Auseinandersetzung mit dem Reformator Huldrich Zwingli in Zürich. In Waldshut und Nikolsburg, den Hauptwirkungsstätten von Hubmaier, kam es zu regionalen, Volkskirchen ähnlichen Täufergemeinden. Weil er aber teilweise dem Einsatz von Waffengewalt zustimmte, wurden seine Lehren in den pazifistischen Hauptströmungen nur eingeschränkt aufgegriffen. Hubmaier und seine Frau starben Anfang 1528 als Märtyrer in Wien.

#23 Die Schleitheimer Artikel - Michael Sattler und der Weg in die Absonderung

Am 24. Februar 1527 traf sich eine Gruppe von Täufern in Schleitheim, um sich miteinander auf ihre Grundüberzeugungen zu verpflichten. Michael Sattler, ehemaliger Prior eines Benediktinerklosters, gilt als Verfasser der "Schleitheimer Artikel". Neben der Betonung der Glaubenstaufe, der Bannpraxis, des Abendmahls als Erinnerungsfeier und der eigenen Wahl der Gemeindehirten ging es auch um folgende Punkte: Absonderung von der

Welt, Nicht-Gebrauch des Schwertes und Verweigerung des Eides. In den Schleitheimer Artikeln wird eine konsequent pazifistische Position vertreten. Damit wurden sie zum Grundlagendokument für das Selbstverständnis der "Schweizer Brüder" und darüber hinaus.

#24 Augsburger Täufersynode - oder: Hans Hut und die Erwartung des Endgerichts

Ein halbes Jahr nach Veröffentlichung der Schleitheimer Artikel fand vom 20. – 24. August 1527 in Augsburg eine Konferenz mit 60 Täuferpersönlichkeiten statt. Um sich als junge Bewegung nicht zu spalten, war es wichtig, strittige Fragen zu klären. Hans Hut, ein besonders wirkungsvoller und angesehener Täufermissionar, fand am meisten Unterstützung. Nach der Synode wurden apostolische Boten bis nach Österreich, Mähren und Schlesien ausgesandt. Allerdings kamen viele davon kurz danach um. Die apokalyptische Täuferströmung um Hans Hut begann zu zerfallen.

#25 Hans Denck - Ausstieg aus Wortgezänk und Frontenbildung

Bis 1529 waren die meisten der führenden Täufer aus der ersten Generation bereits gestorben. Auch Hans Denk starb Ende 1527 an der Pest. Obwohl er kein Täufer-Märtyrer wurde, sondern sich kurz vor seinem Tod sogar vom Täufertum distanzierte, war er eine prägende Gestalt. Seine spiritualistischen und gnadenorientierten Ansichten sind ein frühes Zeugnis für ein toleranteres Zusammenleben. Eine Übersicht über die vier täuferischen Hauptströmungen in der turbulenten Anfangsphase der Reformation schließt diese Episode ab.

#26 Pilgram Marpeck - Gutes aus der Anfangszeit erhalten und Extreme vermeiden

Unter dem Druck der Verfolgung wurden die ersten Täufergemeinden zunehmend dezimiert und verunsichert. Pilgram Marpeck und sein Team engagierten sich dafür, das Beste aus den Anfängen der Bewegung zu behalten und die Extreme zu vermeiden. Insbesondere im Süddeutschen Raum bildete sich ein Netzwerk von lose miteinander verbundenen Täufergruppen, die durch herumreisende Älteste und durch Hirtenbriefe in Kontakt blieben. Marpecks theologische Ansichten sind von Kreativität und Balance geprägt. Leider ist ihre Wirkung kaum über das 16. Jahrhundert hinaus erhalten geblieben.

#27 Fundamentalismus? - Reformatorische Autorität und der Griff nach dem Absoluten

Ohne Frage geschah während der Reformation ein gewaltiger Umbruch. Viele Weichen in Richtung Neuzeit wurden gestellt. Auf der anderen Seite begegnen uns Phänomene, die man aus heutiger Sicht möglicherweise zum Fundamentalismus zählen würde: Hass auf kirchliche Obrigkeit, erbitterter Streit um die Bibel, Verfolgung von Andersgläubigen, Polemik bis ins Extreme und Gewalt in Hinblick auf das bevorstehende Endgericht. Umso wichtiger ist es, dass wir anhand der Reformationsströmungen Muster entdecken, die uns vor der Fundamentalismus-Falle bewahren können.

#28 Jakob Huter - Die Hutterer und das Leben in Gütergemeinschaft

Seit fast 500 Jahren gelingt es den Hutterern in Gütergemeinschaften zusammen zu leben. Sie orientieren sich am Ideal der Urgemeinde und streben modellhaft nach einer gerechten und friedfertigen Welt. Was viele für naiv oder rückständig halten, entpuppt sich bei genauerem Hinsehen als größte Provokation für eine wohlsituierte, reiche Christlichkeit. Jakob Huter, die prägende Gestalt der Anfangsjahre, wurde 1536 in Innsbruck zum Märtyrer. Wie können christliche Gemeinschaften in einer säkularen Welt stärker als "miteinander teilend" wahrgenommen werden?

#29 Exkurs: Vorreformatoren - Petrus Valdes, John Wyclif, Jan Hus und ihre sogenannten Ketzereien

Die Dynamik der Reformation entstand nicht "über Nacht". Bereits mehr als 300 Jahre zuvor wurden schon reformatorische Ideen geäußert und danach gelebt. Im 12. und 13. Jahrhundert in Südfrankreich und Norditalien: Petrus Valdes und die Waldenser, im 14. Jahrhundert in England: John Wyclif und die Lollarden und im 15. Jahrhundert in Tschechien: Jan Hus und die Hussiten. Keine dieser Bewegungen kam jedoch dauerhaft zum Durchbruch. Wer entscheidet eigentlich, was Ketzereien sind und bekämpft werden muss?

#30 Christlicher Anarchismus - Peter Chelčický und die Auslegung der Bergpredigt

Passen christlicher Glaube und Anarchismus zusammen oder ist es ein Widerspruch in sich? Bereits zur Zeit der Hussitenkriege formulierte Peter Chelčický die Vision eines radikal gewaltlosen und hierarchiekritischen

Christentums. Er berief sich dabei auf die Bergpredigt von Jesus. Die Böhmischen Brüder führten seine Gedanken weiter. Über 400 Jahre später griff Leo Tolstoi Chelčickýs Ausführungen auf und inspirierte damit Mahatma Gandhi. All das macht deutlich: Es ist wichtig, als Christ anhand der Bibel über staatspolitische Varianten nachdenken zu lernen.

#31 Menno Simons - Die Mennoniten und die Tradition der Friedenskirchen

Nach dem Zusammenbruch des Täuferreichs zu Münster gerieten viele täuferische Gruppen in eine tiefe Identitätskrise. Ab 1540 wurde Menno Simons, Namensgeber der Mennoniten, zu einer führenden Figur. Unter seiner Leitung setzte sich im norddeutschen und niederländischen Raum die pazifistische Linie durch. Es bildeten sich abgeschiedene, freikirchliche Täufergemeinden. Parallel dazu kam es zu inneren Konflikten in Bezug auf die Reinheit der Gemeinde, was zeitweise zu einer rigorosen Bannpraxis führte. Verbindend blieb aber die radikale Ablehnung von Kriegsgewalt.

#32 Frauen - Ursula Jost, Hille Feicken, Anneken Jans und Helena von Freyberg

Über Frauen in der Reformation gibt es weniger historisches Material als über Männer. Das heißt aber nicht, dass sie weniger engagiert waren. Vier Frauen aus den Täuferbewegungen sollen besonders erwähnt werden: Die Straßburger Prophetin Ursula Jost, die Münsteraner Attentäterin Hille Feicken, die niederländische Dichterin Anneken Jans und die Tiroler Täuferleiterin Helena von Freyberg. An allen vieren wird deutlich, dass in der Radikalen Reformation ebenso Frauen mutig und profiliert für ihre Glaubensüberzeugungen einstanden.

#33 Allgemeines Priestertum - Kampfansage an die kirchliche Hierarchie

Die Leitidee des "Allgemeinen Priestertums" führte in wenigen Jahren zu einem gravierenden Umbruch in der mittelalterlichen Ständegesellschaft. Weil sich jeder Gläubige durch seine innere Beziehung zu Christus in direktem Kontakt zu Gott befand, brauchte es von nun an keine vermittelnden Priester mehr. Die vertikale Abbildung einer kosmischen Ordnung verwandelte sich in eine horizontale Gleichheit aller. Allerdings wurde diese Entwicklungsrichtung bis heute noch nicht konsequent zu Ende gedacht.

#34 Vieldeutige Bibel - oder: Von der Pluralisierung der Bibelauslegung

Mit dem Prinzip "sola scriptura – Allein die Schrift" wandte sich Martin Luther gegen die Lehrautorität der katholischen Tradition und die des Papstes. Als aber alle in der deutschen Bibel nachlesen konnten, was dort steht, führte dieses nur kurzfristig zu mehr Einheit. Bereits zur Zeit der Reformation wurde deutlich, dass je nach Zuordnung sowohl von "Geist" und "Buchstabe" als auch Altem und Neuem Testament unterschiedliche theologische Ansichten vertreten wurden.

#35 Streit um die Taufe - "Säuglingstaufe" oder "Glaubenstaufe" – bis heute ungelöst

Bis heute ist der reformatorische Konflikt um "Säuglingstaufe" und "Glaubenstaufe" nicht abschließend gelöst. Zur damaligen Zeit war es ein Ausdruck von zivilem Ungehorsam, seine Kinder nicht taufen zu lassen. Heutzutage lässt sich an der Tauffrage studieren, wie das evangelische Prinzip "sola sriptura – Allein die Schrift" sehr unterschiedlich angewendet wird, um kirchliche Traditionen zu legitimieren oder zu korrigieren. Diese Episode hat Überlänge, weil zusätzlich zum historischen Material auch die Begründungslinien bis in die Gegenwart hinein skizziert werden.

#36 Orientiert an Jesus - Zwischen Sadduzäern, Zeloten, Essenern und Pharisäern

Die Täufer suchten danach, ein jesusgemäßes Leben zu führen. Wie aber kann man das umsetzen, ohne naiv über alle Kulturgrenzen hinweg Jesus direkt kopieren zu wollen? Aufgrund der biblischen Berichte und der historischen Forschung lässt sich untersuchen, auf welche Weise sich Jesus gegenüber Sadduzäern, Zeloten, Essenern und Pharisäern verhalten hat. Daraus lassen sich stimmige Ableitungen für heute treffen, ohne in eine zwanghafte Bibel-Wörtlichkeit zu verfallen.

#37 Obrigkeit und Widerstand - Gehorsamspflicht und berechtigte Herrschaftskritik

Ausgehend von Römer 13, 1 "Jedermann sei untertan der Obrigkeit" wurde in der Reformationszeit der Widerstand der Untertanen überwiegend als Rebellion gegen Gott gedeutet. Wenn man aber den Vers 4 als Korrektiv dazu nimmt, in dem darauf verwiesen wird, dass die Obrigkeit "Gottes Die-

nerin" ist, lässt sich daraus ein Widerstandsrecht ableiten. Sobald sich also eine Obrigkeit nicht dem Willen Gottes gemäß verhielt, durfte sie kritisiert oder sogar abgesetzt werden. Die Verlängerungen der unterschiedlichen Betonungen lassen sich bis in das 20. Jahrhundert hinein verfolgen.

#38 Krieg und Friedensethik - Verweigerung der Schwertgewalt und gewaltloser Widerstand

Die meisten der reformatorischen Täufer haben den Gebrauch des Schwertes grundsätzlich abgelehnt. Sie waren nicht gegen weltliche Obrigkeit, wollten sich aber nicht an einer derartigen "Regierung nach dem Fleisch" beteiligen. Solche pazifistischen Positionen waren noch bis ins 20. Jahrhundert strafbar. Wenn wir versuchen, die gesamte Kirchengeschichte zu überblicken, dann begegnen uns vier Grundpositionen zum Krieg: (1) Kreuzzüge und Präventivkriege, (2) der gerechte Krieg, (3) christlicher Pazifismus und (4) gewaltfreier Widerstand. In heutiger Zeit geht es auf ökumenischer Ebene nicht mehr um die Kriterien für einen gerechten Krieg, sondern um den Einsatz für einen gerechten Frieden.

#39 Gemeindezucht und Bannpraxis - Zwischen starren Regeln und subjektiver Beliebigkeit

Der Begriff "Gemeindezucht" hat einen rigorosen Klang. Leider ist die ursprüngliche Bannpraxis durch vielfachen Missbrauch in Verruf geraten. Grundlage ist ein Bibeltext aus dem Matthäus-Evangelium, Kapital 18. Dabei geht es um ein dreistufiges Verfahren, Konflikte, die innerhalb einer Gemeinschaft auftreten, zu klären. Es ist das Einüben in Beziehungssensibilität und in eine gemeinsame Beurteilung von strittigen Fragen. Idealerweise geht es nicht darum, andere zurechtzuweisen, sondern als ganze Gemeinschaft anhand der Bibel zu lernen.

#40 Persönliches Fazit - Begeistert, genervt, frustriert und hoffnungsvoll

Die Beschäftigung mit Personen und Themen der Radikalen Reformation hat mich verändert. Zuerst begeistert über alternative Denkansätze, dann genervt über dunkle Seiten der Kirche. Viel Gutes wurde schon früher gedacht, kam aber nicht zum Zuge. Das ist frustrierend. Und doch gibt es Anknüpfungspunkte, Gedanken von damals ins Heute zu übertragen. Es ist wichtig, sich mit den nonkonformistischen Strömungen verbunden zu füh-

len und sich für eine Gestalt von Kirche orientiert an Jesus von Nazareth einzusetzen.

#41 Schwärmender Christus - Ein Traum von Kirche

Jede Gruppenbildung hat es mit mindestens vier Problemzonen zu tun: Identität und Abgrenzung, Regeln und Moralisierung, Rangordnung und Machtmissbrauch, Bewegungsrichtung und Entscheidungsgewalt. Welche Art von Bildern ist nützlich, um die Gestalt von Kirche zu visualisieren? Was wird bereits im Neuen Testament angedeutet? Wie ist es möglich, Fallgruben der Kirchengeschichte zu vermeiden? Und was können wir von "Schwarmformationen" lernen?

Literatur

Adloff, Frank / Leggewie, Claus (Hrsg.): Das konvivialistische Manifest: Für eine neue Kunst des Zusammenlebens, Bielefeld 2014.

Barth, Karl: Gesamtausgabe, Band 48: Vorträge und kleinere Arbeiten 1914–1921. Zürich 2012.

Benrath, Gustav Adolf (Hrsg.): Wegbereiter der Reformation, Wuppertal 1988.

Bentzinger, Rudolf / Hoyer, Siegfried (Hrsg.): Thomas Müntzer. Schriften - Liturgische Texte - Briefe, Berlin 1990.

Blickle, Peter: Die Reformation im Reich, 3. Aufl., Stuttgart 2000.

Bloch, Ernst: Atheismus im Christentum - Zur Religion des Exodus und des Reiches, Frankfurt am Main 1968.

_____ : Thomas Müntzer als Theologe der Revolution, Frankfurt a.m., 1. Aufl. 1985.

Boff, Leonardo: Kirche: Charisma und Macht - 25 Jahre Befreiungstheologie, Gütersloh 2009.

Bornhäuser, Christoph: Leben und Lehre Menno Simons' - Ein Kampf um das Fundament des Glaubens (etwa 1496 - 1561), Neukirchen-Vluyn 1973.

Bräuer, Siegfried / Vogler, Günter: Thomas Müntzer - Neu Ordnung machen in der Welt - Eine Biographie, Gütersloh 2016.

Buess, Eduard / Mattmüller, Markus: Prophetischer Sozialismus - Blumhardt - Ragaz - Barth, Freiburg 1986.

Christoyannopoulos, Alexandre: Christian Anarchism: A Political Commentary on the Gospel, London 2011.

Claiborne, Shaine: Ich muss verrückt sein, so zu leben. Kompromisslose Experimente in Sachen Nächstenliebe, Gießen 2007.

_____ : **Jesus for President**, Gießen 2009.

Clouse, Robert G. (Hrsg.): WAR: Four Christian Views, Indiana 1984.

Deibl, Jakob Helmut: Menschwerdung und Schwächung - Annäherung an ein Gespräch mit Gianni Vattimo, Göttingen 2013.

Fast, Heinold (Hrsg.): Der linke Flügel der Reformation - Glaubenszeugnisse der Täufer, Spiritualisten, Schwärmer und Antitrinitarier, Bremen 1962.

Felber, Christian: Die Gemeinwohl-Ökonomie, Wien 2012.

Gallé, Volker / Krauß, Wolfgang (Hrsg.): Zwischen Provokation und Rückzug - Die Politik der radikalen Reformation im Südwesten, , Worms 2016.

Geißler, Heiner: Ou Topos - Suche nach dem Ort, den es geben müsste, 3. Aufl. 2009.

Goertz, Hans-Jürgen (Hrsg.): Alles gehört allen - Das Experiment Gütergemeinschaft vom 16. Jahrhundert bis heute, München 1984.

_____ : Bruchstücke radikaler Theologie heute - Eine Rechenschaft, Göttingen 2010.

_____ : Das schwierige Erbe der Mennoniten - Aufsätze, Reden und ein Interview, Leipzig 2002.

_____ : Die Täufer - Geschichte und Deutung, Berlin 1980.

_____ : Pfaffenhaß und groß Geschrei - Die reformatorischen Bewegungen in Deutschland 1517-1529, München 1987.

_____ : Radikalität der Reformation, Göttingen 2007.

_____ (Hrsg.): Radikale Reformatoren - 21 biographische Skizzen von Thomas Müntzer bis Paracelsus, München 1978.

_____ : Religiöse Bewegungen in der frühen Neuzeit, München 1993.

Heinzmann, Richard (Hrsg.): Kirche - Idee und Wirklichkeit - Für eine Erneuerung aus dem Ursprung, Freiburg im Breisgau 2014.

Hubmaier, Baltasar: Schriften, hg. von Gunnar Westin und Torsten Bergsten, Quellen und Forschungen zur Reformationsgeschichte, Band XXIX, Quellen zur Geschichte der Täufer IX, Gütersloh 1962.

Kalicha, Sebastian (Hrsg.): Christlicher Anarchismus - Facetten einer libertären Strömung, Heidelberg 2013.

Kaufman, Gordon D.: In Face of Mystery - A Constructive Theology, Cambridge 1993.

Kopfermann, Wolfram: Abschied von einer Illusion - Volkskirche ohne Zukunft, Mainz-Kastel 1990.

Küng, Hans: Jesus, München 2013.

Lambert, Malcom: Ketzerei im Mittelalter - Häresien von Bogumil bis Hus, Augsburg 2004.

Laubach, Ernst: Das Täuferreich zu Münster in seiner Wirkung auf die Nachwelt. Zur Entstehung und Tradierung eines Geschichtsbildes, in: Westfälische Zeitschrift - Zeitschrift für vaterländische Geschichte und Altertumskunde, Band 141, Paderborn 1991, 123-150.

Lay, Rupert: Die Ketzer - Von Roger Bacon bis Teilhard, München, 1981.

Löwith, Karl: Weltgeschichte und Heilsgeschehen - Die theologischen Voraussetzungen der Geschichtsphilosophie, Stuttgart 2004.

Luther, Martin: An den christlichen Adel deutscher Nation: Von des christlichen Standes Besserung (1520), zitiert nach Bornkamm, Karin und Ebeling, Gerhard (Hg.); Martin Luther, Ausgewählte Schriften, Bd. 1: Aufbruch zur Reformation, Frankfurt a.M. 1982

Metz, Johann Baptist: Jenseits bürgerlicher Religion - Reden über die Zukunft des Christentums, München 1980.

Murray, Stuart: Nackter Glaube - Christsein in einer nachchristlichen Welt, Cuxhaven 2014.

Ostrom, Elinor: Die Verfassung der Allmende, Tübingen 1999.

Packul, Werner O.: Die Hutterer in Tirol - Frühes Täufertum in der Schweiz, Tirol und Mähren, Innsbruck 2000.

Plümper, Hans-Dieter: Die Gütergemeinschaft bei den Täufern des 16. Jahrhunderts, Göppingen 1972.

Ratschow, Carl Heinz (Hrsg.): Paul Tillich: Hauptwerke in 6 Bänden, Band 3: Sozialphilosophische und ethische Schriften. Berlin 1998.

Schubert, Anselm / von Schlachta, Astrid / Driedger, Michael (Hrsg.): Grenzen des Täufertums / Boundaries of Anabaptism - Neue Forschungen, Schriften des Vereins für Reformationsgeschichte, Nr. 209.

Seebaß, Gottfried: Müntzers Erbe - Werk, Leben und Theologie des Hans Hut, Gütersloh 2002.

Sölle, Dorothee: Mystik und Widerstand, Freiburg im Breisgau 2014.

Vellguth, Klaus: Eine neue Art, Kirche zu sein - Entstehung und Verbreitung der Kleinen Christlichen Gemeinschaften und des Bibel-Teilens in Afrika und Asien, Freiburg 2005.

Viviano, Benedict Thomas O. P.: Das Reich Gottes in der Geschichte - Zwischen Befreiungsbotschaft und Machtlegitimation (E-Book), Regensburg 2014.

Vogler, Günter (Hrsg.): Wegscheiden der Reformation - Alternatives Denken vom 16. bis zum 18. Jahrhundert, Weimar 1994.

Wenger, John C.: Die Täuferbewegung - Eine kurze Einführung in ihre Geschichte und Lehre, 3. Aufl., Wuppertal 1995.

Wiedmann, Franz: Anstößige Denker, Frankfurt am Main 1990.

Wink, Walter: Verwandlung der Mächte - Eine Theologie der Gewaltfreiheit, Regensburg 2014.

Windhorst, Christof: Täuferisches Taufverständnis: Balthasar Hubmaiers Lehre zwischen traditioneller und reformatorischer Theologie, Leiden 1976.

Yoder, John Howard: Die Politik des Leibes Christi - Als Gemeinde zeichenhaft leben, Schwarzenfeld 2011.

_____ : Die Politik Jesu, Schwarzenfeld 2012.

Zeitschrift für Theologie und Gemeinde, Strübind, Andrea (Hrsg.): Jahrgang 21, Hamburg 2016.

Weitere Veröffentlichungen von Jens Stangenberg

PODCASTS:

Radikale Reformation - Der "linke Flügel" der Reformation
Website: www.radikale-reformation.de
iTunes: https://itunes.apple.com/de/podcast/id1202553188

3 Gesichter des Evangeliums - oder: Was ist das Gute an der Guten Nachricht?
Website: https://zellgemeinde-bremen.de/podcast/3-gesichter-des-evangeliums/
iTunes: https://itunes.apple.com/de/podcast/id1367201942

BÜCHER:

Tanz auf der Fontäne: Christliche Spiritualität in der Postmoderne und der Zukunft, C & P Verlag, 2009.

MISSIONiert: Reflexionen zum Auftrag einer christlichen Gemeinschaft, Kindle Edition, 2016.

Jesus. Gut zu wissen: Acht Aspekte der christlichen Botschaft, Kindle Edition, 2016.

ARTIKEL:

Nie mehr zurück! – Zellgruppengemeinde, ein Netzwerk sich multiplizierender Kleingruppen, in: Aufatmen Januar 2000, S. 76 – 79.

Spirituell, aber nicht religiös – Wie postmoderner Glaube aussehen muss, in: Aufatmen Mai 2007, S. 74-78.

Gottes Heim-Suchung – Wie der Ewige uns nach Hause holt, in: Faix, Tobias; Weißenborn, Thomas; Aschoff, Peter (Hrsg.): Zeitgeist 2, Marburg an der Lahn, 2009, S. 201-210.

Serve the City – Bremen aufhimmeln. in: Müller, Tobias; Faix, Tobias; Bösner, Stefan; Brecht, Volker (Hrsg.): Tat. Ort. Glaube. – 21 inspirierende Praxisbeispiele zwischen Gemeinde und Gesellschaft, Marburg an der Lahn, 2013, S. 107 – 116.

Gesegnet durch Widerspruch – Warum Kontroversen christliche Gemeinden bereichern, in: !impulse für ansteckenden Glauben, 3/18, S. 4-9.